21世纪高等院校工程管理专业教材

物业管理理论与实务

WUYE GUANLI LILUN YU SHIWU

（第四版）

刘秋雁 编著

东北财经大学出版社 大连

Dongbei University of Finance & Economics Press

图书在版编目（CIP）数据

物业管理理论与实务 / 刘秋雁编著．—4版．—大连：东北财经大学出版社，2021.9（2022.12重印）
（21世纪高等院校工程管理专业教材）
ISBN 978-7-5654-4345-9

Ⅰ．物… Ⅱ．刘… Ⅲ．物业管理-高等学校-教材 Ⅳ．F293.33

中国版本图书馆CIP数据核字（2021）第185480号

东北财经大学出版社出版
（大连市黑石礁尖山街217号 邮政编码 116025）
网 址：http：//www.dufep.cn
读者信箱：dufep@dufe.edu.cn
大连永发彩色广告印刷有限公司印刷 东北财经大学出版社发行
幅面尺寸：170mm×240mm 字数：549千字 印张：26.5 插页：1
2021年9月第4版 2022年12月第2次印刷
责任编辑：李 彬 王芃南 责任校对：珉 琪
封面设计：张智波 版式设计：钟福建

定价：58.00元

21世纪高等院校工程管理专业教材编写委员会

总序

18年前，我们依照建设部高等院校工程管理专业学科指导委员会制定的课程体系，组织我院骨干教师编写了"21世纪高等院校工程管理专业教材"。目前，这套教材已出版的有《工程经济学》《可行性研究与项目评估》《工程项目管理学》《房地产经济学》《项目融资》《工程造价》《工程招投标管理》《工程建设合同与合同管理》《城市规划与管理》《国际工程承包》《房地产投资分析》《土木工程建筑概论》《投资经济学》《建筑结构——概念、原理与设计》《物业管理理论与实务》等17部。

上述教材的出版，既满足了校内本科教学的需要，也满足了外校和社会上实际工作者的需要。其中，一些教材出版后曾多次印刷，深受读者的欢迎；一些教材还被选入普通高等教育"十一五"及"十二五"国家级规划教材。从总体上看，"21世纪高等院校工程管理专业教材"已取得了良好的效果。

为进一步提升上述教材的质量，加大工程管理专业学科建设的力度，新一届编委会决定，对已出版的教材逐本进行修订，并适时推出本科教学急需的新教材。

组织修订和编写新教材的指导思想是：以马克思主义经济理论和现代管理理论为指导，紧密结合中国特色社会主义市场经济的实践，特别是工程建设的管理实践，坚持知识、能力、素质的协调发展，坚持本科教材应重点讲清基本理论、基本知识和基本技能的原则，不断创新教材编写理念，大力吸收工程管理的新知识和新经验，力求使编写的教材融理论性、操作性、启发性和前瞻性于一体，更好地满足高等院校工程管理专业本科教学的需要。

多年来，我们在组织编写和修订"21世纪高等院校工程管理专业教材"的过程中，参考了大量的国内外已出版的相关书籍和刊物，得到国家发展和改革委员会、住房和城乡建设部等部门的大力支持，东北财经大学出版社有限责任公司的领导、编辑为这套系列教材的及时出版提供了必要的条件，做了大量的工作，在此一并致谢。

编写一套高质量的工程管理专业的系列教材是一项艰巨、复杂的工作。由于编著者的水平有限，书中的缺点与不足在所难免，竭诚欢迎同行专家与广大读者的批评指正。

21世纪高等院校工程管理专业教材编委会主任　王立国

第 四 版 前 言

2021年1月1日，《中华人民共和国民法典》开始实施，物业服务合同出现在合同编。与此同时，中国物业管理行业也正经历着一场向现代服务业发展的深刻转型。物业管理正以前所未有的深度和广度介入到居民生活的方方面面。

目前，我国的房地产市场已由迅猛发展转向平稳健康发展，已由建设主导期过渡到管理主导期。面对房地产增量更多地转为存量的现实，物业管理行业将迎来更加广阔的发展空间。

本教材在理论分析时，以物业服务企业的基本业务为主线，介绍了我国物业管理行业的发展历程、界定了一些重要概念、阐述了物业服务者的职能以及物业服务企业的运作过程。

本教材在实务分析时，通过现实生活中发生的各种实际案例，依据法律及物业管理专业知识去探询这些问题的解决办法，从而使学生具有处理纠纷的技巧和能力，具有发现问题、分析问题和解决问题的能力，具有人际沟通能力等，进而提升其物业服务理念。

理论与实践的紧密联系，可以使他们最终成为物业管理领域中具有理论基础、法律意识、专业素养和实践能力的应用型人才。

本版教材依然保持了原有的"系统性强、针对性强、法律性强；注重实务、案例多元、通俗易懂、便于借鉴"特色，同时在法律的运用上，增强了时效性和准确性。为了让读者了解到更多的内容，本教材还以"二维码"形式给读者提供了拓展阅读；本教材也为教授本课程的高校教师提供了配套课件；修订本版教材时，作者尽可能地核查了书中的全部信息，对涉及的法律新规和统计数字等进行了更新；对第三版使用过程中发现的问题进行了修改和纠正。

具有顽强的生命力是一本好教材的标志。若不想让教材昙花一现，就必须让教材与时俱进、常更常新。本教材的前三版得到了很多人的肯定，《民法典》的出台又激励我迅速修订了第四版。

本教材的出版得到了许多人的大力帮助和热情支持。在此，我对他们表示最诚挚的谢意。

东北财经大学出版社一直给予长期支持，尤其是本版编辑李彬和王芃南，以非常敬业的态度为本教材把关，为本教材的出版付出了大量心血和辛勤劳动。使用本教材的部分高校教师经常来信与我切磋，有很多中肯意见被我采纳。业内一些实务工作者在阅读中提出的问题对完善本书有很大的启示。学生们在学习过程中也给予了很多有价值的建议。我的硕士研究生王雪和张祥为初版做了很多文字校对工作。

特别说明，本人在20世纪90年代读到清华大学刘洪玉教授的《房地产开发经营与管理》，从书中第一次系统地了解了物业管理的内容，这种启蒙我不能忘记。

《物业管理理论与实务》是服务于高校物业管理专业、房地产开发与管理专业、工商管理专业、工程管理专业及其他相关专业本科和研究生教育层次的教材，也可作为以物业管理、城市与社区管理等为研究方向的相关人员和实际物业管理部门的高、中级管理人员的参考用书。

但是物业管理工作实践性很强，涉及的学科和相关法律也很多，作为教材既要满足理论难度适中又要达到实用够用的要求，把握起来难度较大。因本人学识和能力局限，教材中难免会有疏漏或不妥之处，诚恳期待来自使用者各方的真诚意见、批评与指正。

刘秋雁

2021年4月于东北财经大学

第 三 版 前 言

物业管理是房地产开发的延续和完善，是对进入消费领域的房地产商品进行售后服务的过程。正因为房地产这种商品价格昂贵、生产过程复杂、使用期限长，所以作为售后服务环节的物业管理就显得尤为重要。

众所周知，中国房地产业的发展非常迅速，尤其是物业管理领域。从 1981 年第一家物业管理公司在深圳诞生以来，经过了 36 年的发展，物业服务对提高城市管理水平，改善人们居住和工作环境，增加就业，扩大消费，促进经济增长发挥了重要作用，为全面建设小康社会和构建社会主义和谐社会作出了积极贡献。中国物业管理协会发布的《2015 年物业管理行业发展报告》显示，截至 2014 年底，我国物业服务企业 10.5 万家，全国 31 个省、自治区、直辖市物业管理面积约为 164.5 亿平方米，从业人员约为 711.2 万人，年营业收入约为 3 500 亿元。可以看出，物业服务企业在不断增加，在管面积持续扩大，主营业务收入稳步增长，人员数量增长速度较快。因此，对于那些已经进入和希望进入这一专业领域的人士，以及想拓宽其物业管理知识的房地产从业人员而言，本书愿意为他们提供较为全面的专业知识的介绍。

本书初版于 2010 年 9 月完成。随着读者欢迎度、市场认可度的提高和使用量的上升，本书分别在 2014 年 8 月和 2017 年 8 月修订了第二版、第三版。

本书深入地阐述了我国物业管理行业的发展历程、物业管理者的职能以及各种类型的物业管理和运作，同时简要介绍了物业管理的相关法律和法规政策，从而为读者提供了关于物业管理理论和实务的专业知识。

本书的特色体现在：系统性强、针对性强、法律性强；注重实务、案例较多；通俗易懂、便于借鉴。

全书的十章内容基本上是按照物业服务企业的运作过程来进行研究和写作的，因此系统性和针对性较强。

《中华人民共和国物权法》《物业管理条例》等一系列重要法律法规的实施，为本书的编写提供了法律依据。物业管理服务的过程体现了多方关系，涉及多部法律，词汇的使用、纠纷的处理等都不能违背法律要求，因此，作者很关注本书内容的合法性和规范性，以求能符合物业管理方面的法律规定和法律精神。本书第一章介绍了物业管理领域涉及的法律法规，让读者在学习时有法可依，有法可查。

本书既有理论研究，也有案例分析，实务性较强，内容涉及物业管理者及业主或使用人在日常生活中遇到的各种问题。这些案例分析可用于课堂讨论并激发个人思考。

本书由东北财经大学刘秋雁副教授编著。编著者在讲授了 20 余年房地产和物业管理专业课程，为物业服务企业人员进行相关培训之后，积累了很多理论与实际经验，很愿意把自己的所得与大家分享。

教学与实践的过程，也是学习他人文献，取人之长、补己之短的过程。因此，大量的教材、论著、文章以及各地先进的行业管理成果和经验也是本书写作的参考，非常感谢这些作者在物业管理领域的贡献。编著者本人在房地产领域主编的多部教材、参与的各种实际工作，也构建了本书的写作基础。

在本书编写过程中，东北财经大学出版社给予了很大帮助；硕士研究生王雪、张祥同学也做了部分文字校对工作，在此一并致谢。

我国的物业管理行业尽管有 30 多年的发展史，但物业管理在我国仍算是一门新兴的学科，其理论研究和实践也在不断更新。由于编著者编写水平有限，书中难免有不当和疏漏之处，恳请广大同行和读者批评指正，以便有机会再版时进行修订。

本书不仅可以作为高等院校工程管理专业、建筑学专业、工商管理专业等相关专业的本科生、研究生的教材，也可作为以物业管理、城市与社区管理等为研究方向的相关人员和实际物业管理部门的高、中级管理人员的参考用书。

编著者

2017 年 7 月

目录

第 一 章

物 业 管 理 概 述

□ 学习目标

通过对本章的学习，要求学生掌握物业管理的概念、特性、类型、业务范围；熟悉物业管理的作用、主要环节及物业服务企业的模式，熟悉《民法典》和《物业管理条例》等相关法规的主要内容；了解物业管理的相关法律、规章和示范文本，了解我国物业管理的产生与发展。通过对本章的学习，学生应能对物业管理有一个较为全面的认识。

第一节　物业管理的含义

一、物业

（一）物业的含义

"物业"一词是由英语"estate"或"property"翻译和借鉴而来的，其含义为财产、资产、拥有物、房地产等，是一个广义的范畴。从物业管理的角度来说，物业是指各类房屋及其附属的设备、设施和相关场地。各类房屋可以是建筑群，如住宅小区、工业区等，也可以是单体建筑，如一幢高层或多层住宅楼、写字楼、商业大厦、宾馆、停车场等；同时，物业也是单元房地产的称谓，如一个住宅单元。同一宗物业，往往分属一个或多个产权所有者。附属的设备、设施和相关场地是指与上述建筑物相配套或为建筑物的使用者服务的室内外各类设备、市政公用设施和与之相邻的场地、庭院、干道等。

（二）物业与房地产、不动产的区分

"物业""房地产""不动产"三个概念常被交换使用，三者之间有着密切的联系。

"房地产"一词有狭义和广义两种解释。狭义的房地产是指土地、建筑物及其他地上定着物，包括物质实体和依托于物质实体上的权益；广义的房地产是指除上述内容外，还包括诸如水、矿藏、森林等自然资源。[①]

"不动产"一词的英译是"real estate"或"real property"。在英语中，前者具体是指土地及附着在土地上的建筑物（包括构筑物和房屋）；后者是指前者及其附带的各种权益。房地产由于其位置固定、不可移动，通常又被称为不动产。从狭义的房地产概念出发，"房地产"与"不动产"是同一语义的两种表述，"房地产"的表述倾向于表明这种财产是以房屋和土地作为物质载体；而"不动产"的表述侧重于表明这种财产具有不可移动的特殊属性。但两者所指的乃是同一对象，英语中的"real estate"和"real property"可互译互称，两者关系可见一斑。

这三个概念某些时候可以通用，但它们之间也略有区别。

（1）称谓领域不同。就一般状况而言，"不动产"一词常在民法中使用；"房地产"一词常在经济法、行政法及商事实务中使用；而"物业"在房地产领域中通常是单元性房地产的别称。

（2）适用范围不同。从微观的角度讲，"房地产"与"物业"有时可以通用（如基于狭义房地产概念时），但"物业"一般多指一个单项的"物业"单位（如单项的房产、地产）或一个独立的物业服务企业，只能在微观层面上使用；而"房地产"可以指一个国家、地区或一个城市所拥有的房产和地产。因此，从宏观的角度讲，一般只用"房地产"而非"物业"，如可以说"房地产业"，不可以说"物业业"；"房地产体制改革"不可用"物业体制改革"代替。

（3）概念外延不同。一般而言，"房地产"概念的外延，包括房地产的投资开发、建造、销售、售后管理等全部过程。"物业"有时也可用来指某项具体的房地产，然而，它仅仅只是指房地产的交易、售后服务这一阶段或领域。所以，两者有宏观与微观之别，也有全体与部分之差。

（三）物业的分类

从不同的角度，可以把物业划分为不同的类型。从物业管理的角度考虑，一般可以把物业按使用功能或用途不同进行如下划分：

1.居住物业

居住物业是指以个人或家庭为生活单位供人们长期居住、使用的房屋。居住物业一直以来都是人类最基本的居住与生活空间，人的一生大约有2/3的时间是在居住环境中度过的。它包括住宅小区、单体住宅楼、公寓、别墅、度假村等。

---

① 王全民，王来福，刘秋雁. 房地产经济学［M］. 大连：东北财经大学出版社，2002.

2.商业物业

商业物业是指从事商业贸易、房屋出租经营及其他以营业性经营为目的的物业，包括综合楼、写字楼、商业中心、酒店、宾馆、康乐场所等。

3.工业物业

工业物业是指用于工业生产活动目的的物业，即工业厂房和仓库。采取自然物质资源，为制造生产资料、生活资料，或对农产品、半成品等进行加工活动的场所，以及为生产活动而储备原材料和储藏产品的建筑物，都是工业物业。

4.其他物业

除上述讨论的居住物业、商业物业和工业物业之外，还有一些尚未包括的物业类型，我们统称为其他物业。一般人们经常接触的如车站、码头、机场等，可以称作其他物业中的特殊物业，具有经营性物业的性质；而医院、学校等，可以称作其他物业中的特种物业，具有公益性物业的性质（本书将在后续内容中讨论特种物业）。

二、物业管理的含义

根据《物业管理条例》①（以下简称《条例》）第2条的规定，物业管理是指业主通过选聘物业服务企业，由业主和物业服务企业按照物业服务合同约定，对房屋及配套的设施设备和相关场地进行维修、养护、管理，维护相关区域内的环境卫生和相关秩序的活动。这里的"选聘"即是指"委托"。

对《条例》所称"物业管理"的定义，可以理解为以下3点：

（1）物业管理是由业主通过选聘物业服务企业的方式来实现的。

（2）物业管理活动的依据是物业服务合同。

（3）物业管理的内容是对物业进行维修养护、管理，对相关区域内的环境卫生和秩序进行维护。

物业服务企业，是指依法设立、具有独立法人资格、从事物业管理服务活动的企业。业主，即物业产权人，指房屋所有权人，业主可以是个人、集体、国家（即自然人或法人）。

那么，物业服务企业是业主的管理者还是服务者？

从字面上理解，物业服务企业是从事物业管理活动的，物业管理似乎是管理的一种，业主处于被管理的地位，物业服务企业处于管理者的地位，业主应该接受物业服务企业的管理，但是这种理解是错误的。

"物业管理"只是约定俗成的称呼。我国的物业管理，在发展初期带有房管部门从对公房的管理转向对不同产权人行使管理权的痕迹，因而"管理"特征往往被特别强调。而物业管理的产生，其基本动因还是市场经济的需要，是业主对物业服务的需求，是业主的一种消费。物业服务企业给业主提供的物业管理服务，和其他

---

① 《物业管理条例》经2003年6月8日中华人民共和国国务院令第379号公布，自2003年9月1日起实施。该条例2007年8月26日根据《国务院关于修改〈物业管理条例〉的决定》第一次修订；2016年2月6日根据国务院令第666号《国务院关于修改部分行政法规的决定》第二次修订；2018年3月19日根据国务院令第698号《国务院关于修改和废止部分行政法规的决定》第三次修正。

服务性质一样，业主与物业服务企业的关系应该是委托与被委托的关系。可以说，物业管理的本质是服务，是业主行使财产权、委托物业服务企业为其提供服务的活动。物业服务企业是服务者而不是管理者。

因此，我们可以说，物业管理的内涵包括如下内容：

（1）物业管理的管理对象是物业。这个物业是指在建、已投入或即将投入使用的物业。

（2）物业管理的服务对象是人，即物业所有人（业主）和使用人（如租用者）。

（3）物业管理的属性是经营，视物业为一种特殊的商品，物业管理所提供的是有偿的、无形的商品——服务。

（4）物业管理的目的，是保证和发挥物业的使用功能，使其保值增值①，并为物业所有人和使用人创造和保持整洁、文明、安全、舒适的生活和工作环境，最终实现社会、经济、环境三个效益的统一和同步增长，提高城市的现代文明程度。该目的体现了业主与物业服务企业目标的一致性。

三、物业管理的特性

物业管理是一种与房地产综合开发这一现代化生产方式相配套的综合性管理，是随着住房制度改革的推进和房地产市场的迅猛发展出现的、与产权多元化格局相衔接的统一管理，是与建立社会主义市场经济体制要求相适应的社会化、专业化、市场化的管理。

社会化、专业化、市场化是物业管理的三个基本特性。

（一）社会化

物业管理的社会化有两个基本含义：一是物业的所有权人要到社会上去选聘物业服务企业；二是物业服务企业要到社会上去寻找可以代管的物业。

物业的所有权、使用权与物业的经营管理权分离是物业管理社会化的必要前提，现代化大生产的社会专业分工是实现物业管理社会化的必要条件。

物业管理的社会化，指的是摆脱了过去那种自建自管的分散管理体制，由多个产权单位、产权人通过业主大会选聘一家物业服务企业；变多个产权单位、多个管理部门的多头、多家管理为物业服务企业的统一管理，在业主大会委托授权范围内将分散的社会分工（诸如房屋水电的维修、清洁、保安、绿化等）汇集起来统一管理，每位业主只需面对一家物业服务企业就能将所有关于房屋和居住（工作）环境的日常事宜办妥，而不必分别面对不同的部门，这犹如为各业主找到了一个"总管家"；而对不同的服务部门来说，则犹如找到了一个"总代理"。业主只需根据物业管理行政主管部门批准的收费标准缴纳物业服务费（也称物业费），就可以获得周到的服务，这样既方便了业主，也便于统一管理，有利于提高整个城市管理的社会化程度，从而实现社会效益、经济效益和环境效益的统一。

---

① 英国的物业管理主要是为了使物业保值增值。在这一点上，业主委员会和物业服务企业的目标一致而明确，因此，不会为费用问题常年争吵。

房地产市场的发展初期，几乎所有的商品房售后服务都由开发企业所属的物业服务企业来接管，但随着体制改革的不断深入和市场的迅速变化，这种模式已不再"独霸天下"。物业的所有权人完全可以到社会上自主选择独立经营的物业服务企业，该企业的服务质量如何决定了其今后的命运。

同时，为了适应社会化大生产专业分工的要求，开发企业也应将自己开发的物业委托给专业物业服务企业管理，以保证自己的经营效率。所以，不管是何种模式的物业服务企业，最终都应到社会上寻找可以代管的物业，一方面通过扩大规模来降低成本，另一方面通过竞争发展和完善自己增强企业的生命力。

（二）专业化

物业管理的专业化，是指由专业物业服务企业通过签订服务合同，按照产权人和使用人的要求实施专业化管理。因此，物业服务企业必须达到一定的专业水平。所谓专业化有三层含义：

一是有专门的组织机构。专门组织的建立，表明这一行业已从分散型的劳动转向了专业型。

二是有专业的人员配备。物业管理的内容很多都是专业性的，如管道、空调、机电设备、电梯、房屋维修、消防等，非有专门人员不可。

三是有专门的管理工具和设备。这是物业管理工作的物质保证。

当然，随着社会的发展，社会分工逐渐趋于细化，物业服务企业也可以将一些专业管理以经济合同的方式交予相应的专业经营服务公司。比如，可以将机电设备维修业务承包给专业设备维修企业，可以从保安公司雇用物业保安人员，可以将园林绿化承包给专业绿化公司，也可以将环境卫生承包给专业清洁公司等。不过，在我国，目前专业化公司（如保安、清洁、机电维修等）的发展尚处于起步阶段，聘请专业化公司来进行物业服务的时机还没有完全成熟。

（三）市场化

市场化是相对于行政化而言的，即要按市场经济的原则运作。在市场经济条件下，物业管理的属性是经营，所提供的商品是服务。物业服务企业作为一个独立的法人，是按照现代企业制度组建并运作，向业主和使用人提供服务的。物业管理过程中的每项业务、每个进程都是有偿的，业主和使用人应购买并消费这种服务。这种通过市场竞争机制和商品经营的方式所实现的商业行为就是市场化。因此，物业服务企业必须依照物业管理市场的运行规则参与市场竞争，依靠自己的经营能力和优质服务在物业管理市场上争取自己的位置和拓展业务，用管理的业绩赢得商业信誉。

市场化是现代物业管理最主要的特点。具体表现为：

（1）业主、使用人花钱购买物业服务和物业服务企业提供这种服务并获得报酬，完全是一种市场交换行为，是一种买卖关系。

（2）业主和物业服务企业是一种委托与被委托、聘用与被聘用的法律关系。

（3）物业管理实行有偿服务，各项收费标准由市场定价，国家只能根据宏观经济进行适度调节。

（4）允许物业服务企业获得合理利润，不人为限制其对经济利益的追求。

（5）物业管理服务将主要通过市场实现其价值和使用价值。

四、物业管理的作用

（一）物业管理促进了房地产市场的发展

物业管理是深化房地产经济体制改革、实行房屋商品化的客观需要，具有繁荣和完善房地产市场的作用。

我国房地产领域体制改革的方向是市场化、商品化和住房自有化。随着房屋商品化的逐步实施，各类住房分幢、分套出售，大厦分层、分单元出售后形成了一个住宅区内或一幢高层建筑里有几个、几十个甚至几百个多元产权的毗邻关系。它不仅使原有的以公房所有制为主体的房屋格局被大量共有、共用而又相互毗连的房屋格局所取代，而且也使传统的按产权、按部门分散管理的办法，以及计划包干的维修管理办法再也不能适应形势发展的需要，由此形成了产权多元化和管理社会化的新格局。这种新格局要求有与之相适应的房屋管理的新模式来代替传统的非市场取向的管理模式，而物业管理的出现解决了这个问题。作为房地产领域不可缺少的配套工程，物业管理具有深化、促进和完善房地产经济体制改革的意义和作用。

就整个房地产市场来说，物业管理无疑拓宽了房地产市场的范围，完善了房地产开发的过程，促进了房地产市场向健康有序的方向发展。

（二）良好的物业管理可以延长物业的使用年限以确保其功能正常发挥

物业建成后，一是要受到自然环境因素的作用而发生损坏，二是在使用过程中要受到人为因素的作用而受到破坏。随着时间的推移，房屋的结构部位、围护部分、装修、上下水及设备管道等，都将受到不同程度的损坏，如不及时进行维修和加强管理，就会影响物业功能的正常发挥，导致电梯停运，供气、供热、供电中断，屋面漏雨等情况，使住户的生活、工作秩序变得混乱。

推行专业化、社会化、市场化的物业管理，目的不仅仅在于确保物业在整个使用周期内功能得到正常发挥，不间断的专业管理服务还可以使物业的寿命延长。虽然说物业具有很好的耐久性，但如果维修与管理跟不上，即使经过短短几年，看上去却像是已经经过了十几年。反过来，能够及时维修与管理的建筑，虽然耐用年限只有40年，却也可能使用60年或更长时间。

好的物业管理可以令一宗物业从其自然寿命中截取几个经济寿命，从而获得可观的收益。

（三）良好的物业管理能为业主创造并保持一个安全、舒适、文明、和谐的生活与工作的环境和氛围

物业管理是有偿出售智力和劳务的服务性行业，这种服务首先是为了人，即为了满足人的各种需要。随着人们生活水平的不断提高，人们对居住和工作环境的要求也越来越高。

物业管理的目的是为业主创造一个整洁、安全、健康、自然、舒适、优美的居住

和工作氛围，并且其标准还应随着社会的不断进步而逐步拓展和提升。物业管理运用维修、绿化、安全等方面的专业知识和技术，以及环境心理学、社会生态学等方面的知识，给业主和使用者提供了一个买得放心、用得舒心的环境。运作良好的大厦设施，有助于提高工作效率；称心如意的居住场所，有助于调和人际关系。高质量的物业管理不仅创造了物质文明，同时也提升了人们的精神文明，在充分保障业主合法权益的同时，增强了业主的睦邻意识，建立了相互尊重、和平共处的社区关系。

（四）完善的物业管理可以使产权人投资的物业保值和增值

一方面，优秀的物业服务企业不仅能对物业善加爱护，使其"青春永驻"，而且会使物业服务企业的形象潜移默化地进入市场，扎根在消费者心中，形成物业建筑自身以外的价值——无形资产。

另一方面，良好的物业管理不仅使物业处于完好的状态并使之正常运行，延长物业的使用寿命，而且通过管理、服务和经营，能够适当改善和提高物业的使用功能，提高物业的档次和适应性，使得该物业有形资产保值。

无形资产与有形资产的结合，为业主带来了潜在的利润，构成了物业升值的基础。这种物业无疑会受到精明的房地产交易商和顾客的青睐，使该物业成为抢手货，从而推动该物业的价格上涨。

（五）良好的物业管理有利于开发企业创造品牌形象，促进其他项目的销售

物业管理质量的好坏直接影响到开发企业的声誉，良好的物业管理有助于开发企业树立公众形象。如果说一些开发项目在创造和寻找一种卖点的话，物业管理就是其中之一。万科集团在各地开发的项目，销售业绩之所以一直相对不错，正是得益于其最早成功推行的物业管理。在实践中，开发企业也意识到，后续项目销售得顺利与否，绝对与已竣工项目的物业管理好坏有关，因此，开发企业开始把物业管理作为企业经营的重要战略决策。物业管理作为房地产商品消费环节的重要内容，不仅可以免除业主和使用者的后顾之忧，也会增强他们对开发企业的信心。因此，优质的物业管理是企业最形象也是最实惠的广告，具有提高房地产开发企业声誉的作用，给开发企业带来的效益可以是源源不断的。所以，房地产企业持续发展最终还是要靠品牌而不是土地，房地产品牌的保持和延续则必须依赖后期的物业管理。

（六）物业管理是实现房地产开发价值的重要保证

在房地产市场中，就一个房地产项目而言，存在着开发、经营、管理三个环节。从程序来看，物业管理是房地产开发、经营的落脚点。因此，缺少了物业管理，广义上的房地产开发过程就显得不够完整了。

改革开放以来，我国房地产业发展初期的重点是解决数量问题，实行的是一种数量增长型经济，因而存在重开发建设、轻管理的现象，使开发建设与管理脱节，这也是导致我国房地产管理效率低、投资效益差的根本原因。随着国家宏观政策的调整，单纯的数量增长已经不能适应市场需求，房地产要提高投资效益，要向效益增长型转变，就必须加强物业管理，使房地产开发、经营、管理三个环节全面协调发展。

物业管理是对物业建成后使用全过程的管理，也可以说是广泛意义上的售后服务，因此，物业管理是房地产开发经营活动的重要保障。只有现代化的管理手段，优质、周到、完善的物业管理，才能保证房地产价值和使用价值的最终实现，进而提高房地产开发投资的效益。

从房地产生命周期来看，物业管理作为房地产开发的后端服务，其提供的维护、养护、管理等一系列服务占据了整个房地产生命周期的90%以上。房地产行业的增长红利已过去，物业管理行业作为房地产行业的重要增值服务行业，市场规模随着存量房的增加而增加，营收稳定且处于行业发展初期，发展空间巨大。目前有超过90%的房地产企业涉足物业管理行业，物业管理市场的高速发展反哺和助推了房地产行业，成为房地产行业扩大规模、范围和业务领域的新增长点。

五、物业管理的产生与发展

(一) 物业管理的产生

物业管理始于19世纪60年代的英国。当时正值英国工业化大发展时期，完成了原始资本积累过程，正在从工场手工业向大工业生产合作的机器化大生产过渡。大量农民进入城市，原有的交通条件和城市布局不适应大工业的发展和人口流动的需要，造成严重的房荒，因此住房拥挤、房价暴涨、设备老旧、环境恶劣、管理混乱成为严重的社会问题。

为解决这一问题，英国伯明翰的一位名叫奥克维亚·希尔的女士为其名下出租的物业制定了一套行之有效的管理办法，引导并要求租户严格遵守，在约束租户行为的同时，及时对损坏的设备进行维修，维护了居住环境。这不仅有效地改善了居住条件，而且改善了业主与租户的关系。当地其他业主纷纷效仿并改进她的做法，取得了很好的效果，并引起了政府重视。这一做法不断得到推广，并逐渐演变出了物业管理的专业服务体系，因而被视为最早的物业管理。随后，英国还成立了非营利性行业组织——皇家特许屋宇经理学会。以英国为起源地，在一个多世纪的时间里，物业管理在世界各地逐渐推行开来，并受到各国的普遍重视。

这一做法之所以被视为最早的物业管理，是因为希尔女士物业管理的本质和特点体现在两个方面：第一，其管理基础是"基于业主对物业的所有权"；第二，其管理方式是"为业主与物业使用权人（即租户）的共同权益，对共同事务实行管理"。由此可见，真正意义上的"物业管理"起源于业主自治管理。

19世纪末20世纪初，美国经济迅速发展，伴随着建筑技术的不断进步，一幢幢高楼拔地而起，这些高层建筑附属设备多、结构复杂，日常维修养护和管理事务烦琐复杂，对管理人员专业性和技术水平提出很高的要求，同时这些建筑物往往不是一个或几个业主所有，常常是数十个或数百个业主共有，于是出现了专业化的物业管理机构，为楼宇所有业主提供专业性和技术性的楼宇管理和维修养护工作。随着物业管理机构的增加，在20世纪初，美国也成立了第一个行业协会——芝加哥建筑管理人协会。行业自治组织的成立，既标志着物业管理行业的成熟，又有力地推动了物业管理行业的有序发展。此后，物业管理日益被业主和政府重视，逐渐成为一个新型的服务行业。

（二）发达国家及地区物业管理的发展状况

在当今发达国家和地区，物业管理已十分普遍，为社会所充分认可，并成为城市建设和管理的一个重要产业，物业服务行业的发展已十分规范。

1.物业管理行业自律组织发挥着重要作用

为了进一步规范物业管理行业，各国纷纷成立了物业管理行业自律组织。如美国，早在1921年就成立了"建筑物业主与管理者协会"（Building Owners and Managers Association，BOMA），该组织中的专业物业管理人员认为，业主和管理者在一个协会中，可以加强彼此了解从而达到在管理工作中的理解和相互协作；并且他们认为，业主和管理者的目的是一致的，都是为了使物业保值、增值，为了创造一个良好的居住环境和工作环境。这个协会可以提供许多行业内的信息，而且还经常开办一些专题讲座和教育课程，因此，很受业主欢迎。后来，这个组织在加拿大、英格兰、南非、日本和澳大利亚成立了分支机构，成为一个国际性组织，更名为"国际建筑物业主与管理者协会"（Building Owners and Managers Institute，BOMI）（更名于1970年），主要负责为业主与管理者提供培训。1933年，物业管理协会（Institute of Real Estate Management，IREM）成立，这是全美国境内第一家涉及物业管理的专业协会，IREM成立后做了很多工作，特别是建立了一些行业规范。它对满足其各项要求的物业管理者进行物业管理者资格（Certified Property Manager，CPM）认证。为强调对零售物业管理的重视，国际购物中心委员会（International Council of Shopping Centers，ICSC，世界上最大的专业零售业地产商业协会）为零售业管理者提供教育培训，合格后给予购物中心管理者资格（Certified Shopping Center Manager，CSM）认证。全国住宅建筑商协会、多户住宅委员会和全国公寓协会（National Apartment Association，NAA）都为公寓管理者、维修工程师和主管提供学习课程。全国房地产管理者协会（National Association Residential Property Management，NARPM）为专门管理独户的管理者提供网络服务和教育培训。

时至今日，各发达国家和地区的物业管理组织已成体系，并呈现出国际化趋势。如英国成立的皇家特许屋宇经理学会（Chartered Institute of Housing，CIH），会员已遍布世界各地。各国大多通过物业管理行业的自律组织和学术研究机构——行业协会制定行业自律准则，交流管理经验，组织人员培训，评定企业类别和审定专业人员的资质，以实现行业自身保护与物业管理业务的共同提高。

2.依法管理

物业管理行业一般由政府负责制定各种法律和规定，由各个职能部门按照法律和规章的内容实施管理。如日本制定了《楼宇管理法》，该法的内容包括特定建筑物、管理标准、管理技术者、备案文件、罚款等。又如，中国香港根据当地的情况，先后制定了《建筑物条例》《多层建筑物（业主法团）条例》《消防条例》《公共卫生条例》等法规，分别由建筑事务监督、消防专员、卫生专员按法律规定定期进行检查和监督，以确保物业管理的各项工作内容符合有关条例的要求。

3.专业化管理

发达国家和地区的物业管理起步较早，已成为成熟的新兴行业，其专业化程度很高。专业的物业服务企业通过专业的管理人员和技术人员利用专业的管理手段为业主提供非常周到、专业的服务。各类专业公司，不论在数量上还是质量上都达到很高的水平，进一步提高了物业管理行业的效率。例如，在美国社会分工十分明确，物业管理专业化是其最显著的特点：物业服务企业一般只负责整个住宅小区的整体管理，具体业务则聘请专业的服务公司承担，物业服务企业接管后将管理内容进行细化，然后再发包给清洁、保安、设备维修等专业单位。

4.民众管理

发达国家和地区的物业管理不仅专业化水平很高，广大社会民众在物业管理服务过程中的参与意识也很强。各国通过不同的方式在物业管理过程中实现民众的参与，如美国是自我民主管理与专业化服务相结合的典范，在物业管理过程中，社区委员会作为居民的代表发挥着十分重要的作用，而在中国香港，业主立案法团、居民互助委员会和业主委员会（简称业委会），也都属于类似的民众管理组织。

（三）我国物业管理的发展阶段

我国物业管理起步较晚，它是在城市房地产综合开发和住房制度改革的背景下，通过实行住房商品化制度而逐渐发展起来的。作为房地产业的一个分支，我国的物业管理几经沉浮，大体经历了起步、休眠、恢复与发展三个时期。

1.起步阶段

20世纪20年代，房地产业蓬勃发展。这一时期，在一些大城市（如上海、天津、武汉、广州、沈阳、哈尔滨等），陆续建起了许多高层建筑和民宅。在当时的房地产市场上，就已经出现了代理经租、清洁卫生、住宅装修、服务管理等经营性的专业公司，这些公司开展的业务与现代物业服务企业的服务形式十分相似，这标志着我国此时已有了物业服务行业的萌芽。

2.休眠阶段

中华人民共和国成立后，城市土地收为国有，实行无偿划拨使用，房产绝大部分成为公有，住宅基本上由政府包下来建设，房屋作为福利分配。房地产管理由政府房地产管理部门统一进行，这就是我们所熟悉的由房管站（所）具体负责的传统的行政管理体制。房地产不再作为商品进入流通领域，房地产经营活动停止。此时，物业管理也随着房地产市场进入了休眠状态。

3.恢复与发展阶段

20世纪80年代以后，我国城市建设事业迅速发展。随着房地产综合开发的崛起和房地产管理体制改革的加快，通过学习和借鉴中国香港物业管理的经验，从实践中探索出了一条经营型综合性物业管理的路子。1981年3月10日，第一家专业性物业服务企业——深圳市物业管理公司宣告成立①，具有现代意义的物业管理在

---

① 北京的第一家物业服务企业于1986年成立；上海的第一家物业服务企业于1991年成立。

我国迈出了第一步。此后，从深圳到广州，从南方到北方，从沿海到内地，物业服务企业如雨后春笋般涌现。

中国物业管理协会①发布的《2018年全国物业管理行业发展报告》显示，截至2017年年底，我国物业管理行业拥有11.8万余家物业服务企业，约904.7万从业人员，管理各类房屋面积246.65亿平方米，年营业收入超过6 000亿元。物业管理行业的持续健康发展，有力地支撑了社会就业、消费升级、服务业产业结构优化和新经济发展，促进了我国服务业向高质量发展方向迈进，成为推动服务业乃至国民经济增长的一大动力。

据调查，我国城镇居民家庭资产以实物资产为主。其中，住房又是实物资产的重要构成，住房占比近七成，住房拥有率达到96.0%。②

虽然我国居民的住房拥有率很高，但全国城市物业管理覆盖率③平均为60%④，我国的物业管理行业在快速发展的同时，总体还处于低水平运行状态。行业发展的内外部环境和自身运作模式都在发生变化，也面临着成本急剧上涨、价格调整机制缺失、行业责任边界不清、业主大会制度实施难、部分企业生存状况堪忧等深层次问题。同时，地域发展不平衡、员工流动率高、企业规模小、管理水平低、人员素质差、群众投诉多等问题还比较突出，这些都困扰着物业管理行业的健康发展，因此促进行业规范发展的任务还很艰巨。

随着人们生活水平的提高，业主对管理和服务的要求不断提升；随着业主物权意识的加强，他们对通过管理达到物业保值增值目的的关注度逐步提高；随着投资性物业比重的逐步增加，部分业主产生了依托物业管理帮助其打理房屋出租等事项，以获得稳定投资收益的要求；随着维权意识的增强，一些业主对共用部位、共用设施设备经营收益的分享提出了主张；随着消费观念的日渐成熟，一些业主对质价相符的关心从抽象上升到具体。因此，物业服务企业亟须解决上述问题。

第二节　物业管理的类型和范围

一、物业管理的基本类型

物业管理基本类型可以从四个角度⑤进行划分：一是从物业服务企业模式的角度；二是从物业管理形式的角度；三是从物业用途的角度；四是从管理阶段的

① 2000年，中国物业管理协会成立，简称"中国物协"，英文名称为China Property Management Institute，缩写为CPMI。它是经中华人民共和国民政部批准并注册登记，具有社团法人资格的全国性社会团体。其主管部门为中华人民共和国住房和城乡建设部。

② 中国人民银行调查统计司. 2019年中国城镇居民家庭资产负债情况调查［EB/OL］.［2020-12-03］. http://www.pbc.gov.cn/.

③ 物业管理覆盖率一般是指住宅（成型的社区中，包括新建住宅小区、老旧小区、城中村，不含棚户区、农村房屋）有物业管理的社区面积与所有小区面积的比值。部分城市公布的数据一般都是指住宅，未含工业、商业用房等。

④ 例如，2017年，北京物业管理覆盖率达到70%，深圳和上海的物业管理覆盖率达到90%，大连的物业管理覆盖率只有50%。

⑤ 从四个角度划分，是作者的观点，我国大部分学者或研究人员只按第一种角度划分的

角度。

（一）按照我国物业服务企业模式来划分

一般来说，物业服务企业的模式与我国的房地产管理体制有关。

长期以来，我国没有物业管理这个概念，更没有建立起基本的物业管理体制。常规的管理都是以行政管理为主，即一个单位的房屋由办公室或房产科负责；一个城市的国有房产归房地产管理局负责；其管理职能仅限于办理房产出租、使用权分配及简单的房屋维修等。

改革开放以后，尤其是房地产业兴起后，经济特区和沿海城市逐步引进物业管理的概念并实施一些物业管理办法，建立了以经济、法律手段为主，行政手段为辅的物业管理体制。

我国住房制度的改革，使得房产由国家公有、统管向私有化、市场化过渡，这就决定了我国的物业服务企业在现阶段存在着三种不同的类型。

1.房管所转制而来的物业服务企业

这种模式起源于传统的计划经济体制时期，适用于直管公房和自管公房，即在旧的住房体制下，这一类住房分配属于福利性，管理属于行政性，住户只有使用权而没有所有权，房租非常低廉。其房屋管理所需要的费用主要靠财政拨款或单位拨款，常常因为经费不足而达不到基本的管理要求。后来，由于住房制度改革的需要，这些公房基本已售出或正在售出，产权已逐渐变为私有。在这种情况下，原有的房屋管理体制已不适应现实的发展需要，原来的房屋管理所或房屋管理处开始转制为物业服务企业。但由于历史的原因，观念转变得较慢，这类公司往往政企不分、行政计划和福利分配的色彩较浓、市场化程度较低。对售后公房的物业管理来说，只能说是一种过渡。

2.开发企业组建的物业服务企业

随着房地产市场的发展和住房制度改革的深入，房地产作为商品进入人们的生活，自然应该像其他商品一样，使人们享受到售后服务——物业管理。这一点已经达成共识，国家出台的一些法律法规也要求对新建物业实施物业管理。在这种形势下，不少开发企业或因找不到合适的物业服务企业，或因对物业管理的片面认识，或因提升楼盘品质、创立名牌的需要，或出于促进后续项目销售的动机等，自己组建了物业服务企业来管理自己开发的物业①。

这一类物业服务企业是依托母公司的产业而进入市场的。它的优势是项目的来源有保证，并且对项目运作的全过程比较了解，在竣工验收、接管过程中资料齐全、矛盾较少，对房产的结构、性能比较熟悉，便于与开发企业协调工作。缺点是在业主与开发企业或业主与物业服务企业之间出现矛盾和纠纷的时候，由于隶属关系的原因，业主的利益不容易得到保证。

目前，我国的物业服务企业大多数都是这一种。虽然在发展的初期也有许多不

---

① 如万科企业股份有限公司组建的物业服务企业通称为"万科物业"，目前已成为万科的一个品牌。

足，但其市场化程度、专业化程度较第一种类型已有很大提高。当前主要依赖于市场，已经有一定的市场竞争力，但依然从开发企业处接项目，母公司的大量项目成为其迅速壮大的主要原因。

但是，依附于开发企业的也有相当一部分经验少、规模小的物业服务企业。这些企业在管理理念上、运作方式上、组织机构的设置上存在缺陷，而且其自我修正、自我发展的能力较差，如果管理不当会影响开发企业的声誉，面临被市场淘汰的危险。在这种情况下，某些有长远发展眼光的母公司——开发企业通常会聘请专业顾问公司参与管理或同境外的物业服务企业合资以引进先进的管理方法。

3.专业物业服务企业

这是按照《中华人民共和国公司法》的要求，由社会上的法人或个人发起组建的物业服务企业。这种企业独立经营、独立核算、自负盈亏、自我完善、自我发展，在性质上符合前面所说的物业管理的三个特性——专业化、市场化、社会化，完全按价值规律办事。物业服务企业既不隶属于某个行政部门，也没有自家开发企业的支持，只能自己到市场上找项目或接受业主的委托对其物业进行管理，因而有较强的活力。这种模式的物业服务企业主要凭借较强的顾问策划能力与经验在市场上竞争并取胜。①

从长远趋势看，第三种是我国物业服务企业应该选择的发展模式和方向。

（二）按照物业管理形式来划分

按照物业管理形式划分，主要有三种：

1.业主自管

业主自管是指物业的所有权人自己管理物业。目前我国城市物业管理覆盖率并不高，说明全国有一大部分物业或小区仍在实行业主自管。从立法原则和精神上来说，《条例》承认"业主的财产权利是物业管理的基础"，并没有否定业主对自己物业的"自行管理"权利。但从实践中看，这种管理方式比较简单，如做一些简单的绿化、卫生清扫等工作，而很多专业化的服务如物业本体、机电、水、消防设施设备的使用、维修、养护等工作却做不到，或无法达到为业主和使用者创造舒适、文明、清洁、安全的生活与工作环境的目的，与真正意义上的"物业管理"相比，在体制、机制和专业程度上还存在着较大差距。

2.业主自治

这是由业主委员会直接委托专业公司进行物业管理的一种形式。在中国台湾地区，这种形式也称为"业主自营"。与业主自管不同的是，自管是物业全部由业主管理，较为分散，业主本身难以达成统一；自治是通过业主委员会来对物业进行管理，业主委员会承担了物业服务管理者的角色。业主可以通过业主委员会向绿化公司、清洁公司、保安公司等提供专业服务的公司直接招标，同时，聘请财务、房管、机电、维修等专业人员对物业进行服务；聘请审计公司对物业的财

---

① 从管理服务质量看，目前，在这类专业物业服务企业中，比较有影响的多数是合资或外资企业，如怡信、世邦魏理仕、第一太平洋戴维斯、九龙仓物业、万通璐顿、威格斯物业、太联物业等。

务进行审计，并公开、定期地向业主公布账目等。

在一些西方国家采用这种物业管理方式。对于业主自治式物业管理，中国台湾地区有着成功的经验。

在市场经济条件下，由于各个居住区的群体特征多种多样，经济水平存在着很大的不平衡，因此，应当允许多元化的物业管理模式并存。如果简单地搞"一刀切"，不仅不利于社区物业管理水平的整体提高和创新，更有可能严重违背广大业主意愿，侵害业主的选择权，得不到广大业主的拥护和支持，从而不可能达到预期的目标。

不过，在我国，由于存在业主委员会的合法地位如何实现、业主自治的风险如何化解、业主委员会成员的素质如何提高、对业主委员会的信用监管程度如何把握等诸多问题，这种管理方式虽然得到认可，但实施起来还有一定难度。

3. 业主选聘物业服务企业

这是指由业主或业主委员会选择专业化、社会化、市场化的物业服务企业对其所属物业进行全方位、综合性管理服务的一种形式。

从《条例》规定来看，我国目前按国家要求并广泛实施的物业管理，就是此种形式。

（1）《条例》第2条：物业管理，是指业主通过选聘物业服务企业，由业主和物业服务企业按照物业服务合同的约定，对房屋及配套的设施设备和相关场地进行维修、养护、管理，维护物业管理区域内的环境卫生和相关秩序的活动。

（2）《条例》第32条第1款：从事物业管理活动的企业应当具有独立的法人资格。

可见，《条例》所认可的"物业管理"是目前我国物业管理市场上广为流行的物业服务企业模式。应该说，前述的业主自治和业主自管的物业管理形式，《条例》中没有否定，但也不属于《条例》调整的范畴，《条例》只规范选聘了物业服务企业的项目。那些没有选聘物业服务企业的项目，可以自行管理，也可以委托其他管理人进行管理，毕竟我国专业物业服务企业的覆盖率没有达到100%。《条例》虽然没有规范未选聘物业服务企业的项目，但并不意味着业主采用其他方式对建筑物及其附属设施进行管理的行为没有法律的约束。

《中华人民共和国民法典》（以下简称《民法典》）第284条：业主可以自行管理建筑物及其附属设施，也可以委托物业服务企业或者其他管理人管理。对建设单位聘请的物业服务企业或者其他管理人，业主有权依法更换。该条款规定了业主管理建筑物及其附属设施的三种方式，即自行管理、委托物业服务企业管理和委托其他管理人管理。

通过对第二种划分的分析，我们可以看出，物业管理作为一种服务工作，越来越受到人们的重视和认可。今后人们选择的物业管理方式可能更加多样化。例如，有的业主选择符合社会化、专业化、市场化特性的物业服务企业，有的业主选择自治或自管。因为市场的需求才是行业发展的动力与指导，所以物业管理方式的多样化只要迎合了市场的需要，就无所谓对错，只是各有利弊。但是，由于事物发展的不确定性，我们不能现在就认定哪一种方式是行业发展的最终结果。

必须说明的是，业主有权选择适合自己的方式来管理自己的物业。换言之，是否选聘物业服务企业来对物业实施管理，是业主的权利。《条例》并不强制业主必须选择物业服务企业，但是，如果业主通过选聘物业服务企业的方式来进行物业管理的话，则应当按照《条例》的规定来进行。

目前，从我国的国情出发，从业主可以选择的三种管理形式的成熟度与时机上看，上述三种管理形式中，仍应大力提倡与推广第三种形式——专业化物业管理。因为，物业管理行业经过40年的发展，从法规的完善度、市场的成熟度、社会的贡献度来看，都远远优于其他两种管理形式。在我国，目前专业化公司（如保安、清洁、机电维修等）的发展尚处于起步阶段，业主聘请专业化公司来进行物业服务的时机还不成熟；自我管理的方式更应限于经济欠发达或经济较落后的中小城镇及农村地区（当然，也包括一些只有一个或几个业主的物业）。

本书所述物业管理，均指第三种形式。

（三）根据物业用途的不同划分

物业按用途不同可以划分为居住物业、商业物业、写字楼物业、工业物业、特殊物业等，那么，其物业管理按用途不同也可划分为居住区物业管理、商业物业管理、写字楼物业管理、工业物业管理、特殊物业管理等形式。

针对不同用途的物业管理，物业管理的内容和重点亦有所不同。如居住区物业管理侧重于建筑物维修，保证物业的正常使用，为业主和使用者创造安全、舒适、清洁的使用和居住环境；而工业物业的管理侧重于确保水、电供应和区内道路的畅通；写字楼物业的管理侧重于电梯管理、消防安全和安全保卫等。

（四）根据管理阶段的不同划分

1.前期物业管理

前期物业管理阶段涉及一个协议和一个合同。协议是购房人在签购房合同时，同时由购房人与开发企业或物业服务企业签订的前期物业管理服务协议；协议的甲方是开发企业或物业服务企业，协议的乙方是购房人。合同是在房屋出售时，由物业服务企业与开发企业签订的前期物业服务合同，物业服务企业负责从房屋出售之后到业主委员会成立并选定新的物业服务企业之前这段时间的物业管理。合同的甲方是开发企业，乙方是物业服务企业。

2.正式物业管理

这是我们常说的物业管理阶段，在业主委员会成立后将决定续聘前期物业服务企业还是换聘新的物业服务企业，之后，由业主委员会与物业服务企业签订新的物业服务合同，一般为期3年。

二、物业管理的业务范围

物业管理的对象多种多样，范围相当广泛，几乎包括各类建筑，如高层与多层住宅区、综合办公楼、商业楼宇、工业厂房、仓库、停车场等。尽管物业类型不同，使用性质差异很大，但物业管理的业务范围基本是一样的。

完整意义上的物业管理业务可划分为以下三大类：

（一）与管理有关的业务

这一类业务也称常规性的公共服务，是指物业管理中公共性的管理和服务工作，是物业服务企业面向所有业主和使用人提供的最基本的管理和服务，目的是确保物业的完好与正常使用，维持正常的工作生活秩序和保持良好的环境。对于公共性服务管理工作，物业的所有业主和使用人每天都能享受到，其具体内容通常在物业服务合同中作明确的约定。因此，物业服务企业有义务按时按质提供这类服务，业主和使用人在享受这些服务时不需要事先再提出或作出某种约定。

公共服务主要有以下8项：

（1）房屋共用部位的维护与管理。它包括各类、各用途房屋的保养、维修，使之保持良好的可使用状态。

（2）房屋共用设备设施及其运行的维护和管理。它包括供水、供电、空调、电信、燃料等设施的保养、维护，使之保持良好的可使用状态。

（3）环境卫生、清洁、绿化管理服务。它包括对物业管理区域内的垃圾、废物、污水、雨水进行的清除、排泄等服务，以保持一个清洁的卫生环境，以及绿化建设和保养等工作，以提供良好的生态环境。

（4）物业管理区域内公共秩序、消防、交通等协助管理服务。它包括物业管理区域内的安全、保卫、警戒及排除各种干扰等工作，以保持居住区和工作区的安静；建立消防制度、设置消防器材、管理消防队伍；管理区域内的平行交通与垂直交通，清理通道、屋顶，保养路灯等。

（5）物业装饰装修管理服务。它包括房屋装修的申请与批准及对装修的设计、安全等进行的各项管理工作。

（6）专项维修资金的代管服务。这是指物业服务企业受业主委员会或物业产权人委托，对房屋共用部位和共用设施设备的维修资金的代管工作。

（7）物业档案资料的管理。

（8）代收代缴收费服务。

这类业务的特点是满足公共（所有人）需求。

（二）与服务有关的业务

这类业务是为满足物业产权人、使用人的个别需求，受其委托而提供的服务，通常指在物业服务合同中未要求、物业服务企业在专项服务中也未设立，而物业产权人、使用人又提出该方面需求的服务。此时，物业服务企业应在可能的情况下尽量满足其需求，所以我们也把这类服务称作特约服务。

特约服务的内容包括车辆保管、房屋代管、室内清洁、家电维修、土建与设备维修、装饰工程、代购车船机票、代购商品、代订报纸杂志、代聘保姆、家庭护理和接送小孩等内容丰富的服务项目。

这类业务的特点是满足个别人的需求。

（三）与经营有关的业务

这是物业服务企业面向广大住户，为满足其中一些住户、群体和单位的一定需要而提供的各项服务工作，这类业务具有经营性质。其特点是物业服务企业事先设立服务项目，并公布服务内容与质量、收费标准，业主和使用人可自行选择是否需要这种服务。有时也把这类业务称作专项服务。

这是物业服务企业为了扩大收入来源，推动企业壮大发展而积极开展的延伸性多种经营服务项目，其服务对象不仅包括物业服务区域的业主、使用人，同时也面向社会。

经营业务的内容主要有：

（1）商业网点。物业服务企业与商业、银行等机构协作，在物业辖区内建立超市、饮食店、副食品市场、洗衣店、美容美发中心和公用电信服务等，以方便业主。

（2）文教卫体。建设俱乐部、文娱活动室、老年活动室、健身房、舞厅、有线电视台、幼儿园、社区诊所等设施，使业主、使用人在小区内就可以参加各种小型的、社区性的文化、娱乐、体育活动，以及进行疾病治疗等。

（3）交通网点。配置必要的连接物业辖区与市中心的来往班车网络，并与交通部门协作，在物业辖区附件增设交通站点，以改善交通条件，为业主提供方便。

（4）各类中介服务。这是指物业服务企业受业主委托，代办各类保险，代理市场营销，代理租赁，进行投资咨询、住房交换以及房地产价格评估或其他中介代理工作。需要注意的是，有些中介代理工作需要具有相应的资格或委托具有相应资质的机构和人员进行。

这类业务的特点是满足多数人的需求。

应该说，我国的物业管理还处于培育和发展的阶段，物业服务企业尚未形成一定的规模，因而有的物业服务企业收取的物业费还存在人不敷出的现象，这些企业不得不采取"一业为主、多种经营"的方式，以多种经营的收入来弥补物业费的短缺，从而使物业管理产生造血功能，这样既减少了政府和各主管部门的压力和负担，又使得物业管理资金有了来源。从另一角度看，这种经营业务本身也满足了业主和使用人全方位、多层次、多项目的服务需要。

当然，物业服务企业的经营业务不论多少，都应与物业管理有关，而且必须从属于主业——物业管理。

以上（二）、（三）类业务，大都要与街道、居委会和有关政府部门，如教育、文化、卫生、民政、商务、交通等机构联合开展或接受其指导。从某种意义上说，这也体现了物业管理的社会性特点。

综合以上三大类各个项目，可见物业管理是融管理、服务、经营于一体的服务性行业，但物业管理的宗旨或者说指导思想是服务。这三大类业务项目具有相互促进、相互补充的内在有机联系。第一类是基本的，也是物业管理的基础工作，是一切物业服务企业首先必须做好的业务；第二类和第三类是第一类的扩展，表明了服务的广度和深度；第三类可以根据各个物业服务企业的实际情况来安排。

这三类项目为业主和使用人提供了物质和精神的双重服务。不过，物业服务企业能否承揽这些业务，实行全方位服务，取决于物业服务企业本身的承受能力和用户的要求。

第三节　物业管理的主要环节

物业管理是房地产开发的延续和完善，是一个复杂的、完整的系统工程。为保证物业管理有条不紊地顺利启动和正常运行，从规划设计开始到管理工作的全面运作，各个环节都不容忽视。根据物业管理的先后顺序，物业管理基本上由以下4个阶段13个环节组成：

一、物业管理的策划阶段

这一阶段的工作包括物业管理的早期介入、制订物业管理方案、制定临时管理规约及有关制度、选聘物业服务企业4个环节。

（一）物业管理的早期介入

所谓物业管理的早期介入，是指物业服务企业在接管物业以前的各个阶段（如项目决策、可行性研究、规划设计、施工建设等阶段）就参与介入，从物业管理运作的角度对物业的环境布局、功能规划、配套设施、管线布置、施工质量、竣工验收等多方面提供有益的建设性意见，协助开发企业把好四关：规划设计关、建设配套关、工程质量关和使用功能关，以确保物业的设计和建造质量，为物业投入使用后的优良管理创造条件，这是避免日后物业管理混乱的前提。

（二）制订物业管理方案

房地产开发项目确定后，开发企业应尽早制订物业管理方案，也可聘请物业服务企业代为制订。制订物业管理方案，首先，要根据物业类型、功能等客观条件以及住用人的群体特征和需求等主观条件，规划物业管理消费水平，确定物业管理的档次；其次，确定相应的管理服务标准；最后，进行年度物业服务费用收支预算，确定各项管理服务的收费标准和成本支出，进行费用的分摊，建立完善的能有效控制物业费用收支的财务制度。

（三）制定临时管理规约及有关制度

开发企业或建设单位应当在销售物业之前，制定临时管理规约，对有关物业的使用、维护、管理，业主的共同利益，业主应当履行的义务，违反规约应当承担的责任等事项，依法作出约定。开发企业或建设单位制定的临时管理规约，不得侵害物业买受人的合法权益。

（四）选聘物业服务企业

在物业管理方案制订并经审批之后，即应根据方案确定的物业管理档次着手进行物业服务企业的选聘。《条例》规定，国家提倡建设单位按照房地产开发与物业管理相分离的原则，通过投招标的方式选聘物业服务企业。建设单位应与选聘的物业服务企业签订前期物业服务合同。

建设单位通过招投标方式选聘物业服务企业，新建现售商品房项目应当在现售前30日完成；预售商品房项目应当在取得"商品房预售许可证"之前完成；非出售的新建物业项目应当在交付使用前90日完成。

投标人少于3个或者住宅区规模较小的，经物业所在地的区、县人民政府房地产行政主管部门批准，可以采用协议方式选聘物业服务企业。

上述4个环节均由房地产开发企业主持。这4个环节是物业管理全面启动和运作的必要先决条件，房地产开发企业对此应给予足够的重视。

二、物业管理的前期准备阶段

物业管理的前期准备阶段的工作，包括物业服务企业内部机构的设置与人员编制的拟定、物业管理人员的选聘与培训、物业管理规章制度的制定3个基本环节。

（一）物业服务企业内部机构的设置与人员编制的拟定

企业内部机构及岗位要依据所管物业的规模和特点，以及业主对物业管理服务的需求档次灵活设置。其设置原则就是使企业的人力、物力、财力等资源得到优化高效的配置，建立一个以最少资源达到最高运营管理效率的组织。

（二）物业管理人员的选聘与培训

为适应物业管理专业化和现代化的需要，必须选聘那些崇尚敬业精神的人员来从事物业管理工作，并对其进行专业技术和职业道德的培训。各岗位工种人员的素质应达到一定的水平，上岗前应对其上岗资格予以确认。电梯、锅炉、配电等特殊工种应取得政府主管部门的资格认定方可上岗。

（三）物业管理规章制度的制定

规章制度是物业管理顺利运行的重要条件与保证。规章制度的制定应依据国家法律、法规、政策的规定和物业管理行政主管部门推荐的示范文本，结合本物业的实际情况，制定一些必要的、适用的制度和管理细则。

三、物业管理的启动阶段

物业管理的全面正式启动以物业的接管验收为标志，该阶段包括物业的接管验收、用户入住、档案资料的建立、首次业主大会的召开及业主委员会的正式成立4个基本环节。

（一）物业的接管验收

物业的接管验收包括新建物业的接管验收和原有物业的接管验收。

新建物业的接管验收，是在项目竣工验收的基础上进行的再验收。这种验收同样按照有关工程验收的技术规范与质量标准，对已建成的物业核验，目的是将隐患消除在入住之前，以便今后对物业的使用与维护。接管验收完成后，即由开发企业或建设单位向物业服务企业办理物业管理的交接手续后，就标志着物业正式进入实施物业管理阶段。

原有物业的接管验收，通常发生在产权人将原有物业委托给物业服务企业管理时；或发生在原有物业改聘物业服务企业，新老物业服务企业交接时。在这两种情况下，原有物业接管验收的完成都标志着新的物业管理工作全面开始。

对物业服务企业而言，物业的接管验收是对包括物业的共用部位、共用设施设备在内的接管验收。

物业的接管验收是直接关系到物业管理工作能否正常顺利开展的重要一环。在接管验收的过程中，物业服务企业要充分发挥自己的作用，对验收中发现的问题应准确记录在案，明确管理、维修责任，并注意审查接收的图纸资料档案。

（二）用户入住

用户入住是指住宅小区的居民入住，或商贸楼宇中业主和租户的迁入，这是物业服务企业与服务对象的首次接触，是物业管理十分重要的环节。业主入住时，物业服务企业向业主发放《临时管理规约》等材料，将房屋装饰装修中的禁止行为和注意事项告知业主，还要通过各种宣传手段和方法，使业主了解物业管理的有关规定，主动配合物业服务企业日后的管理工作。

为向住户负责，此时的物业管理还包括迎接住户入住前的一系列工作，如提供包括治安、清洁卫生、室内检查、整治环境以及解决施工建设中存在的各种遗留问题在内的各种服务，目的是营造一个能使入住用户感到满意的生活、工作环境。

（三）档案资料的建立[①]

档案资料包括住户档案资料和物业档案资料。

（1）住户档案资料。业主或使用人入住以后，应及时建立他们的档案资料，如业主的姓名、家庭成员情况、工作单位、平时的联系电话或地址、收缴物业费情况、物业的使用或维修养护情况等。

（2）物业档案资料。它是对物业建设开发成果的记录，包括物业构成及周围环境的资料，是以后实施物业管理时工程维修、配套、改造必不可少的依据，是更换物业服务企业时必须移交的内容之一。

档案资料要尽可能完整地归集从规划设计到工程竣工、从地下到楼顶、从主体到配套、从建筑物到环境的全部工程技术资料，尤其是隐蔽工程的技术资料。经整理后按照资料本身的内在规律和联系进行科学的分类与归档。其可按建筑物分类，如设计图、施工图、竣工图、设备图等；也可按系统项目分类，如配电系统、供水排水系统、消防系统、空调系统等。

---

① 详见本书第三章第五节。

（四）首次业主大会的召开及业主委员会的正式成立

按照《业主大会和业主委员会指导规则》的相关规定，物业管理区域内，已交付的专有部分面积超过建筑物总面积50%时，建设单位应在物业所在地区、县人民政府房地产主管部门和街道办事处的指导下，筹备、组织召开首次业主大会，审议和通过业主大会议事规则和管理规约，选举产生业主委员会，决定有关业主共同利益的事项。至此，物业管理工作从全面启动转向日常运作。

四、物业管理的日常运作阶段

物业管理的日常运作是物业管理最主要的工作内容，包括日常综合服务与管理、系统的协调两个环节。

（一）日常综合服务与管理

日常综合服务与管理，是指业主大会选聘新的物业服务企业并签订物业服务合同后，物业服务企业在实施物业管理过程中所做的各项工作，如房屋修缮管理、房屋设备管理、环境卫生管理、绿化管理、治安管理、消防管理、车辆道路管理，以及为改善居住与工作环境而进行的配套设施及公共环境的进一步完善等各项服务工作。

（二）系统的协调

物业管理社会化、专业化、市场化的特征，决定了其具有特定的复杂的系统内、外部环境条件。系统内部环境条件主要是物业服务企业与业主、业主大会、业主委员会的关系以及业主之间关系的协调；系统外部环境条件就是与相关部门及单位关系的协调，例如供水、供电、居委会、通信、环卫、房管、城管等有关部门，涉及面相当广泛。

第四节　物业管理的法律规范

多年来，全国人大、国务院及其相关部门先后制定了一批与物业管理有关的法律、规章和规范性文件（也取消、作废或修订了一些文件），各省市也出台了《条例》或物业管理办法及物业管理的规范性文件。以下是对物业管理现行的全国性法律规范的简要介绍。

一、物业管理法律规范的含义

法律规范是由国家制定或认可的，具有普遍约束力的行为规则，它规定了社会关系参加者在法律上的权利和义务，并以国家强制力作为实施的保障。法律规范是构成法律体系的细胞，是一种特殊的行为规范。

物业管理法律规范是指由国家特定政权机关制定或认可的，具有普遍约束力，反映执政集团对物业管理社会秩序的利益要求和组控意志，并依靠政权强制力量保证实施的，用以组控物业管理社会关系中某一类具体关系或某一具体活动类型的行为规范。法律规范是物业管理有序运作的基本前提和重要保障。物业管理法律规范既包括与物业管理直接相关的法律法规，也包括与物业管理间接相关的法律法规。

二、物业管理法律规范的内容

（一）根据中国物业管理立法的现状，物业管理法律体系应当包括的内容

（1）物业管理的行业管理法律、法规、规章。

（2）物业管理、设施管理法律、法规、规章。

（3）业主委员会管理的法律、法规、规章。

（4）房屋及房屋维修管理法律、法规、规章。

（5）各类物业管理的管理办法。

（6）物业管理与各项相关的专业管理部门职责分工的法规、规章。

（7）与物业管理有关的法律、法规、规章。

（二）物业管理过程中涉及的相关法律[①]

（1）《中华人民共和国民法典》[②]，第十三届全国人民代表大会第三次会议于2020年5月28日通过，自2021年1月1日起施行。

（2）《中华人民共和国环境保护法》，第七届全国人民代表大会常务委员会第十一次会议于1989年12月26日通过，自公布之日起施行。第十二届全国人民代表大会常务委员会第八次会议于2014年4月24日通过修订，自2015年1月1日起施行。

（3）《中华人民共和国固体废物污染环境防治法》，第八届全国人民代表大会常务委员会第十六次会议于1995年10月30日通过，自1996年4月1日起施行。后分别于2004年12月29日进行修订，于2013年6月29日、2015年4月24日、2016年11月7日进行修正。第十三届全国人民代表大会常务委员会第十七次会议于2020年4月29日通过修订，自2020年9月1日起施行。

（4）《中华人民共和国环境噪声污染防治法》，第八届全国人民代表大会常务委员会第二十二次会议于1996年10月29日通过，自1997年3月1日起施行。第十三届全国人民代表大会常务委员会第七次会议于2018年12月29日通过修改。

（5）《中华人民共和国城市房地产管理法》，第八届全国人民代表大会常务委员会第八次会议于1994年7月5日通过，自1995年1月1日起施行。第十届全国人大常委会第二十九次会议于2007年8月30日通过修正。

（6）《中华人民共和国土地管理法》，第六届全国人民代表大会常务委员会第十六次会议于1986年6月25日通过，自1987年1月1日起施行。第七届全国人民代表

---

　　①　"二、物业管理法律规范的内容"中的（二）（三）（四），仅介绍法律法规的名称和发布时间，其具体内容将在书中各章涉及之处予以讲解。此不赘述。若读者需要，可按此查询原法规。

　　另（二）中所有法律，在后续各章涉及时，均简称为《××法》，略去"中华人民共和国"字样。

　　②　《民法典》是中华人民共和国第一部以法典命名的法律，《民法典》实施后，《中华人民共和国民法总则》《中华人民共和国民法通则》《中华人民共和国物权法》《中华人民共和国合同法》《中华人民共和国侵权责任法》《中华人民共和国婚姻法》等九部法律同时废止。

大会常务委员会第五次会议于 1988 年 12 月 29 日第一次修正；第九届全国人民代表大会常务委员会第四次会议于 1998 年 8 月 29 日修订；第十届全国人民代表大会常务委员会第十一次会议于 2004 年 8 月 28 日第二次修正；第十三届全国人民代表大会常务委员会第十二次会议《关于修改〈中华人民共和国土地管理法〉、〈中华人民共和国城市房地产管理法〉的决定》于 2019 年 8 月 26 日第三次修正，自 2020 年 1 月 1 日起施行。

（7）《中华人民共和国劳动法》，第八届全国人民代表大会常务委员会第八次会议于 1994 年 7 月 5 日通过，自 1995 年 1 月 1 日起施行。第十一届全国人民代表大会常务委员会第十次会议于 2009 年 8 月 27 日第一次修正；第十三届全国人民代表大会常务委员会第七次会议于 2018 年 12 月 29 日第二次修正。

（8）《中华人民共和国劳动合同法》，第十届全国人民代表大会常务委员会第二十八次会议于 2007 年 6 月 29 日通过，自 2008 年 1 月 1 日起施行。第十一届全国人民代表大会常务委员会第三十次会议于 2012 年 12 月 28 日通过修改，自 2013 年 7 月 1 日起施行。

（9）《中华人民共和国消费者权益保护法》，第八届全国人民代表大会常务委员会第四次会议于 1993 年 10 月 31 日通过，自 1994 年 1 月 1 日起施行。分别于 2009 年 8 月 27 日、2013 年 10 月 25 日进行修正。

（10）《中华人民共和国消防法》，第九届全国人民代表大会常务委员会第二次会议于 1998 年 4 月 29 日通过，自 1998 年 5 月 1 日起施行。第十一届全国人民代表大会常务委员会第五次会议于 2008 年 10 月 28 日通过修订，自 2009 年 5 月 1 日起施行。第十三届全国人民代表大会常务委员会第十次会议于 2019 年 4 月 23 日通过修正。第十三届全国人民代表大会常务委员会第二十八次会议于 2021 年 4 月 29 日通过修改。

（11）《中华人民共和国行政处罚法》，第八届全国人民代表大会第四次会议于 1996 年 3 月 17 日通过，自 1996 年 10 月 1 日起施行。第十一届全国人民代表大会常务委员会第十次会议于 2009 年 8 月 27 日通过修改。第十三届全国人民代表大会常务委员会第二十五次会议于 2021 年 1 月 22 日通过修订，自 2021 年 7 月 15 日起施行。

（12）《中华人民共和国治安管理处罚法》，第十届全国全国人民代表大会常务委员会第十七次会议于 2005 年 8 月 28 日通过，自 2006 年 3 月 1 日起施行。第十一届全国全国人民代表大会常务委员会第二十九次会议于 2012 年 10 月 26 日通过修改。

（13）《中华人民共和国建筑法》，第八届全国全国人民代表大会常务委员会第二十八次会议于 1997 年 11 月 1 日通过，自 1998 年 3 月 1 日起施行。第十一届全国人民代表大会常务委员会第二十次会议于 2011 年 4 月 22 日修正。第十三届全国人民代表大会常务委员会第十次会议于 2019 年 4 月 23 日修正。

（14）《中华人民共和国价格法》，第八届全国人民代表大会常务委员会第二十九次会议于 1997 年 12 月 29 日通过，自 1998 年 5 月 1 日起施行。

（15）《中华人民共和国突发事件应对法》，第十届全国人民代表大会常务委员会第二十九次会议于2007年8月30日通过，自2007年11月1日起施行。

（16）《中华人民共和国道路交通安全法》，第十届全国人民代表大会常务委员会第五次会议通过于2003年10月28日通过，自2004年5月1日起施行。第十届全国人民代表大会常务委员会第三十一次会议于2007年12月29日第一次修正；第十一届全国人民代表大会常务委员会第二十次会议于2011年4月22日第二次修正；第十三届全国人民代表大会常务委员会第二十八次会议于2021年4月29日通过修改。

（17）《中华人民共和国特种设备安全法》，第十二届全国人民代表大会常务委员会第三次会议于2013年6月29日通过，自2014年1月1日起施行。

（18）《中华人民共和国城乡规划法》，第十届全国人民代表大会常务委员会第三十次会议于2007年10月28日通过，自2008年1月1日起施行。第十二届全国人民代表大会常务委员会第十四次会议于2015年4月24日第一次修正；2019年4月23日第十三届全国人民代表大会常务委员会第十次会议第二次修正。

（19）《中华人民共和国人民防空法》，第八届全国人民代表大会常务委员会第二十二次会议于1996年10月29日通过，自1997年1月1日起施行。第十一届全国人民代表大会常务委员会第十次会议于2009年8月27日进行修正。

（20）《中华人民共和国民事诉讼法》，第七届全国人民代表大会第四次会议于1991年4月9日通过，自通过之日起施行。第十届全国人民代表大会常务委员会第三十次会议于2007年10月28日第一次修正；第十一届全国人民代表大会常务委员会第二十八次会议于2012年8月31日第二次修正；第十二届全国人民代表大会常务委员会第二十八次会议于2017年6月27日第三次修正。

（21）《最高人民法院关于适用〈中华人民共和国民事诉讼法〉的解释》，最高人民法院审判委员会第1636次会议于2014年12月18日通过，自2015年2月4日起施行。

（22）《中华人民共和国刑法》，第五届全国人民代表大会第二次会议于1979年7月1日通过，自1980年1月1日起施行。第八届全国人民代表大会常务委员会第五次会议于1997年3月14日第一次修订。此后至2020年12月26日，中国先后通过一个"决定"、十一个"修正案"，对本法作出修改、补充。

（三）现行与物业管理相关的条例、法规、规章等

（1）《物业管理条例》，2003年6月8日中华人民共和国国务院令第379号发布，自2003年9月1日起施行；2007年8月26日，根据《国务院关于修改〈物业管理条例〉的决定》（国务院令第504号）进行第一次修正；2016年1月13日，根据《国务院关于修改部分行政法规的决定》（国务院令第666号）进行第二次修正；2018年3月19日，根据《国务院关于修改和废止部分行政法规的决定》（国务院令第698号）进行第三次修正，并于2018年4月4日公布实施①。

---

① 此次修正，取消了物业服务企业资质管理的相关规定，并增加了建立守信联合激励和失信联合惩戒机制的有关内容，主要涉及第二十四条、第三十二条、第五十九条、第六十条和第六十一条。

（2）《最高人民法院关于审理建筑物区分所有权纠纷案件具体应用法律若干问题的解释》（以下简称《区分所有权解释》）和《最高人民法院关于审理物业服务纠纷案件具体应用法律若干问题的解释》（以下简称《物业纠纷解释》），分别于2009年5月14日和2009年5月15日公布，均于2009年10月1日起施行。

（3）《业主大会和业主委员会指导规则》，2009年12月1日，中华人民共和国住房和城乡建设部（建房〔2009〕274号文件）发布，自2010年1月1日起施行。

（4）《住宅专项维修资金管理办法》，2007年12月4日，中华人民共和国建设部、财政部联合签署发布（建设部、财政部令第165号），自2008年2月1日起施行。

（5）《物业服务收费管理办法》，2003年11月13日，中华人民共和国国家发展改革委、建设部（发改价格〔2003〕1864号）发布，自2004年1月1日起施行。2014年12月17日发布的《国家发展改革委关于放开部分服务价格意见的通知》（发改价格〔2014〕2755号），对该办法中的部分内容进行修改。

（6）《物业服务收费明码标价规定》，2004年7月19日，中华人民共和国国家发展改革委、建设部（发改价检〔2004〕1428号）发布，自2004年10月1日起施行。

（7）《前期物业管理招标投标管理暂行办法》，2003年6月26日，中华人民共和国建设部（建住房〔2003〕130号）发布，自2003年9月1日起施行。

（8）《物业承接查验办法》，2010年10月14日，中华人民共和国住房和城乡建设部（建房〔2010〕165号）发布，自2011年1月1日起施行（参见《物业承接查验操作指南》[1]中物协函〔2013〕11号）。

（9）《商品住宅实行住宅质量保证书和住宅使用说明书制度的规定》，1998年5月20日，中华人民共和国建设部（建房〔1998〕102号）发布，自1998年9月1日起施行。

（10）《建设工程质量管理条例》，2000年1月10日，中华人民共和国国务院第279号令发布，自2000年1月30日起施行。2017年10月7日中华人民共和国国务院令第687号《国务院关于修改部分行政法规的决定》修订；2019年4月23日中华人民共和国国务院令第714号《国务院关于修改部分行政法规的决定》第二次修改。

（11）《房屋建筑工程质量保修办法》，2000年6月30日，中华人民共和国建设部令第80号发布并实施。

（12）《商品房销售管理办法》，2001年4月4日，中华人民共和国建设部令第88号发布，自2001年6月1日起施行。

（13）《商品房屋租赁管理办法》，2010年12月1日，中华人民共和国住房和城乡建设部令第6号发布，自2011年2月1日起施行。

---

[1]　该指南在《物业管理条例》及《物业承接查验办法》确定的原则基础上，根据物业服务企业的管理职责，紧扣物业承接查验重点，从强电、弱电、空调、给排水、消防、电梯、房屋管理七个环节，具体讲解了物业承接查验的操作流程和注意事项，具有较强的指导性、实用性和可操作性，是物业服务从业人员的指导用书。

（14）《普通住宅小区物业管理服务等级标准（试行）》，2004 年 1 月 6 日，中国物业管理协会（中物协〔2004〕1 号）发布（参见《普通住宅小区物业管理服务等级标准（试行）》的使用说明）。

（15）《全国物业管理示范住宅小区标准及评分细则》及《全国物业管理示范大厦标准及评分细则》，中华人民共和国建设部 2000 年 5 月 25 日颁布，并于颁布之日起实施。

（16）《城市建筑垃圾管理规定》，2005 年 3 月 23 日，中华人民共和国建设部令第 139 号发布，自 2005 年 6 月 1 日起施行。

（17）《生活垃圾分类标志》（GB/T 19095-2019），2019 年 11 月 15 日，国家市场监督管理总局、中国国家标准化委员会发布，自 2019 年 12 月 1 日起实施。

（18）《屋面工程技术规范》（GB50345-2012），2012 年 5 月 28 日，中华人民共和国住房和城乡建设部发布，2012 年 10 月 1 日起施行。

（19）《保安服务管理条例》，2009 年 10 月 13 日，中华人民共和国国务院令第 564 号发布，自 2010 年 1 月 1 日起施行。

（20）《特种设备安全监察条例》，2003 年 3 月 11 日，中华人民共和国国务院令第 373 号公布，自 2003 年 6 月 1 日起施行；后根据 2009 年 1 月 24 日，中华人民共和国国务院令第 549 号修订，修订后自 2009 年 5 月 1 日起施行[①]。

（21）《电梯维护保养规则》（特种设备安全技术规范 TSG T5002-2017），2017 年 1 月 16 日，中华人民共和国国家质量监督检验检疫总局颁布，自 2017 年 8 月 1 日起施行。

（22）《关于进一步做好改进电梯维护保养模式和调整电梯检验检测方式试点工作的意见》，2020 年 4 月 6 日，中华人民共和国国家市场监督管理总局特种设备安全监察局发布（国市监特设〔2020〕56 号）。

（23）《中华人民共和国道路交通安全法实施条例》，2004 年 4 月 28 日中华人民共和国国务院令第 405 号公布，自 2004 年 5 月 1 日起施行。2017 年 10 月 7 日，根据中华人民共和国国务院令第 687 号，对《中华人民共和国道路交通安全法实施条例》进行了修改。

（24）《城市居民住宅安全防范设施建设管理规定》，1996 年 1 月 5 日，中华人民共和国建设部、公安部令第 49 号发布，自 1996 年 2 月 1 日起施行。

（25）《建筑设计防火规范》（GB50016-2014），2014 年 8 月 27 日，中华人民共和国住房和城乡建设部公告第 517 号发布，自 2015 年 5 月 1 日起施行。根据中华人民共和国住房和城乡建设部公告 2018 第 35 号局部修订。

（26）《高层建筑消防安全管理规定》（草案征求意见稿）》，2020 年 3 月 3 日，中华人民共和国应急管理部应急法规〔2020〕5 号发布。

（27）《城市绿化条例》，1992 年 6 月 22 日，中华人民共和国国务院令第 100 号

---

① 配合自 2014 年 1 月 1 日起施行的《中华人民共和国特种设备安全法》使用。

发布，自 1992 年 8 月 1 日起施行。分别于 2011 年 1 月 8 日、2017 年 3 月 1 日进行修订。

（28）《城市绿地分类标准》（CJJ/T85-2017），2017 年 11 月 28 日，中华人民共和国住房和城乡建设部公告第 1749 号发布，自 2018 年 6 月 1 日起实施。

（29）《城市危险房屋管理规定》，1989 年 11 月 21 日，中华人民共和国建设部令第 4 号发布，自 1990 年 1 月 1 日起施行，并于 2004 年 7 月 20 日作了修订（建设部令第 129 号）。

（30）《房屋完损等级评定标准》（征求意见稿），2020 年 11 月 11 日中华人民共和国住房和城乡建设部办公厅发布。

（31）《危险房屋鉴定标准》（JGJ125-2016），2016 年 7 月 9 日，中华人民共和国住房和城乡建设部发布行业标准，自 2016 年 12 月 1 日起实施。

（32）《住宅室内装饰装修管理办法》，2002 年 3 月 5 日，中华人民共和国建设部令第 110 号发布，自 2002 年 5 月 1 日起施行。2011 年 1 月 26 日，根据中华人民共和国住房和城乡建设部令第 9 号修改。

（33）"室内装饰装修材料有害物质限量"十项强制性国家标准，2001 年 12 月 10 日，中华人民共和国国家质量监督检验检疫总局发布，2002 年 1 月 1 日起实施。

（34）《室内空气质量标准》（GB/T18883-2002），2002 年 11 月 19 日，中华人民共和国国家质量监督检验检疫总局发布，与国家环保总局、卫生部共同制定，2003 年 3 月 1 日起实施。

（35）《民用建筑工程室内环境污染控制标准》（GB50325-2020），2020 年 1 月 16 日中华人民共和国住房和城乡建设部发布，自 2020 年 8 月 1 日起施行。

（36）《民用建筑隔声设计规范》（GB 50118-2010），2010 年 8 月 18 日，中华人民共和国住房和城乡建设部公告第 744 号发布，自 2011 年 6 月 1 日起实施。

（37）《工业企业厂界环境噪声排放标准》（GB 12348—2008）和《社会生活环境噪声排放标准》（GB 22337-2008），2008 年由中华人民共和国环境保护部公告第 44 号，与国家质量监督检验检疫总局联合发布，自 2008 年 10 月 1 日起实施。

（38）《声环境质量标准》（GB 3096-2008），2008 年 8 月 19 日，中华人民共和国环境保护部公告第 45 号，与国家质量监督检验检疫总局联合发布，自 2008 年 10 月 1 日起实施。

（39）《关于规范电动车停放充电加强火灾防范的通告》，2017 年 12 月 29 日，中华人民共和国公安部发布。

（40）《关于加强和改进住宅物业管理工作的通知》，2020 年 12 月 25 日，住房和城乡建设部等十部委①联合发布。

除上述法律法规外，住房和城乡建设部（原建设部）还曾发布过有关物业服务

---

① "十部委"包括住房和城乡建设部、中央政法委、中央文明办、发展改革委、公安部、财政部、人力资源社会保障部、应急部、市场监管总局、银保监会。

合同或管理规约的示范文本，可以参考使用①。

三、与物业管理有关的重要法规

（一）《民法典》

2020年5月28日，第十三届全国人民代表大会第三次会议表决通过《中华人民共和国民法典》，自2021年1月1日起施行，《中华人民共和国物权法》等九部法规同时废止。

对于物业服务领域而言，新通过的《民法典》中有三章内容对其具有较大影响，分别为物权编第六章"业主的建筑物区分所有权"、合同编第二十四章"物业服务合同"及侵权责任编第十章"建筑物和物件损害责任"。

《民法典》这三章中涉及物业服务企业和物业管理的主要内容以及主要变化如下：

1.物权编：第6章"业主的建筑物区分所有权"的相关规定

（1）"业主的建筑物区分所有权"主要内容。

根据《民法典》第271条的规定，建筑物区分所有权，是指业主对建筑物内的住宅、经营性用房等专有部分享有所有权，对专有部分以外的共有部分享有共有和共同管理的权利。

这一条款，从法律上明确了业主对建筑物的专有部分、共有部分所享有的权利，并规定了业主在享有法定权利的同时应履行的义务。

物业管理和服务中常常发生有关"专有"与"共有"方面的纠纷，可以按照《民法典》规定处理解决：

①建筑物内的住宅、经营性用房等专有部分。

所谓专有部分，是指在建筑物中具有构造和使用上的独立性的部分，它是构成建筑物区分所有权的基础。专有部分的修缮、管理和维护，由业主为之并负担其费用。《民法典》第272条规定：业主对其建筑物专有部分享有占有、使用、收益和处分的权利。业主行使权利不得危及建筑物的安全，不得损害其他业主的合法权益。

《民法典》第279条规定：业主不得违反法律、法规以及管理规约，将住宅改变为经营性用房。业主将住宅改变为经营性用房的，除遵守法律、法规以及管理规约外，应当经有利害关系的业主一致同意。

这里特别说一下"住改商"问题。

《民法典》并没有绝对禁止住宅改为经营用，但对于住宅改为经营性用房提供了法律路径指引：①按照有关法律规定作出评价并变更许可；②取得有利害关系的业主的同意。将住宅改经营性用房决定权赋予有利害关系的业主，既是对住宅"经营性用房"在一定程度上的放松，又真正地尊重了业主的意思自治。

---

① 《前期物业服务合同（示范文本）》（建住房〔2004〕155号），2004年9月6日；《业主临时管理规约（示范文本）》（建住房〔2004〕156号），2004年9月6日；《业主管理规约（示范文本）》，1997年8月。

首先，改经营性用房以后，可能增加楼面负载，也可能因需要拆改而给建筑物带来其他不良影响。其次，住宅改经营性用房以后，因为经营活动会排放噪声、废水、垃圾等污染物，也可能增加车辆等影响社区秩序，因此，住宅改经营性用房不仅仅是物权问题，也涉及社会管理秩序和市民的生活秩序，因而该条规定有条件地放松了对住宅改经营性用房的限制。但是要想将住宅改为经营性用房，还需要经过相关行政手续审批和有利害关系的业主一致同意。一般来说，本栋建筑物内的其他业主是"有利害关系的业主"，建筑区划内本栋建筑物之外主张与自己有利害关系且能够证明其房屋价值、生活质量受到或者可能受到不利影响的业主，也可以看成是"有利害关系的业主"。

所以，现实生活中，再遇到住宅改为餐饮、娱乐、音乐培训室等任何经营性用房等行为引发的纠纷时，物业服务企业处理起来就有法可依了。

②共有部分和共同管理的权利。

这是指业主对上述专有部分以外的共有部分，享有共有及共同管理的权利。

《民法典》的第274条~276条规定：

建筑区划内的道路，属于业主共有，但是属于城镇公共道路的除外。

建筑区划内的绿地，属于业主共有，但是属于城镇公共绿地或者明示属于个人的除外。

建筑区划内的其他公共场所、公用设施和物业服务用房，属于业主共有。

建筑区划内，规划用于停放汽车的车位、车库的归属，由当事人通过出售、附赠或者出租等方式约定。但建筑区划内，规划用于停放汽车的车位、车库应当首先满足业主的需要。

占用业主共有的道路或者其他场地用于停放汽车的车位，属于业主共有。

除了上述共有部分，建筑物的基础、承重结构、外墙、屋顶以及通道、楼梯、大堂、消防、公共照明均属于共有部分。

第282条规定：建设单位、物业服务企业或者其他管理人等利用业主的共有部分产生的收入，在扣除合理成本之后，属于业主共有。

小区的道路和绿地归全体业主所有，界定了小区道路的归属，同时也是对这些物权的保护，无论物业服务企业还是业主都不能随意改变这些道路、绿地的规划性质，不可私自种菜、不能私盖建筑等，即使业主委员会表决通过也不可行。关于物业管理用房的规定很明确，不管是否计入成本，都是全体业主所有。

现实生活中，随着私家车的激增，小区车位、车库问题成为热点问题。有的开发商将车位、车库高价出售给小区外的人停放；不少小区没有车位、车库或者车位、车库严重不足；有的物业服务企业占用共有道路或者其他场地作为车位。现在，上述法律表明，开发商、物业服务企业不能将车位收费所得据为己有；如果需要收费，在扣除必要成本后的所得款应属于全体业主共有。如果有车的业主无偿占据了小区的公共道路，则损害了无车业主的利益，因此只有让全体业主共同分享停车利益，天平才能得到平衡。

同时，《民法典》第273条规定：业主对建筑物专有部分以外的共有部分，享有权利，承担义务；不得以放弃权利为由不履行义务。

业主转让建筑物内的住宅、经营性用房，其对共有部分享有的共有和共同管理的权利一并转让。

第278条规定：下列事项由业主共同决定：……（八）改变共有部分的用途或者利用共有部分从事经营活动；（九）有关共有和共同管理权利的其他重大事项……而决定前款第六项至第八项规定的事项，应当经参与表决专有部分面积四分之三以上的业主且参与表决人数四分之三以上的业主同意。决定前款其他事项，应当经参与表决专有部分面积过半数的业主且参与表决人数过半数的业主同意。

现实生活中，关于"共有和共同管理权利"，容易产生纠纷的多是共有部分的收益归属纠纷以及共有部分的管理权限纠纷。

比如，之前的《物权法》以及之后的《民法典》实施后，小区楼宇（楼顶、外立面、大堂、电梯厅、电梯内等）的广告收益归业主所有。此前，这部分收益大都归属了物业服务企业，引起业主的不满和质疑。当法律明确将利用各种共有部分所做广告的收益权和决定权都划归业主时，传统的楼宇广告商业运作模式，将会受到影响。

另外，开发企业在销售房屋的时候，将顶楼做成一个露台以"赠送"的方式送给顶楼的业主，或底层做私家花园赠送一楼业主……明显是将该栋楼全体业主的共有部分送给了顶层或一层的住户。在法律明确规定"业主对专有部分以外的共有部分享有权利"，开发企业将作为业主共有部分的顶层、绿地用来出售产生的纠纷大大减少，物业服务企业或业主委员会遇到类似疑问时，也会直接找到解决的依据。

除了上述这些权利，《民法典》中还有许多关于业主的权利和义务的规定也属于物权编的内容，甚至当业主出售出租房屋、设立居住权的时候，也需要告知物业服务人[①]，这为解决在物业管理活动中经常遇到的、较难处理的问题提供了法律依据。

多年来，物业管理与服务实践中产生的不少纠纷在一定程度上源于相关权利的界定不清，而明确物的归属正是《民法典》物权编的精髓所在。对物权归属的明晰区分，使物业不同用途的建筑产权有了明确的界定，可以从根本上避免或减少业主、开发企业、物业服务企业三方之间因产权不清带来的纠纷。

（2）《民法典》与《物权法》及"两部司法解释"[②]条款有变化的内容。

①以法律形式设定了居委会指导和协助设立业主大会、选举业委会的法定义务。

《民法典》第277条第2款规定：地方人民政府有关部门、居民委员会应当对设立业主大会和选举业主委员会给予指导和协助。

---

① 《民法典》第945条第2款规定："业主转让、出租物业专有部分、设立居住权或者依法改变共有部分用途的，应当及时将相关情况告知物业服务人。"

② 《最高人民法院关于审理建筑物区分所有权纠纷案件具体应用法律若干问题的解释》，后续简称为《建筑物区分所有权解释》；《最高人民法院关于审理物业服务纠纷案件具体应用法律若干问题的解释》，后续简称为《物业服务纠纷解释》。

②适当降低业主共同决定事项特别是使用建筑物及其附属设施维修资金的表决门槛。

民法典第278条规定：下列事项由业主共同决定：

（一）制定和修改业主大会议事规则；

（二）制定和修改管理规约；

（三）选举业主委员会或者更换业主委员会成员；

（四）选聘和解聘物业服务企业或者其他管理人；

（五）使用建筑物及其附属设施的维修资金；

（六）筹集建筑物及其附属设施的维修资金；

（七）改建、重建建筑物及其附属设施；

（八）改变共有部分的用途或者利用共有部分从事经营活动；

（九）有关共有和共同管理权利的其他重大事项。

业主共同决定事项，应当由专有部分面积占比三分之二以上的业主且人数占比三分之二以上的业主参与表决。决定前款第六项至第八项规定的事项，应当经参与表决专有部分面积四分之三以上的业主且参与表决人数四分之三以上的业主同意。决定前款其他事项，应当经参与表决专有部分面积过半数的业主且参与表决人数过半数的业主同意[1]。

将"使用"维修资金事项的表决门槛降至面积和人数的"半数"，比此前《条例》及《物权法》规定的"三分之二"比例有明显下降。这种降低，有利于提高公共维修资金利用率，更能及时地维护业主的合法权益。

③新增紧急情况下可通过特别程序使用维修资金的规定。

《民法典》第281条规定：建筑物及其附属设施的维修资金，属于业主共有。经业主共同决定，可以用于电梯、屋顶、外墙、无障碍设施等共有部分的维修、更新和改造。建筑物及其附属设施的维修资金的筹集、使用情况应当定期公布。

紧急情况下需要维修建筑物及其附属设施的，业主大会或者业主委员会可以依法申请使用建筑物及其附属设施的维修资金。

这个新增的特别程序，使专项维修资金不再"沉睡"。

④明确共有部分收入分配原则。

《民法典》第282条规定：建设单位、物业服务企业或者其他管理人等利用业主的共有部分产生的收入，在扣除合理成本之后，属于业主共有。

比如，电梯广告、外墙广告等共有部分产生的收益属于业主共有。

⑤明确业主与物业服务人的关系。

《民法典》第285条规定：物业服务企业或者其他管理人根据业主的委托，依法管理建筑区划内的建筑物及其附属设施，接受业主的监督，并及时答复业主对物业服务情况提出的询问。

---

① 详见第二章相关内容。

从此条规定可以看出，业主与物业服务人的关系是委托被委托关系。

⑥明确了双方执行政府应急处置等措施的义务。

《民法典》第285条第2款规定：物业服务企业或者其他管理人应当执行政府依法实施的应急处置措施和其他管理措施，积极配合开展相关工作。

第286条第1款规定：……对于物业服务企业或者其他管理人执行政府依法实施的应急处置措施和其他管理措施，业主应当依法予以配合。

比如，针对疫情，物业服务企业和业主均须执行政府依法实施的疫情防控措施，相互配合工作。住宅小区作为市民日常生活的主要场所，是疫情防控的重要阵地。物业服务企业和业主只有相互配合才能在今后的防疫工作中共同发挥作用。

2.合同编：第24章"物业服务合同"的相关规定

《民法典》第三编合同，其中第24章"物业服务合同"是此前我国的《合同法》中一直没有的，《民法典》中专章设立，物业服务合同从此有了法律地位。《合同编》第24章"物业服务合同"一章吸收了《物业管理条例》及《物业服务纠纷解释》的相关规定并进行了新增及完善，主要新增或者调整的规则有（对物业服务合同的具体分析详见第5章，物业服务合同的具体规定详见附录二）：

（1）明确了"物业服务合同"的定义，并首次提出"物业服务人"和"物业服务区域"的概念。

《民法典》第937条规定：物业服务合同是物业服务人在物业服务区域内，为业主提供建筑物及其附属设施的维修养护、环境卫生和相关秩序的管理维护等物业服务，业主支付物业费的合同。

物业服务人包括物业服务企业和其他管理人。

（2）明确物业服务人公开作出的有利于业主的服务承诺的效力。

对比：

《物业服务纠纷解释》第3条第2款：物业服务企业公开作出的服务承诺及制定的服务细则，应当认定为物业服务合同的组成部分。

《民法典》第938条第2款规定：物业服务人公开作出的有利于业主的服务承诺，为物业服务合同的组成部分。

《民法典》第938条对《物业服务纠纷解释》第3条进行了修订及完善。首先，明确公开作出服务承诺的主体为"物业服务人"。根据《民法典》第937条第2款的规定，物业服务人包括物业服务企业和其他管理人。其次，对于物业服务人作出的服务承诺，明确是"有利于业主"的部分认定为物业服务合同的组成部分，约束或限制业主的则未予认定，改变了《物业服务解释》中"服务承诺及制定的服务细则"这一范畴。

（3）细化了物业服务转委托的条件和限制性条款。

《民法典》第941条第1款规定：物业服务人将物业服务区域内的部分专项服务事项委托给专业性服务组织或者其他第三人的，应当就该部分专项服务事项向业主负责。

物业服务人不得将其应当提供的全部物业服务转委托给第三人，或者将全部物业服务支解后分别转委托给第三人。

对比《条例》第39条，本条增加了"物业服务企业不得将全部物业服务支解后分别转委托给第三人"的规定，也就意味着物业服务企业自身至少应当保留一项物业服务事项，否则涉嫌违反本条规定。此外，《物业服务纠纷解释》第2条规定，业主委员会或者业主可以请求人民法院确认物业服务企业将物业服务区域内的全部物业服务业务一并委托他人而签订的委托合同无效。

（4）完善了物业服务人的信息公开义务。

对比：

《物权法》第79条规定：建筑物及其附属设施的维修资金，属于业主共有。经业主共同决定，可以用于电梯、水箱等共有部分的维修。维修资金的筹集、使用情况应当公布。

《民法典》第943条规定：物业服务人应当定期将服务的事项、负责人员、质量要求、收费项目、收费标准、履行情况，以及维修资金使用情况、业主共有部分的经营与收益情况等以合理方式向业主公开并向业主大会、业主委员会报告。

《物权法》对于物业服务人的信息公开及报告义务约定较为简单，《民法典》第943条对物业服务人的信息公开内容作了更为全面的规定，并要求应当向业主大会和业主委员会报告。

所以，物业服务企业应妥善制定对外公示的规章制度，督促物业服务人员按照规章制度履行法律法规明确的公示项，并履行向业主大会和业主委员会的报告流程。在履行公示及报告的流程中，注意留痕，及时固定并妥善保存相应凭证。

（5）新增物业服务企业催交物业费的禁止性方式。

《民法典》第944条第3款：物业服务人不得采取停止供电、供水、供热、供燃气等方式催交物业费。

实践中，一些物业服务企业会在合同中明确约定如果业主不按期缴纳物业费，物业服务企业有权采取停水电气的方式来催收物业费。但在司法实践中，即便物业服务合同有这一类条款，由于供水供电供气等为业主与水电气等第三方公司之间发生的法律关系，物业服务企业无权阻碍该法律行为的履行，因此，法院亦倾向于认为此类条款损害了公民的基本生活条件，违反了公序良俗，从而判定为无效条款，如物业服务企业仍采取这一方式催收物业费，则会被认定为合同履行瑕疵，若业主举证证明因此遭受损失，法院会判决适当减少业主应当缴纳的物业费或物业服务人向业主支付赔偿金。《民法典》该条款，对司法实践中的这一立场进行了明确。

（6）完善业主的解聘权利、通知义务及相关责任。

对比：

《物业服务解释》第8条第1款规定：业主大会按照物权法第七十六条规定的程序作出解聘物业服务企业的决定后，业主委员会请求解除物业服务合同的，人民法院应予支持。

《民法典》第946条规定：业主依照法定程序共同决定解聘物业服务人的，可以解除物业服务合同。决定解聘的，应当提前六十日书面通知物业服务人，但是合同对通知期限另有约定的除外。

依据前款规定解除合同造成物业服务人损失的，除不可归责于业主的事由外，业主应当赔偿损失。

《民法典》明确了业主有合同任意解除权但要赔偿物业服务人损失。

（7）新增物业服务合同的续订规则。

《民法典》第947条规定：物业服务期限届满前，业主依法共同决定续聘的，应当与原物业服务人在合同期限届满前续订物业服务合同。

物业服务期限届满前，物业服务人不同意续聘的，应当在合同期限届满前九十日书面通知业主或者业主委员会，但是合同对通知期限另有约定的除外。

（8）新增不定期物业服务合同及其解除的明确规定。

《民法典》第948条规定：物业服务期限届满后，业主没有依法作出续聘或者另聘物业服务人的决定，物业服务人继续提供物业服务的，原物业服务合同继续有效，但是服务期限为不定期。

当事人可以随时解除不定期物业服务合同，但是应当提前六十日书面通知对方。

（9）新增物业服务人的后合同义务，即新增物业服务合同终止后、新物业服务人或业主接管前，原物业服务人的继续管理义务。

《民法典》第950条规定：物业服务合同终止后，在业主或者业主大会选聘的新物业服务人或者决定自行管理的业主接管之前，原物业服务人应当继续处理物业服务事项，并可以请求业主支付该期间的物业费。

《民法典》对物业服务合同的以上修订内容，为司法机关裁决此类争议提供了强有力的法律依据，物业服务企业及业主应该依照条文妥善履行规定内容，共同构建良好社区环境。

3.侵权责任编：第10章"建筑物和物件损害责任"的相关规定

《民法典》第1254条规定：禁止从建筑物中抛掷物品。从建筑物中抛掷物品或者从建筑物上坠落的物品造成他人损害的，由侵权人依法承担侵权责任；经调查难以确定具体侵权人的，除能够证明自己不是侵权人的外，由可能加害的建筑物使用人给予补偿。可能加害的建筑物使用人补偿后，有权向侵权人追偿。

物业服务企业等建筑物管理人应当采取必要的安全保障措施防止前款规定情形的发生；未采取必要的安全保障措施的，应当依法承担未履行安全保障义务的侵权责任。

发生本条第一款规定的情形的，公安等机关应当依法及时调查，查清责任人。

该条第一款规定了高空抛物和高空坠物两种情形下，物品砸到人或者砸坏别人的财物，侵权人需要承担侵权责任。但该条款相较于《侵权责任法》第97条，针对这两种情形，从责任查明、主体确定的逻辑顺序上作出了较大的合理化调整，即在《侵权责任法》简单粗暴的"连坐法"基础上增加了一个前置程序，两个保障制度。

一个前置程序：明确了公安机关的调查职责。

对于建筑物抛掷物造成他人损害的行为，若能够确定抛掷物品的具体侵权人，由于该侵权人具有过错，法律规定由该侵权人承担侵权责任。但现实生活中，当被侵权人被建筑物抛掷物伤害时，依靠被侵权人自身的力量往往难以确定具体侵权人，举证非常困难。《民法典》第1254条第3款规定，从建筑物中抛掷物品造成他人伤害的，公安等机关应依法及时调查，查清责任人。立法明确规定了公安等机关依法及时调查的法定职责。公安等机关具有侦查权力和侦查能力，公安等机关进行调查，通常都能够查到具体侵权人，尽可能减少难以确定具体侵权人的情形；相应地，也尽可能减少了具体侵权人的侵权责任被未抛掷物品的"可能加害的建筑物使用人"分担的情形。

两个保障制度：

一是赋予了可能加害的建筑物使用人的追偿权。

之前的《侵权责任法》只规定了在侵权人难以确定的情况下由谁承担责任，没有规定追偿权等实施细则。基于此，《民法典》第1254条第1款对原《侵权责任法》中对高空抛物的规定进行了完善，赋予了那些可能加害的人追偿权。就是在那些可能加害的人对受害人承担补偿责任之后，一旦找到了具体的侵权人，那么，那些承担补偿责任的人可以找具体的侵权人追偿，将自己补偿的钱追回来。即被"连坐"后如果能够确定侵权人的，各被连坐人有权要求实际侵权主体将补偿款追回。

二是明确了物业的安全保障义务。

《民法典》第942条规定：物业服务人应当按照约定和物业的使用性质，妥善维修、养护、清洁、绿化和经营管理物业服务区域内的业主共有部分，维护物业服务区域内的基本秩序，采取合理措施保护业主的人身、财产安全。对物业服务区域内违反有关治安、环保、消防等法律法规的行为，物业服务人应当及时采取合理措施制止、向有关行政主管部门报告并协助处理。

《民法典》第1254条第2款规定：物业服务企业等建筑物管理人应当采取必要的安全保障措施防止前款规定情形的发生；未采取必要的安全保障措施的，应当依法承担未履行安全保障义务的侵权责任。

这里的"前款规定情形"是指从建筑物抛物或从建筑物坠物情形。前一种是高空抛物，就是从自己家中往外抛掷物品；后一种是高空坠物，就是从自家不小心掉下去物品，例如花盆，当事人不仅要对主动往楼下扔花盆的行为负责，还要对花盆被大风吹落下楼的情况负责。

这里的"安全保障措施"是指安装监控设备；制定、宣传规章制度；设置相应的告示、警示标志；让居民签署相应承诺书；在容易发生高空抛物、坠物的区域设置相应的雨棚、拦阻网；在小区橱窗或醒目位置张贴防范高空坠物的宣传标语，向居民宣传安全教育；对于小区或者商场的高层建筑应该定期巡查检修，一旦发现问题要及时设置警示牌或者隔离带，并对发现的安全隐患及时维修等。

物业服务企业在物业服务区域内应当履行好相关职责，采取上述必要、合理的安全保障措施防止发生高空抛物和坠物情形，以保障业主的人身、财产安全，以免被要求承担未履行安全保障义务的侵权责任。

对于如何解决高空抛物这一问题，民法典给出了答案，但要真正杜绝这一现象，则需要全社会共同努力。一是要宣传教育，提高公众的法治意识，不仅要尽快改变一些人高空抛物的不良行为，更要唤起公众对法律的敬畏。二是物业服务企业要提高管理能力、水平和技术手段，推进公共安全视频监控建设的应用。三是公安机关等部门依据法律规定的职权及时查处案件，依法依规对责任人进行处罚。在社会各界的共同努力下，高空抛物问题一定会得到根治。

《民法典》对侵权责任的规定，说明了立法的进步：一方面通过刑事手段来惩罚、惩治危害公共安全行为、危险行为，最大限度地遏制高空抛物现象和行为的发生；另一方面通过严格的民事行为规定，通过对物业服务企业赋予安全防护义务，对公安机关赋予调查责任，来保护此类现象中被侵权人的利益。

通过以上条款的增加或变化，可以发现《民法典》的实施对物业管理行业的重要性是不言而喻的。它可以更好地维护和保障业主和物业服务企业双方的合法权益，使物业管理活动更加有法可依，对完善物业管理法律体系、推进物业管理法治化进程至关重要。

（二）物业管理条例

2003年5月28日，我国第一部物业管理行政法规——《物业管理条例》经国务院第9次常务会议审议通过，2003年6月8日国务院令第379号公布，并于同年9月1日起正式施行。《条例》的颁布和实施，具有里程碑式的意义，它标志着我国物业管理进入了法治化、规范化发展的新时期。《条例》是目前我国物业管理方面最高级别的专业法规，是物业管理从业人员执业最直接依赖的法律依据。

该《条例》的出台，结束了我国物业管理长期没有"国家立法"的尴尬历史，同时也通过国家行政法规的形式，确定和总结了我国物业管理的法定模式和过往经验，标志着我国物业管理走上了规范化、法治化的新阶段，起到了规范物业管理活动、维护业主和物业服务企业的合法权益、改善人民群众的生活和工作环境的重大作用。它使我国的物业管理法治建设更加完善。

《条例》从第一次公布至今，国务院进行3次修正，第3次修正后的《条例》共7章67条，自2018年4月4日起施行。为了规范物业服务活动，维护物业服务当事人的合法权益，突出建章立制的重要作用，《条例》确立了以下5项物业服务基本制度。

1.业主大会制度

《条例》确立了业主大会和业主委员会并存，业主大会决策、业主委员会执行的制度。规定物业管理区域内全体业主组成业主大会，业主大会代表和维护物业管理区域内全体业主的合法权益。同时，明确了业主大会的成立方式、职责、会议形式、表决原则以及议事规则等主要事项，规定了业主委员会的产生方式、委员条件、职责、备案等。业主委员会作为业主大会的执行机构，可以在业主大会的授权范围内就某些物业管理事项作出决定，但重大的物业管理事项的决定只能由业主大会作出。这一制度有利于维护大多数业主的合法权益，保障物业管理活动的顺利进行。

为了规范业主大会、业主委员会的运作，加强监督管理，《条例》规定业主大会和业主委员会应当依法履行职责，不得作出与物业管理无关的决定，不得从事与物业管理无关的活动。

2.业主管理规约制度

物业服务往往涉及多个业主，业主之间既有个体利益，也有共同利益。当单个业主的个体利益与业主之间的共同利益发生冲突时，个体利益应当服从共同利益，单个业主应当遵守物业服务区域内涉及公共秩序和公共利益的有关规定。鉴于业主之间在物业服务过程中发生的关系属于民事关系，不宜采取行政手段进行管理，《条例》规定管理规约对全体业主具有约束力；规定建设单位应当在销售物业之前，制定管理规约，对有关物业的使用、维护、管理，业主的公共利益，业主应当履行的义务，违反规约应当承担的责任等依法作出约定。建设单位制定的临时管理规约，不得侵害物业买受人的合法权益。业主大会有权起草、讨论和修订管理规约，业主大会制定的管理规约生效时，临时管理规约终止。管理规约是多个业主之间形成的共同意志，是业主共同订立并遵守的行为准则。实行管理规约制度，有利于提高业主的自律意识，预防和减少物业管理纠纷。

3.物业服务招投标制度

物业服务是市场经济的产物，竞争是市场经济的基本特征。《条例》突出了推行招投标制度对促进物业服务健康发展的重要作用，提倡业主通过公开、公平、公正的市场竞争机制选择物业服务企业；鼓励建设单位按照房地产开发与物业管理相分离的原则，通过招投标的方式选聘物业服务企业，并明确规定，住宅物业的建设单位应当通过招投标的方式选聘物业服务企业。

4.物业承接验收制度

物业承接验收是物业服务的基础工作。《条例》规定物业服务企业承接物业时，应当对物业共用部位、共用设施设备进行查验，应当与建设单位或业主委员会办理物业承接验收手续，同时规定建设单位、业主委员会应当向物业服务企业移交有关资料。物业承接验收制度的确立，对明确开发建设单位、业主、物业服务企业的责、权、利，减少物业服务矛盾纠纷，促进开发建设单位提高建设质量，加强物业建设与管理的衔接等，具有重要意义。

物业承接查验制度是《条例》确定的基本制度之一。2010年10月14日，住房和城乡建设部印发了《物业承接查验办法》，将《条例》的有关规定进行细化、补充和完善，增强了物业承接查验制度的可操作性，明确了建设单位、物业服务企业和业主在物业承接查验活动中的权利义务。《物业承接查验办法》的出台，对减少建设单位的开发遗留问题，降低物业服务企业的管理服务风险，维护业主的共同财产权益，化解物业管理的矛盾纠纷，构建和谐互信的物业管理关系，具有重要的现实意义。

5.住宅专项维修资金制度

随着我国城镇住房制度改革的不断深化，居民个人拥有住房产权的比例越来越高，为了解决在住房产权结构多元化情形下，当住房共用部位、共用设施设备发生维修及更新、改造时，如何在多个业主之间及时筹集所需费用的问题，2007年12月4日，建设部、财政部联合发布了《住宅专项维修资金管理办法》，对维修资金的交存、使用、监督管理等作出了具体规定。《条例》第53条规定：住宅物业、住宅小区内的非住宅物业或者与单幢住宅楼结构相连的非住宅物业的业主，应当按照国家有关规定交纳专项维修资金；同时规定，专项维修资金属业主所有，专项用于物业保修期满后物业共用部位、共用设施设备的维修和更新、改造，不得挪作他用。

《条例》第12条第3款规定：决定"筹集和使用专项维修资金"的事项时，应当经专有部分占建筑物面积2/3以上的业主且占总人数2/3以上的业主同意。

但近年来，越来越多的小区已经出现老化、基础设施开始出现问题，诸如墙皮开始脱落、电梯老化等，稍有不慎就可能引发安全事故。这些问题往往涉及小区业主的整体利益，通常需要相关业主表决后方可启用公共维修资金。而在具体实践中，在有限的时间内，业主们往往难以达成一致。

针对专项维修资金使用难的现实状况，《民法典》第281条规定：建筑物及其附属设施的维修资金，属于业主共有，紧急情况下需要维修建筑物及其附属设施的，业主大会或者业主委员会可以依法申请使用建筑物及其附属设施的维修资金。

《民法典》进一步完善了专项维修资金制度。

专项维修资金制度对保证物业共用部位、共用设施设备的维修养护，保证物业的正常使用，维护全体业主的合法权益，起到了重要作用。

上述这些主要法规从不同角度规定了我国推行社会化、专业化、市场化的物业管理所应遵循的基本原则和实施办法，基本构成了我国现行的物业管理的法律体系框架。

第五节　案例分析

案例1　没有产权证也能成为业主吗？

案例：

2018年10月王女士购买了某小区的商品房一套，但开发商因为手续不全等原因，迟迟未能给王女士办理房屋产权证。一年后，王女士因楼内公共部分的使用问题与物业服务企业发生争议。该问题是开发企业曾将楼道大厅隔出一间房做售楼处，但该住宅小区已在2019年1月销售完毕，但售楼处至今未拆除，并一直对外出租，出租收益不知去向。物业服务企业认为，王女士还没有取得房屋产权证，还不是真正意义上的业主，无权对该公共部分如何使用提出要求。那么，物业服务企业的看法对吗？为什么？物业服务企业应如何避免出现这类纠纷？

案例评析：

本案例看似一个问题，但焦点问题却有两个：

（1）建筑物共有部分的使用问题。

（2）业主身份的确定问题。

根据这个案例发生的时间，分析时可以用当时的法规来衡量，但要与现行的《民法典》进行对比和衔接。

在《物权法》与《区分所有权纠纷解释》颁布前，经常会发生这类纠纷。尤其是业主身份的确定，到底什么样的人才能是业主，无论是业主还是物业服务企业，都有困惑之处；而共有部分的认定，在实践中也存在着各种各样的现象。该案例的问题在于，王女士对物业服务企业提出质疑是在2019年10月，《物权法》颁布已12年，《区分所有权纠纷解释》也已颁布10年，按照当时的法律法规，物业服务企业所坚持的观点明显存在问题。

（1）应确认该楼公共部分的使用是否存在问题。

如果存在问题，不管王女士是不是业主，物业服务企业都应解决该问题。因为，如果没有王女士，可能还有不存在业主身份争议的张女士、赵女士来提出这个问题，此时，物业服务企业该如何解决这个问题？所以，争议王女士是否为该物业的业主或者产权人，物业服务企业其实是转移了矛盾的主要方向。本事件的实质是解决建筑物共有部分的使用问题。

那么，一个小区或一栋住宅楼内的哪些地方属于共有部分？

根据《物权法》的规定，法定共有部分包括建筑区划内的道路、绿地、其他公共场所、公用设施和物业服务用房、占用业主共有的道路或者其他场地及电梯、水箱等。

《物权法》的这些规定，被吸收于《民法典》第273至第276条。

《区分所有权纠纷解释》第3条规定：除法律、行政法规规定的共有部分外，建筑区划内的以下部分，也应当认定为《物权法》第六章所称的共有部分：

（一）建筑物的基础、承重结构、外墙、屋顶等基本结构部分，通道、楼梯、大堂等公共通行部分，消防、公共照明等附属设施、设备，避难层、设备层或者设备间等结构部分。

（二）其他不属于业主专有部分，也不属于市政公用部分或者其他权利人所有的场所及设施等。

对于（一）中这些法律没有规定、合同也没有约定，而且一般也不具备登记条件，但从其属性上天然属于共有的部分，按照"非特定权利人所有即为业主共有"的思路，都属于共有部分；（二）则是属于《区分所有权纠纷解释》中的兜底性规定，即不属于业主专有部分和市政公用部分或者其他权利人所有的场所及设施，都应当认定为共有部分。

很明显，王女士提出的楼道大厅确属全体业主的共有部分。

那么，这共有部分存在不存在使用上的问题呢？显然是存在的。

"改变共有部分的用途、利用共有部分从事经营活动"应当属于《物权法》第76条中所说的重大事项（七），目前《民法典》对其进行调整后，变为第278条第1款（八）中所认定的重大事项，该重大事项应当由业主共同决定。

《民法典》第278条规定：下列事项由业主共同决定：

（一）制定和修改业主大会议事规则；

（二）制定和修改管理规约；

（三）选举业主委员会或者更换业主委员会成员；

（四）选聘和解聘物业服务企业或者其他管理人；

（五）使用建筑物及其附属设施的维修资金；

（六）筹集建筑物及其附属设施的维修资金；

（七）改建、重建建筑物及其附属设施；

（八）改变共有部分的用途或者利用共有部分从事经营活动；

（九）有关共有和共同管理权利的其他重大事项。

业主共同决定事项，应当由专有部分面积占比三分之二以上的业主且人数占比三分之二以上的业主参与表决。决定前款第六项至第八项规定的事项，应当经参与表决专有部分面积四分之三以上的业主且参与表决人数四分之三以上的业主同意。决定前款其他事项，应当经参与表决专有部分面积过半数的业主且参与表决人数过半数的业主同意。

《区分所有权纠纷解释》第14条规定：建设单位或者其他行为人擅自占用、处分业主共有部分、改变其使用功能或者进行经营性活动，权利人请求排除妨害、恢复原状、确认处分行为无效或者赔偿损失的，人民法院应予支持。

属于前款所称擅自进行经营性活动的情形，权利人请求行为人将扣除合理成本之后的收益用于补充专项维修资金或者业主共同决定的其他用途的，人民法院应予支持。行为人对成本的支出及其合理性承担举证责任。

《民法典》第282条规定：建设单位、物业服务企业或者其他管理人等利用业主的共有部分产生的收入，在扣除合理成本之后，属于业主共有。

显然，开发企业利用楼道大厅进行出租经营这个重大事项，既没有经过业主的表决同意，也没有将相应的收益归还业主。

共有部分任何人无权随意占用，即使是建设单位也不能占用更无权出租及用于经营。如果是物业服务企业出租，需经过业主大会同意，没有经过这个程序属于侵权行为。

《民法典》第287条规定：业主对建设单位、物业服务企业或者其他管理人以及其他业主侵害自己合法权益的行为，有权请求其承担民事责任。

所以，物业服务企业的看法是错误的。

（2）关于业主的概念。

"业主"，是在"区分所有权"制度下的一个法律概念，在物业管理中被广泛地使用。以前的实践中认定"业主"往往是指"房屋的所有权人"，而"房屋所有权人"一般又以物权登记为准（不排除未经登记取得所有权的情形），这导致很多人对"业主"的概念理解是狭义的，未包括"准业主"（严格讲是可以认定为业主的人）。

根据《物权法》的相关规定，依法登记取得，或者依据生效法律文书、继承或者受遗赠，以及合法建造房屋等事实行为取得专有部分所有权的人，应当认定为业主。这是界定业主身份的一般规则。

"业主"是《物权法》第六章中的基础性概念之一，但该法律没有对本案中王女士这类人专门作出规定，她究竟算不算《物权法》规定的"业主"？

在现实生活中，基于与建设单位之间的商品房买卖民事法律行为，房屋购买人在已经合法占有使用专有部分的情况下，仍未依法办理所有权登记的情形大量存在。在此情况下，如果仅以是否已经依法登记取得所有权作为界定业主身份的标准，将与现实生活产生冲突，并有可能对前述人群应当享有的权利造成损害。这部分人对共有部分的利用以及共同管理权的行使需求更为强烈，与其他业主之间的联系程度也更为直接和紧密，针对这个问题，最高人民法院出台的《区分所有权纠纷解释》第1条对这类业主的身份问题做了具体规定：依法登记取得或者根据物权法第二章第三节规定取得建筑物专有部分所有权的人，应当认定为物权法第六章所称的业主。基于与建设单位之间的商品房买卖民事法律行为，已经合法占有建筑物专有部分但尚未依法办理所有权登记的人，可以认定为物权法第六章所称的业主，此处的"合法占有"应理解为建设单位已将房屋"交付"给买受人，无论买受人是否实际入住都不影响对其"业主"身份的认定。

这样的规定既可以有效地统一司法评价标准，也符合《物权法》的规定精神，适应现实生活，同时还可以引导这部分人及时办理物权登记。

所以，很明显，王女士属于"已经合法占有建筑物专有部分但尚未依法办理所有权登记的人"，即《物权法》第六章所称的"业主"。

《民法典》第二编物权第六章业主的建筑物区分所有权，吸收了《物权法》第六章对于"业主"的相关规定，所以本案例如果发生于现在，《民法典》对其的约束没有太大改变。

业主的权利之一是"对物业共用部位、共用设施设备和有相关场地使用情况享有知情权和监督权"。所以，王女士既然可以被认定为业主，就有对物业共有部分、共有设施设备使用与运行情况以及专项维修资金使用和管理情况等进行监督的权利。

从本案例来看，物业服务企业存在概念不清、绕开实质、不想正面解决问题的思维方式，同时也存在着服务与管理方式上的瑕疵。面对业主提出的问题，物业服务企业主要应先确认公共部分有无问题而非纠缠于王女士是否为业主，其次要纠正对"业主"概念的错误认识。

（1）对业主提出的问题，如公共区域是否违法违约使用的问题，应认真检查，存在问题及时整改，以树立自己在业主心中懂法、守法、懂规守约的形象。另外，对这类问题也应在平时自查自纠，即使业主没有提出，物业服务企业也应及时发现并解决。

（2）物业服务企业在工作中应积极组织员工及时学习有关物业管理行业的新法律法规，做到解决问题以法律为准绳，心中有数从而避免工作被动。本案例中，就是应该及时学习《物权法》及《区分所有权纠纷解释》，明确"业主"的概念，而不是一口否定其业主身份。如果本案例发生于2021年1月1日后，则应努力学透《民法典》。

（3）确认此业主提出的问题并提出解决办法，对业主有交代。比如从开发企业手中收回该楼道大厅，恢复其共用属性；同时应协调解决该公共部分的出租收益问题，该归业主所有的也应及时收回，按规定与业主大会协商其收益的使用。

（4）纠正自己面对问题的态度和习惯，遇到问题时，不要顾左右而言他、躲避问题，显得没有水平、没有诚意，要直接面对，不要转移视线和焦点，要知道"问题若逃避，会产生更多更大的问题"的道理，避免今后再出现对此类问题认识上的偏差。

案例2 业主可以自己决定把住宅用途的房屋改为商业用途的房屋吗？

案例：

李某购买了某小区普通住宅二楼的一套房屋，并将其改装成培训公司对外营业，主要培训内容是音乐。李某邻居多次向物业投诉，认为培训公司白天营业产生的噪声影响了周围老人的休息，楼内社会人员往来的增多也带来了安全隐患，要求制止李某的行为。李某辩称，自己之前已跟物业服务企业进行过沟通，并向物业服务企业缴纳了装修管理费，在自己的房屋内经营业务并无不妥。那么，你认为李某的观点对吗？为什么？今后物业服务企业如何避免类似行为？

案例评析：

首先，李某的观点不对。具体分析如下：

这个案例主要涉及"住改商"问题，"住改商"现象之所以会成为社会各界普遍关注的热点，其主要原因在于人们对居住的要求不再是简单的"有房可居"，业主之所以要选择居住区而不是选择商住两用区居住，很大程度上正是因为业主们对于居住的要求本就包含了居住环境与居住质量，宁静、安全、舒适、不被打扰已成为居住的基本要求。居民住宅是以居住为目的的房屋，设计、施工都是按照居住标准进行，一般不得变更用途。如果擅自变更则有可能造成一定的安全隐患、破坏房屋结构、改变物业区域的整体外观以及改变居住功能，同时也可能影响到其他业主的生活居住环境，侵害其他业主的合法利益，违反法律规定。

《民法典》第279条规定：业主不得违反法律、法规以及管理规约，将住宅改变为经营性用房。业主将住宅改变为经营性用房的，除遵守法律、法规以及管理规约外，应当经有利害关系的业主一致同意。

根据该条，"住改商"有三个条件：①"住改商"得符合规定；②遵守规定并按规定办理"住改商"手续；③应取得"有利害关系的业主"的一致同意。

本案例不分析前两个条件。因为就算前两个条件具备，业主的"住改商"行为也得在第三个条件下才能完整成立。

但第三个条件下有一个问题需要强调，即有利害关系业主的"一致"同意而非"多数"同意；还有一个问题需要解决，即如何确定有利害关系业主的范围。

关于第一个问题，在实践中有做法是按照多数决定来确定有利害关系业主的意见。这既没有法律依据，也违反了《民法典》第279条的立法目的。

针对这种情况，《建筑物区分所有权纠纷解释》第10条特别规定，将住宅改变为经营性用房的业主以多数有利害关系的业主同意其行为进行抗辩的，不予支持。在公民个人权利的剥夺或限制上，是不能根据"少数服从多数"的民主原则来予以决定的。否则，就有可能形成"多数人的暴政"。也就是说，"住改商"必须经整栋楼的全体业主同意才可进行，相关利害关系的业主具有"一票否决权"。

关于第二个问题，"住改商"是对住宅法定用途的改变，是对既有秩序的破坏，为合理划定一个便于操作的有利害关系业主的认定标准，避免条件模糊带来适用上的困难，《建筑物区分所有权纠纷解释》综合考虑"住改商"纠纷的实际情况，将有利害关系业主的范围原则上确定为在本栋建筑物之内，该范围基本上有效涵盖了与"住改商"行为有利害关系的业主，在审判实务中也比较容易掌握和操作。此外，实践中确实有可能出现建筑区划内本栋建筑物之外的业主也与"住改商"行为存在利害关系的情况，但这部分业主的范围难以统一划定。为防止"有利害关系的业主"范围的无限制泛化，以及为了防止过于机械地认定"有利害关系的业主"，《建筑物区分所有权解释》又在相邻关系的基础上，明确了"有利害关系的业主"的两层范围：①整栋建筑物内的其他业主；②能证明其房屋价值、生活质量受到或者可能受到不利影响的其他业主。

本案中，李某将住宅改为培训公司进行经营，其他有利害关系的业主不仅没有同意，且多次向物业服务企业投诉，要求按照购房合同规定恢复房屋住宅用途；李某将住宅改为培训公司进行经营的行为也使得外来人员增多，增加了其他业主等待电梯时间，影响了正常用户的出行，降低了物业服务企业的物业服务质量，同时提高了电梯使用的频率，会减少电梯的使用寿命，增加发生故障的几率，客观上导致电梯的维护成本增加；另外，该行为导致更多外来人员进出楼内，给住宅业主居住环境带来安全隐患。综上可以看出，李某的住宅不但没有按照其专有部分的原使用目的使用，损害了区分所有权人的共同利益，也妨碍了物业服务企业的日常物业服务与管理。

其次，李某对自己"住改商"的行为感觉有理的原因还在于，物业服务企业没有阻止甚至还因为收了李某的管理费而默许了其行为。因此，物业服务企业对这起行为负有很大责任。

那么，物业服务企业应该如何避免这类行为的发生呢？

（1）物业服务企业本身就应端正物业服务的理念，了解有关国家法规，不能随意收费或正常收费而不管理。

（2）物业服务企业在与业主办理交接物业的相关手续时，为防患于未然，在业主入住前，就应在《业主临时管理规约》或《管理规约》中对"住宅用房不能变更为经营性用房"进行明确的约定（具备前述三个条件的更改除外）。

（3）在业主装修审批过程中或是对外出租时，物业服务企业要向业主告知清楚按照国家法律规定，不能将住宅用房变更为经营性用房。

（4）物业服务企业要安排人员加强现场的监督力度，一旦发现违规行为要及时劝告和制止，并要求恢复原状。

（5）物业服务企业根据出现的问题，及时下达违规行为通知书，并及时通报业主会员会和向有关行政管理部门报告。

（6）整改后要检查是否合规。

案例3　住宅小区或大厦的楼顶广告收益，究竟归谁？

案例：

2021年1月10日，北京某城区法院受理了一起"特殊"的案件。家住北京市丽源小区的居民肖先生在2020年11月购房后发现，该小区开发企业北京市丽源房地产公司将该楼屋顶出租给北京领先艺术广告公司，并设置了广告牌。对此，肖先生找到开发企业和物业服务企业称，作为业主，自己对楼顶的共有建筑面积享有相应的权利，要求其立即停止侵害，拆除广告牌，偿还广告收益3 422元。但开发企业与物业服务企业未予理睬。于是肖先生将物业服务企业告上了法庭。请问，法院会支持肖先生的请求吗？说明理由。

案例评析：

法院应该支持肖先生的请求。这个问题很有代表性，目前，很多小区或大厦楼顶或外墙都有类似广告或牌匾，均涉及其收益归谁的问题。

《民法典》第272条规定：业主对其建筑物专有部分享有占有、使用、收益和处分的权利。业主行使权利不得危及建筑物的安全，不得损害其他业主的合法权益。

《民法典》第273条规定：业主对建筑物专有部分以外的共有部分，享有权利，承担义务；不得以放弃权利为由不履行义务。

一般而言，建筑物的基础、承重结构、外墙、屋顶以及通道、楼梯、大堂、公共照明等均属于业主的共有部分。

首先，楼房的屋顶属于业主的共有部分。楼房的屋顶虽然是顶楼用户的房间天花板，直接为顶楼用户起到隔热、挡风、保温、遮挡雨雪等作用，但顶板并非顶楼用户的专有财产，它实际上是在为整个楼宇的用户服务。所以，一座楼宇的顶板是楼宇的公共建筑部分，由楼宇的各产权人共有。依据民法学理论，所有权有四项权能，即占有、使用、收益、处分。这四项权能只能由所有权人行使或由所有权人授权他人行使。如果非所有权人未得到所有权人的事先许可或事后追认而擅自行使占有、使用、收益、处分等权能，就构成了对所有权人权利的侵害。相应地，在共有的情形下，应由共有人共同行使上述四项权能，部分共有人在未得到其他共有人的同意或追认、非共有人在未得到共有人的同意或追认的情况下擅自行使上述四项权能的，就构成了对共有人共有权的侵害。因此，在楼顶上搭建广告牌或在一些建筑的外墙墙体上涂刷广告语这样的行为，是对楼顶、毗邻墙体等公共建筑的使用。他人通过使用这样的公共建筑而得到的报酬，实际上是公共建筑产生的收益。

其次，有时开发企业也是其中的业主。比如，开发企业尚未将所有的楼房卖出，则与其他业主一同享有小区楼顶和建筑外墙面的共用权，行使占有、使用、收益、处分等权能。那么，这种情况下，共用部分的收益又怎么分呢？虽然各方由于所占的共有权份额不同，权利大小不同，但作为按份共有人，彼此间是平等的民事主体，各方的共有权均应得到尊重与维护。作为业主的开发企业想在楼顶架设广告牌或在建筑外墙墙体上涂刷广告语获得收益，法律上是允许的，但应征得其他业主、物业服务企业的同意。如果此事难以协商一致，应当按照各自拥有的共有权份额进行表决，一般按照拥有共有权份额一半以上的共有人的意见办理，但不得损害其他共有人的权益。广告牌的使用费收入属于共有物产生的收益，应当属于全体共有人所有，或是分配给全体共有人，或是用于为共有人服务的公益事业，任何共有人不能单独占有，非共有人更不能占有。如果开发企业并不是小区业主，但想进行上述行为，应当向所有业主通报情况，可以在征得业主大会、物业服务企业的同意后进行。依据"谁所有，谁受益"的原则，这部分的广告收入归全体业主共有。

在这个案例中，开发企业或物业服务企业没有就广告牌一事与其他共有人商议，取得的使用费自己占有，这是违法的。而大厦或小区里的物业服务企业不是共有人，却也获得使用费收入，更是没有法律依据的，其行为实际上已经分割了其他共有人的合法权益。

《民法典》实施后，小区楼顶广告收入的归属有明确答案。《民法典》第282条规定：建设单位、物业服务企业或者其他管理人等利用业主的共有部分产生的收入，在扣除合理成本之后，属于业主共有。

《民法典》第287条规定：业主对建设单位、物业服务企业或者其他管理人以及其他业主侵害自己合法权益的行为，有权请求其承担民事责任。

最后，解决办法有两个：一是法院支持肖先生的请求，判令开发企业停止侵害，不再在小区楼顶设置广告，之前的广告收益归楼顶共有业主所有，但广告收益的使用另外商议；二是开发企业与小区全体业主通过业主大会协商解决，可以继续设置广告牌，但之前和之后的广告收益应归小区业主所有，使用问题另行解决。

案例4 业主将房前小院扩建至人行道，物业服务企业起诉是否会获得支持？

案例：

2018年2月，天津一家物业服务企业受开发企业委托对河东区某住宅小区进行前期物业管理服务。2019年5月，小区业主夏某办理入住手续。同年6月初，物业服务人员进行日常巡查时发现，夏某在其房前的绿地上正在打地基扩建房前小院。工作人员当即进行规劝和制止，并向夏某下达了"装修违章通知单"，要求其停止扩建并恢复绿地原状。夏某不听劝阻，仍然将小院扩至绿地。11月4日早上，工作人员在进行日常巡查时发现夏某再次扩建小院，在制止无效的情况下工作人员拨打了110报警，而夏某继续施工。夏某扩建后的小院已至小区人行道上并用铁栅栏围起，严重影响了小区的正常通行和小区绿化景观，侵犯了其他业主的合法权益。为此，物业服务企业提起诉讼，要求夏某拆除私自扩建的小院并恢复绿地原状。对此，被告夏某称，他在买房时开发企业承诺小院面积为5平方米，但实际交付的小院面积还不足1平方米。夏某曾多次找到开发企业及物业服务企业，但双方互相推诿，所以才自行将小院扩至应有的面积。另外，小区内一楼的业主都将小院外扩，不只夏某一家，因此夏某不同意原告诉讼请求。

那么，你认为物业服务企业起诉是否会获得法院的支持？请说明理由。

案例评析：

该物业服务企业应该会获得法院的支持。理由如下：

《民法典》第274条规定：建筑区划内的道路，属于业主共有，但是属于城镇公共道路的除外。建筑区划内的绿地，属于业主共有，但是属于城镇公共绿地或者明示属于个人的除外。建筑区划内的其他公共场所、公用设施和物业服务用房，属于业主共有。

既然小区内的公共绿地及人行道属于业主共有，物业服务企业作为小区的前期物业服务机构，依照前期物业服务合同的约定，对共有部分就享有管理维护的权利，物业服务企业可以依照竣工验收图纸确认其对共有部分的管理权限。夏某将其小院扩建至全体业主的共有部分，属于侵权行为，原告有权提起诉讼要求夏某停止侵害、排除妨害。

《民法典》第286条第2款、第3款规定：业主大会或者业主委员会，对任意弃置垃圾、排放污染物或者噪声、违反规定饲养动物、违章搭建、侵占通道、拒付物业费等损害他人合法权益的行为，有权依照法律、法规以及管理规约，请求行为人停止侵害、排除妨碍、消除危险、恢复原状、赔偿损失。

业主或者其他行为人拒不履行相关义务的，有关当事人可以向有关行政主管部门报告或者投诉，有关行政主管部门应当依法处理。

所以，业主大会、业主委员会和有关业主也可以配合物业服务企业要求夏某停止侵害、排除妨碍、恢复原状，甚至赔偿损失。

关于夏某抗辩所称的开发企业交付使用的小院面积不足1平方米，属于夏某与开发企业之间的关系。如果开发企业承诺予以夏某私人小院，也违背了《民法典》第274条的规定。以前，开发企业在销售房子的时候，常常会将底层做私家花园赠送一楼业主，这明显是将该栋楼全体业主的共有部分送给了一层的住户。法律规定"业主对专有部分以外的共有部分享有权利"，因此，业主共有小区内的绿地，不能被其他人或企业许诺予某人所有。《民法典》出台前，《物权法》第73条同样可以约束开发企业或夏某的行为。夏某此项主张，不足以对抗物业服务企业。

所以，物业服务企业或业主委员在遇到类似疑问时，可以直接找到解决的法律依据。

关于夏某抗辩的小区内其他业主也存在扩建小院的情节问题，法院应该认为不能因众多业主都存在此种行为而导致行为的合法化，被告此项抗辩理由不能成立。

综上，法院应该判决：该业主的行为侵犯了其他业主的利益，判令其拆除小院扩建部分，恢复至房屋交付使用时的状态。

小结

在房地产市场中，就一个房地产项目而言，存在着开发、经营、管理三个环节。从程序来看，物业管理是房地产开发、经营的落脚点。所以，物业管理是对物业建成后使用全过程的管理，也可以说是广泛意义上的售后服务。

物业是指各类房屋及其附属的设备、设施和相关场地。"物业""房地产""不动产"三个概念常被交换使用，三者之间有着密切的联系。

从不同的角度，可以把物业划分为居住物业、商业物业、工业物业和其他物业。不同类型的物业有不同的管理特点。对于这些物业的具体管理问题，本书将在后续章节进行详细讲述。

根据《条例》第2条的规定，物业管理是指业主通过选聘物业服务企业，由业主和物业服务企业按照物业服务合同约定，对房屋及配套的设施设备和相关场地进行维修、养护、管理，维护相关区域内的环境卫生和秩序的活动。

物业管理的管理对象是物业；物业管理的服务对象是人，即物业所有人（业主）和使用人（如租用者）；物业管理的目的，是保证和发挥物业的使用功能，使其保值增值。

物业服务企业，是指依法设立、具有独立法人资格、从事物业管理服务活动的企业。业主，即物业产权人，指房屋所有权人，可以是个人、集体、国家，即自然人或法人。物业服务企业是业主的服务者。

社会化、专业化、市场化是物业管理的三个基本特性。

物业管理具有以下6个作用：物业管理可以促进房地产市场的发展；物业管理可以延长物业的使用年限以确保其功能的正常发挥；物业管理能为用户创造与保持

一个安全、舒适、文明、和谐的生活与工作的环境和氛围；完善的物业管理可以使产权人投资的物业保值和增值；物业管理有利于开发企业创建品牌形象，促进其他项目的销售；物业管理是实现房地产开发价值的重要保证。

物业管理的基本类型划分为4个角度：一是物业服务企业模式；二是物业管理形式；三是物业用途；四是管理阶段。在各个角度划分中，专业物业服务企业、业主选聘物业服务企业是我国物业管理类型的发展方向。

物业管理业务可划分为以下3大类：与管理有关的业务，也称"常规性公共服务"；与服务有关的业务，也称"特约服务"；与经营有关的业务，也称"专项服务"。

物业管理是房地产开发的延续和完善，是一个复杂的、完整的系统工程，基本上由4个阶段13个环节组成：物业管理的策划阶段（含4个环节）；物业管理的前期准备阶段（含3个环节）；物业管理的启动阶段（含4个环节）；物业管理的日常运作阶段（含2个环节）。

物业管理过程中会涉及众多的法律规范，而法律规范是物业管理有序运作的基本前提和重要保障。现行的与物业管理有关的法律、规章、文本等有60多个。随着房地产业和物业管理行业的发展，这方面的法律也在不断增加和完善。

▢ 关键概念

物业　居住物业　商业物业　工业物业　物业管理　物业服务企业　业主自管　业主自治　前期物业管理　特约服务　专项服务　物业管理的早期介入

▢ 思考题

1.何谓物业？物业与房地产业有什么区别？

2.何谓物业管理？物业管理的特性是什么？

3.运用你所学到的专业知识，谈谈良好的物业管理在延长建筑物的使用寿命并使其功能正常发挥方面所起到的作用，并举例说明。

4.结合物业管理的作用谈谈物业管理的重要性。

5.物业管理可以分为哪些类型？

6.物业管理的业务范围分为几类？

7.物业管理由哪些环节组成？

8.调查一下你所在的城市，实行业主自管、业主自治或业主选聘物业服务企业形式的，分别都有哪些住宅小区？

9.我国目前物业管理的类型有哪几种？哪一种是将来的发展方向？

10.思考"物业管理的策划、前期准备阶段"对物业管理的启动阶段、日常运作阶段的影响。

11.对比《物业管理条例》《民法典》对哪些条款进行了调整或完善？说出你的理解。

12.根据《民法典》规定，业主可以请求公布和查阅哪些资料？

13.《物业管理条例》确立了哪些物业服务基本制度？

☐ 案例分析题

1.楼上地板漏水，谁的责任？如何处理？

最近有多位业主反映，他们居住的住宅小区因楼上住户厨房、卫生间开裂浸水至楼下，严重影响到楼下住户的正常生活。楼下业主找楼上业主，要求及时维修，楼上业主说，这不是他的责任，在保修期内应由开发企业负责维修，楼下业主找到开发企业，开发企业同意去维修，但楼上业主因与开发企业就维修造成的损失赔偿问题无法达成共识，拒绝开发企业派人进入维修（类似事件还有相邻排水、通行、疆界、环境污染等问题）。请依据相关法律思考你对上述事件的处理方法。

2.住宅小区里的相关广告收益，究竟归谁？应如何使用？

海岸闲庭小区的业主最近发现，他们大楼里的电梯间里挂上了三块广告牌。凭常识他们知道，登广告肯定是有收益的。请问，这收益与他们有关吗？依据是什么？谁有权决定挂电梯广告？如果有关，这些收入应该用到哪里？这类事件说明了什么？

3.赵先生最近购买某开发企业的一套商品房，在去办理停车位租用手续时，才知道开发企业已把所有的规划车位卖给跟开发企业关系密切的一个业主，然后再通过这个业主把车位零散地高价卖给其他业主。赵先生找到开发企业理论，认为开发企业在车位充足的情况下，应该合理保证每一位有车业主的需求，无权将车位全部卖给关系户。那么，你认为，车位、车库属于业主的专有部分还是全体业主的共有部分，应该如何在业主中分配？

4.请看一对话场景：

某物业服务企业接到了小区业主杜女士的电话："喂，物业吗？我家的网络不好用了，你赶紧过来维修一下。"

物业："抱歉，杜女士，这不属于我们的责任范围，您需要找对应的运营商。如果物业来处理或维修是需要收费的。"

杜女士："我都交了物业费了，这怎么不是你们的责任呢？你们不给弄我就投诉，我也不交物业费。"

类似的对话场景在物业行业比比皆是。

请你站在物业服务企业的角度，分析一下业主有这样想法的原因，对类似事件应怎样应对？

扬州："三位一体"
物业管理模式值得
推广

《民法典》物权编
第六章　业主的建筑
物区分所有权

最高人民法院
关于审理建筑物区分
所有权纠纷案件
具体应用法律若干
问题的解释

最高人民法院
关于审理物业服务纠
纷案件具体应用法律
若干问题的解释

第二章

物业管理的机构设置

□ **学习目标**

通过对本章的学习，要求学生重点掌握物业服务企业的基本权利与义务、业主或业主大会共同决定的事项、业主的基本权利和义务；掌握召开业主大会的形式和表决规则，业主大会议事规则的主要内容，业主委员会的性质、主要职责；熟悉业主投票权的规定、业主委员会成员的组成和成立的相关规定；熟悉业主大会和业主委员会的指导与监督机构；了解物业服务企业的人才结构，业主委员会与居民委员会的关系；了解物业服务企业与相关部门的关系。

第一节　物业服务企业

一、物业服务企业的性质

物业服务企业，通常称为物业管理公司[①]。物业服务企业是依法定程序设立，从事物业管理活动、独立核算、自主经营、自负盈亏、具有独立的企业法人地位的经济组织。其指导思想是：以服务为宗旨，以经营为手段，以经济效益、社会效益和环境效益的综合统一为目的。这是物业服务企业与房地产行政部门所属的房管所和各自管房单位房管处的最本质区别。

《条例》中也规定，从事物业管理活动的企业应当具有独立的法人资格。这是

[①]　根据《物权法》的有关规定，2017年8月26日修订的《物业管理条例》将"物业管理公司"修改为"物业服务企业"，将"业主公约"修改为"管理规约"，将"业主临时公约"修改为"临时管理规约"。这是倾向于"服务"和"管理"并重的思路，因为物业服务企业要对人加强服务，对物加强管理。这对物业服务企业是更为准确的定位。

因为，物业服务企业接受物业管理区域内全体业主的委托，以有偿服务的方式，为物业区域内的公共事务提供综合性、专业性、公益性的管理和服务，应当有自己能够独立支配的财产，具有独立承担法律责任的能力，以充分保障业主的合法权益。同时，这对于改变建管不分的旧的管理体制，引导物业服务企业建立现代企业制度，向服务社会化、管理专业化、经营市场化的物业管理方向发展，具有重要意义。

物业服务企业属于服务性企业，主要通过常规性的公共服务、延伸性的专项服务、随机性的特约服务、委托性的代办服务和创收性的经营服务等项目，尽可能地实现物业的保值和增值。因此，物业服务企业的"产品"就是服务，与工业企业等其他经济组织是有区别的。

物业服务企业具有一定的公共管理性质的职能。物业服务企业在向业主和物业使用人提供服务的同时，还承担着物业服务区域内公共秩序的维护、市政设施的配合管理、物业的装修管理等，其内容带有公共管理的职能。

自1981年深圳成立全国第一家物业服务企业以来，至2017年年底，全国相继成立了11.8万余家物业服务企业，从业人员约904.7万人。至2019年，我国物业服务企业在管总面积为345.18亿平方米，行业发展十分迅速。

物业管理在中国经历了40年的发展，我们拥有了世界上最大的管理规模、最快的增长速度、最广的客户群体、最多的物业服务企业和最庞大的从业人员队伍，物业管理逐渐覆盖了不动产管理的所有领域，物业服务业成为现代服务业的重要组成部分。

二、物业服务企业的设立

根据规定，物业服务企业一般都应注册为有限责任公司或股份有限公司。

根据《中华人民共和国公司法》的规定，物业服务企业设立时须向市场监督管理部门申请注册登记，领取营业执照，方可开业。领取执照前，应预先核准企业名称，确定公司类型、注册资本、股东及出资比例、公司地址、经营范围，具有公司章程及其他必要的审批文件。新设立的物业服务企业应当自领取营业执照之日起30日内，持规定文件到税务部门办理税务登记，到公安部门办理公章登记和刻制，才可合法地从事物业管理业务。

三、物业服务企业的部门设置

为了对物业进行统一、综合、专业化的管理，一个物业服务企业必须有较为健全的机构设置，每个部门各司其职，才能向业主们提供高质量的管理服务。物业服务企业一般是根据其所管理物业面积的大小、配套设施的多少以及物业种类和所提供服务的种类不同而设置机构的，各机构规模大小完全根据企业的发展和管理需要而定。但以下一些基本部门是必须设置的：

（一）职能部门

（1）办公室。办公室是经理领导下的综合管理部门，负责组织会议、文书处理、人事劳资、生活福利、对外接待和档案文件管理等工作。

（2）财务部。财务部负责制订财务收支计划、会计出纳、经济核算、租金及有偿服务费的管理以及工资奖金的计算发放工作，做好企业财务报表及费用分析报告，接受市场监督管理、税务部门及业主的监督检查等。

（3）工程部。它是房屋工程维修部门，主要负责物业区域内的房屋及设备设施的管理、维修、养护，对业主的装修、改造工程进行检查等。

（4）清洁绿化部。该部门主要负责物业管理区域内的环境卫生、庭院绿化以及灭鼠灭虫、水池清洗、化粪池清理等，并向业主提供专门的有偿清洁服务，如地板、地毯、门窗、外墙的清洁等。

（5）保安部。该部门负责物业管理区域内的安全保卫、消防和交通管理等工作，参与社区联防，维护管理区内的人身和财物安全，以保证正常的工作、生活和交通秩序。

（6）综合经营部。它是负责各种文化、娱乐、生活、商业等公共性服务的部门，开拓经营项目，制订企业的年、季度经营计划及长、短期经营工作计划，负责管理物业区域内的商业、服务业用房，履行和监督协议、合同的执行情况，有时也接受业主的综合性或个性化的委托、代办服务。

有的企业还设公共关系部，其主要职能是建立和管理业主档案，加强同业主和使用人的联系，组织召开业主大会或业主委员会会议，处理业主的投诉和纠纷，加强同社会相关部门、企业的联系，争取社会各界的广泛支持，负责企业的对外宣传和各种对外通知的送达，组织员工及社区内的文娱活动，协助其他部门的工作。

（二）管理处

管理处是指企业下属分区域或不同物业对象的管理机构。一般来说，比较有规模、有经验、业绩较好的物业服务企业经过招投标，会争取到不少物业管理项目，形成规模化经营。一个总的物业服务企业会同时接管几个项目进行管理服务，项目的性质可能相同也可能不同。这样，每一个项目会设一个管理处，但统一归属于该物业服务企业。

四、物业服务企业的人才结构

物业管理在我国的发展历史还不算长，是一项新拓展的业务，因此需要具备多方面知识的人才。具体来说，以下人员是必须安排的：

（1）综合管理的专业人才。这是物业服务企业首先要解决的人才。物业管理包括房屋及设备设施的保养和维修，物业区域内的治安、环卫、交通、绿化等综合管理和有偿服务等工作，从事物业管理的人才要懂得建筑工程学、管理学、环境科学、公共关系学等。

（2）经济类专业人才。物业服务企业需要一批懂企业管理、计划管理、经济分析、房地产估价、经济合同、人事劳资等的经济类人才。一般的经济专业人才，要通过必要的培训才能适应物业管理业务的需要。

（3）机电设备专业人才。由于房屋的现代化设备日益增多，尤其是高层楼宇的机电设备管理工作亟须加强，物业服务企业必须配备一些熟悉房屋机电设备管理的专业人才。

（4）物业管理财会人才。目前，我国的财经院校很少有设置物业管理会计课程的，因此，物业服务企业在引进一般会计人才后，还要对其进行专业培训，使之成为物业管理方面的会计人才。

除以上四种人才外，物业服务企业还应配备少数文秘、档案等专业的人才。

虽然我国物业管理行业已有40年的发展历程，但人们对于物业服务的认识还比较落后，对物业管理行业的认可度不高，市场也不够规范。大多数从业人员都是从其他行业转过来的，没有经过系统的培训，整体素质较低，其职业道德、专业技术、应急能力、法律水平等都难以适应物业管理专业岗位的要求，实践中经常和业主发生冲突，严重影响物业服务企业的形象。

人是任何一个组织中最重要的因素，员工的素质势必会影响企业的服务质量和生命力。物业管理涉及面广，专业性、技术性强，不具备专业知识和技能的管理人员和技术人员是不可能做好物业管理工作的。

现阶段，我国已建立的物业管理专业人员队伍、高等院校及科研机构提供的教育支撑和人才储备以及日臻完善的法规体系等，为物业管理领域培养了大量的专业人才，为物业管理行业的发展创造了一定的条件，但还远远满足不了迅速发展的物业管理行业的需要，中、高层物业管理服务人才在市场上还是十分匮乏的。

五、物业服务企业的权利与义务

物业服务企业在物业管理中最根本的权利、义务是，依据物业服务合同对委托物业实施物业管理的权利、义务。

（一）权利

物业服务企业在物业管理中最根本的权利是：

（1）根据有关法律、法规、政策和合同约定，结合实际情况，制定物业管理制度。

（2）依照物业服务合同和有关规定收取物业服务费。

（3）有权制止、纠正违反物业管理规约和制度的行为。

（4）有权要求委托人或业主委员会协助管理。

（5）有权选聘专业机构承担专项服务业务，但不得将其物业管理义务全部转让给第三方。

（6）法律、法规规定的其他权利。

（二）义务

同时，也应在物业服务合同中对物业服务企业的义务作如下约定：

（1）履行物业服务合同，提供物业管理服务（参见《民法典》第942条【物业服务人的一般义务】）。

（2）接受业主大会、业主委员会和业主及使用人的监督。

（3）定期公布物业服务费用和代管资金收支账目，接受质询和审计（参见《民法典》第943条【物业服务人的信息公开义务】）。

（4）接受有关行政主管部门的监督管理。

（5）合同终止时，必须向业主委员会移交全部物业管理档案、财务等资料和本物业的公共财产，包括物业费、公共收入积累形成的资产，同时，业主委员会有权指定专业审计机构对物业服务企业财务状况进行审计（参见《民法典》第949条【物业服务人的移交义务及法律责任】）。

（6）法律、法规规定的其他义务[①]。比如，发现违法行为要及时向有关行政管理机关报告等。

第二节　业主委员会

为了规范业主大会和业主委员会的活动，维护业主的合法权益，根据《物权法》和《条例》等法律法规的规定，住建部要求于2010年1月1日开始实施《业主大会和业主委员会指导规则》（建房〔2009〕274号[②]，以下简称《指导规则》），该规则对业主大会、业主委员会的成立、筹备以及履行的职责等内容作了详细规定，同时还对物业所在地的区、县房地产行政主管部门和街道办事处、乡镇人民政府所承担的指导和监督的内容作了详细规定。

一、业主

（一）业主的含义

业主是指拥有物业的产权人。在物业管理中，业主又是物业服务企业所提供的物业管理服务的对象。业主是物业管理市场的需求主体。

值得注意的是，2009年10月1日起正式实施的两个司法解释和2010年1月1日起施行的《指导规则》均规定，对基于房屋买卖等民事法律行为，已合法占有建筑物专有部分但尚未依法办理所有权登记的人，可以认定为业主。

业主分三个层次：单个业主、全体业主（业主大会）、业主委员会。

（二）业主的基本权利、义务[③]

单个业主最基本的权利，就是依法享有所拥有物业的各项权利和参与物业管理、要求物业服务企业依据物业服务合同提供相应的管理与服务的权利。

---

① 如《民法典》第285条第2款：物业服务企业或者其他管理人应当执行政府依法实施的应急处置措施和其他管理措施，积极配合开展相关工作。这条指"物业服务企业的应急管理义务"。
② 详见附录五。
③ 指单个业主的权利与义务。

1.《条例》规定，在物业管理活动中，业主具有以下权利：

（1）按照物业服务合同的约定，接受物业服务企业提供的服务。

（2）提议召开业主大会会议，并就物业管理的有关事项提出建议。

（3）提出制定和修改管理规约、业主大会议事规则的建议。

（4）参加业主大会会议，行使投票权。

（5）选举业主委员会成员，并享有被选举权。

（6）监督业主委员会的工作。

（7）监督物业服务企业履行物业服务合同。

（8）对物业共用部位、共用设施设备和相关场地使用情况享有知情权和监督权。

（9）监督物业共用部位、共用设施设备维修资金（以下简称"专项维修资金"）的管理和使用。

（10）法律、法规规定的其他权利①。

2.《条例》规定，在物业管理活动中，业主具有以下义务：

（1）遵守管理规约、业主大会议事规则。

（2）遵守物业管理区域内物业共用部位和共用设施设备的使用、公共秩序和环境卫生的维护等方面的规章制度。

（3）执行业主大会的决定和业主大会授权业主委员会作出的决定。

（4）按照国家有关规定交纳专项维修资金。

（5）按时交纳物业服务费用。

（6）法律、法规规定的其他义务②。

单个业主的上述权利和义务，是由法律和管理规约及物业服务合同来保障和维护的，通过业主大会和业主委员会来实现的。比如《指导规则》第20条规定：业主拒付物业服务费，不缴存专项维修资金以及实施其他损害业主共同权益行为的，业主大会可以在管理规约和业主大会议事规则中对其共同管理权的行使予以限制。第60条规定：业主不得擅自以业主大会或者业主委员会的名义从事活动。业主以业主大会或者业主委员会的名义，从事违反法律、法规的活动，构成犯罪的，依法追究刑事责任；尚不构成犯罪的，依法给予治安管理处罚。

（三）非业主使用人及其权利、义务

非业主使用人（通常简称为"物业使用人"或"使用人"），是指不拥有物业的所有权，但通过某种形式（如签订租赁合同）而获得物业使用权，并实际使用物业的人。

---

① 如《民法典》第284条第二款：对建设单位聘请的物业服务企业或者其他管理人，业主有权依法更换。再如第287条："业主对建设单位、物业服务企业或者其他管理人以及其他业主侵害自己合法权益的行为，有权请求其承担民事责任"。
② 如对应《民法典》第285条第二款的物业服务企业的应急管理义务，第286条第一款明确了业主对上述措施的配合义务。这使未来再发生类似疫情的情形时，物业对小区封闭管理、量体温等行为有了法律依据。再如，第286条第三款中，"业主或者其他行为人拒不履行相关义务的，有关当事人可以向有关行政主管部门报告或者投诉，有关行政主管部门应当依法处理。"

由于非业主使用人首先与业主发生关系（如租赁关系），非业主使用人的基本权利、义务就受到租赁合同的一定限制，即在租赁合同中，要明确阐明业主赋予非业主使用人哪些权利、义务。同时，非业主使用人作为物业的实际使用人，也是物业管理服务的对象，也应享有物业服务合同约定的相应权利、义务。

非业主使用人和业主在权利上的最大区别是非业主使用人没有对物业的最终处置权，比如物业的买卖权。

二、业主大会

（一）业主大会的性质与特点

1.业主大会的性质

业主大会由物业管理区域内全体业主组成，是维护物业区域内全体业主的公共利益，行使业主对物业管理的自治权利的业主自治机构。业主大会是决定物业重大管理事项的业主自治管理组织。无论业主是中国人还是外国人，是自然人还是法人，都是业主大会的成员。业主大会以会议的形式，在充分民主的基础上集中全体业主的共同意志和利益要求，行使本物业管理区域内的物业管理自治规约订立权，决定属于自治范围的公共事务及物业管理公益事业中的其他重大问题。

2.业主大会的特点

（1）业主大会是民主性的组织。业主大会的全体成员地位一律平等，不存在领导与被领导的关系，所有业主都可以根据自己的意志发表建议，提出看法、意见等。

（2）业主大会是自治性的组织。业主是物业所有权人，作为物业管理区域内的一分子，有权参与物业管理活动。这种管理是通过业主大会行使的，是自我管理、自我服务、自我协商、自我约束，不受外部人员的干涉。

（3）业主大会是代表性的组织。业主大会应当代表全体业主在物业管理中的合法权益，它所作出的决议应当反映和维护全体业主的共同利益，而不是某个人或某一部分人的利益。

业主大会不同于地方政府所设立的专门负责辖区内物业管理工作的行政部门，前者是一种自治、自助机构，后者是行政性的起指导作用的管理机构。业主大会具有自己特有的性质、宗旨、组成及运作机制，具有独立性和不可替代性。

（二）业主或业主大会可以决定的事项

根据《物权法》、《条例》以及《指导规则》的规定，业主或业主大会可以决定的事项如下：

（1）制定和修改业主大会议事规则。

（2）制定和修改管理规约。

（3）选举业主委员会或者更换业主委员会委员。

（4）制订物业服务内容、标准以及物业服务收费方案。

（5）选聘和解聘物业服务企业。

（6）筹集和使用专项维修资金。

（7）改建、重建建筑物及其附属设施。

（8）改变共有部分的用途。

（9）利用共有部分进行经营以及所得收益的分配与使用。

（10）法律法规或者管理规约确定应由业主共同决定的事项。

其中，决定第6项和第7项规定的事项，应当经专有部分占建筑物总面积2/3以上的业主且占总人数2/3以上的业主同意。决定其他事项，应当经专有部分占建筑物总面积过半数的业主且占总人数过半数的业主同意。

但根据《民法典》第278条的规定，下列事项由业主共同决定：

（1）制定和修改业主大会议事规则。

（2）制定和修改管理规约。

（3）选举业主委员会或者更换业主委员会成员。

（4）选聘和解聘物业服务企业或者其他管理人。

（5）使用建筑物及其附属设施的维修资金。

（6）筹集建筑物及其附属设施的维修资金。

（7）改建、重建建筑物及其附属设施。

（8）改变共有部分的用途或者利用共有部分从事经营活动。

（9）有关共有和共同管理权利的其他重大事项。

业主共同决定事项，应当由专有部分面积占比2/3以上的业主且人数占比2/3以上的业主参与表决。决定其中第6项至第8项规定的事项，应当经参与表决专有部分面积3/4以上的业主且参与表决人数3/4以上的业主同意。决定其他事项，应当经参与表决专有部分面积过半数的业主且参与表决人数过半数的业主同意。

业主大会的职权没有发生大的变化，这里需要注意4点：

（1）《物权法》对第2项的表述是"制定和修改建筑物及其附属设施的管理规约"，而《民法典》直接表述为"制定和修改管理规约"，进一步凸显管理规约对人的行为调控，主要不是管物。

（2）把《物权法》中"筹集和使用建筑物及其附属设施的维修资金"分为两项：使用和筹集。原因是业主大会成立之初一般不需要筹集，业主买房时都缴纳了专项维修资金。这个改变更重要的是为了解决专项维修资金的使用难问题。（5）和（6）两项议题对票权比例的要求不同。"筹集"需要两个"3/4"，而"使用"仅需要"双过半"。

（3）第（8）项"改变共有部分的用途或者利用共有部分从事经营活动"为新增条款，《物权法》没有。《条例》有关于改变共有部分用途需要召开业主大会的规定，但没有规定票权比例。另外，对于出租共有房屋是否需要业主大会表决的问题，原来存在争议。现明确规定需要开会，且票权比例要求较高。该项表决的票权比例要求高于"双过半"。

（4）表决事项对票权比例的要求变化很大，原来的"双过半"说法取消。《物权法》规定，参加表决的票权比例超过"双过半"，业主大会有效；支持率超过"双过半"或两个"3/4"，议题获得通过。《民法典》规定，参与表决的票权比例超过两个"2/3"，会议才有效，且面积比例只算专有部分，不算总建筑物面积；一般议题的支持率"双过半"即获得通过，重大议题超过两个"3/4"获得通过，支持率的票权比例计算均以参与表决的票权而非总票权为基数。

（三）业主大会议事规则的主要内容

业主大会议事规则应当对下列主要事项作出规定：

（1）业主大会名称及相应的物业管理区域。

（2）业主委员会的职责。

（3）业主委员会议事规则。

（4）业主大会会议召开的形式、时间和议事方式。

（5）业主投票权数的确定方法。

（6）业主代表的产生方式。

（7）业主大会会议的表决程序。

（8）业主委员会委员的资格、人数和任期等。

（9）业主委员会换届程序、补选办法等。

（10）业主大会、业主委员会工作经费的筹集、使用和管理。

（11）业主大会、业主委员会印章的使用和管理。

（四）关于业主投票权的规定

1.业主的投票权数，由专有部分面积和业主人数确定

（1）业主大会认定专有部分面积和建筑物总面积的方法。

① 专有部分面积按照不动产登记簿记载的面积计算；尚未进行登记的，暂按测绘机构的实测面积计算；尚未进行实测的，暂按房屋买卖合同记载的面积计算。

② 建筑物总面积，按照前项的统计总和计算。

（2）业主大会认定业主人数和总人数的方法。

① 业主人数，按照专有部分的数量计算，一个专有部分按一人计算。但建设单位尚未出售和虽已出售但尚未交付的部分，以及同一买受人拥有一个以上专有部分的，按一人计算（即"大业主"也只算一票）；一个专有部分有两个以上所有权人的，应当推选一人行使表决权，但共有人所代表的业主人数为一人。

② 总人数，按照前项的统计总和计算。

2.业主大会应当在业主大会议事规则中约定车位、摊位等特定空间是否计入用于确定业主投票权数的专有部分面积

3.业主为无民事行为能力人或者限制民事行为能力人的，由其法定监护人行使投票权

4.业主因故不能参加业主大会会议的，可以书面委托代理人参加业主大会会议

5.未参与表决（即弃权）的业主，其投票权数是否可以计入已表决的多数票，由管理规约或者业主大会议事规则规定

（五）业主大会的召开

业主大会包括首次业主大会、定期会议和临时特别会议。

1.首次业主大会

按《指导规则》的相关规定，物业管理区域内，已交付的专有部分面积超过建筑物总面积50%时，建设单位应及时报送筹备首次业主大会所需的资料。区、县房地产主管部门和街道办事处、乡镇人民政府应在收到申请后60日内，负责组织、指导成立首次业主大会会议筹备组。筹备组要在此后的90日内完成筹备，组织召开首次业主大会会议。

（1）筹备首次业主大会会议所需的文件资料。

① 物业管理区域证明。

② 房屋及建筑物面积清册。

③ 业主名册。

④ 建筑规划总平面图。

⑤ 交付使用的共用设施设备的证明。

⑥ 物业服务用房配置证明。

⑦ 其他有关的文件资料。

（2）筹备组的成立。

① 符合成立业主大会条件的，区、县房地产行政主管部门或者街道办事处、乡镇人民政府应当在收到业主提出筹备业主大会书面申请后60日内，负责组织、指导成立首次业主大会会议筹备组。

② 筹备组由业主代表，建设单位代表，街道办事处、乡镇人民政府代表和居民委员会（简称居委会）代表组成。

③ 筹备组成员人数应为单数，其中业主代表人数不低于筹备组总人数的一半，筹备组组长由街道办事处、乡镇人民政府代表担任。筹备组中业主代表的产生，由街道办事处、乡镇人民政府或者居民委员会组织业主推荐。

④ 筹备组应当将成员名单以书面形式在物业管理区域内公告。业主对筹备组成员有异议的，由街道办事处或乡镇人民政府协调解决。

⑤ 建设单位和物业服务企业应当配合、协助筹备组开展工作。

（3）筹备组的工作内容。

① 确认并公示业主身份、业主人数以及所拥有的专有部分面积。

② 确定首次业主大会会议召开的时间、地点、形式和内容。

③ 草拟管理规约、业主大会议事规则。

④ 依法确定首次业主大会会议表决规则。

⑤ 制定业主委员会委员候选人产生办法，确定业主委员会委员候选人名单。

⑥ 制定业主委员会选举办法。

⑦ 完成召开首次业主大会会议的其他准备工作。

（4）筹备组的公告。

筹备组应将上述工作内容在首次业主大会会议召开 15 日前，以书面形式在物业管理区域内公告。业主对公告内容有异议的，筹备组应当记录并作出答复。

2.业主大会定期会议

业主大会的定期会议应当按照业主大会议事规则的规定由业主委员会组织召开。

3.业主大会临时特别会议

这是在按照业主大会会议议事规则的规定召开定期会议之外，确有必要，在符合法定条件的情况下召开的会议。

有下列情况之一的，业主委员会应当及时组织召开业主大会临时会议：

（1）经专有部分占建筑物总面积 20% 以上且占总人数 20% 以上业主提议的。

（2）发生重大事故或者紧急事件需要及时处理的。

（3）业主大会议事规则或者管理规约规定的其他情况。

发生应当召开业主大会临时会议的情况，业主委员会不履行组织召开会议职责的，区、县人民政府房地产行政主管部门应当责令业主委员会限期召开。

召开业主大会会议，应当于会议召开 15 日前通知全体业主。

（六）业主大会的形式

《条例》与《指导规则》均规定，业主大会会议召开的形式包括两种：集体讨论与书面征求意见。

通常情况下，业主大会的召开采取的是集体讨论的形式，它可以使大家面对面地交流意见，展开讨论，集思广益。对业主不会有太大争议的问题，可以采用书面征求意见的形式，这样能够节约时间和成本。采用书面征求意见形式的，应当将征求意见书送交每一位业主；无法送达的，应当在物业管理区域内公告。凡需投票表决的，表决意见应由业主本人签名。

（七）业主大会的表决规则

不管采用哪种形式召开业主大会，都应当有物业管理区域内专有部分面积占比 2/3 以上的业主且人数占比 2/3 以上的业主参与表决。其中，决定某些重要事项，应当由持有表决权的专有部分面积占比 3/4 以上的业主且占总人数 3/4 以上的业主同意。决定其他事项，应当由持有表决权的专有部分面积占比过半且人数占比过半的业主同意。（详见本节"二、业主大会（二）业主或业主大会可以决定的事项"）

业主大会的决定分为两种：一般决定和特殊决定。在专有部分面积占比 2/3 以上的业主且人数占比 2/3 以上的业主参与表决的前提下，对一般决定，适用"普通多数同意方式"，如上文中的双过半；而对特殊决定，适用"特别多数同意方式"，即必须经持有表决权的 3/4 以上的业主同意，即上文中的双 3/4。特别多数同意的决议方式，指对涉及业主群体的重要事项，须保证决策的慎重和决策执行能获得绝大多数业主的支持。

（八）业主大会的其他规定

（1）业主可以委托代理人参加业主大会会议。

（2）业主大会的决定对物业管理区域内的全体业主具有约束力[1]。因为业主大会的决定反映的是全体业主的意志，只要业主大会的决定符合法律法规的规定，并遵循了管理规约的议事规则，即使投了弃权票或反对票的业主，也必须服从。

（3）业主大会会议应当由业主委员会作出书面记录并存档。

（4）业主大会的决定应当以书面形式在物业管理区域内及时公告。

（5）业主大会自首次业主大会会议表决通过管理规约、业主大会议事规则，并选举产生业主委员会之日起成立。

三、业主委员会

（一）业主委员会的性质

业主委员会，是经业主大会选举产生并经房地产行政主管部门登记，在物业管理活动中代表和维护全体业主合法权益的组织，是业主行使共同管理权的一种特殊形式，是办理本辖区涉及物业管理的公共事务和公益事业的社会性自治组织。

业主委员会的宗旨是：代表本物业管理区域内全体业主的合法权益，实行业主自治自律与专业化管理相结合的管理体制，保障物业的安全与合理使用，贯彻执行国家有关物业管理的法律、法规和政策规定，维护本物业管理区域内的公共秩序，创造整洁、优美、安全和文明的环境。

此处涉及的"物业管理区域"，是一个由业主委员会管理的物业的范围。一般而言，它应该是一个由原设计构成的自然街坊或封闭小区。自然街坊是城市建设中自然形成的相对独立的居住区。这种小区大都实行封闭式管理，被称为封闭小区。将一个封闭小区划分为一个物业管理区域，有利于对房屋及相关设施的管理。

《条例》并没有统一规定物业管理区域划分的标准，而是交由各省、自治区、直辖市制定。由于各地情况有很大不同，划分住宅物业管理区域应当考虑建筑规模、自然形成、设施设备共用程度及社区建设等因素；非住宅区域划分主要考虑建设立项、规划等因素；住宅与非住宅结构相连的区域，应本着有利于物业管理的原则划定。物业管理区域的范围，可以是一栋或几栋大楼，也可以是对一个楼宇群体进行适当的调整而划定。区域一经划定，如无特殊情况，不应作任意改动。物业管理区域范围相对稳定，有利于业主自治机构和物业服务企业管理上的稳定性和延续性。

（二）业主委员会委员的相关规定

如果只有一个业主的，或者业主人数较少且经全体业主一致同意，决定不成立业主大会的，由业主共同履行业主大会、业主委员会职责。

---

[1]　《民法典》第280条第1款规定：业主大会或者业主委员会的决定，对业主具有法律约束力。

1.业主委员会的人数

业主委员会委员由业主大会会议选举产生，由5~11人单数组成。

2.业主委员会委员的资格条件

业主委员会委员应当是物业管理区域内的业主，并符合下列条件：

（1）具有完全民事行为能力。

（2）遵守国家有关法律、法规。

（3）遵守业主大会议事规则、管理规约，模范履行业主义务。

（4）热心公益事业，责任心强，公正廉洁。

（5）具有一定的组织能力。

（6）具备必要的工作时间。

3.业主委员会委员资格的终止

（1）自行终止。有下列情况之一的，业主委员会委员资格自行终止：

① 因物业转让、灭失等原因不再是业主的。

② 丧失民事行为能力的。

③ 依法被限制人身自由的。

④ 法律、法规以及管理规约规定的其他情形。

（2）授权决定。业主委员会委员有下列情况之一的，由业主委员会1/3以上委员或者持有20%以上投票权数的业主提议，业主大会或者业主委员会根据业主大会的授权，可以决定是否终止其委员资格：

① 以书面方式提出辞职请求的。

② 不履行委员职责的。

③ 利用委员资格牟取私利的。

④ 拒不履行业主义务的。

⑤ 侵害他人合法权益的。

⑥ 因其他原因不宜担任业主委员会委员的。

（3）业主委员会委员资格终止的，应当自终止之日起3日内将其保管的档案资料、印章及其他属于全体业主所有的财物移交业主委员会。

（4）业主委员会任期内，委员出现空缺时，应当及时补足。业主委员会委员候补办法由业主大会决定或者在业主大会议事规则中规定。业主委员会委员人数不足总数的1/2时，应当召开业主大会临时会议，重新选举业主委员会。

（三）业主委员会成立后的其他事项

1.主任与副主任的推选

业主委员会应当自选举之日起7日内召开首次会议，推选业主委员会主任和副主任。

2.业主委员会的备案

业主委员会应当自选举产生之日起30日内，持下列文件向物业所在地的区、县房地产行政主管部门和街道办事处、乡镇人民政府办理备案手续：

（1）业主大会成立和业主委员会选举的情况。

（2）管理规约。

（3）业主大会议事规则。

（4）业主大会决定的其他重大事项。

3.备案的变更

业主委员会任期内，备案内容发生变更的，业主委员会应当自变更之日起30日内将变更内容书面报告备案部门。

4.业主委员会的印章

业主委员会办理备案手续后，可持备案证明向公安机关申请刻制业主大会印章和业主委员会印章。

（四）业主委员会的职责

业主委员会是业主大会的执行机构，执行业主大会的决定事项，履行下列职责：

（1）执行业主大会的决定和决议。

（2）召集业主大会会议，报告物业管理实施情况。

（3）与业主大会选聘的物业服务企业签订物业服务合同。

（4）及时了解业主、物业使用人的意见和建议，监督和协助物业服务企业履行物业服务合同。

（5）监督管理规约的实施。

（6）督促业主交纳物业服务费及其他相关费用。

（7）组织和监督专项维修资金的筹集和使用。

（8）调解业主之间因物业使用、维护和管理产生的纠纷。

（9）业主大会赋予的其他职责。

需要说明的是，在实践中发生了少数业主委员会成员侵害大多数业主的利益，以及业主委员会作出撤换物业服务企业或同意利用公共设施经营的决定，但遭到大多数业主的反对，导致矛盾产生的情况。鉴于以上问题，《条例》确立了业主大会和业主委员会并存，业主大会决策、业主委员会执行的制度。也就是说，业主委员会可以在业主大会的授权范围内就某些物业管理事项作出决定，但重大的物业管理事项的决定只能由业主大会作出。

不过，《物权法》第78条第2款规定：业主大会或者业主委员会作出的决定侵害业主合法权益的，受侵害的业主可以请求人民法院予以撤销。《民法典》第280条第2款作出了同样的规定。也就是说，如果业主大会或者业主委员会作出的决定侵害了业主的合法权益，受侵害的业主完全可以将业主大会或业主委员会作为被告诉至法院，请求人民法院依法撤销业主大会或业主委员会作出的决定。

《指导规则》第59条也规定：业主大会、业主委员会作出的决定违反法律法规的，物业所在地的区、县房地产行政主管部门和街道办事处、乡镇人民政府应当责令限期改正或者撤销其决定，并通告全体业主。

这一制度有利于维护大多数业主的合法权益，保障物业管理活动的顺利进行。

（五）业主委员会的平时会议

（1）经1/3以上业主委员会委员的提议，业主委员会应当按照业主大会议事规则的规定及业主大会的决定，在7日内召开业主委员会会议。

（2）业主委员会会议由主任召集和主持，主任因故不能履行职责，可以委托副主任召集。

（3）业主委员会会议应有过半数的委员出席，作出的决定必须经全体委员半数以上同意。

（4）业主委员会委员不能委托代理人参加会议。

（5）业主委员会应当于会议召开7日前，在物业管理区域内公告业主委员会会议的内容和议程，听取业主的意见和建议。

（6）业主委员会会议应当制作书面记录并存档。

（7）业主委员会会议作出的决定，应当有参会委员的签字确认，并自作出决定之日起3日内在物业管理区域内公告。

（六）业主委员会的换届与文件财产移交

业主委员会委员实行任期制，每届任期不超过5年，可连选连任，业主委员会委员具有同等表决权。

（1）业主委员会任期届满前3个月，应当组织召开业主大会会议，进行换届选举，并报告物业所在地的区、县房地产行政主管部门和街道办事处、乡镇人民政府。

（2）业主委员会应当自任期届满之日起10日内，将其保管的档案资料、印章及其他属于业主大会所有的财物移交新一届业主委员会。

业主委员会任期届满后，拒不移交所保管的档案资料、印章及其他属于全体业主所有的财物的，新一届业主委员会可以请求物业所在地的公安机关协助移交。

（3）业主委员会在规定时间内不组织换届选举的，物业所在地的区、县房地产行政主管部门或者街道办事处、乡镇人民政府应当责令其限期组织换届选举；逾期仍不组织的，可以由物业所在地的居民委员会在街道办事处、乡镇人民政府的指导和监督下，组织换届选举工作。

（4）因客观原因未能选举产生业主委员会或者业主委员会委员人数不足总数的1/2的，新一届业主委员会产生之前，可以由物业所在地的居民委员会在街道办事处、乡镇人民政府的指导和监督下，代行业主委员会的职责。

这些规定进一步强化了政府基层组织在社区管理中的指导和监督作用。

（七）业主委员会应当向业主公布的情况和资料

（1）管理规约、业主大会议事规则。

（2）业主大会和业主委员会的决定。

（3）物业服务合同。

（4）专项维修资金的筹集、使用情况。

（5）物业共有部分的使用和收益情况。

（6）占用业主共有的道路或者其他场地用于停放汽车的处分情况。

（7）业主大会和业主委员会工作经费的收支情况。

（8）其他应当向业主公开的情况和资料。

（八）业主委员会工作档案的内容

业主委员会应当建立工作档案，工作档案包括以下主要内容：

（1）业主大会、业主委员会的会议记录。

（2）业主大会、业主委员会的决定。

（3）业主大会议事规则、管理规约和物业服务合同。

（4）业主委员会选举及备案资料。

（5）专项维修资金筹集及使用账目。

（6）业主及业主代表的名册。

（7）业主的意见和建议。

（九）业主委员会的工作经费

（1）业主大会、业主委员会工作经费由全体业主承担。

（2）工作经费可以由业主分摊，也可以从物业共有部分经营所得收益中列支。

（3）工作经费的收支情况，应当定期在物业管理区域内公告，接受业主监督。

（4）工作经费筹集、管理和使用的具体办法由业主大会决定。

四、业主大会和业主委员会的指导与监督机构

《指导规则》的第6条规定：物业所在地的区、县房地产行政主管部门和街道办事处、乡镇人民政府负责对设立业主大会和选举业主委员会给予指导和协助，负责对业主大会和业主委员会的日常活动进行指导和监督。

《民法典》第277条第2款规定：地方人民政府有关部门、居民委员会应当对设立业主大会和选举业主委员会给予指导和协助。

在上述前提下，作为政府基层组织的区、县房地产行政主管部门、街道办事处、乡镇人民政府及居民委员会，其指导和监督作用体现在：

（1）接收并审查筹备首次业主大会会议的申请和文件资料。

（2）收到业主提出筹备业主大会书面申请后60日内，负责组织、指导成立首次业主大会会议筹备组。

（3）任筹备组成员，并任组长。

（4）筹备组中业主代表的产生，由街道办事处、乡镇人民政府或者居民委员会组织业主推荐；业主对筹备组成员有异议的，由街道办事处、乡镇人民政府协调解决。

（5）负责办理业主委员会产生的备案手续。

（6）业主委员会进行换届选举，应报告物业所在地的区、县房地产行政主管部门和街道办事处、乡镇人民政府。

（7）物业所在地的区、县房地产行政主管部门和街道办事处、乡镇人民政府应当积极开展物业管理政策法规的宣传和教育活动，及时处理业主、业主委员会在物业管理活动中的投诉。

（8）已交付使用的专有部分面积超过建筑物总面积50%，建设单位未按要求报送筹备首次业主大会会议相关文件资料的，物业所在地的区、县房地产行政主管部门或者街道办事处、乡镇人民政府有权责令建设单位限期改正。

（9）物业管理区域内，可以召开物业管理联席会议。物业管理联席会议由街道办事处、乡镇人民政府负责召集，由区、县房地产行政主管部门、公安派出所、居民委员会、业主委员会和物业服务企业等方面的代表参加，共同协调解决物业管理中遇到的问题。

另外，《指导规则》的第51条~第60条均体现了政府基层组织对业主大会和业主委员会的指导与监督工作。

住房和城乡建设部等十部委在2020年12月25日发布的《关于加强和改进住宅小区物业管理工作的通知》"二、健全业主委员会治理结构"中，也规定了街道对业主委员会的指导和监督的工作内容：

（1）优化业主委员会人员配置。街道负责指导成立业主大会筹备组、业主委员会换届改选小组，加强对业主委员会的人选推荐和审核把关。鼓励"两代表一委员"参选业主委员会成员，提高业主委员会成员中党员比例。探索建立业主委员会成员履职负面清单，出现负面清单情形的，暂停该成员履行职责，提请业主大会终止成员资格并公告全体业主。市、县住房和城乡建设部门、街道要加强业主委员会成员法律法规和业务培训，提高业主委员会成员依法依规履职能力。

（2）充分发挥业主委员会作用。业主大会可根据法律法规规定，通过议事规则和管理规约约定，授权业主委员会行使一定额度内业主共有部分经营收益支出、住宅专项维修资金使用决策权力。业主委员会应当督促业主遵守法律法规、议事规则、管理规约和业主大会决议，对业主违规违约行为进行劝阻。对多次催交仍拖欠物业费的业主，可根据管理规约规定的相应措施进行催交。探索将恶意拖欠物业费的行为纳入个人信用记录。

（3）规范业主委员会运行。业主委员会应当定期召开会议，在决定物业管理有关事项前，应公开征求业主意见，并报告社区党组织和居民委员会。业主大会可授权业主委员会聘请专职工作人员承担日常事务，明确工作职责和薪酬标准。探索建立业主委员会换届审计制度。

（4）加强对业主委员会监督。业主委员会每年向业主公布业主共有部分经营与收益、维修资金使用、经费开支等信息，保障业主的知情权和监督权。业主委员会作出违反法律法规和议事规则、管理规约的决定，街道应当责令限期整改，拒不整改的依法依规撤销其决定，并公告业主。业主委员会不依法履行职责，严重损害业主权益的，街道指导业主大会召开临时会议，重新选举业主委员会。加大对业主委员会成员违法违规行为查处力度，涉嫌犯罪的移交司法机关处理。

2017年6月12日，中共中央、国务院发布《关于加强和完善城乡社区治理的意见》，其中"着力补齐城乡社区治理短板"部分明确提出要改进社区物业服务管理，包括"加强社区党组织、社区居民委员会对业主委员会和物业服务企业的指导和监督，建立健全社区党组织、社区居民委员会、业主委员会和物业服务企业议事协调机制。探索在社区居民委员会下设环境和物业管理委员会，督促业主委员会和物业服务企业履行职责。探索完善业主委员会的职能，依法保护业主的合法权益。探索符合条件的社区居民委员会成员通过法定程序兼任业主委员会成员。

住房和城乡建设部在《关于做好取消物业服务企业资质核定相关工作的通知》（建办房〔2017〕75号）中也提出："积极推动将物业管理纳入社区治理体系""充分发挥街道办事处或乡镇人民政府在加强社区党组织建设、指导业主大会和业主委员会、监督物业管理活动等方面的重要作用，建立健全物业管理联席会议制度，维护社区和谐稳定"。

这意味着，物业管理已经从原来的一条线管理——房地产主管部门管理，转变为多元管理。出现问题时，既可以找区、县人民政府房地产主管部门，也可以找街道办事处、乡镇人民政府。

五、业主委员会与居委会的关系

在实践中，业主委员会与居委会之间有时会出现工作交叉、职能重合的情形，因此，有人认为业主委员会应从属于居民委员会，或把业主委员会和居民委员会混为一谈，以致产生不少误会。

业主委员会是由物业管理区域内全体业主选出的，在物业管理活动中代表和维护全体业主合法权益的自治组织。

居民委员会是居民自我管理、自我教育、自我服务的基层群众性自治组织，是一种半民间半政府的组织，由街道办事处直接领导管理。其主要职责是完成相关的政府工作事项，配合政府做好各项活动。它是居民行使民主政治权利的产物。

为了协调业主委员会与居民委员会之间的关系，《条例》第20条规定："业主大会、业主委员会应当配合公安机关，与居民委员会相互协作，共同做好维护物业管理区域内的社会治安等相关工作。在物业管理区域内，业主大会、业主委员会应当积极配合相关居民委员会依法履行自治管理职责，支持居民委员会开展工作，并接受其指导和监督。住宅小区的业主大会、业主委员会作出的决定，应当告知相关的居民委员会，并认真听取居民委员会的建议。"

《民法典》通过第277条增加了居民委员会在设立业主大会和选举业主委员会中的职能，有利于业主保护自己的权利。

居民委员会是群众自治性组织，具有特别法人资格，上接政府下靠居民。

因此，应明确规定社区居委会的功能定位，以避免社区自治管理权利结构的错位。在社区民主自治管理中，社区居民大会是最高权力机构，居委会由社区居民大会选举产生，是社区管理的具体执行组织，居委会的管理权利来自社区居民大会而非居住小区业主大会。居委会的管理定位与业委会不在同一个层次。

因此，居委会的工作定位为：一是在社区里居住小区业委会之间空白地带，进行管理、服务与协调工作；二是在居住小区业委会之上，代表整体社区利益与街道办事处、交通、治安、环卫、市场监督管理等部门开展沟通和协商工作，使各个居住小区之间公共设施、公共秩序、公共环境符合社区整体利益的要求。居住小区内部的社区管理由小区业委会负责。

第三节　物业服务企业与相关机构的关系

物业服务企业是物业管理的实施机构，是物业管理工作的承担者和执行者。物业服务企业在国家和所在地的有关法规和委托合同允许的范围内开展工作。物业服务企业接受房地产及有关行政主管部门和所在地人民政府的监督；接受物业服务企业上级主管部门或股东的监督；同时接受业主委员会的监督。

.在房地产行政主管部门取消对物业服务企业资质的管理以后，对物业服务企业的监管要从行业管理向市场监管转变，即监管思路要从"管主体"向"管行为"转变，监管重点要从"管企业"向"管项目"转变，这都要求对物业服务企业的监管，不仅仅是房地产主管部门一家的工作，而是由市场监督管理、税务、公安、环保、街道等有关部门共同完成对物业服务企业的管理服务的监管工作。

一、与政府各相关部门的关系

（一）与房地产行政主管部门的关系

房地产行政主管部门是物业服务企业的归口主管部门。物业服务企业设立后，须在房地产行政主管部门的监督、指导下开展工作。

房地产行政主管部门对物业服务企业的监督、管理、指导具体体现在以下几个方面：

1.组织物业服务企业参加考评和评比

根据建设部2000年5月颁布的《全国物业管理示范住宅小区标准及评分细则》及《全国物业管理示范大厦标准及评分细则》，房地产行政主管部门，通过实施考查、听取汇报、查阅资料、综合评定等方法，对申报达标的物业管理区域进行达标考评，考评合格的，授予"全国物业管理示范项目"称号。

2.完善物业服务投诉平台，加强事中事后监管，推进信用体系建设

在国务院取消对物业服务企业的资质要求后，行业准入门槛降低了，这有利于激发社会的创业活力，但也会带来某些问题，所以房地产行政主管部门应加强以下监管工作：

（1）完善物业服务投诉平台，畅通投诉渠道，建立健全投诉反馈机制，明确受理、处理投诉的程序和要求，加强投诉反馈监督检查，及时解决群众有效投诉，预

防、化解物业服务纠纷。

（2）加强物业服务行业事中、事后监管，制定随机抽查事项清单，合理确定抽查的比例和频次，对发现的违法违规行为，依法依规加大惩处力度。房地产行政主管部门要通过建立黑名单、信息公开、推动行业自律等方式，提高物业服务企业的市场竞争力。

（3）加快推进物业服务行业信用体系建设，建立信用信息共享平台，制定统一的信用评价标准，根据合同履行、投诉处理、日常检查和街道意见等情况，采集相关信用信息，对物业服务企业实施信用综合评价，依法依规定期向社会公开企业信用记录和评价结果。依据企业信用状况，由住房和城乡建设部门授予信用星级标志。建立守信联合激励和失信联合惩戒机制，构建以信用为核心的物业服务市场监管体制。物业服务企业的资质要求取消后，房地产行政主管部门的市场监管要从以静态审批为主要特征的资质管理向以动态管理为主要特征的信用管理转变。

3.加强智慧物业管理服务能力建设

采集物业管理信息和生活服务数据，确保数据不泄露、不滥用。提升设施设备智能化管理水平，促进线上线下服务融合发展。鼓励物业服务企业开展养老、托幼、家政等延伸服务，推动发展生活服务业，探索"物业服务+生活服务"模式。

4.对从业人员进行职业技能培训

物业管理行业属于劳动密集型行业，从业人员是企业的主体，是服务这种特殊产品的创造者，因此从业人员的素质将在今后的市场环境中起到更为关键的作用。房地产行政主管部门应该与劳动管理部门密切配合，对从业人员进行职业技能培训：一是注重对管理层人员的政策法规、管理服务规范、服务意识、经营管理等方面的培训；二是注重对基础操作层面的人员加强专业技能方面的培训。通过培训，提高企业综合素质，提高物业服务品质，提高业主（客户）的满意度和市场美誉度，保证企业具备持续发展的动力。

（二）与市场监督管理部门、税务部门和物价部门的关系

1.物业服务企业必须接受市场监督管理部门的监督与指导

（1）物业服务企业在开业前，须向市场监督管理部门申请注册登记，经市场监督管理部门审核批准后，依法发给物业服务企业企业法人营业执照，物业服务企业方可正式开业。

（2）市场监督管理部门每年依法对物业服务企业进行年检、年审，对违法经营者有权依法进行批评、教育、处罚，甚至吊销企业法人营业执照，对合法经营者给予保护和支持。

2.物业服务企业要依法向税务部门纳税

（1）物业服务企业要依法向税务部门按时纳税。

（2）税务部门有权依法对物业服务企业进行定期与不定期的税务检查与指导，有权处罚违反税务规定的行为。

3.物业服务企业应接受物价管理部门的管理

（1）物业服务企业应按有关部门规定的收费标准收取，不得随意增加收费项目、提高收费标准。对于政府尚未制定收费标准的服务项目，物业服务企业应将自己制定涉及广大普通群众的物业服务收费标准上报物价主管部门核准。

（2）物价管理部门对物业服务企业实行监督、指导。

（三）与其他相关行政管理部门的关系

物业服务企业以下工作还要接受相关行政管理部门的监督与指导：

（1）保安工作。物业服务企业应接受当地公安局或派出所的监督与指导，配合综合治理办公室做好治安保卫工作。

（2）保洁工作。物业服务企业应接受环卫部门的监督与指导，做好清洁卫生和环境保洁。

（3）环保工作。物业服务企业要在环保部门指导下做好环保工作，为住用人创造良好的生活、工作、学习环境。

（4）绿化工作。物业服务企业应在园林局和绿化委员会的指导下，做好绿化等。

二、与其他参与者之间的关系

（一）与房地产开发企业的关系

房地产开发企业是以营利为目的，从事房地产开发和经营的企业，是房地产开发和交易的主体，其业务包括投资决策分析、项目前期工作、项目施工建设和房屋租售。物业管理作为房屋租售阶段的最后一个环节，是房地产开发的延续和完善。房地产开发企业只有重视售后的物业管理，才能使自己的房地产开发形成一个完整的运作系统。随着房地产市场的发展和竞争的日益加剧，房地产开发企业应该认识到良好的物业管理是增强自己产品市场竞争力的重要方面。

房地产开发企业应从经营战略的高度上重视物业管理，这就需要从观念上、行动上和资金上都有所投入。

除了由业主委员会招标选聘物业服务企业对物业实施管理以外，房地产开发企业往往自设物业服务企业或委托物业服务企业对物业实施管理。

1.房地产开发企业自设物业服务企业

房地产开发企业为了更好地满足销售需要，在房地产开发公司下面附设物业服务企业或物业管理分公司，实施物业管理。这种情况使物业管理成为房地产开发过程的延续和发展。物业服务企业与房地产开发公司形成了明显的从属关系。

2.委托专业物业服务企业进行管理

由于物业在建成之后到正式投入使用之前，处在不断销售的状态，业主也是陆续入驻，这样，第一次选聘物业服务企业的工作，一般就由房地产开发企业来完成。《条例》第24条规定："国家提倡建设单位按照房地产开发与物业管理相分离的原则，通过招投标的方式选聘物业服务企业。"所以，最好的方式是开发企业通过招投标方式来选聘。物业服务企业与房地产开发企业自然构成了聘用合同关系，双方依照合同规定行使各自的权利，履行各自的义务。

（二）与业主委员会的关系

业主委员会，通常是由业主大会或业主委员会选举产生的物业管理机构，它代表物业产权人和使用人的根本利益。业主委员会可以自己设立物业服务企业，也可以招标选聘物业服务企业。无论属于何种情况，物业服务企业都应该对业主委员会负责。物业服务企业应定期向业主和用户提供管理报告，报告有关经营管理情况、服务情况、基金账目情况中值得留意的事项以及改善的建议等。业主委员会不仅有权监督物业服务企业的工作，而且在必要时有权依法撤换物业服务企业。

（三）与物业管理协会的关系

物业管理协会是物业服务企业、行业主管部门和专业人士依法自愿组成的行业性社会团体。物业管理协会遵循国家有关法律、法规和政策，以促进国内外同行业交流、培育发展物业管理市场、维护企业合法权益为目的，为行业内企业服务，推动行业健康发展。

行业协会的自律是现代市场经济条件下的管理惯例，在现代市场经济条件下，每一个行业都有自律性组织，物业管理同样也有自己的行业协会组织。

物业管理协会的作用表现在：

（1）在政府主管部门领导下，宣传关于本行业的政策、法规，协助制定本行业的技术指标、政策和规划，推动物业管理行业发展；向政府有关部门反映行业的建议和要求，在政府和企业之间起桥梁作用。

（2）掌握行业内部物业服务企业的基本情况，开展行业调研、研讨，解决行业管理中出现的新问题。

（3）为企业的管理和发展提供多种服务，搜集整理国内外管理信息，提供管理业务咨询，组织参加国内外研讨会，促进技术交流，举办各类业务技术培训。

（4）推动行业内外的横向联合，加强行业与国（境）内外物业管理界的联系和合作，为本行业开拓广阔的市场创造条件。

（5）协助政府主管部门开展对物业服务企业进行年检、等级评定以及物业管理评优等工作。

（6）为社会提供物业管理方面的咨询服务等。

从近年来国家对物业管理行业各种法规的调整和修正中不难看出，其基本指导思想是"简政放权"，但要通过市场进行事中事后管理和控制，这对将来行业协会的作用发挥提出了较高的期望。可以预见，未来行业协会将在行业的管理中起到重要作用。

（四）与专业服务公司的关系

物业管理的范围很广，涉及绿化、治安、清洁、环卫、装饰装修、交通、教育等行业，显然必须走社会化、专业化的道路。专业服务公司就是为物业管理工作配套服务的专门机构，是物业管理社会化和专业化的必然产物，代表着物业管理行业今后的发展方向。专业服务公司是独立的企业，依据其服务内容，可分为保安公司、清洁公司、园林绿化公司以及各种设施维修服务公司等。

物业服务企业在一定意义上，可称为业主和使用人的总管家，它的日常工作需要许多专业服务部门的服务人员合作才能完成。为了实施物业管理，物业服务企业可以自己设立各种服务部门，也可以选聘专业服务部门。物业服务企业对自己下设的专业服务部门可以实行承包责任制，对选聘的专业服务企业可以实行合同制。专业服务企业对物业服务企业应当负责，依照合同享有权利并履行义务。物业服务企业对所选聘的专业服务企业，依照法律和合同实行管理和监督，对于不称职的专业服务企业，可以按照合同规定予以更换。

（五）与街道办事处及居委会的关系

街道办事处是市人民政府或市设区的区人民政府的派出机构，它对所辖的地区行使管理职能，对管辖地区的各项工作，按照政策依法进行统筹规划、信息引导、组织协调和检查监督。物业服务企业在街道办事处的管辖地段之内，必须按照街道办事处的统一部署开展工作。比如在春季或重大节日期间街道要组织卫生突击活动，物业服务企业应当按部署积极参与。街道办事处根据上级有关部门的布置或指示精神，或群众的突出反映，可以检查、督促物业服务企业的工作。

居住社区（住宅小区）是居民生活的主要空间，是基层社会治理的重要内容，是党和政府联系、服务人民群众的"最后一公里"。所以，住房和城乡建设部等十部委①在2020年12月25日发布的《关于加强和改进住宅物业管理工作的通知》中强调，要落实街道在居住社区中的属地管理责任，针对辖区内的物业管理工作，街道的工作内容主要有：

（1）坚持和加强党对物业管理工作的领导。推动业主委员会、物业服务企业成立党组织。建立党建引领下的社区居民委员会、业主委员会、物业服务企业协调运行机制，充分调动居民参与积极性，形成社区治理合力。

（2）及时研究解决住宅物业管理重点和难点问题。

（3）街道要建立物业管理工作机制，指导、监督辖区内物业管理活动。

（4）积极推动业主设立业主大会，选举业主委员会，办理业主委员会备案，并依法依规监督业主委员会和物业服务企业履行职责。

（5）指导开展物业承接查验并公开结果，监督物业项目有序交接。

（6）突发公共事件应对期间，街道指导物业服务企业开展应对工作，并给予物资和资金支持。委托物业服务企业承担公共服务事项的，应当向物业服务企业支付相应费用。

（7）推动城市管理服务下沉。推动城市管理服务向居住社区延伸，及时查处物业服务区域内违章搭建、毁绿占绿、任意弃置垃圾、违反规定饲养动物、电动自行车违规停放充电、占用堵塞公共和消防通道等违法违规行为。改变过去政府资源与管理向小区延伸不够、有关职能部门责任落实不到位、执法不进小区的现象，避免

---

① "十部委"指：住房和城乡建设部、中央政法委、中央文明办、发展和改革委员会、公安部、财政部、人力资源和社会保障部、应急管理部、市场监管管理总局、中国银行保险监督管理委员会。

小区内违法违规行为得不到及时查处。

（8）建立服务信息公开公示制度。物业服务企业应当在街道指导监督下，在物业服务区域显著位置设立物业服务信息监督公示栏，如实公布并及时更新物业项目负责人的基本情况、联系方式以及物业服务投诉电话、物业服务内容和标准、收费项目和标准、电梯和消防等设施设备维保单位和联系方式、车位车库使用情况、公共水电费分摊情况、物业费和业主共有部分经营收益收支情况、电梯维护保养支出情况等信息，可同时通过网络等方式告知业主公示内容。物业服务企业开展家政、养老等服务业务也应对外公示，按双方约定价格收取服务费用。物业服务企业不得收取公示收费项目以外的费用。

扩大物业管理覆盖范围，鼓励物业服务企业统一管理在管项目周边老旧小区。暂不具备专业化物业管理条件的，由街道通过社区居民委员会托管、社会组织代管或居民自管等方式，明确街道对无物业管理小区的托底服务责任，逐步实现物业管理全覆盖。

除了与街道的密切关系，物业服务企业与所在地的居民委员会之间，也有着非常密切的关系。居民委员会不仅是居民群众的自治组织，同时又兼有最基层政府的职能。物业服务企业应当配合居民委员会开展社区管理、社区服务工作，与居委会共同做好社区综合治理工作、老龄工作、妇女工作、计划生育工作和青少年教育工作，并在社区文化建设方面进行协作，共同为精神文明建设作出贡献。

实践中，有人认为物业服务企业应归属居民委员会或街道办事处领导。一些地方的居民委员会要求将物业服务用房作为其办公用房，有的要求物业服务企业提供居民委员会活动经费，有的同物业服务企业争抢有偿性的服务项目，个别的还强令物业服务企业安置人员等。物业服务企业也缺乏与居民委员会的沟通。实际上，物业服务企业、业主委员会和居民委员会是完全不同的组织，在性质、管理权限上有本质的差别。

物业服务企业作为一个民事主体，只是接受业主委员会的委托对小区的物业进行管理，这种管理本质上是一种民事活动和企业行为，是依据委托合同为小区提供的微观服务。而街道办事处、派出所履行的是一种宏观的管理职能，是一种政府行为和公共权力的行使。因此，物业服务企业所履行的安全防范工作，实质上是物业服务企业在物业管理区域内，接受委托为业主从事的自我防范工作，是为了业主利益而协助公安部门、街道办事处开展的工作。

第四节　案例分析

案例1　物业服务企业有没有强制权？

案例：

某物业服务企业反映，在它管理的小区里出现了两件挠头的事情：

一是张先生带着好几条狗在花园里玩，把李先生吓得连晨练都无法继续，李先生要求物业服务企业坚决把狗从花园里轰走，但张先生不听劝告。

二是王先生要装修，准备把一面墙拆掉，而刘先生认为这墙是承重墙不能拆，并要求物业服务企业制止，但王先生也不听劝告。

物业服务企业询问，这类业主不遵守业主管理规约，破坏社区环境、秩序，损害公共利益或其他业主的利益，但又不至于严重到妨害社会治安，物业服务企业管理干涉时，行为人不仅根本不听规劝，甚至采取一些不当行为拒绝管理，物业服务企业能否对其采取强制性措施，迫使其停止该不当行为？也就是说物业服务企业有无强制权？

案例评析：

案例中的问题确实是现实生活中常见的情形，也的确是最令物业服务企业挠头的事情，其主要原因是没有强有力的解决办法，或者说即便凭借强力解决了，物业服务企业还担心业主认为物业管理者太蛮横，不尊重业主。如果因为瞻前顾后而置之不管，同样会招来不满，一些业主会认为物业服务企业不能恪尽职守，不能认真、切实地履行管理职能。所以，物业服务企业不管怎样做，都面临两难的境地。

如果从物业服务企业的性质和地位的角度看，物业服务企业本身是不具有强制权的。物业服务企业是进行物业管理的企业，它与业主之间是平等的民事合同主体的关系。根据有关规定，物业服务企业不承担应由房地产行政管理部门或司法部门承担的对违法者的处理职责。因此，无端要求物业服务企业对个别业主或使用人侵犯相邻业主利益或公共利益的行为承担作为义务是不合适的。

但从道理上说，物业服务企业又应该具有强制权。如果物业服务企业没有强制权，很多问题可能根本无法解决，或者物业服务企业只好借故不去解决。其结果是小区大多数业主的合法权益无法得到维护与保障，大多数业主支付物业服务费所希望得到的服务质量也无从谈起，这实际上也是对大多数业主正当权益的损害。

需要说明的是，这个强制权是一定的、适度的、有限制的强制权，即不会侵害业主合法、正当的人身与财产权利的强制权。不能认为物业服务企业有了强制权就可以为所欲为，可以张口骂业主、动手打业主、开单罚业主。

同时，这个强制权还应当由业主委员会在遵守国家有关法律法规的条件下，根据业主大会的意见与授权和本小区的实际情况，通过物业服务合同、契约等赋予物业服务企业。物业服务企业的一切权利都来自全体业主（业主委员会）的委托与授权，只有获得了委托和授权，才享有各项物业管理活动的权利，适度的强制权同样需要全体业主的委托与授权。这种委托与授权应该在物业服务合同中得到说明与体现，这种强制权也应该让全体业主明确了解。这样，物业服务者的强制行为才不致构成对少数业主的侵权行为。当然，业主可以授予物业服务企业这种适度的强制权，也可以不授予或者收回这种强制权。

目前，民法典已经赋予了物业服务企业相应的权利，物业服务企业面对这类情况并不是束手无策了。如关于饲养动物：

《民法典》第286条第2款规定：业主大会或者业主委员会，对任意弃置垃圾、排放污染物或者噪声、违反规定饲养动物、违章搭建、侵占通道、拒付物业费等损害他人合法权益的行为，有权依照法律、法规以及管理规约，请求行为人停止侵害、排除妨碍、消除危险、恢复原状、赔偿损失。

业主或者其他行为人拒不履行相关义务的，有关当事人可以向有关行政主管部门报告或者投诉，有关行政主管部门应当依法处理。

《民法典》第287条规定：业主对建设单位、物业服务企业或者其他管理人以及其他业主侵害自己合法权益的行为，有权请求其承担民事责任。

《民法典》第1245条关于饲养动物致害责任的一般规定中规定：饲养的动物造成他人损害的，动物饲养人或者管理人应当承担侵权责任；但是，能够证明损害是因被侵权人故意或者重大过失造成的，可以不承担或者减轻责任。

《民法典》第1246条关于违反规定未对动物采取安全措施致害责任中规定：违反管理规定，未对动物采取安全措施造成他人损害的，动物饲养人或者管理人应当承担侵权责任；但是，能够证明损害是因被侵权人故意造成的，可以减轻责任。

《民法典》第1251条关于饲养动物应履行的义务中规定：饲养动物应当遵守法律法规，尊重社会公德，不得妨碍他人生活。

再如关于业主装修房屋：

《民法典》第945条第1款规定：业主装饰装修房屋的，应当事先告知物业服务人，遵守物业服务人提示的合理注意事项，并配合其进行必要的现场检查。

《条例》第52条规定：业主需要装饰装修房屋的，应当事先告知物业服务企业。物业服务企业应当将房屋装饰装修中的禁止行为和注意事项告知业主。

如果业主的装修行为影响到邻里的生活或建筑安全，还有更多的相应规定。

所以，不听劝告的张先生和王先生，物业服务企业拿出法律、合同、管理规约，是可以使其听从劝告的。

案例2 业主栽的树，业主有处置权，物业服务企业无权过问，对吗？

案例：

某旧住宅小区没有开始物业管理前，不少业主都在自己家的后院栽种树木或蔬菜。开展物业管理后，物业服务企业办理手续并对这些植物作了一些处理，保留了其中一些树木。但没过多久，小区内一幢楼房的底层住户要将自己后院的一棵树锯掉，其理由是该树挡住了射进他家里的阳光。物业服务企业得知消息后，多次上门劝解，此业主不听，认为树栽在自家后院，而且是几年前自己栽的，物业服务企业无权管理，这个业主的观点正确吗？

案例评析：

这一案例涉及物业服务企业对所管辖区域的管理责任和权利，业主应当了解物业服务企业的管辖范围及职责，应当遵守物业管理规约，协助物业服务企业共同维护好小区的居住环境。

首先，物业服务企业有权对业主的行为进行管理。物业服务企业接受了业主委员会的委托，可以依据契约对住宅小区进行全面管理。一般来说，物业服务企业不仅有权对房屋、设备进行管理修缮，同时也有权对所管物业管理区域内的场地以及绿地、树木进行管理、维护。对绿化树木的管理是正当的物业管理行为，是无可非议的。相反，如果物业服务企业对该业主的行为听之任之，那物业管理人员就是渎职，不负责任，就违反了相关合同。

其次，就树木本身来看，无论是国家栽种的，还是私人栽种的，树木成活以后，要把它锯掉或处理掉，不仅要得到物业服务企业的同意，还要得到当地城建、园林部门的批准，否则属于破坏绿化的行为，是要受到我国相关法律的处罚的。

对于上述问题，如果业主坚持不听物业服务企业的意见，擅自做主将树锯掉，则物业服务企业有权到法院起诉该业主，并要求其赔偿相应的损失。

案例3 如何更换物业服务企业？

案例：

[来信] 我是某小区业主委员会的主任。最近，我们小区不少业主对物业服务企业的服务质量意见很大，业主委员会的部分成员也有同样的感觉。在与一些业主座谈后，我们业主委员会决定更换这家物业服务企业，另外聘请新的物业服务企业。但由于我们对物业服务企业的辞聘工作不熟悉，担心在更换物业服务企业过程中出现差错，所以特此询问如何更换物业服务企业，以及应该注意哪些问题。

案例评析：

目前，各地都出现了不少小区更换物业服务企业的情况，甚至有物业服务企业自动退出的情况①。这种情况在市场经济条件下，显然是很正常的，以后还会发生，而且可能更加频繁。

问题的关键是在更换物业服务企业时，应该注意什么问题，以避免一些对物业服务企业和业主都没有好处的纠纷。

我们知道，业委会有更换物业服务企业的权利，民法典中有关于业主委员会选聘和更换物业服务企业的规定。但是我们认为，在更换物业服务企业之前和其后的过程中，应考虑好如下几方面的问题：

（1）是不是必须更换。有些物业服务企业本身并没有什么大的过错，可能是与业主和业主委员会之间存在争议，或者说，物业服务企业在某些方面做得不够好。如果在业主委员会对其就合同方面作必要的提醒之后，物业服务企业能够迅速整改，那么不要更换这类物业服务企业比较好；反之，则应该坚决更换。

（2）更换的合法性。它包括3个方面：

第一，物业服务企业有不可原谅的过错；

---

① 2020年12月1日，万科物业对服务4年多的南京某小区发出公告，拟于2021年3月2日终止合同，主要原因是小区新的业委会一直没有成立，导致很多重大决策难以推进。

第二，更换的主体为合法的业主委员会；

第三，有关更换的事宜，要经小区业主大会讨论。在保证广大业主、使用人支持的前提下召开业主大会，形成决议，使更换物业服务企业的行动具备充分的群众基础和法律依据。

（3）能否取得相关方面的支持。它包括能否处理好开发企业、业主委员会、原物业服务企业、新物业服务企业间的利益关系，尽量取得一致性意见，以便顺利更换；也包括能否取得法律顾问、物管顾问、财务顾问等提供的法律与专业支持，以及政府主管部门提供的政策指导与支持。

（4）注意各方面工作的交接。首先，应召开业主大会并做好保密工作，防止过渡期出现管理真空，同时也应避免出现账务修改和资金转移问题，避免业主和使用人利益受到损害。其次，将更换物业服务企业的意见和安排报主管部门，取得指导和支持。如发生原物业服务企业拒不交出物业的情况，需要请居委会或政府主管部门进行协调。

（5）熟悉交接的内容，如工程交接、财务交接、文档交接、岗位交接、人事安排、劳动关系交接等，并做好确认签字工作。

（6）防范风险，避免业主或使用人的工作、生活受到影响。在更换物业服务企业的过程中，经常出现的风险有5种：原物业服务企业拒不退出，导致新的物业服务企业很难进入；原物业服务企业提出高额额外补偿；交接不配合，导致物业管理工作无法延续；导致部分业主对更换持不同意见甚至引发对业主委员会的诘难；因管理真空，小区处于弃管状态；引发法律诉讼。

关于物业服务企业的更换或续聘，《民法典》根据不同情况给出了具体规定：

《民法典》第946条规定：业主依照法定程序共同决定解聘物业服务人的，可以解除物业服务合同。决定解聘的，应当提前六十日书面通知物业服务人，但是合同对通知期限另有约定的除外。

依据前款规定解除合同造成物业服务人损失的，除不可归责于业主的事由外，业主应当赔偿损失。

《民法典》第947条规定：物业服务期限届满前，业主依法共同决定续聘的，应当与原物业服务人在合同期限届满前续订物业服务合同。

物业服务期限届满前，物业服务人不同意续聘的，应当在合同期限届满前九十日书面通知业主或者业主委员会，但是合同对通知期限另有约定的除外。

《民法典》第948条规定：物业服务期限届满后，业主没有依法作出续聘或者另聘物业服务人的决定，物业服务人继续提供物业服务的，原物业服务合同继续有效，但是服务期限为不定期。

当事人可以随时解除不定期物业服务合同，但是应当提前六十日书面通知对方。

关于更换时物业资料的交接问题，《民法典》也有规定：

《民法典》第949条规定：物业服务合同终止的，原物业服务人应当在约定期限或者合理期限内退出物业服务区域，将物业服务用房、相关设施、物业服务所必需的相关资料等交还给业主委员会、决定自行管理的业主或者其指定的人，配合新物业服务人做好交接工作，并如实告知物业的使用和管理状况。

原物业服务人违反前款规定的，不得请求业主支付物业服务合同终止后的物业费；造成业主损失的，应当赔偿损失。

关于实施物业服务时的物业费问题，也有规定：

《民法典》第950条规定：物业服务合同终止后，在业主或者业主大会选聘的新物业服务人或者决定自行管理的业主接管之前，原物业服务人应当继续处理物业服务事项，并可以请求业主支付该期间的物业费。

所以，该业委会主任不必担心，《民法典》出台后，关于业主与物业服务企业的权利和义务、物业服务合同等都有了详细的规定，无论是选聘、续聘或更换都有法可依了。

案例4　业主能擅自在楼宇外墙上挂招牌吗？

案例：

业主顾某日前下岗，他利用自己底层的住房，在家办了一个百货超市。由于自己的住房位于小区的路口，地段好，为了吸引更多的消费者光顾，他在自己家的外墙上安装了一块小型光管招牌。谁知刚装好不久，顾某便收到物业服务企业的警告函件，以影响整个住宅小区墙体外观为由，要求业主顾某将光管招牌立即拆去。顾某迷惑不解，在自己家的墙上挂了一块招牌就不允许吗？物业服务企业是否有权作出拆招牌的要求呢？

案例评析：

通常我们认为，物业服务企业是有权这样做的。这个问题的根本在于建筑物外墙是建筑物不可分的一部分，全体业主都对其享有权益，不能由个别业主决定其用途。

我们可以从以下几方面来考虑本案例中的问题。

第一，建筑物具有物理上的不可分离性。楼宇的外墙看起来是属于某个业主专有的，但实质上，它是整栋楼的全体业主所共有的，应该属于共用部位。因此，个别业主在外墙上擅自安装广告或招牌是不合适的。一方面，该行为侵犯了全体业主的权益和部分相邻业主的直接利益；另一方面，也可能对建筑物的美观带来一定的影响。正因为这样，不少小区的管理规约都有外墙上禁止擅自安装广告或招牌的明确规定。

第二，可按照规定，申请挂招牌。一般来说，公共部位是物业服务企业的管理范围，所以当个别住户确实需要安装招牌时，正确的途径是向物业服务企业提出申请，同时提供有关招牌的资料，如面积大小、安装位置等。物业服务公司在收到申请后，应到现场察看，并根据有关规定进行研究，同时也应征求有关业主（邻居等）的意见，以确保该招牌不会为其他业主带来不良影响。若此装置招牌的建议遭到其他多数业主的反对，物业服务企业可能不会批准，则该业主就不能继续坚持安装招牌。若业主未经物业服务企业或其他业主同意而擅自安装，物业服务企业有权以影响住宅小区（大厦）外观为理由，要求其拆除招牌。

第三，属于共用部位的外墙单独归某个业主使用，这个业主应该为此向其他业主作出一定的补偿，即物业服务企业经过业主委员会的同意，可以向该业主酌量收取租金，但租金收益如何使用应由业主大会决定（参见第一章案例3）。当然，是否照顾下岗职工，又是另外一个问题，而且还需要业主委员会的同意。

小结

本章主要介绍了与物业管理有关的机构——物业服务企业、业主委员会、相关机构等。

物业服务企业是指依法设立、具有独立法人资格、从事物业管理服务活动的企业。物业服务企业通过市场监督管理部门注册登记设立。

物业服务企业在物业管理中，有依据物业服务合同对委托物业实施物业管理的6项权利和6项义务。

业主是指拥有物业的产权人。在物业管理中，业主是物业服务企业提供物业管理服务的对象。业主分为3个层次：单个业主、全体业主（业主大会）、业主委员会。

单个业主最基本的权利是依法享有所拥有物业的各项权利和参与物业管理、要求物业服务企业依据物业服务合同提供相应的管理与服务的权利。《条例》为其规定了10项权利；同时《条例》也规定，在物业管理活动中，业主具有6项义务。

非业主使用人是指不拥有物业的所有权，但通过某种形式（如签订租赁合同）获得物业使用权，并实际使用物业的人。它与业主在权利上的最大区别是其对物业没有最终处置权。

业主大会由物业管理区域内全体业主组成，它是维护物业区域内全体业主的公共利益、行使业主对物业管理的自治权利的业主自治机构。业主大会是决定物业共同事项的业主自治管理组织。《民法典》规定，这些共同事项包括9项。这些由业主共同决定的事项，应当由专有部分面积占比2/3以上的业主且人数占比2/3以上的业主参与表决。决定其中第6项至第8项规定的事项，应当经参与表决专有部分面积3/4以上的业主且参与表决人数3/4以上的业主同意。决定其他事项，应当经参与表决专有部分面积过半数的业主且参与表决人数过半数的业主同意。

业主的投票权数，由专有部分面积和业主人数确定。

业主大会包括首次业主大会、定期会议和临时特别会议。

业主大会会议召开的形式包括两种：集体讨论与书面征求意见。

业主大会议事规则的主要内容有以下11项：（1）业主大会名称及相应的物业

管理区域；（2）业主委员会的职责；（3）业主委员会议事规则；（4）业主大会会议召开的形式、时间和议事方式；（5）业主投票权数的确定方法；（6）业主代表的产生方式；（7）业主大会会议的表决程序；（8）业主委员会委员的资格、人数和任期等；（9）业主委员会换届程序、补选办法等；（10）业主大会、业主委员会工作经费的筹集、使用和管理；（11）业主大会、业主委员会印章的使用和管理。

业主委员会是经业主大会选举产生并经房地产行政主管部门登记，在物业管理活动中代表和维护全体业主合法权益的组织，是业主行使共同管理权的一种特殊形式，是办理本辖区涉及物业管理的公共事务和公益事业的社会性自治组织。

业主委员会委员由业主大会会议选举产生，由5~11人单数组成。业主委员会委员实行任期制，每届任期不超过5年。

业主委员会是业主大会的执行机构，执行业主大会的决定事项，履行9项职责。

如果业主大会、业主委员会作出的决定违反法律法规的，物业所在地的区、县房地产行政主管部门和街道办事处、乡镇人民政府应当责令限期改正或者撤销其决定，并通告全体业主。

业主大会、业主委员会工作经费由全体业主承担。

物业所在地的区、县房地产行政主管部门和街道办事处、乡镇人民政府负责对设立业主大会和选举业主委员会给予指导和协助，负责对业主大会和业主委员会的日常活动进行指导和监督。

物业服务企业是物业管理的实施机构，是物业管理工作的承担者和执行者。物业服务企业与政府各相关部门、房地产开发企业、业主委员会、物业管理协会、专业服务公司、街道办事处和居委会都有密切的关系，所以物业服务企业必须学会配合和协作。

□ 关键概念

物业服务企业　业主　业主大会　业主委员会　街道办事处　居民委员会
物业管理协会

□ 思考题

1.物业管理用房的所有权属于谁？

2.物业管理权属于业主还是属于物业服务企业？

3.物业服务企业的性质是什么？

4.物业服务企业的权利与义务有哪些？

5.物业服务企业与业主委员会、当地房地产管理部门之间的关系是什么？

6.什么是业主？业主大会与业主委员会的含义是什么？

7.业主的权利和义务在实际生活中有哪些体现？

8.业主共同决定的事项有哪些？

9.业主共同决定的事项中,各事项的表决规则是如何规定的?

10.首次业主大会什么时候召开?

11.业主大会可以决定哪些重大事项?

12.业主大会的表决规则是怎样的?

13.平时的业主大会如何召开?

14.业主委员会成立的条件、组成成员包括哪些?

15.业主的权利与义务有哪些?

16.业主委员会是如何成立的?它的主要职责有哪些?

17.业主委员会的经费由谁承担?

18.业主委员会任期届满不愿退出怎么办?

19.简述业主委员会与居委会之间的区别和联系。

20.请调查一下物业服务企业被业主委员会解聘的各种原因。

21.你认为应该如何处理业主投诉?

22.解决物业服务纠纷的途径有哪些?

案例分析题

1.业主委员会能否作为诉讼主体解聘物业服务企业?

两年前,某小区业主分别与某房地产开发企业签订内销商品房买卖合同,同时签订业主临时管理规约。规约载明,由该房地产开发企业指定某物业服务企业进行物业管理。各业主在签约后,分别办理了入住手续,并缴纳了专项维修资金等费用。但众业主入住后,发现该物业服务企业管理的小区环境脏、乱、差,高层楼房两台电梯中的一台时常因故障而停运,小区保安甚至串通外来人员敲业主竹杠等。该小区业主因此拒缴了一部分物业服务费,此时,小区已成立业主委员会,由其代表业主诉至法院,请求判令解除与开发企业签订的临时管理规约;要求物业服务企业退出小区管理,并将专项维修资金划入业主委员会的账号。在法院审理过程中,开发企业辩称,规约是双方真实意思的表示,不应解除;而物业服务企业则辩称,其系在营业执照登记核准的经营范围内对小区进行管理,虽在管理中存在不尽如人意之处,但通过公司内部整顿,现在小区的管理已有明显改善,而且业主尚欠物业服务企业的物业服务费用,因此不同意退出小区管理。请问:

(1)业主委员会能否作为诉讼主体?

(2)业主委员会能否要求解除与开发企业签订的业主临时管理规约?

(3)业主委员会能否要求物业服务企业退出小区管理?

(4)物业服务企业能否以业主欠费为由拒绝退出小区管理?

(5)业主委员会能否要求将专项维修资金划入自己的账号?

2.物业服务企业能决定地下室的使用吗?

张先生最近买了某高层住宅楼的一套住宅,和其他大多数已入住的业主一样,张先生不久就发现了一个问题，即管理该楼的物业服务企业，把该楼原设计作为存放车辆的地下室改为旅社。由于不是高档的旅馆，来住宿的人很杂乱，导致楼内不仅脏乱，而且安全也成了问题，有很多人家被撬，楼内居民怨声载道。不少业主询问，物业服务企业有权决定地下室如何使用吗？你有什么建议？

3.开发企业能否进入业主委员会？

某大厦在进行业主委员会的筹备工作时，出现了分歧，分歧的要点是开发企业能否进入业主委员会。

一部分业主的意见是：开发企业应该进入业主委员会。该幢大厦共计 50 000 平方米，目前开发企业手里还有近 10 000 平方米未售出，数量较大，这部分产权单位的代表不进入，就难以管理好大厦。

另一部分业主的意见是：开发企业不能进入业主委员会。其理由是虽然还有近 10 000 平方米未售出，但房子一售完，开发企业就要离开，不能承担业主委员会的角色。

请问：

（1）成立业主委员会有哪些条件？

（2）你认为开发企业能否进入业主委员会？为什么？

关于加强和改进住宅物业管理工作的通知

物业管理员（师）职业能力等级评价管理办法（试行）

物业管理员（师）职业能力等级评价实施细则

物业管理员（师）职业能力评价规范

第三章

前期物业管理

□ 学习目标

　　通过对本章的学习，要求学生重点掌握前期介入的内涵、内容与作用，掌握前期介入与前期物业管理的区别，掌握物业管理方案的基本结构和主要内容；熟悉前期介入的阶段划分及其工作内容，熟悉前期介入时应注意的问题和前期介入对开发企业与物业服务企业的影响，熟悉物业接管验收的类型、内容及应注意的问题，熟悉物业装修管理的主要内容；了解物业接管验收与工程竣工验收的区别，了解物业管理方案的前期准备和步骤，了解物业装修中常见的违章行为及处理，了解物业档案和物业档案管理的含义、内容和特点。

　　前期物业管理的内容，广义上应该包括前期物业服务合同、临时管理规约、前期物业服务协议、物业管理的前期介入、物业管理方案的策划、前期物业管理招标投标、物业验收管理、物业的入伙管理、物业的装修管理、物业资料的移交、物业的档案管理等。但鉴于其中有些内容相对比较重要且需详细讲述，我们将另设章节讲解，比如物业管理招投标、物业管理合同（见第四章、第五章）。本章只讲述这两部分之外的其他内容。

第一节　物业管理的前期介入

一、前期介入的内涵

（一）前期介入的含义

所谓物业管理的前期介入，是指新建物业竣工之前，建设单位或开发企业根据项目开发建设的需要所引入的物业管理的咨询活动。物业管理的咨询活动，主要是指从未来物业服务的角度对开发建设项目提出的合理化意见和建议，其可以由物业服务企业提供，也可以由物业服务专业人员提供。

物业服务企业在接管物业以前的各个阶段（项目决策、可行性研究、规划设计、施工建设等阶段）就参与介入，可以从业主与使用人及物业管理运作的角度，对物业的环境布局、功能规划、配套设施、管线布置、施工质量、竣工验收等多方面提供有益的建设性意见，协助开发企业把好设计关、建设配套关、工程质量关和使用功能关，以确保物业的设计和建造质量，对即将接管的物业在物质上和组织上做好准备，为物业投入使用后的物业管理创造条件，这是避免日后物业管理混乱的前提。

对于一项物业来说，存在着"开发—经营—管理"三个阶段。从形式上看，物业管理只要在第三个阶段介入即可，并且很多物业服务企业也是这么做的，但实践证明，这是一种存在缺陷的安排。开发设计是否完善、施工质量好坏是各物业辖区能否形成完整、舒适、便利的功能区域的先天制约因素，然而很多项目的物业管理一直滞后于规划设计和施工建设。以往房地产开发企业在规划设计中仅考虑房屋和配套设施建造时的方便和节约，而没有从管理角度把房屋建成后的管理联系起来统一规划，造成建成后物业管理上的矛盾和漏洞。如现在常见的车位拥挤、住房使用功能不全、空调位置未考虑、排水管道未顾及，以及水、电、煤气、通信、交通等配套设施方面存在的问题。这种整体布局上的缺陷，既让业主时有抱怨，又使物业管理工作难以完善，并且以后往往也难以弥补。如果开发企业在规划设计阶段就选择好物业服务企业，即利用物业服务企业的丰富经验和专业知识对规划设计提出意见和建议，使规划设计更符合使用管理的要求，就可为以后的管理工作打好基础。因此，物业管理是一种对物业全过程的管理，其首要环节即是物业管理的前期介入。

（二）前期介入对开发企业和物业服务企业的影响

物业管理前期介入是一种物业服务企业同房地产开发企业共同对物业实施平行或交叉管理的方法，因此，无论是对房地产开发企业还是物业服务企业都是非常必要的。房地产开发企业对物业进行的是硬件建设，物业服务企业对物业进行的是软件管理。前者是形成物业，后者是发挥物业的作用，虽有区别但又相互联系。

对开发企业而言，进行投资决策、规划设计，选择适当的地段、房型及附属设施，并通过施工建造形成物业，其目的是增强对业主的吸引力。同时，房地产开发企业为保持其产品的竞争力，还必须有超前意识，充分考虑人们对房地产产品和工作居住环境的不断变化的需求。开发企业不仅要重视物业本身的工程质量，还应考虑物业的使用功能、小区的合理布局、建筑的造型、建材的选用、室外的环境以及工作或居住的安全度、舒适度与方便度等。

然而对业主而言，问题却不止于此。业主还将对后期服务——物业管理进行权衡。从某种意义上说，物业的硬件建设相对较为直观，而软件管理却要长期相伴。

一个物业开发项目需要几年时间，但其使用时间是几十年，甚至上百年。随着人们观念的改变，业主既会从使用者的角度，也会从所有人的角度对物业管理进行选择和评价。在物业开发阶段，适时地选择恰当的物业服务企业，能在很大程度上避免缺陷和漏洞，使物业更符合使用和管理的要求。因此，这是开发企业不容忽视的重要环节。

对物业服务企业而言，首先应参与市场竞争以获取物业的管理权。在同开发企业签订了物业服务协议后，就应着手配备与物业相匹配的物业管理人员，开始各项物业前期阶段的管理工作。由于将来的业主委员会拥有"决定续聘或选聘物业服务企业"的权利，所以物业服务企业在前期管理中能否形成有效的管理秩序，能否满足业主的服务需求，能否在业主中树立良好的"管家"形象，对物业服务企业来说是一个把握机会、占领市场的重大问题。毋庸置疑，物业管理前期介入将使硬件建设与软件建设相得益彰，对物业实行前期管理不仅是物业管理者的需要，同样也是房地产开发企业的需要，当然更是业主维护自身权利的需要。

近些年来，全国一些知名物业服务企业很重视前期介入环节的工作，成立了几十人的前期介入团队，通过对过去产品的缺陷研究和新技术研究，影响开发企业的建造，减少后期改造，也降低了物业服务企业的运营成本。

（三）前期介入的作用

1.物业管理前期介入能完善物业的使用功能

随着社会的进步，人们对各种物业的使用要求日益提高，开发企业在开发时就要充分考虑人们对物业产品和工作居住环境的不断变化的需求，不仅要重视房屋本身的工程质量，更应该考虑房屋的使用功能、布局、造型、建材选用、室外环境、居住的安全舒适性，生活的方便度等问题。物业这种凝聚着巨大物化劳动和财富的不动产，不可能像更换家用电器和机械设备那样简便易行，这就要求物业的开发建设从规划设计开始就应有长远的眼光，既要考虑目前的实际，又要考虑几十年的发展中物业的适应性。因此，在物业开发的规划阶段，物业服务企业应积极参与，针对物业日后的使用和管理问题充分发表意见，如对房型的设计、供电供水、污物处理、电信、道路、绿化、管线走向、服务配套设施及平面布局等问题提出建设性的意见，使物业的使用功能更加完善。

2.物业管理前期介入能改进物业的具体设计

许多设计人员为了省事，往往直接使用国家建筑设计标准来设计。但是我国地域辽阔，地理环境与经济发展水平不一，各地对房屋设计的要求也不相同。比如在南方，若没有空调，商场营业、写字间办公就会受到影响，按国家建筑设计标准给出的通行标准可能无法承载大功率空调的负荷；而在北方，房屋设计就要考虑取暖问题。这些物业管理中的实际问题，一般设计人员很难完全预料到，而有经验的物业服务企业却十分清楚，因此，物业服务企业超前参与可以完善设计中的细节。从日后管理的角度及时向设计单位提出自己的意见，使设计单位在设计时避免许多设计缺陷，这对物业服务企业来说是大有裨益的。

3.物业管理前期介入能更好地监理施工质量

目前，我国的建筑工程质量一般是由工程监理公司来监督检查的。尽管如此，我们也不能否定物业服务企业参与施工监理的作用。物业服务企业面临着完工后的验收接管、房屋和设备的维修保养等任务，而工程质量的任何隐患和疏忽都会增加物业服务企业未来的工作难度。因此，在施工单位自我质量管理、专业工程监理公司监督质量管理、开发企业检查质量管理的基础上，让物业服务企业提前介入参与质量管理，一旦发现问题能及早通过开发企业责令施工单位限期解决，有效防止施工质量问题的发生和延续，这使工程质量又多了一份保证。

4.物业管理前期介入为竣工验收和接管验收打下了基础

物业管理前期介入会使物业服务企业在物业接管前，对物业的土建结构、管线走向、设施设备等情况都相当熟悉，这样，物业服务企业参与验收把关便可以提高验收工作质量，缩短验收时间，对验收中发现的仍需要整改之处，也容易与建设单位交涉和协调，使验收工作不致走过场。

5.物业管理前期介入便于日后对物业的管理

物业服务企业派人员参与物业前期开发，熟悉该物业的设备、环境以及各个部位等，会为以后的物业管理、维护、保养带来许多便利。一是方便了物业管理中维修保养计划的安排；二是方便了物业管理中的检修，尤其可以缩短检修时间；三是能够或比较容易保证修理质量；四是方便了物业管理、改造、搭建、拆除等改进工程及设备的更换等，从而提高了物业管理的工作效率和工作质量，为物业服务企业塑造良好的服务形象打下了基础。

二、前期介入的阶段划分及其工作内容

根据介入时间的不同，前期介入可分为早期介入、中期介入和晚期介入三个阶段。每个阶段的含义和工作内容如下所述。

（一）早期介入

早期介入阶段是项目规划设计、建设准备的阶段。其工作内容有：

（1）分析原设计图纸，提出有关楼宇结构布局和功能方面的改良建议。

（2）从设备的配置或容量以及其他服务方面提出改良意见。比如，明明写字楼办公人员较多，可配置的电梯却速度较慢。

（3）查找是否有设计遗漏，为完善工程项目提出建议。

物业服务企业早期介入一般不设固定人员进驻开发现场，工作方式可根据开发企业需要确定，如定期参加开发企业的设计会议，或不时与开发企业会晤、出谋划策等。

开发企业对物业的规划设计少有一成不变的。受市场竞争、资金状况、消费取向、国家政策等因素的影响，开发企业会改变原来的设计思路，边施工、边设计、边修改是开发中的普遍现象。对此，物业服务企业要对开发企业的修改设计是否合理进行评判。

但是由于以下原因，设计单位对物业服务企业的意见可以不予采纳：

（1）不符合设计规范的要求；

（2）增加了设计上的难度；

（3）自认为设计符合规范，无须更改。

对第一种情况，物业服务企业应该考虑放弃。因为物业服务企业对工程设计的技术要求不甚了解，更多的是从使用和管理的角度看待工程设计，有一些看法虽然有实用价值，但在设计上不可行，如为求商场场地开阔而减少承力柱显然不行。

对第二种情况，物业服务企业要向设计单位阐述修改或增加设计的好处，更重要的是要说服开发企业，多为以后使用着想。只要开发企业认可了物业服务企业的意见，便可要求设计单位修改设计，设计单位如能得到增加的设计费，对修改设计也不会持抵触态度。

对第三种情况，一些设计单位的设计虽符合规范要求，但偏保守，落后于现实的发展需要。比如商场照明，按50瓦/平方米的照明度设计是符合规范的，但此标准无法满足如今鲜艳夺目、光彩四溢这样一种商场气氛的要求。问题在于设计单位墨守成规，自认为设计符合规范，没有修改的必要，对物业服务企业的意见持强硬的抵触态度。在这种情况下，物业服务企业应努力用事实依据来改变设计单位的看法，如广泛收集商场照明的实际情况，向设计单位证明：现在的商场照明普遍都在100瓦/平方米以上，如果按50瓦/平方米设计照明，会大大损害商场的形象。通常在充分的事实面前，设计单位会改变初衷，修改设计。

但是，现实中也有超标准设计、增加开发企业成本的案例。

某市天元国际物业服务企业与祥龙房地产开发企业签约，为其开发的"祥龙广场"提供物业管理顾问服务，随后由管理、土建、机电、智能化等方面的6名专业人士组成的顾问团抵达现场，开始了前期顾问服务工作。顾问团简称为"天元顾问团"。

当时，"祥龙广场"尚处于结构施工阶段。天元顾问团经过分析市场、阅读报纸、勘验现场和比较测算，从满足物业管理服务需求、保证物业管理运行质量、控制物业管理经济成本的角度，提出了30余项优化设计建议（特殊的身份和视角，使物业服务企业考虑问题更细致、更周密、更长远，因而也就更容易发现设计上的瑕疵、漏洞和缺憾）。期间，他们还发现整个小区的消火栓系统存在着设计超标的问题。

"祥龙广场"有6座高层楼宇，单幢每层的面积为900多平方米，有2道消火栓及其立管就足以满足国家消防规范的要求。但设计单位为其设计了3道，不仅增加成本30多万元，还影响了户内布局（在开发企业的主要合作方中，只有物业服务企业的收费与工程总造价无关，所以其不存在"水涨船高"，盲目鼓动开发企业无谓增加投资以提高自身收益的利益冲动）。于是，天元顾问团提议开发企业抓紧联系设计单位洽商变更设计，取消1道消火栓及其立管。

开发企业认为天元顾问团的建议确实有道理，便马上和设计单位进行沟通。但设计单位不愿意否定自己的设计方案，坚持认定必须要有3道消火栓及其立管，开发企业与其反复交涉也未获认可，球又被踢回天元顾问团。

此时，天元顾问团的专业人员不屈不挠，书面列出国家消防设计规范的有关条款，并和"祥龙广场"的原消火栓设计进行对比分析，指出不合理所在。开发企业据此再次找到设计单位，设计单位这次无法予以拒绝，按照天元顾问团的意见修改了设计。

通过消火栓系统的设计变更这一事件，开发企业不仅体会到了天元国际物业服务企业的技术实力，而且感受到了其负责的精神，于是随后又把整个项目的智能化工程交给了由天元国际物业服务企业控股的天元同济楼宇科技公司设计和施工。

（二）中期介入

中期介入阶段为土建施工、设备安装和装修阶段。其工作内容有：

（1）检查前期工程的施工质量，并就原设计中不合理但又可以更改的部分提出建议。

（2）配合设备安装、管线布置，进行现场监督，确保安装质量。

（3）查找是否有遗漏工程项目，提出建议。

物业服务企业在该阶段的主要任务是监督施工、安装和装修质量。此时介入可以及时发现由于材料质量低劣、施工技术水平低、管理不善、质量与工期的关系处理不当或不严格按图施工等因素引起的工程质量问题，这些问题应责成施工单位解决。

中期介入对物业服务企业日后的设备维护、检修作用很大，因为参与人员以后极可能就是负责工程设备维护的人员，由于对安装布线了如指掌，一旦线路出现故障，能迅速查明原因并对故障进行维修。

（三）晚期介入

晚期介入阶段为工程基本结束，准备工程竣工验收、接管验收的阶段。其工作内容有：

（1）进行机电设备的测试检验，准备交接和验收。

（2）指出前期工程缺陷，就改良方案的可能性及费用提出建议。

为适应晚期接管工作的需要，物业服务企业的整套队伍基本都要到位，许多准备工作在此时几乎是同步展开的。由于时间紧迫，为了按时交楼，往往是一边竣工验收，一边准备入伙交楼，一边筹备完工庆典。对开发企业来说，多年的开发建设终于结束；对物业服务企业来说，售后服务的征途开始了。

从以上比较可以看出，物业服务企业在早期介入最好，提出的建议、意见最及时，开发企业有充分考虑采纳的余地，有利于后期管理工作的顺利进行；中期介入虽然晚一些，但是不少方面还可以挽救，可以减少物业接管以后的返工，避免一些在后期管理中难以解决的问题，因此，如果目前条件不允许过早介入，中期介入应是比较合适的介入点；晚期介入虽仍属于前期介入的范畴，但工程已经竣工，设备已经安装，如果发现问题，也已无法改变。

因此，物业服务企业越早介入，对开发企业越有利。许多不尽如人意的设计只要稍作改动，即会达到满意的效果。而且在大多数情况下，都是既为开发企业省去了一些不必要的支出，又为今后业主的生活带来了方便。

三、前期介入的实施

（一）物业规划设计和建设准备阶段介入的实施

物业服务企业从后期管理的角度，就物业的规划设计以及建设中的工程选料和安装方法等问题提出合理化意见，通过事前参与，避免后期工作中一些难以解决的问题，确保物业交付时遗漏工程大大减少。在实施过程中，物业服务企业应注意反映下列问题：

（1）配套设施的完善问题。提醒规划设计人员考虑小区内幼儿园、学校、老年活动室、商场、美容美发厅、娱乐厅、泊车位以及物业管理用房等基本配套设施的规划设计。

（2）水电供应容量的问题。要努力让规划设计人员充分考虑地域特点和发展需要，充分留有余地，不要硬套有关指标。

（3）安全保卫系统。在节约成本的前提下，尽可能设计防盗报警系统，给业主们创造一个安全的居家、办公环境。报警系统最好能替代防盗网，这样会更美观和安全。

（4）垃圾的处理方式。是否采用垃圾通道，要根据各地区的气温而定。如采用，则应考虑如何保持通道的清洁；如不采用，则应考虑采用何种垃圾处理方式以及如何实施；如采用袋装垃圾，应考虑安排人收倒。

（5）高层建筑物外观的清洁问题。如建议设计供清洗装置升降移动用的轨道等。

（6）消防设施问题。物业服务企业应着眼于各种消防死角。比如大楼的通道、电缆井，在消防设计中一般考虑不到，自动喷淋装置也不可能顾及这些地方（电路部分忌水）。所以，物业服务企业就要建议在这些地方配备灭火器（电路部分应使用二氧化碳灭火器）或灭火沙箱。

（7）物业管理所需要的设备问题。如欲采用智能化管理，就需向规划设计单位提出有关管线的特殊要求，做好预留。

（8）使用建筑材料方面的意见。物业服务企业根据自己在以往所管楼宇中建材的使用情况，向设计单位提交一份各品牌、型号的使用情况报告，以供设计单位选材时参考。

（9）其他问题。如厨房灶台的设计高度、卫生间应隔出放洗衣机的位置等，这些细节问题，物业服务企业都有责任提出。

（二）物业施工阶段介入的实施

物业服务企业主要通过参与施工管理，对工程建设提出意见。主要包括：

（1）监督工程质量并提出意见。如对顶层、卫生间、厨房的漏水问题，分析成因并提出改进建议；水电管线等如何布置才有利于安全并便于管理；如何解决墙体渗水、平屋顶漏水、阳台的倒翻水等问题。

（2）监督建设过程中是否按照设计规划的图纸施工，所有建筑材料尤其是关键性材料其规格质量是否符合设计要求，如有问题，及时提出意见。

（3）监督物业附属设备及设施、配套设施建设是否符合设计要求，有无遗缺、偏差和质量问题，如果存在问题，及时提出弥补、修改等建议。

（4）对物业管理所需设施建设的特殊要求是否可以满足，是否存在技术性、质量性问题，如存在问题，及时提出并改正。

（5）督促施工人员做好对楼宇材质的保护，不因施工对材质造成损伤。比如，很多楼宇的大堂、走道都是由大理石和花岗岩等高档材料铺就的，而许多施工人员对它们的爱护很不到位，有的甚至在地面上操作施工，油漆、胶水滴在地面上也不及时清除，给以后的清洁、保养工作带来了许多麻烦，甚至还会给材质带来损伤。

除以上各项外，物业服务企业在建设过程中还需要详细了解新物业的全部情况。由于在开发企业及承包商撤出后的使用过程中，只有业主和物业服务企业来应对各种可能出现的问题，所以，物业服务企业需要了解该物业的内部结构、管线布置，甚至所用建材，这样才能为管好物业打下基础。

（三）物业的竣工验收和接管验收阶段介入的实施

其具体实施时所涉及的内容、方式及相关问题，我们将在本章第三节中予以介绍。

四、前期介入中应注意的问题

（1）明确物业管理在整个房地产开发与经营管理中的地位，从恰当的角度，以合适的方式对物业的规划设计、建设等提出合理性意见。

（2）物业管理是对房地产开发建设形成的产品——建筑物及附属设备、设施的管理，处于房地产开发与经营管理整个过程的最后阶段——使用阶段。现代物业管理是委托代理式的，通过招标、投标的方式由业主选择物业服务企业。从这个意义上说，物业管理对物业规划、设计、施工质量提出意见的角度是未来使用及管理的角度；如果不是房地产开发企业的物业管理子公司，提意见的方式就应是顾问式的，具体方法是提出咨询报告或意见建议书。

（3）对已经建成物业以招标方式选择物业管理经营者或业主改聘物业服务企业来说，对因为规划设计、施工等形成的物业的各种缺陷，物业服务企业只能在验收、接管环节加以认真清查，并向业主和使用人讲明，从而尽可能在今后的物业管理与经营服务中加以弥补。

综上所述，前期介入是前期物业管理的重要铺垫。前期介入工作越主动、越扎实，对物业服务企业按照委托合同正式实施前期物业管理越有利。

五、前期介入与前期物业管理的区别

"前期介入"的含义在前面已经说明，它是指物业服务企业或人员在接管物业之前，就参与物业的规划、设计和建设，从物业管理的角度提出意见和建议的一种咨询活动，以便建成后的物业能满足业主或使用人的需求。诸如设计图纸会审、工程设备验收、接管方案拟订等，均划归到物业管理的"前期介入"这一范畴。

这是因为此时的物业服务企业并不仅仅是依照物业服务合同行事，而是受开发企业之约，以从属者身份参与物业开发。因此其多半是从物业管理者审慎的思维角度，从是否有利于日后物业管理与服务等具体细节上提出改进意见或建议，为前期物业管理的顺利接管创造条件。

前期物业管理是指自房屋出售之日起至业主委员会与物业服务企业签订的《物业服务合同》生效时止的物业管理[1]，也可以是指在业主、业主大会选聘物业服务企业之前，由建设单位选聘物业服务企业来进行的物业管理[2]。这一阶段的工作主要有管理机构和人员的配置、管理规章制度的制定、物业的验收与接管、用户入住管理、房屋装修管理以及档案资料的建立等。

按照《条例》的规定，选聘物业服务企业的权利由业主大会行使，但是在一般的情况下，建设单位完成物业的建设之后，物业是以分期分批的形式出售的，业主入住的时间一般都不统一，况且在业主入住率较低的情况下，不可能召开业主大会并进行物业服务企业的选聘工作。然而，从物业建设完成后到召开业主大会前这段时间里，物业需要进行管理、维修和养护，否则，不仅将对物业使用造成一定的损害，也会降低业主入住之后的生活质量。为解决这一问题，需要由相关当事人出面选聘物业服务企业，委托其做好前期的物业服务工作。因此，《条例》第21条规定：在业主、业主大会选聘物业服务企业之前，建设单位选聘物业服务企业的，应当签订书面的前期物业服务合同。这说明，在业主、业主大会选聘物业服务企业之前，可以由建设单位选聘物业服务企业进行物业管理，此为前期物业管理。

必须指出的是，尽管国家提倡房地产开发与物业管理相分离的原则，但是由于我国物业管理起步不久，所以，《条例》并未禁止建设单位委托自己的物业服务企业进行前期物业管理。

前期物业管理和前期介入除了在概念上不同外，还在以下几方面存在差异：

（1）内容作用不同。前期介入是建设单位开发建设物业项目阶段引入的物业管理专业技术支持，前期物业管理是物业服务企业对新建物业项目实施的物业管理服务；在前期介入工作中，物业服务企业只是起辅助作用，而在前期物业管理中，物业服务企业起主导作用。

（2）服务的对象不同。前期介入服务的对象是建设单位，并由建设单位根据约

---

[1]　见建设部1999年10月14日发布的《前期物业管理服务协议（示范文本）》（建住房〔1999〕246号）。

[2]　见建设部2003年6月26日发布的《前期物业管理招标投标管理暂行办法》（建住房〔2003〕130号）第2条。

定支付前期介入服务费用；前期物业管理服务的对象是全体业主，并按规定向业主收取物业服务费用。

（3）前期介入的物业服务企业不一定与开发企业确定服务合同委托关系；而前期物业管理必须有服务合同委托关系，管理者已依法拥有该物业管理经营权。

（4）前期介入一般还未确定具体的物业管理对象；而前期物业管理必须有明确的管理对象。

尽管我国现在对物业管理的前期介入尚未作出专门规定，但以发展的眼光来看，根据各自的条件尽早介入物业的前期开发与管理必将成为开发企业的明智选择。需要强调的是，前期介入能否如愿、介入的时机、介入的程度均取决于开发企业。

六、开发企业在前期介入中的角色处理

（一）前期介入中的"主角"

超前介入的物业服务企业并不一定就是前期及后期物业的当然管理者，特别是在房地产开发企业决定招标选聘时。因此，在超前介入阶段物业服务企业只是起辅助作用，这时的"主角"是房地产开发企业而非物业服务企业。所以，在这一阶段，开发企业可聘请物业管理专家、物业服务企业或其人员，就有关问题进行咨询。在工作中，应注意下面两个阶段：

1.立项决策阶段

房地产开发企业在进行市场调研和项目可行性研究评估时，应听取物业管理人员或专家对该项目的市场定位、潜在业主的构成和消费水平、周边物业管理概况，以及日后的物业管理、服务内容、标准及成本、利润测算等方面的参考建议，必要的话可让其就该项目今后的物业管理构想提出书面咨询报告，以便在决策时综合考虑包括物业管理在内的各方面的意见，减少决策的盲目性和主观随意性。

2.规划设计、施工安装和竣工验收阶段

这几个阶段已涉及项目的实质性开发。此时开发企业征询物业服务企业的好处在于：物业服务企业在对物业在使用与管理过程中细节问题的发现与处理方面有着特殊的敏感性和应变能力，服务企业的改进意见或建议更易贴近业主的实际需求，更能直接地把以往开发中"先天不足"所造成的后果反映出来，能防患于未然。但由于在超前介入中，设计人员、监理人员、开发企业以及物业服务企业都要参与开发过程，在发生问题时容易产生推诿扯皮，从而产生监管部门多而监管力度差的现象，造成质量难以提高的局面，因此开发企业在这几个阶段应协调好各类人员的关系。尤其是对物业服务企业，要把握好其是"配角"的定位，明确其责任，规定其处理问题的程序，严格按照程序与职权行事，以避免"越权"和推卸责任现象。

（二）前期管理中的"配角"

在物业前期管理中，开发企业已与物业服务企业签订了委托管理的合同。物业服务企业依法拥有该物业的管理经营权，故此时物业服务企业处于主导地位，而开

发企业则饰演"配角"。

在这一阶段，出于自身利益的考虑，开发企业选聘物业服务企业的出发点至少是应保证物业在正式出售前、交付使用后的保修期间能平稳过渡，凭借对前期管理合同有关内容的精心设计和实施中的有效监管来保证前期物业管理达到一定水平。因此，开发企业应配合和监督物业服务企业的工作，从而圆满完成物业开发的全过程。

第二节　物业管理方案的策划

一、物业管理方案策划及其步骤

（一）物业管理方案策划的含义

物业管理方案是物业服务企业实施物业管理与服务的基本思路与主要措施的完整描述。可以说，它是物业服务企业提供给开发企业和业主参与竞标的"标书"。它综合反映了物业服务企业的整体素质。

物业管理方案的策划是物业服务企业针对拟管项目制订物业管理方案的规划过程。物业管理方案的策划必须考虑拟管物业项目的具体情况、使用者对物业管理与服务的需求情况。另外，物业管理方案的策划还应充分体现物业服务企业自身的优势与管理服务的特色，将企业的管理理念、管理经验、优良传统、企业文化等充分展示出来。

（二）物业管理方案策划前的准备

物业管理方案策划前应做好如下准备工作：

（1）组建制订物业管理方案的工作班子。

（2）对方案制订人员进行必要的业务培训。

（3）准备经费。

（4）准备设备（如车辆、电脑等）。

（5）准备相关资料（必要的文件、资料、书籍等）。

（三）策划物业管理方案的基本步骤

物业管理方案策划的基本步骤有：

（1）成立制订方案的工作机构。

（2）培训工作人员。

（3）经费、设备、资料准备。

（4）对拟管项目、使用人的需求、竞争对手进行调查。

（5）研究分析调查资料。

（6）确立管理档次、管理目标、主要措施、服务管理项目。

（7）经费预算。

（8）草拟方案文本。

（9）向专家顾问咨询。

（10）送公司领导审阅。

（11）修改、研讨、再修改。

（12）可行性研究。

（13）定稿。

（14）实施、反馈。

二、物业管理方案的基本结构

（1）项目管理的整体设想与策划，包括项目情况分析、物业管理档次及目标、物业管理特点、管理服务措施。

（2）管理模式，包括管理运作模式、管理工作流程、管理组织架构、激励机制、信息反馈处理机制等。

（3）公司人力资源管理，包括服务人员配备、服务人员培训、服务人员管理。

（4）规章制度建设，包括管理规章制度的建立、档案的建立与管理、办公自动化管理。

（5）经营管理指标，包括经营指标承诺及采取的措施、管理指标承诺及采取的措施。

（6）社区文化建设与社会服务，包括社区文化建设、社区文化与特约服务。

（7）财务管理及经费收入测算，包括财务管理、日常物业管理经费收支测算、维修管理基金的建立和使用计划。

（8）日常管理，包括前期介入、业主入住、业主投诉处理、安全管理、车辆管理、消防管理、环境保护与管理、采暖系统维护管理、商业用房的规划与管理等。

（9）物业维修养护计划与实施，包括物业维修养护管理、共用部分的维修与养护、共用设施设备的维修与养护。

三、物业管理方案的主要内容

物业管理方案主要包括以下三部分内容：

（一）物业管理档次

物业类型、功能将决定不同的物业消费水平，从而确定物业管理的不同档次。

物业管理的档次必须与物业本身的档次相匹配，体现物业消费水平，既不能管理薄弱也不能管理超档，因为两种情况都是浪费。一般物业有一般物业的管理档次，高档物业相应地要有高档的物业管理。

物业管理档次的确定是制订物业管理方案的基础，管理档次不同决定了管理与服务的项目、标准及费用不同。

（二）物业管理服务的标准

物业类型、功能和物业档次将决定物业管理服务的项目及质量标准。如普通居民住宅小区可能只需要最基本的管理和服务内容，如存放自行车、代订报刊、代送牛奶等，其他服务如清洁、绿化及维修等工作要求也相对低些，收费也较低廉。而高档物业则需要提供高水平的专业化服务。如设立总服务台、行李搬运服务、订车租车服务、24小时保安巡逻、家政服务等，收费也相对较高。

（三）物业管理财务收支预算

物业管理是有偿的服务与管理。物业服务企业是企业，它除了要有维持日常服务与管理的资金外，还要缴纳税费，有所盈利。因此，由物业管理档次所决定的物业管理应达到的服务标准和收费标准是物业管理方案的核心。

年度物业服务费用收支总额预算包括：

（1）依据政府的有关规定，根据物业服务的标准进行费用的测算，确定各项目的收费标准及支出预算。

每年的收入总额包括物业费收入、多种经营收入和其他收入等。

每年的支出总额即每年物业管理所需的费用总额，包括管理人员及服务人员的工资和福利费、办公费、修缮费、各项服务支出、税费、保险费及预留费用等。

（2）进行费用的分摊。根据各业主所占物业的份额，计算出按比例分摊费用的多少，明确每一个业主及使用人应分摊的费用，把收费标准相同的归类，分类列出维修基金和物业费应收缴的数额。

（3）建立完善的能有效控制物业费用收支的财务制度。

上述物业管理方案制订并经审批之后，即应根据方案所确定的物业管理服务档次着手进行物业服务企业的选聘或组建工作。

第三节　物业的验收管理

本节主要介绍物业的验收管理。物业的验收管理实际上包括两个内容：一是物业的竣工验收；二是物业的接管验收。

一、物业的竣工验收

按照国家规定，所有房地产开发项目，都要依照国家颁发的《建设项目（工程）竣工验收办法》进行竣工验收。城市住宅小区竣工综合验收，按照原建设部颁发的《城市住宅小区竣工综合验收管理办法》进行。

（一）物业竣工验收的意义

竣工验收是建设过程的最后一个程序，是对已完成设计和施工任务的建设项目，按照有关规范、标准和依据进行质量检验，促使合格后的工程尽快投入使用并发挥其经济效益的重要活动，是工程建设成果进入流通和使用阶段的标志，是房地产开发企业与承包商进行商品交接的仪式，是全面考核建设工作、检查是否符合设计要求和工程质量标准的重要环节。竣工验收意义十分重大。

（1）通过竣工验收，质量合格的建筑物即可投入使用，出租或出售给客户，房地产开发企业即可收回投资。

（2）对于预租或预售的房地产开发项目，投入使用之后，开发企业将可以得到预付款以外的款项。

因此，房地产开发企业对确已符合验收条件的开发项目，都应按有关规定和国家质量标准，及时进行竣工验收。对竣工的开发项目和单项工程，应尽量建成一个验收一个，并抓紧投入经营和交付使用，使之尽快发挥经济效益。

（二）物业竣工验收的分类

建筑工程项目的验收，可分为隐蔽工程验收、分期验收、单项工程验收和综合验收。

1.隐蔽工程验收

隐蔽工程验收是指在施工过程中，各项隐蔽工程完成后及时进行的验收。各项隐蔽工程完成后，在隐蔽前，建设单位与施工单位应按技术规范要求及时进行验收。验收以施工图的设计要求和现行技术规范为准。技术规范与施工图说明要求不符时，以施工图说明要求为准。经检查合格后，双方在隐蔽工程检查记录上签字，作为工程竣工验收的依据之一。

2.分期验收

分期验收是指分期进行的工程项目或个别单位工程在达到使用条件、需要提前动用时所进行的验收。例如一些住宅小区，当第一批房屋建成后即可验收，使完成的建筑产品及时投入使用，发挥投资效益。

3.单项工程验收

单项工程验收是指工程项目的某个单项工程已按设计要求施工完毕，具备使用条件，能满足投产要求时，经施工单位提出申请，由批准的竣工验收小组对单项工程进行的竣工验收，有时也可针对一个可以独立发挥作用的单位工程进行竣工验收（如某住宅小区中的一栋楼，或某一职工宿舍）。首先，房地产开发企业在接到施工单位提交的竣工报告和验收申请后，应自行检查工程质量、隐蔽工程验收资料、工程关键部位施工记录以及工程有无漏项情况等；然后，请经有关部门批准成立的竣工验收小组来进行单项工程的竣工验收。竣工验收小组一般由开发企业、施工单位、设计单位、监理单位、使用单位和政府质量监督部门等有关单位组成。

4.综合验收

综合验收也称全部工程验收，是指整个房地产开发项目按规划、设计要求全部建设完成，并符合竣工验收标准时，由批准的竣工验收小组对整个房地产开发项目进行的竣工验收。它首先由开发企业组织施工单位、设计单位、监理单位、使用单位等有关单位进行初验（也称预验）。然后，邀请有关部门组织的竣工验收小组来进行最终的竣工验收。验收通过后，评定质量等级，签写验收报告。

在整个项目竣工验收阶段，对已验收的单项工程可不再办理验收手续，但应把单项工程验收单作为附件加在整个项目的竣工验收报告中，并注上说明。

工程未经竣工验收或竣工验收未通过（即不合格）的，开发企业不准交付使用、不得办理客户入住手续。

（三）竣工验收时应移交的材料

在建设项目竣工验收前，施工单位应将有关技术资料系统整理，分类立卷，在验收时交开发企业归档保管，以适应生产、维修的需要。

竣工验收时移交的技术资料主要有：

（1）竣工工程项目一览表，包括竣工工程的名称、位置、结构、层数、面积、装修标准、开工竣工日期等。

（2）设备清单，包括设备名称、规模、数量、产地、主要性能、单价及随机工具、备品备件等。

（3）工程项目竣工图。

（4）材料，建筑构件，各种调和、检测仪器的出厂合格证、说明书和验收记录，预制件的荷载试验记录，自动控制仪表的调试记录等。

（5）隐蔽工程验收记录。

（6）土建施工记录，包括地基处理记录、结构安装校正记录、预应力构件施工记录等。

（7）设备安装调试记录。

（8）建筑物、构筑物的沉降、变形、防震、防爆、绝缘、隔热等指标的测试记录。

（9）工程质量事故的发生和处理记录。

（10）图纸会审记录、设计变更通知和技术核定单。

（11）有关该工程项目的其他重要技术决定和文件。

上述资料应当经监理工程师审核后，认为符合工程施工合同及国家有关规定，方能同意竣工验收。

（四）竣工验收后的物业保修

物业的保修即房屋建筑工程质量保修，是指对房屋建筑工程竣工验收后在保修期内出现的质量缺陷予以修复。质量缺陷，是指房屋建筑工程的质量不符合工程建设强制性标准或合同的约定。对此，我国的《建筑法》《房屋建筑工程质量保修办法》《建筑工程质量管理条例》等均有明确规定。

物业的质量责任和保修期分以下两种情况：

1.未售出物业

物业竣工验收后，使用过程中可能会出现质量问题，如屋面漏水，墙壁裂缝或墙皮脱落，室内地面空鼓、开裂、起砂，上下水管道或暖气管道漏水堵塞等。在这种情况下，如果还未售出且在保修范围和保修期限内，由施工单位替建设单位承担保修责任。保修期为：

（1）基础设施工程、房屋建筑的地基基础工程和主体结构工程，为设计文件规定的该工程的合理使用年限。

（2）屋面防水工程，有防水要求的卫生间、房间和外墙面的防渗漏，为5年。

（3）供热与供冷系统，为2个采暖期或供冷期。

（4）电气管线、给排水管道、设备安装和装修工程，为2年。

（5）其他项目的保修期限由建设单位和施工单位约定。

房屋建筑工程保修期从工程竣工验收合格之日起计算。

2.已售出的物业

如果物业已售出，并且是在保修范围和保修期限内出现上述质量问题，由建设单位承担保修义务，并对造成的损失承担赔偿责任（建设单位可以向施工单位追偿）。因不可抗力或者使用不当造成的损失，建设单位不承担责任。

在销售物业时，其保修期的规定因物业的性质不同而略有不同。

（1）对商品住宅类物业，根据《商品住宅实行住宅质量保证书和住宅使用说明书制度的规定》（以下简称《规定》），保修期不得低于施工单位向建设单位出具的质量保修书约定保修的存续期；存续期少于《规定》中确定的最低保修期限的，保修期不得低于《规定》中确定的最低保修期限。

《规定》中的保修项目和最低保修期限如下：

① 地基基础和主体结构在合理使用寿命年限内承担保修；

② 屋面防水，3年；

③ 墙面、厨房和卫生间地面、地下室、管道渗漏，1年；

④ 墙面、顶棚抹灰层脱落，1年；

⑤ 地面空鼓、开裂、大面积起砂，1年；

⑥ 门窗翘裂、五金件损坏，1年；

⑦ 管道堵塞，2个月；供热、供冷系统和设备，1个采暖期或供冷期；

⑧ 卫生洁具，1年；

⑨ 灯具、电器开关，6个月；

⑩ 其他部位、部件的保修期限，由建设单位与用户自行约定。

（2）对非住宅商品类物业，其保修期不得低于施工单位向建设单位出具的质量保修书约定保修的存续期。

保修期从交付之日起计算。

二、物业的接管验收

物业的接管验收是物业管理中一个十分关键和重要的环节。物业接管验收的顺利完成是物业开始投入使用、物业管理工作全面启动的标志。对开发企业而言，物业通过接管验收后，就意味着物业开始正常使用，无论客户是否入住，入住率高低，对物业的安全、正常运行等所负的义务和管理物业的权利均移交给物业服务企业；对物业服务企业而言，物业接管验收的完成标志着实质性管理的开始，物业服务企业根据物业服务合同的内容，对物业实施管理，收取合理的物业服务费用。

（一）物业接管验收的定义

狭义的物业接管验收，是指针对物业的结构安全和设备设施的使用运行安全进行的再检查和接收。这主要是一个专业的技术过程，依据《验收标准》的各项分类条款，结合物业服务企业的实际操作经验进行。物业服务企业、委托单位或建设单位共同制订结构安全检查方案和设备调试方案，编制各类接管验收表格；派遣素质好、业务精的专业技术人员进行接管验收，确定物业的缺陷记录、反馈和解决的方法，落实物业的保修事宜。这个意义上的接管验收实际上是对物业进行质量的全面再检验，开始时点是工程技术人员进入物业，开始结构和设备检验，结束时点是双方认可接管验收报告并签字。

广义的物业接管验收是指物业服务企业在物业管理工作全面展开之前进行的信息搜集和信息汇总。它的主要内容包括整理产权资料，接收建立在产权明晰基础上的其他衍生合同文件；检查建筑结构的安全质量和设备设施的运行情况及物业整体环境状况，对存在的缺陷提出整改意见；了解开发企业或原有业主对物业管理的品质定位和服务要求，有限度地延续前任物业服务企业的特色服务和特殊服务，实现平稳过渡；与开发企业或前任物业服务企业进行相关财务和资产交接，有时还需要续聘部分人员。这个意义上的物业接管验收，开始时点是双方在物业接管验收委托协议或者物业服务合同中规定的时点，结束时点是双方认可接管验收报告并签字。

（二）物业接管验收的类型

为更准确地分析、把握物业接管验收的内容、重点与特点，有必要将接管验收进行适当的分类。按照接管验收对象的性质不同，物业接管验收划分为新建物业的接管验收和原有物业的接管验收。

1.新建物业的接管验收

新建物业的接管验收发生在开发企业与物业服务企业之间，包括开发企业与选聘的社会化、专业化物业服务企业之间，开发企业与其自行组建的物业服务企业之间两种情况。此时的接管验收主要侧重于对物业的产权情况、质量状况进行检验。

2.原有物业的接管验收

原有物业的接管验收发生在两种情况下：一是发生在原有物业首次招聘物业服务企业之时；二是发生在物业服务企业的更换交替之时。物业服务合同终止，原物业服务企业应当在约定期限或者合理期限内退出物业服务区域，将物业服务用房、相关设施、物业服务所必需的相关资料等交还业主委员会，配合新物业服务企业做好交接工作，并如实告知物业的使用和管理状况。原有物业的接管验收较新建物业的接管验收来说，涵盖内容更多，工作难度更大。

随着住房管理体制改革的深入和完善，原有物业的接管验收所占比重将会越来越大。对原有物业接管验收中的相关问题应给予高度重视和深入探讨。

（三）物业接管验收的内容

物业接管验收的内容主要有5部分：权益资料、工程质量、服务理念、财务和财产、人员续聘等。

1.权益资料

权益资料可分为两种：权属文件和服务资料。权属文件就是产权资料，是指明确产权及法定权利义务关系的法律凭证、行政文件和相关合同文本，这些构成了物业管理基本的法权保护空间；服务资料是指应由承包商、开发企业或业主提供的，保障工程维护、维修和服务顺利开展所必需的各种技术资料和统计资料，包括全套相关图纸、各种检验报告、证书、合同等。

《条例》第29条中规定的由建设单位向物业服务企业移交的资料有：竣工总平面图；单体建筑、结构、设备竣工图，配套设施、地下管网工程竣工图等竣工验收资料；设施设备的安装、使用和维护保养等技术资料；物业质量保修文件和物业使用说明文件；物业管理所必需的其他资料，如项目批准文件、用地批准文件、拆迁资料等。

另外，前期物业服务企业应当在前期物业服务合同终止时将上述资料移交给业主委员会。

在前期物业管理过程中，建设单位、物业服务企业、业主由于某些问题发生纠纷时，往往会出现掌握资料的一方不将上述资料移交给新的物业服务企业的情况。由于这些资料是开展物业管理、对物业进行维修养护所必需的，如果一方拒绝将资料移交，会给物业服务企业的工作造成很多障碍，影响业主的正常生活。对此，《条例》作了相关规定。

2.工程质量

工程质量包括设计质量和施工建造质量，其重点是建筑结构的安全质量和设备设施的运行情况。在接管验收时还应会同相关部门针对遗留问题提出解决方案，按合同规定对整改工作进行监督，以使其达到满足使用功能和方便物业管理的标准。随着智能化和环保概念在建筑行业中的不断应用，工程质量验收也需要有新内容。

3.服务理念

服务理念包括对物业整体服务品质的定位、服务内容的设定及原有服务的延续。其中服务品质的定位主要发生在新建物业接管验收中，服务内容的延续主要体现在原有物业的接管验收中，而服务内容的设定在两种情况中都有体现。

4.财务和财产

财务和财产主要包括根据企业会计准则、财务管理制度和物业服务企业财务管理规定所确定的会计账目、基金和资产等。在新旧物业服务企业之间的接管验收中，财务和财产的交接尤为复杂。

5.人员续聘

当前物业服务企业项目管理的方法一般是只派遣部门经理一级的管理人员，其他员工另行招聘。而物业服务企业内部从业人员流动频繁，也使得在物业接管验收中续聘原有工作人员成为可能。在新旧物业服务企业的接管验收中，留用原有企业的部分员工，有利于新的物业服务企业尽快熟悉物业的实际情况，尽早进入角色。不管是续聘哪一类员工，都需要对他们进行再培训，接受新企业的服务理念，适应新企业的工作要求，以便创造物业管理的新气象。

（四）新建物业接管验收中应注意的问题

物业接管验收的优劣直接关系到今后物业管理工作能否正常开展。任何一处想要长久使用的物业，其质量优劣将对物业本身产生永久影响，而这一局面将来只能由物业服务企业和业主来应对。从这个意义上讲，物业服务企业应有无可争辩的工程验收权利和争取质量补偿的权利。获得这一权利的前提是物业服务企业确实是以合同的形式从建设单位那里得到了该种权利，即应在建设单位给物业服务企业的聘书上予以载明。所以在物业接管验收过程中，物业服务企业应该自始至终派人参加。在物业验收和交接时，物业服务企业应该注意以下事项：

（1）选派素质好、业务精、对工作负责的管理人员及技术人员参加验收工作。

（2）物业服务企业应该首先站在业主和使用人的立场上，对即将交付使用的物业进行严格的验收，以维护业主的合法权益。因为一旦出了问题，很难让业主分摊物业费，这将使物业今后的维修养护难以为继。

（3）虽然接管的物业通过了竣工验收，属于合格工程，但并不意味着接管验收时就没有问题。如墙壁污迹、划痕，地砖缺角，玻璃破裂等，这些问题一般不影响物业通过竣工验收，但会增加物业服务企业的工作量及责任。另外，现实中接管验收总是会有未等综合验收就急于交付的情况发生，特别是设备方面，调试验收合格一项就移交一项，今天接管了电梯系统，几个月后又接管空调系统，至于消防系统的移交可能更迟。因此，验收中发现的问题不管大小，均应明确记录在案，督促开发企业或施工单位整修。该返工的一定要返工，属于无法返工的就应索赔，返工没有达到要求则不予签字直至达到要求，避免背负责任。

（4）落实物业的保修事宜。根据建筑工程保修的有关规定，由建设单位负责保修，并向物业服务企业交付保修保证金；或由物业服务企业负责保修，建设单位一次性拨付保修费用。

（5）建设单位应向物业服务企业移交整套图纸资料，包括产权资料和技术资料等，以便今后管理、维修和养护。

（6）移交工作应办理书面移交手续。接管验收符合要求后，物业服务企业应签署验收合格凭证，签发接管文件，同时写明接管日期，以便划清责任界限。

（7）物业服务企业在钥匙交接时，对于每把钥匙和门牌都要做好清楚的标记，以免弄混。

当物业服务企业完成上述工作并代表业主从建设单位手中接过钥匙时，整个物业验收和接管工作即告完成。

三、新建物业接管验收与竣工验收的联系与区别

依上所述，物业接管验收是为适应社会化、专业化、市场化物业管理的特点而出现的，与竣工验收既有联系又有区别。

（一）新建物业接管验收与竣工验收之间的联系

（1）竣工验收是物业接管验收的前提和基础。物业接管验收是在竣工验收的基础上进行的。严谨的竣工验收是物业接管验收的重要前提和参考：只有通过了竣工验收的物业才可能投入使用并推向市场，也才使物业接管验收成为可能；而关于隐蔽工程、土建结构工程等的安全检验资料可以为物业接管验收节省大量的重复劳动。

（2）物业服务企业应参与竣工验收。按现行政策规定，对新建、扩建、改建的物业，物业服务企业应参与政府建设行政管理部门所组织的竣工综合验收，尤其是住宅小区的竣工综合验收。对新建物业，有时竣工综合验收和物业接管验收同时进行。

（3）物业接管验收是在竣工验收的基础上进行的再验收，对竣工验收具有进一步完善和补充的重要作用。特别是当竣工验收的物业从竣工到正式投入运营的期间较长时，物业接管验收具有更为重要的补充作用，从竣工验收到投入使用这一阶段，物业成品保护的质量和在此期间的新建零星工程的质量（通常不再进行竣工综合验收），只能通过物业接管验收评定。

（二）新建物业接管验收与竣工验收之间的区别

1.所属产业不同

竣工验收属于建筑业范畴；物业接管验收属于房地产业范畴。前者由建设行政主管部门负责管理、指导和监督；后者由房地产行政管理部门负责管理、指导和监督。

2.性质不同

竣工验收是政府行为，带有明显的行政特点。国务院第279号令《建设工程质量管理条例》中规定，我国实行建设工程质量监督管理制度，未经验评或验评不合格工程不得交付使用。由此可见，竣工验收具有明显的国家强制执行的特点，竣工验收一旦通过，标志着物业可以投入使用。

而物业接管验收则是企业行为，在法律上属于民事行为范畴，没有行政意义，因此与政府行为的验收相比，权威性不同。它只是受委托进行的信息搜集和整理，物业服务企业提供的报告没有严格的法律效应，如要成为行政命令，仍需要经过国家质检部门的确认。接管验收一旦完成，则标志着物业开始投入使用。

3.验收主体不同

竣工验收的主体是建设行政主管部门，同时包括相关企业（建设单位、施工单位、设计单位、监理单位等），以及物业服务企业。需要特别指出的是，此时物业服务企业只是竣工验收的参与方之一。而物业接管验收的主体则是物业服务企业和委托方。其中物业服务企业是主持者之一。一般情况下，政府行政主管部门不参与物业接管验收。

4.工作内容和侧重点不同

竣工验收的内容和侧重点主要针对结构的安全可靠程度和设备设施的运行质

量，如工程勘探取样是否合理、隐蔽工程钢筋材料是否符合设计标准等，重在保障整个物业的安全。物业接管验收包含的内容更为广泛，除了考虑质量问题外，还要更多地考虑综合环境、法律关系和服务品质等多方面的问题，并且更注重从保障后续物业管理顺利开展的角度进行整体评价。

5.移交对象不同

竣工验收是由施工单位移交给建设单位；而物业接管验收是由建设单位移交给物业服务企业，或原有物业服务企业移交给新聘的物业服务企业。

当然，我们这里所说的物业接管验收，都是从狭义角度而言的。如果按照全面质量管理的要求，我们提倡广义的物业接管验收，即物业服务企业的早期介入。

第四节　物业的入伙管理与装修管理

一、物业的入伙管理

（一）物业入伙

入伙是指业主或使用人领取钥匙，进房入住，包括住宅小区居民入住、商贸楼宇中业主和租户的迁入等。入伙是物业服务企业与服务对象的首次接触，它标志着物业管理工作将以人为中心而逐步展开。

（二）入伙手续

入伙手续是指物业服务企业在所建楼宇具备了入伙条件以后，向业主寄发入伙手续文件，然后业主按要求办理验楼、付款、签约、搬迁、装修、入住等手续的系列活动。

入伙手续文件是指业主在办理入伙手续时，所要知晓、参照、签订的有关文件，主要包括入伙通知书、入伙手续书、收楼须知、收费通知书。在实际操作中，有些物业服务企业还准备了验楼一览表、楼宇交接书等，供业主在验楼时使用。这些文件都由物业服务企业负责拟定，并以开发企业和物业服务企业的名义在业主办理入伙手续前寄发给他们。

下面是几个常见的入伙手续文件：

1.入伙通知书

入伙通知书是物业服务企业在物业验收合格后，通知业主可以来办理入伙手续的文件。

在制定入伙通知书时应注意以下两个问题：

（1）一般情况下，一个物业辖区内入伙的业主不是一家或几家，而是几百家甚至上千家，如果均集中在同一时间办理，必然会使手续办理产生诸多不便和困难，因此，在入伙通知书上应注明各幢、各层分期分批办理的时间，以方便业主按规定时间前来办理。

（2）如业主因故不能按时前来办理，应在通知书上注明补办的办法。

2.入伙手续书

入伙手续书是物业服务企业为方便业主，让其知晓办理入伙手续的具体程序而制定的文件。一般在入伙手续书上都留有部门确认的证明，业主每办完一项手续，有关职能部门要在上面盖章证明。

3.收楼须知

收楼须知是物业服务企业告知业主收楼时应注意的事项，以及办理入伙手续时应该携带的各种证件、合同和费用的文件，以免出现遗漏，给业主带来不便。

4.收费通知书

收费通知书是物业服务企业通知业主在办理入伙手续时应该缴纳的款项及具体金额的文件。

（三）业主对物业的验收

业主或使用人在通知书指定的时间实地验收物业，着重勘验物业自用部分及相关公用部分的工程质量，设备设施开通运转的实际效果，合同载明的品牌、房型、布局、装修标准、设施配备是否与实际相符，物业外部环境是否有碍正常使用等方面。若发现问题，则提出相应的整改意见并约定改正。如属工程质量、设备质量或其他保修范围内的问题，物业服务企业要及时通知有关方面限期解决。

一般物业可能存在的质量问题大致有以下几个方面：

（1）给排水系列，包括水管、水龙头、水表是否完好，下水道是否有建筑垃圾堵塞，马桶、地漏、浴缸排水是否畅通、有无泛水现象等。

（2）门窗系列，包括框架是否平整、牢固、安全，门窗是否密封、贴合，门锁、窗钩有无质量问题，玻璃是否防水密封等。

（3）供电系列，包括电灯、电线是否有质量问题，开关是否控制火线，电表的流量大小能否满足空调、电脑等家用电器的需求等。

（4）墙面、屋顶、地板系列，包括是否平整，是否有起砂、空鼓、剥落、裂缝、渗水等情况，瓷砖、墙砖、地砖贴面的平整度、间隙、虚实等。

（5）公共设施及其他，包括垃圾桶、扶梯、电梯、防盗门、防盗窗、电话电线、天线、信箱等。

二、物业的装修管理

（一）物业装修管理的重要作用

装修是指楼宇竣工交付使用后，业主或使用人办理完入伙手续以后，在正式入住和使用前，根据自己的特点和要求，对所购房屋进行重新设计、分隔、装饰、布置等。有时住用户更换后，新住用户往往要将原来的装修拆除，按自己的意愿重新进行装修。以上两种装修，习惯上都称作二次装修。

二次装修是物业管理中一项经常而又重要的事项。业主作为物业专有部分的所有人，虽然有权对自己的房屋进行装修，但由于业主专有物业部分与其他业主的专有部分及共用部分紧密结合或者相邻，如果不加以管理，有可能会侵犯到其他业主的利益，甚至破坏房屋结构。例如，施工时发出噪声；产生大量的装修垃圾；可能会造成管道堵塞、渗漏水、停电、物品毁坏；装修材料的错误选择可能对业主自身造成损害等。因此，物业服务企业要认真对待各业主的二次装修，促进有关部门的通力合作，共同做好业主或使用人的二次装修的管理工作。

（二）物业装修管理的主要内容

物业装修管理的主要内容包括装修管理的操作程序、对装修材料使用的建议、装修管理规定、押金及装修管理费、具体的管理与批准权限等。

1.装修管理的操作程序

物业装修管理的操作程序主要包括住用户装修申报、物业服务企业审批、装修单位施工和物业服务企业验收等四个环节。具体如下：

（1）住用户装修申报。

《条例》第52条规定：业主需要装饰装修房屋的，应当事先告知物业服务企业。物业服务企业应当将房屋装饰装修中的禁止行为和注意事项告知业主。

《民法典》第945条"业主告知、协助义务"规定：业主装饰装修房屋的，应当事先告知物业服务人，遵守物业服务人提示的合理注意事项，并配合其进行必要的现场检查。

① 业主或使用人如需对房屋进行装修，必须首先向物业服务企业提出申请，填写"装修申请表"。其业主资格得到确认后，物业服务企业应提供装修指南及相关资料。

② 业主或使用人选择的装修公司应由物业服务企业审查或由物业服务企业推荐。

③ 业主或使用人应将装修内容和装修图纸送交物业服务企业审核。

（2）物业服务企业审批。

① 在接到业主或使用人递交的装修方案以后，工程设备部门将会同保安部门对方案进行审核。

② 装修方案最终由物业服务企业批准后方可实施。

③ 方案批准后，业主或使用人按规定到物业服务企业签订协议，并领取装修许可证。

（3）装修单位施工。

① 与物业服务企业签订《装修施工责任书》，并领取施工许可证。

② 所有施工必须按物业服务企业审查批准的方案进行，不得有任何更改。如实际情况中需要更改方案，必须经物业服务企业确认，出具更改通知才可施工。

③ 装修单位在施工期间，应严格遵守装修管理规定及大厦或小区有关的管理规定，对严重违反者，物业服务企业有权予以驱逐。

（4）物业服务企业验收。

① 装修工程完工后，由业主或使用人通知工程设备部门并会同其他有关部门

对工程进行验收。

② 隐蔽工程必须在隐蔽前进行验收。

③ 竣工验收合格后，由工程设备部门向业主或使用人出具竣工验收单。

④ 业主或使用人凭竣工验收单到管理部门、保安部门办理必要的手续。

2.对装修材料使用的建议

在这个环节中，物业服务企业有责任告知欲装修的业主，在使用装修材料时和装修中应注意的事项。如果装修材料选择不当，可能会使许多有毒、有害物质（如氡、甲醛、苯、氨以及酯、三氯乙烯和石棉纤维等）[①]在居室内挥发，造成家庭装修后室内空气污染等问题，对居住者的身体健康造成严重损害。

芯板、榉木、曲柳等各种贴面板和各种密度板中的甲醛、油漆中的苯乙烯，是国际卫生组织确认的致癌物，而苯可以引起白血病和再生障碍性贫血也被医学界公认。这些污染气体释放缓慢，仅人造板材中甲醛的释放期就长达3~15年。而一些人造大理石、花岗岩等建材中的氡，则是更为可怕的"环境杀手"。

所以，物业服务企业此时应就以下事项提醒和建议业主：

（1）选择环保、安全的装修材料和产品。通常一些室内装饰材料，如刨花板、纤维板、塑料地板、胶合板、油漆涂料等，均含有甲醛、苯、乙烯、甲醇等物质，其挥发的有毒气体达500多种；而像花岗岩、大理石和某些彩釉砖等建筑材料，则可能含有氡、镭、钍、钾等放射性物质，应当少用或不用。如果一定要用，购买者应向经营者索要产品的全项检验报告。例如，在购买花岗岩和大理石时，经营者应提供产品的放射性指标；在购买地板时，要查看产品的甲醛释放量指标，有机挥发物指标和尺寸稳定性。

（2）如果经营者不能提供检验报告，加之消费者用肉眼无法识别产品是否超标，可在装修材料使用前，请权威检测机构对有毒有害物质进行浓度测定，不要等装修结束后才找有关检测机构进行室内环境检测，否则一旦室内危害物质超标，就需要将装修材料拆除，从而造成经济损失。如果入住一段时间之后再去做检测，危害更大，那时造成的不仅仅是经济方面的损失，还有身体健康方面的损失。因此，事后行动不可取，要尽早对装修材料进行检测。

（3）装修材料在使用前应尽量在室外空旷处放置，使部分有害物质挥发。

（4）即使装修时使用的全都是达标的环保建材，装修完也不要马上入住。因为建材达标不等于所有这些环保建材合起来释放的有害物质的限量就达标。最好再检测一下，符合要求再入住；或者在开窗通风至少半个月以后再入住。居住时仍然需要经常换气通风，此外，也可在室内安放活性炭或空气净化器。对此，国家标准提出了"室内空气应无毒、无害、无异味"的要求[②]。

---

① a.国家质量监督检验检疫总局发布的《室内装饰装修有害物质限量》十项强制性国家标准，自2002年1月1日起实施。b.中华人民共和国住房和城乡建设部发布的《民用建筑工程室内环境污染控制标准》GB 50325-2020，2020年1月16日发布，自2020年8月1日起施行。

② 国家质量监督检验检疫总局、国家环境保护总局、国家卫生部联合发布的《室内空气质量标准》，2003年3月1日起实施。

（5）在装修施工过程中注意正确的操作程序。

3.装修管理规定

物业服务企业应该让业主或使用人以及施工人员知晓有关装修的专门规定。这些规定一般包括以下内容：

（1）不得拆改原房屋的墙、柱、梁、楼板等主体结构部件。

（2）不得凿穿地面和房顶的水泥层。

（3）不得封闭阳台，不得改动外门窗，保持房屋外观的美观、统一。

（4）装修垃圾必须及时清运，倾倒到指定地点。严禁向窗外、阳台外、楼梯、过道、天台等公共场所抛撒堆放。

（5）严禁将垃圾倒入下水管道内或将生活污水由雨水管道排出。

（6）按照物业服务企业的要求，空调器安装在指定的位置，以保持外观统一、协调。

（7）装修施工应安排好时间，一般在上午8：00—12：00，下午2：00—6：00内进行[①]。

（8）装修材料超长超宽的禁止使用电梯。

（9）需封闭后阳台的，须申报物业服务企业同意方可施工。

（10）施工队人员应到物业服务企业办理临时出入证，将临时出入证佩戴在胸前，并在指定的区域内活动。

（11）未经物业服务企业同意，不得随意改动水、电管线走向。

（12）底层住户装修，不得在前阳台违章搭建。

（13）临近平台的阳台、窗户不能改装为门。

4.押金及装修管理费

业主、租户在进行装修的过程中，几乎全部的物业服务企业都要收取一些费用。这些费用可以分为两种类型：一是可以退还的装修押金；二是不予退还的装修管理费。

押金及装修管理费的收取在法规中并没有具体而明确的规定。装修押金的收取，主要是为了控制装修过程中一些住户或租户的不合理装修，或装修工人的野蛮装修、随意施工等行为。如果装修过程完全符合规定和要求，物业服务企业就应该把收取的押金退还；如果装修过程出现损坏物业、破坏物业设施设备，或者给他人造成生命、健康、财产方面的损失等情形时，就可以用这笔押金进行赔付。

物业服务企业的本职工作就是管理物业，当装修行为可能会对整个物业、相邻部位、其他业主造成影响或损失时，就需要物业服务企业进行管理。因为任何物业服务企业都不会声称自己只管理不进行装修的物业，所以对装修工作的管理也应该是物业服务企业工作的一部分。

在住户装修过程中，物业服务企业既要配合提供一些原始工程资料，协调各方

---

① 装修时间各地规定不同，但目前基本都规定，除了上述时间，法定节假日和休息日也不能装修施工，以避免影响业主休息。

面的关系（比如协调业主之间因装修干扰带来的纠纷；协调消防局、设计院等），又要对装修工人、装修材料、装修行为进行管理、监督，如纠正违章、进行电梯维护等，所以业主的装修确实增加了物业服务企业的工作量，物业服务企业还要承担无形的安全责任。这些工作要花费一定的人力、物力等，产生管理成本，而在目前的物业服务费中没有包含这部分费用，因此物业服务企业和装修人在签订协议时，要约定这部分内容。

但是，如果没有关于装修管理费的协议约定，最后却不退还装修押金、或将装修押金变成装修管理费，这是不合理的。

装修押金的收退过程：

（1）业主装修前须向物业服务企业交付一定的装修押金。

（2）装修施工队在办理临时出入证时，须向物业服务企业交付一定的押金。

（3）装修施工结束后，由物业服务企业派人对装修工程进行检查，如无违反本规定及物业辖区其他管理规定之行为，没有对他人财产及公共场地、设施、设备等造成损失或损害的，物业服务企业将如数退还押金。

但是，应该指出的是，如果物业服务企业只是收取押金，而不实施具体的装修管理，出了问题时只扣押金，这种行为是不可取的。从安全的角度出发，重要的是事先介入管理，防患于未然，否则，造成难以挽回的损失时，即使扣罚装修押金也解决不了任何问题。

5.具体的管理与批准权限

在装修施工活动中，有些行为可以由物业服务企业来管理，有些行为是物业服务企业无权决定的。其具体分工如下：

（1）下列装修施工活动由相关部门批准。

①搭建建筑物、构筑物；

②改变住宅外立面，在非承重外墙上开门、窗；

③拆改供暖管道和设施；

④拆改燃气管道和设施。

其中第①、②项行为，应当经城市规划主管部门批准；第③项行为，应当经供暖管理单位批准；第④项行为，应当经燃气管理单位批准。

（2）下列装修施工活动经物业服务企业批准方可进行施工。

①业主要求改动房屋内水、电管线走向；

②业主要求封闭阳台；

③因特殊情况需在户内隔墙上开窗和开洞。

如施工队违反上述3条规定且不听从物业服务企业的劝阻和安排，物业服务企业有权责令其停止装修行为。

（三）物业装修中常见的违章行为及其处理

1.装修中常见的违章行为

根据《中华人民共和国建筑法》《建设工程质量管理条例》《住宅室内装饰装修

管理办法》及地方有关规定，在居室的装饰装修中，下列行为是被禁止的，如果业主或使用人出现了这些被禁止的行为就属于违章：

（1）未经原设计单位或者具有资质等级的设计单位提出设计方案，变动建筑主体和承重结构。

（2）将没有防水要求的房间或者阳台改为卫生间、厨房。

（3）扩大承重墙上原有的门窗尺寸，拆除连接阳台的砖、混凝土墙体。

（4）损坏房屋原有节能设施，降低节能效果。

（5）随意增加楼地面荷载，在室内砌墙或者超负荷吊顶、安装大型灯具及吊扇。

（6）任意刨凿顶板，不经穿管直接埋设电线或者改线。

（7）破坏或者拆改厨房、厕所的地面防水层，以及水、暖、电、煤气等配套设施。

（8）违规堆放、使用、清运易燃装饰材料，家庭居室装饰装修所形成的各种废弃物，不按照有关部门指定的位置、方式和时间进行堆放及清运。

（9）从楼上向地面或者由垃圾道、下水道抛弃因装饰装修居室而产生的废弃物及其他物品。

（10）晚间居民正常的睡眠时间进行有噪声的房屋装修施工。

（11）在车辆、行人通行的户外施工，不安置警示标志。

（12）其他影响相邻居民正常生活、影响建筑结构和使用安全、违反装饰装修法律规定的行为。

2.对违章行为的处理

（1）在装修施工中有违反上述规定之行为的，物业服务企业有权视情节严重程度给予扣罚部分乃至全部押金和保证金的处罚。

（2）装修施工中有意或无意损坏公共设施、设备，或给他人财产、物品造成损害的，必须照价赔偿。

（3）因装修施工造成管道堵塞、漏水，停电，坠落等情况，导致公共设施损坏或他人利益损失的，装修户应负责修复（或承担修复费用），并视情况给予受损害者必要的赔偿。

（4）因装修施工造成外墙破坏、污染的，由装修户负责修补。

第五节　物业的档案管理

档案、文件、资料是几个不同的概念，它们既有联系又有区别。在实际的物业管理中，人们一般对档案、文件、资料不作区分，统称档案资料管理，又称基础资料管理。

物业档案资料的建立是对前期建设开发成果的记录，是以后实施物业管理时对工程进行维修、配套、改造必不可少的依据，也是更换物业服务企业时必须移交的内容之一。随着科学技术的发展和使用需求的提高，现代建筑工程设备设施以及埋入地下和建筑体内部的管线越来越多，越来越复杂，越来越高科技化和专业化，因此一旦发生故障，物业档案就成了维修必不可少的东西。

物业档案资料的建立主要抓收集、整理、保管、利用四个环节。

一、物业档案的含义、内容和特点

(一)物业档案的含义

物业档案是指关于某物业所有的包括过去的和现在的一切活动中所形成的，具有参考价值，应当归档保存的各种文字、图表、声像等不同形式的历史记录。

物业档案的载体多种多样，从物业档案制成的材料来看，有纸张、磁性材料和感光材料等，从物业档案的记录方式来看，有文字、图形、表册、符号、音频、视频等。从物业档案的种类来看，有各物业的图纸卷、产权登记卷、交易卷、合同卷、维修保养卷、业主使用者管理卷以及财务统计卷等。

因此，可以说，各种有关物业形成中的立项、登记、审批和购置、建设、维修等文卷，包括统计表、基建拆迁批复、测绘图纸、设计施工图纸和修理图纸以及产权变迁等的原始记录，都是物业档案管理的对象，且具有保存查考的价值。

(二)物业档案的内容

物业档案资料的内容主要由物业设计施工图、物业产权档案、物业卡片、物业簿册、物业表等组成（简称图、档、卡、册、表）。

(1)图，是一种反映物业现状的专业性图纸。它是专业设计人员在实地查勘的基础上，按照一定的要求，通过勘察、测绘等一系列正规设计程序，并根据施工特点和要求而绘制的各类房屋平面图，包括房屋分幢平面图、房屋分户平面图、房屋分层分户平面图、房屋概况示意图，以及房屋竣工图、各种线路图、管道走向图、窨井下水道位置图等。

有了这些图纸，物业服务企业就可以了解物业的分布、占有、结构、功能、面积、层数、用途、建成年份，以及各户房屋与土地的权属范围和面积，从而为正确使用、保养、维护、改建物业提供重要依据。

(2)档，是在管理活动中形成的各类文字资料。其数量大、种类多，是物业档案资料的主要组成部分，包括房屋接管、变更、注销通知单和回报单，房屋接管验收记录，管理合同副本，房屋产权证副本，租赁凭证副本，租金测估计算表，分户过户报告，买卖过户通知单，交换过户通知单，增搭建处理记录，业主和用户来访记录以及各类统计资料表格等。

物业产权档案最显著的用途是凭证性强。它详细记载了确认产权的意见和结论、产权的演变情况、纠纷处理过程以及存在的问题等，是物业管理部门收取物业服务费和进行有关处罚的重要依据，也是物业管理部门处理有关物业纠纷的宝贵资料。

（3）卡，是根据管理工作需要而制作的物业目录卡、设备保养卡、维修记录卡等。卡的特点是内容浓缩、检索方便。它是手工汇总统计房地产资料或者将资料输入微机时的重要工具。

（4）册，是为了提高管理效率而建立的房屋建筑设备手册（大手册）、房屋使用手册（小手册）、绿化管理手册、业主和使用人交费记录手册等。

（5）表，是根据管理工作的需要而设立的各类表格，包括房屋验收质量登记表、用户入住进度表、用户情况登记表、房屋装修申请表、住户欠租（费）情况表等。

（三）物业档案的特点

1.专业性

物业档案是物业在形成过程中和管理活动中的文件、图纸、表册、照片、电子数据和权证、契约等不同形式和载体的历史记录。这些历史记录既记录了物业的形成过程，使用、维修、保养和管理的情况，反映了物业目前的状况，还记录了物业产权的归属和变革。因此，物业档案的形成有其特殊的专业要求，如房屋面积的丈量、土地界限的认定、房屋平面图的测绘等。严谨、规范的专业要求，使物业档案成为进行物业管理的重要工具。

2.动态性

物业档案形成后，物业的买卖、交换、赠予、析产等权属变更不断发生，物业的拆除、翻改、修理、扩建等现状变更日趋频繁，土地分割、合并又不可避免，因而物业档案具有动态性。与文书档案和会计档案不同，物业档案形成后并非严禁改动，除要保留原始的建筑图纸等一部分档案外，其余部分（如产权）则要随产权人变化而变化，随物业现状的变更而变更，物业档案必须保持图、档、卡、册、表与物业现状的一致性，必须不断地补充新材料、更改原有材料，才能自始至终地反映物业的现实情况，才能保证物业档案的真实性和可靠性。

3.真实性

物业档案必须与实际相符，才能在今后的物业管理中起到查找、凭证和参考的作用。真实性是物业档案的生命，也是发挥档案的现实效用的基础和前提。

4.价值性

占物业绝大部分的房屋属于不动产，其价值高，在单位或个人的财产构成中都占有重要的地位。因此，物业档案的有无，记载是否准确、全面，保管是否完好，都将对物业及物业管理产生一定的乃至巨大的影响。因一纸档案而免受几十万元甚至几百万元损失的事例，就是物业档案价值的最好证明。

5.法律性

档案中有一部分具有法律效力。例如，由记载房屋所有权归属的凭证等组成的产权档案，就具有法律效力，产权档案是房地产管理部门和人民法院处理房地产纠纷的重要依据，应永久保存。

6.图卷结合

图是物业档案的组成部分，物业档案离不开图。物业平面图上注记的丘号，可当作档案号使用，查平面图就能查到档案号，图卷结合才能把物业弄清楚。

（四）物业档案管理的含义和要求

物业档案管理是对物业资料的综合管理，是指对在物业的购置、维修、变迁和管理过程中所形成的各种图、档、卡、册、表等物业资料，进行收集、加工、整理并运用科学的方法进行管理的过程。

物业档案管理工作是一项动态性较强的管理工作。当物业的产权发生变更或房屋现状因大修、改建等发生变化时，各种物业资料应及时进行变更异动记录，这样才能保证物业资料准确、完整、真实，真正反映物业的状况。为此，物业档案管理要求做到规范化、科学化、经常化。其具体要求是：①收集资料要全面；②整理资料要规范；③保管资料要科学；④变更资料要及时；⑤使用资料要得当；⑥统计资料要准确。

物业的档案管理需要一套制度来保证。其主要包括：①立卷归档制度；②保管制度；③保密制度；④借阅制度；⑤统计制度；⑥档案工作人员的岗位责任制度。

二、物业档案的收集

（一）收集的含义

收集的实质就是集中。收集工作是物业档案管理工作的起点，是决定物业档案工作存在与发展的重要条件，是实现物业档案集中、统一管理的基本途径，是衡量物业档案管理优劣的重要标尺，也是物业档案管理其他环节工作赖以开展的重要基础。

（二）收集的要求

档案资料的收集工作要尽可能完善、及时。

所谓完善，是指档案资料的收集不仅包括物业空间构成上的方方面面，从时间上讲也是自始至终的，从物业的规划设计到售后服务的资料都必须齐全。

所谓及时，就是要不失时机，抓住"六时"：

（1）物业接管时。此时是全面掌握房屋建筑、附属设施、公共设施、绿地绿化等物业基本情况的最佳时机；

（2）用户入住时。此时是全面掌握业主或使用人基本情况和物业使用情况的最佳时机；

（3）上门访问时。通过主动上门访问，与业主或使用人进行对话和沟通，核对已有记录，注记变动情况；

（4）接待投诉时。通过日常接待和处理投诉，掌握动态变化，修正原有记录；

（5）维修更新时。此时应将维修更新后的物业变动情况记载在案；

（6）检查评比时。此时应将已经建立的物业档案资料进一步整理完善，以备查考。

三、物业档案的整理

（一）物业档案整理的含义

物业档案整理，就是将处于零乱状态和需要进一步条理化的档案，进行基本的分类、组合、排列和编目，使之系统化。

物业档案整理工作的要求就是归档的要求。归档要求可概括为：凡收集齐全、完整并应当归类的文件材料，必须经过系统整理，按照文件材料的形成规律和它们之间的历史联系进行分类、立卷，使案卷能准确地反映物业的基本面貌。要求做到：分类科学，组卷合理，排列有序，保管期限准确，装订整齐、牢固，案卷封面、脊背、目录和备考表（异动记录）填制准确，字迹工整，图样清晰，载体和装具质地优良，便于利用。

（二）物业档案整理的具体实施

（1）分类。其通常是指一个全宗内档案的分类，就是将立档单位形成的档案，根据其来源、时间、内容和形式的差别，分成若干类别和层次，使其构成有机的体系。分类是档案系统化的关键环节，是档案工作标准化、规范化的一项重要内容。其可以按业主姓名（单位名称）分类，可以按街道及其门牌号码分类，可以按物业权证号顺序分类，可以按丘号分类，可以按合同分类，也可以按物业性质分类。

最好的分类方法是按照丘号进行分类，因为丘号不随街道名称和门牌变动而变动，也不因产权转移、业主姓名改变而变动，是物业档案的理想编号（以6、7位数字为宜）。

（2）立卷。通常是指把具有查考保存价值的文件材料按照其形成过程中的联系和一定的规律组成案卷。其工作内容包括：卷内文件材料的排列与编号、卷内目录的编制、备考表的填制、案卷封面的填列、案卷装订等。

（3）案卷排列。各类案卷经组卷后，必须进行案卷排列，以确定案卷的前后次序和排放位置。案卷排列大致有以下几种方法：按案卷所反映的问题排列；按时间顺序排列；按地区排列；按地号排列。

（4）案卷目录编制。案卷目录即案卷花名册。物业档案的各个类别，各为独立的案卷目录，有多少类就设多少个目录。根据规定，一个全宗内案卷目录号不得重复，所以物业档案各类目录的编制，应按各物业管理部门各门类档案的排列顺序编排案卷目录号。案卷目录应编制1~3份。物业档案中，凡是只编一个分类目录就能解决查找问题的，可不再编多本同类的目录。有条件的物业服务企业，一类目录尽可能地编一个大流水案卷号。若案卷太多、太杂，可在分类目录下设子目录。

（三）物业档案整理时应注意的问题

1.不轻易打乱重整历史档案

档案整理工作，要尊重前人的劳动成果，只要是经过整理并且查找方便的，一般不再重新整理，必要时可适当加工。

2.整理工作宜细不宜粗

要注意细微处的处理，要体现规范化、标准化要求。无论分类、排列，还是各种编号，都应按有关规定办理，不应迁就；否则，只能给日后查考、利用造成不便。

四、物业档案的保管

收集的物业资料再全再多，整理得再好，如果没有好的保管也会前功尽弃。所以，保管是一项更为重要的工作。

物业档案保管的基本要求是必须遵循自然形成规律，强调原始记录的重要性，做到：

（1）数据准确，资料翔实；不错不漏，账实相符；妥善保管，查询方便。

（2）保证档案资料的完整、准确、新鲜。完整，是指对档案资料的整体性的要求，不能残缺、遗漏、空白、分散。准确，是指账实相符、真实可靠，这是档案资料的价值所在。新鲜，是指档案资料必须具有动态性，必须是活的、最新的客观记录。

（3）保证档案资料的安全。安全，一是指保密上的安全，应严格遵守借阅制度。二是指保管上的安全，如"八防"：防火、防光、防潮、防尘、防盗、防虫、防鼠、防有害气体。物业档案库要远离火源、水房、厕所、锅炉房、油库等，并配有灭火装置、空调、去湿机等。此外，还要定期进行安全检查。总之，要用科学的方法管理好物业档案库。

（4）做到"十清"，即物业来源清、物业数量清、物业质量清、物业价值清、结构类型清、设备设施清、绿化苗木清、租金费用清、使用情况清、维修更新情况清。

（5）档案与装具相适应，排列有序。保管档案应使用铁制档案柜（箱），不宜使用玻璃柜、木制柜、纸板箱、麻袋等。档案装具要摆放整齐、排列有序、编号科学，并备有档案存放示意图。案卷排列要疏密适度，每类档案案卷后要留出一定的空架、空柜、空箱，以便放入新档案，力求避免经常倒换位置。

五、物业档案的利用

（一）采用现代化手段管理物业档案

建立物业服务企业办公自动化系统，并保持同步发展。微型计算机可最大限度地发挥物业档案管理的功能作用，并能进行物业档案输入、检索、统计、数据对比分析、立卷与绘图等各项工作，便于查询和了解业主与使用人的情况，从而更好地为物业服务企业的经营管理工作服务。

（二）建立并完善检索体系

物业档案管理部门应重视编制物业档案案卷目录、分类目录、专题目录、人名索引、文号索引等各类检索，以便迅速、准确地查找档案。检索体系的编制要与物业管理工作保持一致。

（三）熟悉所藏档案的情况

物业档案管理人员应精通档案业务，熟悉所藏档案的情况，以提高档案查准率和查全率，主动、及时地提供物业档案，从而为物业经营管理服务等各项工作提供方便。

（四）利用方式多样化

目前，物业档案利用方式主要有借阅、电话查询、出具有关物业证明、主动发送有关目录、定期编制有关物业变更信息等。

（五）积极开发物业档案信息资源

物业档案管理部门应积极开发物业档案信息资源，做好物业档案文件汇编、专题编研等工作，以便经营管理业务人员能更好地享用这些资源。

（六）做好利用效果的记录工作

物业档案利用效果要填写翔实、准确、及时。每年都要编写出档案利用年度分析报告，主要是分析、总结本年度档案利用的人次、卷次、内容、利用方式方法和效果，以及存在的问题和拟采用的改进措施等。每年编辑一本档案利用实例汇编，总结、交流利用的经验，以便充分发挥物业档案的作用，取得更大的社会和经济效益。

第六节　案例分析

案例1　物业服务企业前期介入谁付费？

案例：

最近与某物业服务企业的经理聊天，提到前期介入的问题，该经理马上发起牢骚来：现在满社会都在讲前期介入，自己也认为前期介入好处多，但一旦物业服务企业真的前期介入了，费用问题却很难解决。该经理称，自己公司曾经接手过一个楼盘，前期介入后，因为经费问题，找过开发企业若干次，开发企业都说应该是物业服务企业自己承担。为了取得该管理项目以后几年的物业管理权，他没有办法，只好忍气吞声。请问，物业服务企业前期介入，物业服务费用到底应该由谁来支付？

案例评析：

我们先从前期介入说起。物业管理前期介入应包括两个阶段，超前介入和前期管理。所谓超前介入，是指物业服务企业或人员在接管物业之前，就参与物业的规划、设计和建设，从物业管理的角度提出意见和建议，以便建成后的物业能满足业主或使用人的需求。而所谓的前期管理则是指物业出售后至业主入住前的物业管理。这一阶段的工作主要有管理机构和管理人员的配置、管理规章制度的制定、物业的验收与接管、用户入住管理、房屋装修管理以及档案资料的建立。

根据前期介入阶段的不同，它可分为早、中、晚三类。早期介入是指物业服务企业在项目可行性研究阶段即开始介入；中期介入则是在项目施工阶段开始介入；在工程基本结束、准备竣工验收和接管验收时介入被视为晚期介入。

早期介入可对项目的可行性提出意见或建议，同时可就设计图纸提出有关楼宇结构、布局和功能方面的改进建议；中期介入则主要是检查前期工程的质量，就原来不合理但又可以更改的部分提出建议；后期介入的主要工作是对工程进行测试检验和指出前期工程缺陷，就改进方案的可能性和费用提出建议。

从以上介绍可以看出，物业服务企业前期介入的好处是很多的，突出表现为以下几点：

第一，通过物业服务企业的前期介入，许多情况下，既为开发企业省去了一些不必要的支出，也能提高物业的品牌价值，增强消费者的信心，进而促进物业的销售。对开发企业来说，这当然是求之不得的好事。

第二，物业服务企业的前期介入，可以保证物业最大程度的安全、适用，为业主以后的工作与生活带来方便和效益，促使物业的保值与增值，这对开发企业或建设单位来说，当然也是有益的。

第三，对物业服务企业而言，前期介入中的一些工作，可以避免出现一些在后期管理中难以解决的问题，从而有利于后期管理工作的顺利进行。当然，对物业服务企业而言，前期介入的好处还是相对小的：一方面，费用成本很高；另一方面，还要承担将来不能被正式聘用的风险。

那么，物业服务企业前期介入的费用究竟应由谁支付呢？应该说答案是非常明显的。

其应由开发企业支付。开发企业是物业服务企业前期介入的直接受益者。通过物业服务企业的前期介入，可以为业主以后的工作、学习与生活提供诸多方便，同时还减轻了业主使用时的费用负担。这样做的直接后果是，开发企业的物业能够卖得更快，价格更高，开发企业自然要为此向物业服务企业支付相应的报酬。

开发企业支付的物业服务费，实质上是替以后的业主垫付的，它可以通过提高租售价格等手段在租售物业时，把自己垫付的物业服务费再收回来。而业主作为最终的消费者，应该是物业服务费的最终支付者。

其实，物业服务企业都知道越早介入越好，关键是开发企业也要认识到提前介入的好处，并将好处告知业主，说服他们支付物业服务企业与前期介入相关的费用。所以，我们呼吁更多的开发企业让物业服务企业尽早介入，并愿意付费或提供相应费用，这才是最重要的。

案例2 业主入住拿钥匙，物业服务企业设障合法吗？

案例：

章先生2019年4月购买了一套期房，2019年10月房屋竣工后，开发企业通知他办理入住手续。在办理入住手续时，物业服务企业提出两个要求：第一，签订管理规约；第二，签订3年的服务协议。章先生发现，管理规约中有些条款与开发企业的承诺不一致，同时，他认为签订3年的服务协议也是不合理的。所以章先生拒绝了物业服务企业的要求，结果该物业服务企业以此为由不给章先生房屋钥匙。章先生不知物业服务企业的这种做法是否合法，作为业主他该怎么办？

案例评析：

物业服务企业在办理入住手续时，由于业主不签管理规约和服务合同而拒绝交付房屋钥匙，这种做法明显欠妥，也是不合法的。

（1）业主在购买房屋时，已与开发企业签订了房屋买卖合同，作为开发企业，按照合同约定收取业主的购房款，然后向业主交付房屋，这与物业服务企业是没有关系的。由于业主已经按照房屋买卖合同的约定，向开发企业支付了全部或应该支付的房款，开发企业就应该履行其向业主交付房屋的义务，而不能把物业管理法律关系中的内容再强加到房屋买卖关系中。所以，无论是开发企业还是物业服务企业，都不能因为业主没有签订物业管理规约、对物业服务费有意见而拒绝给业主办理入住手续，不给业主钥匙，这种行为构成开发企业对业主的违约，也是对业主权益的侵害。

（2）逼迫业主签订3年的物业服务协议是没有道理的，这既不符合国家有关的法律规定，也与目前物业管理市场的现实格格不入。目前，我国关于物业服务协议或合同的法律规定以及物业管理实践情况是：房屋出售前首先由开发企业与物业服务企业签订前期物业服务合同，业主入住时，由物业服务企业与业主签订前期物业服务协议（应该就是本案例中提到的协议），这两个合同或协议都是临时性的，一旦小区业主入住率达到一定比例，成立了业主委员会并重新选聘新的物业服务企业（也可以续聘原来的物业服务企业），这些协议自动终止。物业服务企业要求业主把临时性的物业服务协议改为3年物业服务协议，这是荒唐的，也是违反法律规定的，业主当然有权拒绝。

（3）如果物业服务企业因为业主没有签订管理规约和物业服务协议而拒绝交付钥匙，业主不必与物业服务企业多费口舌，可以直接找开发企业交涉，如果不成，可以到法院起诉开发企业违约，并要求其赔偿违约带来的损失。

对于开发企业在卖房时遗留下的各种问题，我们在以前的例子中已经讨论过了。在此还要重申的是，消费者买房时与开发企业签订的合同是购房合同，与物业服务企业没有任何关系，有些物业服务企业就是利用消费者对相关法律的不了解而欺骗他们。对此，作为购房人和业主，我们应当更多地学习相关的法律知识，以免在问题出现时处于不利地位。

案例3　接管验收时，业主发现开发企业未按约定安装双层玻璃，怎么办？

案例：

2015年7月，肖先生与某开发企业签订了商品房预售合同，购买了上海市某小区建筑面积140平方米的一套三室两厅的房屋，总价420余万元。因为该房屋南面正好朝向马路，为了隔音，在合同附件二中特别约定，该物业南面窗户须为双层玻璃。

2016年3月，肖先生接到入住通知书后，由开发企业指定的物业服务企业陪同前来验房，发现南向直线部分的窗户为双层玻璃，而南向弧线部分的窗户为单层玻璃，肖先生当即要求物业服务企业解决。至2018年年底，肖先生每年致函物业服务企业，但均未果。直到2020年7月，该小区更换物业服务企业后，新的物业服务企业明确告知该问题不属于物业管理服务范畴，并函告开发企业要求其尽快解决，而开发企业未予处理。无奈之下，2020年7月，终于找到"正主"的肖先生将开发企业告上了法庭。

但开发企业认为：（1）其已在南面窗户上安装了双层玻璃，并未构成违约；（2）肖先生的请求已过2年的诉讼时效期，不同意其提出的要求。请问：对于开发企业的辩词，法院会如何审理？你认为物业服务企业如何应对比较合适？

案例评析：

1.对于开发企业的辩词，法院应该这样审理：

（1）本案中的房屋窗户为南面朝西延伸的一个整体，安装双层玻璃是为了起到隔音作用。现被告仅在窗户的直线部分安装双层玻璃，而将弧线部分排除在安装范围之外，显然是僵化地理解合同条文，不符合双方签订合同的本意。故被告的行为实属违约，肖先生应该得到支持，被告应在法院判决生效后为业主的南面窗户弧线部分安装双层玻璃。

（2）肖先生的请求未过诉讼时效。诉讼时效的有效期为2年，逾期无效。本案中，肖先生于2016年3月至2018年年底的近3年内，每年都向物业服务企业发函要求解决双层玻璃的问题，故2年的诉讼时效应从2018年最后发函之日起算，而且前期验房、管理服务事务均由被告指定的物业服务企业代理，可以认为原告是在向被告主张权利，原告出具的给物业服务企业的信函原件可以证明这一点。所以，被告认为原告肖先生的诉讼请求已过诉讼时效是没有道理的。

2.物业服务企业应该做到：

在接到业主关于开发企业违约的有效投诉后，应采取换位思考的态度，站在公平、公正的立场上，主动与开发企业沟通协调，寻求积极的解决方案，争取给业主满意的答复（这要让业主知道）。如果遇到开发企业对此置之不理的情况，就应该明确告知业主，该问题不属于物业管理服务范畴，建议业主与开发企业直接对话解决。物业服务企业应该为业主提供道义上的支持，并提醒业主注意文字资料的保存，为今后一旦选择诉讼途径留存各类证据，并适当地提供一定的建议或法律咨询。

如果物业服务企业与开发企业是依附关系，那么物业服务企业首先要热情地接待业主，表示同情，同时，要讲清其中的责任和义务，表明愿意帮助业主妥善解决问题，也希望业主最好直接与开发企业对话解决。在与开发企业沟通前，物业服务企业要注意收集一些法院审理的相关案例及相关的法规政策（这要让业主知道），善意地提醒开发企业要履行合同，不要因小失大，造成不良社会影响，甚至影响企业今后的发展。

本案例中，前后物业服务企业的态度截然不同。

首先应肯定新物业服务企业明确的态度和积极的行动，对解决困扰肖先生4年多的双层玻璃问题的积极意义。这使得肖先生弄清了问题的性质，找到了解决途径，通过法律程序保护自己的合法权利。原物业服务企业在给肖先生办理入住手续、陪同验房时，即已发现开发企业没有按照合同要求为其安装双层玻璃，对肖先生的要求一拖再拖，直到新物业服务企业出现也未能解决。可见原物业服务企业对待业主是怎样的一种态度，因此遭到业主的解聘也在情理之中。

案例4　装修时更改房间的使用功能，物业服务企业应该怎么办？

案例：业主没有事先告知，物业也未及时管理

2019年8月，张某购买了某住宅小区10号楼的面积150平方米的一套住房，房屋结构为三室两厅两卫。正当他准备施工时，一件意外的事打乱了他的整个装修计划。

张某发现楼上方姓住户也正在装修，要将同一面积的住房改为4个独立的封闭单间对外出租，每个单间都设计了一个卫生间。楼上除仅保留了原有固定位置的一个卫生间外，另一个卫生间挪到了张先生的饭厅上方，还在饭厅和卧室上方增设了2个卫生间。于是，在张某的楼上一下就多出了3个卫生间，2个在饭厅上方，1个在卧室上方。虽然方某的改动没有改变楼体的承重墙，也没有从张某室内走上下水管，但张某认为，由于楼上的装修是包工包料，装修质量难以保证；楼上住房主要用于出租，说不定哪天就会漏水。由于挪动卫生间，方某将隔断砌到了其客厅的中央位置，而楼下没有任何的支撑。

想到此种装修的种种隐患，2019年9月30日，张某找到了小区物业，要求物业服务企业制止楼上刨沟及增加卫生间的行为，物业服务企业却答复张某找开发商售楼处的工程部解决此事。工程部的答复是，刨沟不影响安全，因此并没有制止增设卫生间的行为。

2019年10月1日，张某再次找到物业服务企业，要求物业出面制止楼上的装修行为。该物业服务企业虽然一再强调没有执法权，但还是对方某提出了警告。随后的几天里，张某发现楼上一直在施工，而张某每次向物业服务企业反映情况时，物业服务企业都说停止施工了。2019年10月6日上午，当张某再次来到现场时，才发现短短的几天内楼上装修已经初具效果。在这几天里，张某一直希望通过物业服务企业联系楼上业主，也希望物业服务企业将此情况反映到上级部门，由上级部门来处理，但物业服务企业一直说业主的姓名、单位要保密，也不向上级反映。其实，在此小区内同样的拆改行为还有很多，有几家还将住房装修成了旅社，物业服

务企业也习以为常了。该物业服务企业再三强调，其没有执法权，对此事不好定性，只能进行调解。那么，物业服务企业真的因为没有执法权而无法解决这类事情吗？方某的装修行为，应受到现有法律法规的哪些约束？

案例评析：

根据《民法典》《建筑法》《物业管理条例》《住宅室内装饰装修管理办法》《商品房屋租赁管理办法》等有关规定①，方某的装修行为是违规的，必须进行整改，恢复房屋原貌和原使用功能。物业服务企业认为无法解决，属于托词或逃避解决问题。因为现有法律法规已经赋予了物业服务企业相应的权利。

的确，在装修过程中，物业服务企业如何确定自己的角色和地位，有效地开展装修管理与服务，是物业管理实践中物业服务企业一直难以把握的事情。难点主要在无论是《条例》，还是其他相关法规政策，都赋予了物业服务企业监督管理、知情上报的义务，但都没有赋予其行政执法的权利，这是因为物业服务企业只是一个民事主体而非行政管理机关。这使得物业服务企业在物业管理实践中，在遇有装修违规行为发生时，注定了其尴尬的角色定位。调解、制止没有力度，反映上报难以得到答复，佯装不知会使受侵害业主不依不饶，无论怎样处理，都是左右难办。

但是，这不能成为物业服务企业对装修违规行为置之不理、毫无作为的理由。

物业服务企业在解决这类问题时可遵循的现有法律法规如下：

《民法典》第272条规定：业主对其建筑物专有部分享有占有、使用、收益和处分的权利。业主行使权利不得危及建筑物的安全，不得损害其他业主的合法权益。

《民法典》第286条第2款规定：业主大会或者业主委员会，对任意弃置垃圾、排放污染物或者噪声、违反规定饲养动物、违章搭建、侵占通道、拒付物业费等损害他人合法权益的行为，有权依照法律、法规以及管理规约，请求行为人停止侵害、排除妨碍、消除危险、恢复原状、赔偿损失。

业主或者其他行为人拒不履行相关义务的，有关当事人可以向有关行政主管部门报告或者投诉，有关行政主管部门应当依法处理。

《民法典》第287条规定：业主对建设单位、物业服务企业或者其他管理人以及其他业主侵害自己合法权益的行为，有权请求其承担民事责任。

《民法典》第288条规定：不动产的相邻权利人应当按照有利生产、方便生活、团结互助、公平合理的原则，正确处理相邻关系。

《民法典》第295条规定：不动产权利人挖掘土地、建造建筑物、铺设管线以及安装设备等，不得危及相邻不动产的安全。

《民法典》第942条规定：物业服务人应当按照约定和物业的使用性质，妥善维修、养护、清洁、绿化和经营管理物业服务区域内的业主共有部分，维护物业服

---

① 为了引导读者主动学习这些法律，请各位读者去查找上述法律中关于业主"装修"问题的有关规定和条款。

务区域内的基本秩序，采取合理措施保护业主的人身、财产安全。

对物业服务区域内违反有关治安、环保、消防等法律法规的行为，物业服务人应当及时采取合理措施制止、向有关行政主管部门报告并协助处理。

《民法典》第945条第1款规定：业主装饰装修房屋的，应当事先告知物业服务人，遵守物业服务人提示的合理注意事项，并配合其进行必要的现场检查。

根据上述法律，本案例中物业服务企业的拖延做法显然是未尽义务的行为，一纸通知只是为了证明其有所作为，制止、上报的义务却被弃置在一旁。如此的做法使得管辖小区内同样的违规行为层出不穷，物业服务企业因而堂而皇之地熟视无睹，习以为常。其实，稍加分析就可以推断出这样的结论，在权利受到侵害的业主不断投诉的情况下，一旦政府相关部门介入处理该小区的装修违规行为，要求违规人拆除违规装修部分，恢复房屋原貌和原使用功能，那么违规人的经济损失是可想而知的。那个时候，该物业服务企业在受侵害业主和违规业主面前可以说是"猪八戒照镜子——里外不是人"，在业主心目中的形象也将一落千丈，其今后的工作更是难上加难。

另外，针对此小区内几起将住房装修成旅社的行为，物业服务企业竟也习以为常，完全违反了《民法典》第279条"业主不得违反法律、法规以及管理规约，将住宅改变为经营性用房。业主将住宅改变为经营性用房的，除遵守法律、法规以及管理规约外，应当经有利害关系的业主一致同意"的规定。

方某的装修行为除了应受到上述法律法规的约束，还受到下列法规的约束：

《条例》第45条规定：对物业管理区域内违反有关治安、环保、物业装饰装修和使用等方面法律、法规规定的行为，物业服务企业应当制止，并及时向有关行政管理部门报告。

有关行政管理部门在接到物业服务企业的报告后，应当依法对违法行为予以制止或者依法处理。

《条例》第52条规定：业主需要装饰装修房屋的，应当事先告知物业服务企业。

物业服务企业应当将房屋装饰装修中的禁止行为和注意事项告知业主。

《商品房屋租赁管理办法》第8条规定：出租住房的，应当以原设计的房间为最小出租单位，人均租住建筑面积不得低于当地人民政府规定的最低标准。

厨房、卫生间、阳台和地下储藏室不得出租供人员居住。

方某在张某楼上增加卫生间是为了方便租客使用，也会导致租客增加所带来的洗漱、抽水声、脚步声、嘈杂声，影响楼下住户正常的生活秩序，还可能造成严重的安全隐患。

根据《物业服务纠纷解释》第4条：业主违反物业服务合同或者法律、法规、管理规约，实施妨害物业服务与管理的行为，物业服务企业请求业主承担恢复原状、停止侵害、排除妨害等相应民事责任的，人民法院应予支持。物业服务企业可以要求方某拆除违法增建的卫生间，恢复原状，排除妨害。

　　从本案例来看，该物业服务企业懒政、不作为、根本没有履行监督管理义务，而且至少存在3个方面的问题：违背了物业服务合同的义务，应当承担相应的违约责任，受侵害业主有权要求赔偿；其有法不依，放任自流，致使违规业主对他人权利侵犯扩大，违规业主有权要求其承担不作为责任，赔偿经济损失；其拖延做法和不及时上报行为，违反了《条例》相关规定，政府房地产管理部门可酌情对其进行处罚。

　　因此，通过本案例，物业服务企业应在装修管理服务中，把握好自我定位，公正地履行监督管理义务，行使好自己的职权，发现违规行为要及时制止，及时向有关行政管理部门报告相关情况，防止事态扩大，减少业主损失，在装修管理服务中树立企业良好的形象。

小结

物业管理前期
介入实例①

　　前期介入是指物业服务企业或人员在接管物业之前，就参与物业的规划、设计和建设，从物业管理的角度提出意见和建议，以便建成后的物业能满足业主或使用人的需求。

　　前期介入对于开发企业和物业服务企业都有好处。

　　根据介入时间的不同，前期介入可分为早期介入、中期介入和晚期介入三个阶段。每个阶段的重点和工作内容都不相同。

　　前期介入与前期物业管理除了在概念上不同（前期物业管理，是指自房屋出售之日起至业主委员会与物业服务企业签订《物业服务合同》生效时止的物业管理），在委托关系、管理对象和所起的作用等方面也有不同。

　　物业管理方案是物业服务企业实施物业管理与服务的基本思路与主要措施的完整描述。

　　物业管理方案主要包括以下3部分内容：物业管理档次；物业管理服务的标准；物业管理财务收支预算。

　　物业管理方案的策划是物业服务企业针对拟管项目制订物业管理方案的规划过程。

　　物业的验收管理包括两个内容：一是物业的竣工验收；二是物业的接管验收。二者有5点不同。

　　物业管理中要重视物业的接管验收。其内容主要有5部分：权益资料、工程质量、服务理念、财务和财产、人员续聘等。

　　竣工验收时要注意物业的质量责任和保修期的规定；接管验收时要注意7项问题。

---

　　①　佚名. 物业管理前期介入实例［EB/OL］.［2017-06-01］. http://www.cnwuye.cn.

　　入伙手续是指物业服务企业在所建楼宇具备了入住条件以后，向业主寄发入住手续文件，然后业主按要求办理验楼、付款、签约、搬迁、装修、入住等手续的系列活动。在这个过程中，业主对物业的验收与装修管理需要特别重视。

　　物业档案是指关于某物业所有的包括过去的和现在的一切活动中所形成的，具有参考价值，应当归档保存的各种文字、图表、声像等不同形式的历史记录。

　　物业档案资料的内容主要由物业设计施工图、物业产权档案、物业卡片、物业簿册、物业表等组成（简称图、档、卡、册、表）。物业档案资料的建立是对前期建设开发成果的记录，是以后实施物业管理时工程维修、配套、改造必不可少的依据，也是更换物业服务企业时必须移交的内容之一。

　　物业档案资料的建立主要抓收集、整理、保管、利用4个环节。

☐ **关键概念**

　　前期物业管理　物业管理的前期介入　物业管理方案　物业管理方案策划　竣工验收　物业保修　质量缺陷　物业接管验收　入伙　入伙手续　装修管理　物业档案　物业档案管理

☐ **思考题**

　　1.什么是物业管理的前期介入？前期介入有哪些作用？

　　2.前期介入的阶段划分，各自包含的主要内容，以及对今后物业管理工作的影响都有哪些？

　　3.简述前期介入与前期物业管理的区别。

　　4.前期物业管理的内容有哪些？前期物业管理中其主体的权利义务关系有哪些？

　　5.什么是物业管理方案策划？物业管理方案的内容有哪些？

　　6.建设单位在前期物业管理活动中承担什么责任？

　　7.如果某个业主和前期物业服务企业产生纠纷，应该怎么办？

　　8.物业竣工验收后未售出和已售出物业的保修期应如何计算？

　　9.物业接管验收的内容有哪些？接管验收时应注意哪些问题？

　　10.某小区新建的住宅楼已经竣工，现由某物业服务企业前去接管验收，此时物业服务企业应该检验哪些具体资料？

　　11.简述竣工验收与接管验收的区别。

　　12.物业的入伙管理与装修管理分别包括哪些内容？

　　13.结合你的亲身经历，谈谈用户入住的具体程序，以及在此过程中物业管理发挥的作用。

　　14.小王刚到某物业服务企业工作，上班后的第二个月开始，经理就分配给他一个任务，让他负责辖区内用户入住的准备工作。假设你是小王，你应当做好哪些准备？

15.入伙手续主要包括哪些文件？

16.装修中常见的违章行为有哪些？

17.哪些装饰装修活动必须得到相关部门的批准？ 相关部门分别指哪些部门？

18.如果你有新房的装修经历，总结一下装修过程中应注意的问题。

19.物业档案资料主要包括哪些？

20.物业档案管理的特点和要求有哪些？

21.如何收集和整理物业档案？

22.生活中常见这种现象：新房入住后发现空调预留位置不合理，明显影响小区建筑外观；电表容量配置偏小，无法满足所有电器正常运作的需要；阳台面积较大是不错，可是到了下雨天就要积水并往房间里倒灌……你认为怎样做可以解决类似问题？

☐ 案例分析题

1.业主是否有权随意改动自己所在房屋的外墙或添加、改变设施？

案例1 住在20层的业主于某在自己住宅内卫生间的东墙开窗，将厚厚的外墙打穿。物业服务企业多次上门阻止，于某不听劝阻，继续施工安装窗户，致使20层到1层的墙面被泥浆污染。另一业主在房屋的储藏室内安装了电动抽水马桶、洗脸盆，改变废水立管的下水三通，致使楼下业主储藏室内的储物柜及物品受损。物业服务企业两次向这个业主发出整改通知，责令其拆除私装物，未果。

案例2 某住宅小区顶层的一位业主擅自将防盗门外移，装在了公共走道上，侵占了公共部位，其他业主也纷纷效尤。为制止这类在物业使用中的禁止行为，该小区召开了业主代表大会，并通过了限期拆除违章搭建的决议。在议定的期限内，个别业主仍我行我素、置若罔闻。物业服务企业在多次劝阻无效的情况下，经业委会授权，强行拆除了违章安装的防盗门。

请问：

（1）自己的房屋是否有权随意破墙或者改变房屋用途、添加卫生设备？

（2）你认为案例2中业委会和物业服务企业的做法是否正确，为什么？

（3）作为物业服务企业经常会遇到业主的这类违章行为，你认为应该如何制止？

2.入伙时房地产开发企业发错钥匙导致业主装错房，是谁的责任？

2020年6月，曲女士终于收到了新房，可没想到的是，她用开发企业交给她的钥匙，根本打不开她买的403室的房门，倒能打开对门401室的房门！原来，在办理入住手续时，房地产开发企业工作人员将示意图画错了，把一个单元的对门弄颠倒了。对门401室的真正业主李先生在开发企业手里领了钥匙之后也没太在意，开了403室的房门后，就着手进行室内装修。等到被告知钥匙发错了，此时403室内的装修已经接近尾声了。

对此，开发企业找到曲女士，给她做工作，让她把朝南的403房屋退了给李先生，然后开发企业在正施工的商品房中找一套给曲女士，销售价格还按照原来的执行。但是曲女士明确表示，自己不愿意换房。

房地产开发企业人员又找到正在装修的李先生，告诉他房屋的钥匙给错了，要求他停止装修，从朝南的403室中搬出来，房地产开发企业可以将已经产生的装修费用支付给李先生。而李先生声称，近期必须及时入住，如果从南向的房屋搬到北向的房屋，还得重新装修，时间来不及，对他造成的损失比较大。总之，李先生也不愿意从403室中搬出来。

曲女士一怒之下向法院提起了诉讼，将李先生告上了法庭，要求李先生停止侵害，排除妨害。

请问：

（1）曲女士把李先生作为诉讼对象是否合适？为什么？

（2）本案例中，谁负违约责任？

（3）针对发错钥匙的情况，你有什么好的解决办法？

第四章

物业的招投标管理

□ 学习目标

　　通过对本章的学习，要求学生掌握物业管理招标和投标的含义；熟悉物业管理招标和投标主要程序，熟悉物业管理委托方的三类主体、委托方式；了解物业管理投标书的编制。

　　物业管理招投标是物业管理招标行为和物业管理投标行为的有机结合，通过招投标，物业管理供需主体在平等互利的基础上建立起一种新型的劳务商品关系。物业管理招投标实质是一种市场双向选择行为。

第一节　物业管理的委托

一、物业管理的委托方

　　对物业的管理一般采用委托方式进行。物业管理的委托方是业主。按物业产权归属，委托方有以下三类主体：

（一）房地产开发企业

　　房地产开发企业在以下两种情况下是物业管理的委托方：一是对建成后以销售为主的物业，在物业建成之后至出售之前，其产权归属房地产开发企业。因此，由房地产开发企业负责首次选聘物业服务企业。二是对建成后并不出售而出租经营的物业，因其产权始终归属开发企业，所以，房地产开发企业一直是物业管理的委托方。

（二）公房出售单位

随着我国住房制度改革的深入，政府单位原有公房正在逐步出售给住用人。公房在出售前，产权属政府单位所有；出售后，产权发生转移。由于住用人购买原住房的时间不同，物业区域内发生产权转移的份额不等，所以，在业主委员会成立之前，公房出售单位作为原业主，与房地产开发企业一样，负责首次选聘物业服务企业。

（三）业主委员会

以销售为主的物业，按《业主大会和业主委员会指导规则》的相关规定，物业管理区域内，已交付的专有部分面积超过建筑物总面积50%时，建设单位应向区、县房产部门或街道办事处、乡镇人民政府及时报送筹备首次业主大会所需的资料。5个月内完成筹备，组织召开首次业主大会会议，并选举产生业主委员会。业主委员会成立后就是全体业主的代表，与新选聘的物业服务企业签订物业服务合同，前期物业服务合同自行终止。

二、物业管理的委托内容

物业服务企业接受业主对物业管理的委托时，因物业类型和业主委托的不同，其受托业务内容是有差别的，因此物业管理工作的重点也就不同。物业管理从总体上可分为以管理服务为主和出租经营与管理服务并重两种类型。

（一）以管理服务为主的物业管理

这种类型的物业管理，业主只是将物业日常的管理服务委托给物业服务企业，而未委托其代理物业使用权的经营，即物业服务企业不负责对物业的出租经营，物业服务企业对物业只有管理权。该类型物业管理的重点就是搞好日常的管理与服务工作，主要适用于业主自用的物业，如居住物业、政府企事业单位自用的办公用房等的管理。

（二）出租经营与管理服务并重的物业管理

这种类型的物业管理，业主不仅将物业日常的管理服务委托给物业服务企业，还委托其代理物业使用权的经营。业主在保持物业所有权的同时，通过签订租赁或承包协议的方式，将物业出租或承包给物业服务企业，由其负责该物业的出租经营与管理服务；业主通过定期收取租金或承包金的方式收回投资，并获取利润。此时，物业服务企业不仅拥有物业的管理权，也拥有物业使用权和经营权。其物业管理工作就是出租经营和管理服务并重，从某种意义上说，出租经营占据更重要的地位。该类物业管理主要适用于经营性的物业，如写字楼、综合楼、商场、购物中心等，也包括以租赁为主的高档居住物业，如高级公寓、别墅等。

三、物业管理的委托方式

物业管理的委托方式有两种：一种是不实行招投标；另一种是实行招投标。

不实行招投标有三种情况：第一种是房地产开发企业将物业直接委托给自己组

建或选定的物业服务企业进行管理；第二种是公房出售单位将物业直接委托给自己组建或选定的物业服务企业进行管理；第三种是业主委员会对原物业服务合同到期后原物业服务企业的再次聘用。

实行招投标，是指房地产开发企业、公房出售单位或业主委员会以招投标的方式，通过市场竞争将物业委托给中标的物业服务企业。这种方式是物业管理发展的方向。

《条例》第24条规定：国家提倡建设单位按照房地产开发与物业管理相分离的原则，通过招投标的方式选聘物业服务企业。因此，政府鼓励并推动开展物业管理的招投标活动，物业管理的招投标将成为业主选聘物业服务企业的主要方式。

物业管理招投标包括物业管理招标和物业管理投标两部分。

第二节　物业管理的招标

一、物业管理招标的含义

物业管理招标是指物业所有人通过制定符合其管理服务要求和标准的招标文件，向社会公开招聘并确定物业服务企业的过程。

二、物业管理招标方式

我国2000年1月1日起施行的《中华人民共和国招标投标法》（以下简称《招标投标法》）只把招标方式分为公开招标和邀请招标两种，没有将议标列入。但建设部在2003年6月发布的130号令——《前期物业管理招标投标管理暂行办法》中规定：住宅及同一物业管理区域内非住宅的建设单位，应当通过招投标的方式选聘物业服务企业；投标人少于3个或者住宅规模较小的，经物业所在地的区、县人民政府房地产行政主管部门批准，可以采用协议方式选聘物业服务企业。

国家提倡其他物业的建设单位通过招投标的方式选聘物业服务企业。

物业管理招标有公开招标、邀请招标、议标三种方式。

（一）公开招标

公开招标又称无限竞争性公开招标，是由招标方通过公共媒介（如报刊、电视、广播等）向社会公开发布招标公告，邀请所有愿意参加投标的物业服务企业参加投标的招标方式。采用公开招标方式的，应当同时在中国住宅与房地产信息网和中国物业管理协会网上发布免费招标公告①。凡符合投标基本条件又有兴趣的物业服务企业均可申请投标。公开招标的优点是招标方有较大的选择范围，可在众多的投标单位之间选择最优者，最大程度地体现招标的公平、公正、合理原则；其缺点

---

① 见建设部2003年6月发布的《前期物业管理招标投标管理暂行办法》（建住房〔2003〕130号）第8条第2款。

是由于竞标单位较多，工作量大，时间长，增加了招标成本。公开招标一般适用于规模较大的物业，尤其是收益性物业。

（二）邀请招标

邀请招标又称有限竞争性招标，指不公开刊登广告而直接邀请某些单位投标的招标方式，主要由招标单位向预先选择的3个以上有承担能力的物业服务企业发出投标邀请书，收到邀请书的物业服务企业可参与竞标，其优点是可保证投标企业有足够的能力和经验，信誉可靠；缺点是有一定局限性，可能漏掉一些有较强竞争力的物业服务企业参与竞标。另外，预先对投标人进行选择，容易造成招标人和投标人串通作弊的现象。但由于邀请招标具有节省招标时间和成本的特点，该方式深受一些私营业主和实力雄厚、信誉较好的开发企业的欢迎。不过，该方式要想成功，最关键的是在选择范围缩小的情况下，如何防止不合理竞争和作弊行为，并且评标过程中不能歧视某些投标人。尽管如此，邀请招标仍然是目前广泛采用的招标方式。

（三）议标

议标又称谈判招标或指定招标，由招标单位直接选择一家或几家物业服务企业与之协商谈判，达成协议。其最大的特点在于招标人可以与投标人之间协商，投标人通过不断地修改标价与招标人取得一致。这种方式的优点是，既节省了时间和招标成本，又可以获取有竞争力的标价。然而，有利就有弊。议标可能是几个投标人同时与招标人进行谈判，这就使得投标人之间更容易产生不合理竞争，使得招标人难以获取有竞争力的标价。可以看出，议标方式对招标人的要求很高，要保证议标的成功，通常要求招标人对物业管理行业和物业服务企业的情况有充分的了解。因此，一般较大型的或较复杂的物业，或者由缺乏经验的开发企业和业主进行自行招标的情况，都不宜采用议标方式。

议标目前在我国中小规模的物业管理招标项目中较为常见。一方面，由于该类物业的工期较紧，标的总价较低，短时间内难以吸引足够数量的物业服务企业投标。事实上，该类物业（也就是我们常见的中小楼盘等物业）很少实行超前招标，让物业服务企业介入其设计施工阶段，大多数的情况是，开发企业待物业完工后，才去选择物业服务企业。由于这时工期紧，开发企业往往采用议标方式，同时找几家物业服务企业到现场考察，然后同时进行谈判协商，最终选定符合要求的物业服务企业。另一方面，开发企业本身对物业服务企业的情况较为了解，且所需管理的物业技术性和专业性不强，对管理的要求不是非常严格。在投标人竞争范围缩小的情况下，并不影响物业服务的质量。因此，议标方式常常被经验丰富的开发企业所采用。物业服务合同到期后原物业服务企业的再次聘用通常采用议标方式。业主委员会也可通过委托招标机构采用议标方式进行招标。

三、物业管理招标程序

物业管理招标的程序可划分为招标的准备、招标的实施和招标的结束三个阶段。

（一）招标的准备

招标的准备阶段是指从开发企业或业主决定进行物业管理招标到正式对外招标即发布招标公告之前的这一阶段所做的一系列准备工作。这一阶段的主要工作有成立招标机构、编制招标文件、招标材料备案、确定标底。

1.成立招标机构

任何一项物业管理招标，无论是由开发企业还是由业主委员会主持进行，都需要成立一个专门的招标机构，并由该机构全权负责物业管理的整个招标活动。招标机构的主要职责是：拟定招标章程和招标文件，组织投标、开标、评标和决标，并组织签订合同。可见招标机构一旦成立，其职责将贯穿整个招标投标过程。

2.编制招标文件

编制招标文件是招标准备阶段招标人最重要的工作内容。招标文件又称标书，是招标机构向投标者提供的为进行招标工作所必需的文件。招标文件的作用在于：明确投标人递交投标书的程序，说明所需招标的标的情况，告知投标评定准则以及订立合同的条件等。招标文件既是投标人编制投标文件的依据，又是招标人与中标人商定合同的基础，是物业管理招标投标工作成功的关键。因此，它是对招标机构与投标人双方以及招标人（开发企业或业主）与中标人双方都具有约束力的重要文件。招标人应十分重视编制招标文件的工作，并务必做到文件严密、周到，内容明确，合理合法。

根据我国《前期物业管理招标投标管理暂行办法》的规定，招标文件应该包括以下内容：

（1）招标人及招标项目简介，包括招标人名称、地址、联系方式、项目基本情况、物业服务用房的配备情况等。

（2）物业管理服务内容及要求，包括服务内容、服务标准等。

（3）对投标人及投标书的要求，包括投标人的资格、投标书的格式和主要内容等。

（4）评标标准和评标方法。

（5）招标活动方案，包括招标组织机构、开标时间及地点等。

（6）物业服务合同的签订说明。

（7）其他事项的说明及法律法规规定的其他内容。

3.招标材料备案

招标人应当在发布招标公告或者发出投标邀请书的10日前，提交以下材料报物业项目所在地的县级以上地方人民政府房地产行政主管部门备案：

（1）与物业管理有关的物业项目开发建设的政府批件。

（2）招标公告或者招标邀请书。

（3）招标文件。

（4）法律、法规规定的其他材料。

4.确定标底

所谓标底，就是招标项目的预期价格水平，是招标人为准备招标的内容计算出的一个合理的基本价格。确定标底是招标的一项重要的准备工作。按照国际惯例，对于招标项目，招标人应在正式招标前先确定标底。它的主要作用是作为招标人审核报价、评价和确定中标人的重要依据。因此，标底是招标单位的"绝密"资料，不能向任何无关人员泄露。

标底的确定一般应考虑以下几个方面：

一是要与该物业的档次相协调。物业档次不同，其管理服务水平与要求也不同。相应地，物业管理服务也将不同；

二是要反映业主、使用人的经济承受能力和消费意向；

三是要以招标文件中的管理目标为依据；

四是要严格遵循国家及地方政府颁布的有关规定，同时，也要注意与物业管理市场的行情相协调。

只有这样，招标单位才能制定出合理、科学的标底。

标底是衡量投标报价竞争力的一把尺子，标底制定得好坏，直接影响到招标工作的有效性。标底定得过高，进入合格范围内的投标人数量多，将使得评价的工作量和难度大大增加；标底定得过低，又容易使所有的投标人都落空，从而导致招标的失败。因此，标底制定得好，可以说招标工作成功了一半，而编制一个先进、准确、合理、可行的标底需要细致认真、实事求是的方法和态度。

（二）招标的实施

招标的实施是整个招标过程的实质性阶段。招标的实施过程主要包括以下内容：发出招标邀请或通知、投标资格预审、确定编制投标文件所需时间、处理需澄清或修改的问题、招标实施过程中的其他规定及开标、评标和定标。

1.发出招标邀请或通知

我国《招标投标法》和国际惯例都规定，招标人采用公开招标方式招标，应当发布招标公告。

招标人采用邀请招标方式的，应当向3个以上具备承担招标项目的能力、资信良好的特定法人或其他组织发出投标邀请书。这一规定是针对假招标现象提出的。在邀请招标中，有时招标人有可能故意邀请一些不符合条件的法人或其他组织作为其内定中标人的陪衬，搞假投标。因此，"不少于3家"是对邀请招标范围的最低限度要求，以保证适当程度的竞争；而"资信良好、具备承担招标项目的能力"，是对投标人资格和能力的要求。

2.投标资格预审

根据《前期物业管理招标投标管理暂行办法》的规定，公开招标的招标人可以根据招标文件的规定，对投标申请人进行资格预审。

实行投标资格预审的物业管理项目，招标人应当在招标公告或者投标邀请书中载明资格预审的条件和获取资格预审文件的办法。

关于资格预审的条件，国家规定：招标人不得以不合理条件限制或者排斥潜在投标人，不得对潜在投标人实行歧视待遇，不得对潜在投标人提出与招标物业管理项目实际要求不符的过高的资格要求（如故意提高技术资格要求，使只有某一特定的潜在投标人才能达到要求）。所谓潜在投标人，是指知悉招标人公布的招标项目的有关条件和要求，有可能愿意参加投标竞争的物业服务企业。

资格预审文件一般应当包括资格预审申请书格式、申请人须知，以及需要投标申请人提供的企业资格文件、业绩、技术装备、财务状况、拟派出的项目负责人与主要管理人员的简历和业绩等证明材料。

经资格预审后，公开招标的招标人应当向资格预审合格的投标申请人发出资格预审合格通知书，告知获取招标文件的时间、地点和方法，并同时向不合格的投标申请人告知资格预审结果。

当资格预审合格的投标申请人过多时，可以由招标人从中选择不少于5家资格预审合格的投标申请人。

3.确定编制投标文件所需时间

招标人应当确定投标人编制投标文件所需要的合理时间。公开招标的物业管理项目，自招标文件发出之日起至投标人提交投标文件截止之日止，最短不得少于20日。

4.处理需澄清或修改的问题

（1）招标人对已发出的招标文件进行必要的澄清或修改的，应当在招标文件要求提交投标文件截止时间至少15日之前，以书面形式通知所有的招标文件收受人。该澄清或修改的内容为招标文件的组成部分。

（2）招标人对投标人提出的疑问进行澄清的，也应以书面形式发送给所有的招标文件收受人。招标人根据物业管理项目的具体情况，可以组织潜在的投标申请人察勘物业项目现场，并提供隐蔽工程图纸等详细资料。对此过程中投标申请人产生的疑问，招标人应予澄清。

5.招标实施过程中的其他规定

（1）招标人不得向他人透露已获取招标文件的潜在投标人的名称、数量以及可能影响公平竞争的有关招标投标的其他情况。招标人设有标底的，标底必须保密。

（2）在确定中标人之前，招标人不得与投标人就投标价格、投标方案等实质性内容进行谈判。

（3）物业管理招投标工作的完成时限：新建现售商品房项目应当在现售前30日完成；预售商品房项目应当在取得"商品房预售许可证"之前完成；非出售的新建物业项目应当在交付使用前90日完成。

6.开标、评标和定标

开标、评标和定标是招标实施过程的关键阶段，也是整个招标过程中程序最严密、对招标人要求最严格的阶段。

（1）开标。

①开标时间、地点的规定

开标应当在招标文件确定的提交投标文件截止时间的同一时间公开进行。开标地点应当为招标文件中预先确定的地点。

②开标的其他规定

开标由招标人主持，邀请所有投标人参加。

开标由投标人或者其推选的代表检查投标文件的密封情况，也可以由招标人委托的公证机构进行检查并公证，确认无误之后，由工作人员当众拆封，宣读投标人名称、投标价格和投标文件的其他主要内容。

招标人在招标文件要求提交投标文件的截止时间前收到的所有投标文件，开标时都应当当众予以拆封。

开标过程应当记录，并由招标人存档备查。

（2）评标。

评标由招标人依法组建的评标委员会负责。评标委员会是由招标人代表和物业管理方面的专家组成，成员为5人以上单数，其中招标人代表以外的物业管理方面的专家不得少于成员总数的2/3。与投标人有利害关系的人不得进入相关项目的评标委员会。

在评选过程中，应以物业管理服务费报价、物业管理服务质量和物业管理方案的先进程度作为主要的衡量标准，对各个投标人的标书进行研究，必要时还要召开现场答辩会（但这要事先在招标文件中说明，并注明所占的评分比重）。除了现场答辩部分外，评标应当在保密的情况下进行。

评标工作结束时，评标委员会应向招标人推荐不超过3名有排序的合格的中标候选人。

（3）定标（确定中标人）。

招标人应当按照中标候选人的排序确定中标人。当确定中标的中标候选人放弃中标或者因不可抗力提出不能履行合同时，招标人可以依序确定其他中标候选人为中标人。

中标人应当在投标有效期截止时限30日前确定。投标有效期应当在招标文件中载明。

（三）招标的结束

当招标人最后选出中标人时，招标工作便进入结束阶段。

这一阶段的具体内容包括发出中标通知书、招标结果备案和签订合同。

1.发出中标通知书

中标人确定后，招标人应当向中标人发出中标通知书，同时将中标结果通知所有未中标的投标人，并应当返还其投标书。

2.招标结果备案

招标人应当自确定中标人之日起15日内，向物业项目所在地的县级以上地方人民政府房地产行政主管部门备案。备案资料应当包括开标评标过程、确定中标人的方式及理由、评标委员会的评标报告、中标人的投标文件等。委托代理招标的，还应当附招标代理委托合同。

3.签订合同

招标人和中标人应当自中标通知书发出之日起30日内，按照招标文件和中标人的投标文件订立书面合同；招标人和中标人不得再行订立背离合同实质性内容的其他协议。

招标人无正当理由不与中标人签订合同，给中标人造成损失的，招标人应当给予赔偿。

以上是公开招标方式的招标程序，是所有招标程序中最完善和最严密的。与公开招标程序相比，邀请招标和议标方式的招标程序大致相同，或略有变动。如邀请招标和议标一般都免去"投标资格预审"这一项，以节省时间和招标成本；另外，邀请招标以投标邀请书代替招标公告，议标以物业管理建议书代替投标文件和标书等。不过，究其本质来说，差别不大。

第三节 物业管理的投标

一、物业管理投标的含义

物业管理投标是指物业服务企业为开拓业务，依据物业管理招标文件的要求组织编写标书，并向招标单位递交应聘申请和标书，参加物业管理竞标，以求通过市场竞争获得物业管理权的过程。

二、物业管理投标程序

物业服务企业投标程序主要有以下步骤：

（一）获取招标信息，决定是否参与投标

物业服务企业通过各种途径获得某物业拟进行物业管理招标的信息或接到邀请投标函后，针对该物业的具体情况与本企业的自身实力，进行投标可行性分析，作出是否参与投标的决定。一旦决定投标，应协调有关人员（管理人员、专业技术人员、财会人员）组成精干的投标领导小组，全面负责投标工作。

（二）申请投标并接受资格审查

在规定的时间内向招标单位报送投标申请。投标申请是投标单位表示投标愿望和介绍投标单位管理能力的重要文件，在文件中应实事求是地体现自身的实力，进而接受招标单位的资格审查。投标单位一定要将证件和有关资料备齐，如企业营业执照、专业人员配置情况、固定资产状况、管理的规章制度及以往业绩等。

（三）购买并阅读招标文件

物业服务企业要想取得招标文件（即标书）必须向招标人购买。而取得招标文件之后，如何阅读成为关系投标成败的重要环节。其包括以下工作：

1.仔细阅读招标文件并尽可能找出错误

招标文件可能会由于篇幅较长而出现前后文不一致、某些内容不清晰的情况。因此，投标企业应将这些错误或遗漏划分为"招标前由业主明确答复"和"计入索赔项目"两类。

从事国际投标的公司还应注意招标文件的翻译。翻译可能会导致招标文件面目全非，而由精通外语的计价员直接阅读招标文件则是解决这一问题的理想办法。

2.注意招标文件中的各项规定

投标企业应对招标文件中的各项规定，如开标时间、定标时间、投标保证书等，尤其是图纸，设计说明书，管理服务的标准、要求和范围等予以足够重视，并加以仔细研究。

（四）考察物业现场

通常，开发企业或业主委员会将根据需要组织参与投标的物业服务企业统一参观现场，并向它们作出相关的必要介绍，其目的在于帮助投标企业充分了解物业情况，从而合理计算标价。在考察过程中，投标人有疑问需要澄清的，应当以书面形式向招标人提出并由招标人作出书面答复，这样才能产生法律约束力。根据惯例，投标人应对现场考察结果负责，开发企业将认为投标者已经掌握了现场情况，明确了现场物业与投标报价有关的外在风险条件。投标人不得在接管后对物业外在的质量问题提出异议，或者申明条件不利而要求索赔（当然，其内在且不能从外部发现的质量问题除外）。

（五）确定投标价

确定投标价具体内容包括：

（1）制定管理服务方法与测算工作量。投标企业可根据招标文件中的物业性质、管理服务内容及要求，详细列出完成该物业管理服务任务的方法，并测算出工作量。

（2）拟订资金计划。资金计划应当在确定了服务内容及工作量的基础上拟订。资金计划应以资金流量为工具进行测算，一般来说，资金流入大于流出的资金计划对评标委员会具有说服力。

（3）标价试算。服务单价乘以第1项确定的工作量就得出了管理服务费。对于单价的确定，不可套用统一收费标准（国家规定了管理服务单价的除外），必须根据不同物业的不同情况，具体问题具体分析。同时，确定单价还必须根据竞争对手的状况，从战略战术上进行研究分析。

（4）标价评估与调整。对上述试算结果，投标者必须经过进一步评估才能最后确定标价。现行标价的评估内容大致包括两方面：一是价格类比；二是竞争形势分析。分析之后便可进行标价调整。通过这一步骤，投标企业便可以确定最终标价。

（六）编制投标文件（投标书）

上述问题解决之后，投标人应当按照招标文件的内容和要求正确编制投标文件，投标文件应当对招标文件提出的实质性要求和条件作出响应。这是投标工作中最重要的内容，直接影响到投标能否成功。

投标文件应当包括以下内容①：

（1）投标函。

（2）投标报价。

（3）物业管理方案。

（4）招标文件要求提供的其他材料。

（七）办理投标保函

为防止投标单位违约给招标单位带来经济上的损失，在投递物业管理投标书时，招标单位通常要求投标单位出具一定金额和期限的保证文件，以确保在投标单位中标后不能履约时，招标单位可通过出具保函的银行，用保证金额的全部或部分作为招标单位经济损失的赔偿。我国《招标投标法》第46条规定，招标文件要求中标人提交履约保证金的，中标人应当提交。

（八）封送标书

投标人应当在招标文件要求提交投标文件的截止时间前，将投标文件密封送达投标地点。招标人收到投标文件后，应当向投标人出具标明签收人和签收时间的凭证，并妥善保存投标文件。在开标前，任何单位和个人均不得开启投标文件。在招标文件要求提交投标文件的截止时间后送达的投标文件，为无效的投标文件，招标人应当拒收。

投标人在招标文件要求提交投标文件的截止时间前，可以补充、修改或者撤回已提交的投标文件，并书面通知招标人。补充、修改的内容为投标文件的组成部分，并且须按规定送达、签收和保管。在招标文件要求提交投标文件的截止时间后送达的补充或者修改的内容无效。

（九）参加开标并答辩

投标单位接到开标通知时，派主要负责人按时参加开标会。评标过程中，评标委员会可以用书面形式要求投标人对投标文件中含义不明确的内容作必要的澄清或者说明。投标人应采用书面形式进行澄清或者说明，其澄清或者说明不得超出投标文件的范围或者改变投标文件的实质性内容。

这一过程中，投标单位要做好答辩的思想准备和资料准备，在有限的时间内充分阐述本单位的优势，投标的意图，对日后物业管理的基本想法、安排与措施，对投标报价的计算作必要的说明或补充，阐述愿意承诺的优惠条件等，以争取获得最佳印象和较好的答辩分，为中标打下基础。

---

① 见建设部2003年发布的《前期物业管理招标投标管理暂行办法》（建住房〔2003〕130号）第22条规定。

（十）中标后合同的签订与实施

投标单位收到中标通知书后，应在规定时间内，办妥履约保函和各种手续，并尽快与招标单位进行详细洽商，签订书面物业服务合同（中标人和招标人不得再行订立背离合同实质性内容的其他协议）；同时做好全面入驻物业区域的准备。

物业服务合同自签订之日起生效，招标人（开发企业或者业主委员会）均应依照合同规定行使权利、履行义务。

（十一）资料的整理、归档

无论投标企业是否中标，在竞标结束后都应将投标过程中一些重要文件进行分类归档保存，以备查核。这样，一来可为中标企业在合同履行中解决争议提供原始依据，二来可为竞标失利的企业分析失败原因提供资料。通常这些文档资料包括招标文件、招标文件附件及图纸、对招标文件进行澄清和修改的会议记录和书面文件、投标文件及标书、同招标方的来往信件、其他重要文件资料等。

上述程序描述了投标的整个过程。但对于不存在第十步，即未中标的企业来说，还应做好下面这项工作：

（十二）未中标的总结

竞标的失利不仅意味着前期工作白白浪费，还将对公司声誉产生不利影响。因此，未中标公司应在收到通知后及时对本次失利原因作出分析，避免重蹈覆辙。分析的内容包括准备工作是否充分、估价是否准确、报价策略是否存在失误等。

三、物业管理投标书的编制

投标文件除了按格式要求回答招标文件中的问题外，最主要的内容是介绍物业管理要点和物业管理服务内容、服务形式和费用。

（一）投标单位的概况简介

除了介绍投标单位概况外，主要介绍本物业服务企业以前管理过或正在管理的物业名称、地址、数量，要指出类似此次投标物业的管理经验和成果，并介绍主要负责人的物业管理经历和经验。

（二）分析投标物业的管理要点

主要指出投标物业的特点和日后管理上的特点、难点，可列举说明，还要分析住用人对此类物业及管理上的期望、要求等。

（三）概述投标单位拟采取的管理策略

简述中标后的管理经营宗旨、理念、方针和内容，拟采取何种管理方式和具体措施，提供哪些服务项目，来做好物业管理服务。

（四）详述物业管理的实施计划

这一部分是投标书最重要的内容，包括：

（1）物业服务企业内部管理架构与机构设置、各类人员编制、运作机制与工作流程、信息沟通与反馈渠道等。

（2）物业管理各阶段（开发设计阶段、监理阶段、接管验收阶段、日常运作阶段等）提供的管理服务项目、内容、标准和相关费用。

（3）管理人员的配备与培训。

（4）必备的物资装备计划。

（5）各项内外部管理规章制度。

（6）各项管理指标的承诺。

（7）愿意承诺的奖惩措施和标准。

此外，还可以介绍对改善该物业环境、提高管理服务水平的设想。

（五）物业服务费用的测算

物业服务费用测算是否合理、科学与准确，既反映了投标单位物业管理的经验与水平，也直接关系到招标方对投标方的印象，某种程度上是决定中标与否的关键。

物业管理的服务收费从总体上讲，有政府定价、政府指导价和经营者定价三种，其具体规定与各项费用的内容及测算见第八章的相关内容。

（六）有关附件及说明

在投标书正文中不能详细说明或需要另外附加的资料、证书、计算过程等可放在附件中，如管理费用预算依据与过程，有关证明的复印件等。

第四节　案例分析

案例1　原物业服务企业不愿退出，新中标的物业服务企业应该怎么办？

案例：

由于原物业服务企业不履行前期物业服务合同，某小区业主委员会成立后，经过召开业主大会，并得到专有部分占建筑物总面积过半数且占总人数过半数的业主的赞同，决定终止前期物业服务合同，通知原物业服务企业在2020年1月31日前撤离，并重新选聘物业服务企业。经过招投标程序，业主委员会与宏文物业服务企业于2020年1月15日签订《物业服务合同》，约定由宏文物业服务企业对该小区进行物业管理，合同期为2020年2月1日起至2022年1月31日止。宏文物业服务企业依约前往接管小区，履行合同时，原物业服务企业却不肯办理移交手续，致使合同无法履行。几天后，业主委员会发现原物业服务企业悄然撤离了，而小区近百平方米的物业管理用房却被铁链紧锁，宏文物业服务企业只好暂用业主委员会办公地点开展工作，不仅办公面积狭小，而且连生活用水、上厕所等基本问题都得不到解决。业主委员会找到原物业服务企业要求归还物业管理用房，并且移交全部资料，不料原物业服务企业却振振有词：这套物业管理用房的产权还是开发企业的，开发企业想怎么处理就怎么处理；至于全部资料，是由公司自己收集整理的，没有义务移交给新物业服务企业。

你认为，新中标的物业服务企业、业主委员会应该怎么办？

案例评析：

从本案例中业主委员会代表全体业主选聘物业服务企业的全部过程看，应该说是符合现行《条例》要求的。业主委员会与宏文物业服务企业签订的物业服务合同形式合法，内容也未违反国家法律和行政法规的禁止性规定，应为合法、有效。原物业服务企业应按原合同要求履约解聘，与宏文物业服务企业做好项目移交工作。原物业服务企业作为该小区前期物业服务企业，业主委员会与其选聘的物业服务企业签订的物业服务合同生效时，前期物业服务合同即告终止，继续占有相关物业管理资料和物业管理用房属于违法行为。

既然原物业服务企业拒绝交接的行为是违法的，那么，新接管项目的物业服务企业是否就能强行要求原物业服务企业进行移交或强制进入呢？答案是否定的。

这是因为，原物业服务企业与业主委员会签订的物业服务合同（在本案例中是前期物业服务合同），同新接管项目的物业服务企业与业主委员会签订的物业服务合同都是各自独立的法律关系，两者之间不存在连带关系，原物业服务企业与新物业服务企业不存在合同法律关系。因此，新物业服务企业在遇到原物业服务企业拒绝移交的情况时，不应强行要求原物业服务企业移交，也无权强行要求，而应要求业主委员会出面协调，解决矛盾。如业主委员会在合同规定的移交期限内未能协调矛盾，致使新物业服务企业不能进入，新物业服务企业可以要求业主委员会终止现合同，并按招投标要求赔偿经济损失；还可以物业服务合同为依据，向人民法院状告业主委员会，并以第三人身份连带状告原物业服务企业（这是目的所在）；或请求业主委员会状告原物业服务企业，以保证自己的合法权利免受侵犯。

关于本案例中物业管理用房问题，根据《条例》规定，物业管理用房的所有权依法属于全体小区业主，不属于开发企业，开发企业无权处理物业管理用房。为避免开发企业进一步违规，业主委员会应查明该物业管理用房的标注，因为建设单位在办理房屋预售许可证和房地产初始登记时，应当将物业管理用房的坐落、面积、室号在预测面积（实测面积）报告中予以注明，并加盖建设单位公章，而且物业管理用房在小区规划中都应配置。如果该物业管理用房确系开发企业所有，业主委员会可以提请房地产登记部门给予产权异议登记，以尽快和开发企业一起把物业管理用房的产权由开发企业的大产权证转到业主大会的名下。

根据《条例》的规定，业主委员会可以先把此情况向房地产行政主管部门反映，由房地产行政主管部门通过调解解决；若协商不成，经业主大会同意，业主委员会可代表全体业主向人民法院提起诉讼。

《民法典》第949条规定：物业服务合同终止的，原物业服务人应当在约定期限或者合理期限内退出物业服务区域，将物业服务用房[①]、相关设施、物业服务所

---

① 即指案例中的"物业管理用房"（《条例》与《民法典》叫法不同）。

必需的相关资料等交还给业主委员会，配合新物业服务企业做好交接工作，并如实告知物业的使用和管理状况。

原物业服务人违反前款规定的，不得请求业主支付物业服务合同终止后的物业费；造成业主损失的，应当赔偿损失。"

所以，一旦进入诉讼程序，原物业服务企业除了承担上述违法行为所造成的法律后果，还要承担给业主造成的一系列损失（如自身损失及给新物业服务企业造成的损失等）。

案例 2　开发企业同时向三家物业服务企业发出中标通知书合不合法？

案例：

某物业服务企业日前接到了南京某开发企业发出的招标邀请，参加了由开发企业举办的大型住宅区物业管理招投标活动。上个月开发企业向该物业服务企业发出中标通知书，通知该物业服务企业中标。该物业服务企业依照约定前往南京与开发企业签订前期物业服务合同。到达南京以后，该物业服务企业发现开发企业同时向三家物业服务企业发出了中标通知书，该物业服务企业要求依照投标书的内容签订前期物业服务合同，但开发企业表示，需要就前期物业服务合同的主要条款与三家物业服务企业再进行协商，并根据协商的结果确定与哪家物业服务企业签订正式合同。请问，该开发企业的做法是否合法？

案例评析：

这一问题主要是针对中标通知书的法律效力而言的。从法律上来讲，如果招标人给物业服务企业发出了中标通知书，就可以视为有效承诺，合同成立。此案中开发企业并不了解这一法律程序，因而造成了不必要的麻烦。

首先，我们认为开发企业和本案例中的物业服务企业之间已经形成了合同关系。我国《合同法》规定，合同当事人意思表示一致，合同即成立，并对合同当事人发生法律效力。案例中的物业服务企业向招标人即开发企业提交的招标文件，对签订前期物业服务合同的主要合同条款作出了明确的意思表示，符合《合同法》规定的要约构成，属于有效要约。案例中，招标人给物业服务企业发出的中标通知书可以视为有效承诺，《合同法》第 25 条规定"承诺生效时合同成立"。因此，案例中的物业服务企业自收到中标通知书之日起，与该开发企业之间的前期物业服务合同即已经成立（不管合同什么时候生效），签订正式前期物业服务合同只是一个形式上的问题。而且，这份合同对案例中的物业服务企业和该开发企业均产生法律效力。在案例中，开发企业把一项物业管理业务委托给三家物业服务企业（尽管开发企业不这样认为），是违反有关合同法和有关物业管理法律法规的规定的，开发企业既不能不履行合同（否则就是违约），又不能履行合同（其他两家物业服务企业会提出违约索赔）。

其次，根据我国《招标投标法》的规定，为了保证招投标活动的公平、公正，招标人和中标人不得协商签订背离合同实质性内容的条款。因此，开发企业在招投标活动结束之后与中标人（不仅是一个中标人）再协商合同的主要条款是违法的。当然，物业服务企业依照惯例与开发企业签订正式的前期物业服务合同时，就该合同细节条款在不背离投标书实质内容的情况下，予以协商确定是完全可以的。

最后，本案例中的开发企业与三家中标物业服务企业签订合同前协商合同条款的问题，有些类似于协议招标，即直接邀请一家或几家招标方认为资信可靠且能力相当的物业服务企业参加投标，与它们分别协商谈判，确定物业管理的有关事项，最后达成协议的招标方式。这实际上是一种合同谈判的形式。其优点是可以节省时间和招标费用，双方易于达成协议。这种招标方式一般用于与邀请方具有一定业务联系或比较熟悉的物业服务企业，或具有特殊管理要求（如保密要求）的物业。本案例中的做法与协议招标不同之处在于本案例是在已经发中标通知书的前提下与投标方协商合同内容，而协议招标方式是根本不给投标方发中标通知书。也许开发企业是想与三家物业服务企业协商后再决定中标人，然后签订正式的前期物业服务合同（这在法律上是被允许的，现实中也是可行的），但开发企业不应先向案例中的三家物业服务企业发出中标通知书并邀请其签订前期物业服务合同，而可以邀请这三家物业服务企业先一起就合同内容进行再协商，之后再给其中的一家发中标通知书。开发企业应该把真实情况告诉这三家物业服务企业，以免引起不必要的误解和纠纷。

案例中的这种情况下，该物业服务企业应将上述法律观点告知开发企业，并要求开发企业与本企业签订前期物业服务合同，否则本企业将有权通过法律途径保护自己的合法权利。如果开发企业拒绝这一要求，物业服务企业可放弃这一项目，并通过法律途径保护自己的合法权利。物业服务企业需要总结的教训是，与对相关法律法规不够了解的企业是难以形成稳定的合作关系的，在日常业务中应当尤其注意。

小结

物业管理招投标是物业管理招标行为和物业管理投标行为的有机结合。

对物业的管理一般采用委托方式进行。物业管理的委托方有三类主体：房地产开发企业、公房出售单位和业主委员会。

委托方式有两种：一种是不实行招投标；一种是实行招投标。

不实行招投标有三种情况：第一种是房地产开发企业将物业直接委托给自己组建或选定的物业服务企业进行管理；第二种是公房出售单位将物业直接委托给自己组建或选定的物业服务企业进行管理；第三种是业主委员会对原物业服务合同到期后原物业服务企业的再次聘用。

实行招投标，是指房地产开发企业、公房出售单位或业主委员会以招投标的方式，通过市场竞争将物业给中标的物业服务企业。这种方式是物业管理发展的方向。

物业管理招标有公开招标、邀请招标、议标三种方式。物业管理招标的程序可划分为招标的准备、招标的实施和招标的结束三阶段。在这个过程中，编制招标文件和确定标底是最应重视的工作。

物业管理投标是指物业服务企业为开拓业务，依据物业管理招标文件的要求组织编写标书，并向招标单位递交应聘申请和标书，参加物业管理竞标，以求通过市场竞争获得物业管理权的过程。物业管理投标的程序有11步，其中投标书的编制是最应重视的工作。

□ 关键概念

物业管理招标　公开招标　邀请招标　议标　招标文件　招标准备阶段物业管理投标　标底

□ 思考题

1.什么是物业管理招投标？

2.物业管理的委托方有哪几类？

3.什么是物业管理招标？招标方式有几种？

4.物业管理招标程序有哪几步？

5.招标文件包括哪些内容？

6.标底的确定需要考虑哪些因素？

7.什么是物业管理投标？投标程序包括哪几步？

8.投标书的编制包括哪些内容？

□ 案例分析题

1.物业服务企业是否一定要通过招投标方式进行选择？

大连某新建住宅小区陆续住进了一些住户，入住时开发企业要求住户签业主管理规约，由某物业服务企业来进行小区的物业管理。有部分业主认为，该物业服务企业没有通过公开招标选择，而是由开发企业请进来的，不是大家选定认可的，因此对物业服务企业的合法性持怀疑态度，甚至提出重新招标选择，否则拒绝由该物业服务企业进行物业管理。

那么，你认为物业服务企业是否一定要通过公开招投标方式进行选择呢？

2.开发企业对某商城进行邀请招标后，又私下用议标方式选中其中一家物业服务企业，这种做法对吗？为什么？

2019年4月，某市一开发企业拟对自己开发的4万平方米的世纪商城进行前期物业管理，向A、B、C3家物业服务企业发出了招标邀请，之后这3家物业服务企业向该开发企业递交了相应的投标文件，至2019年12月没有任何消息。但是2020

年1月初，招标单位在没有举行任何涉及招标项目的开标、评标的情况下，竟与其中的B公司签订了前期物业服务合同，并已在该市国土资源局和房屋局物业管理处备案。苦等半年之久没有投标消息的A公司得知此事前去询问，被告知，开发企业所进行的招标活动最终是通过议标程序完成的。前期的邀请招标在其他投标方毫不知情的情况下变成了议标，A公司对此非常不解。

根据建设部2003年发布的《前期物业管理招标投标管理暂行办法》，你认为该开发企业的这种做法对吗？为什么？

第五章

物业管理合同

□ 学习目标

通过本章的学习，要求学生掌握前期物业服务合同的含义、特征、主要内容和有效期限，掌握临时管理规约与管理规约的含义及二者的区别，掌握前期物业服务协议的含义、特征、主要内容、有效期限；掌握物业服务合同的定义和主要内容，掌握物业服务合同的期限、效力和解除的规定；熟悉签订各合同时的要点及异同点，熟悉制定临时管理规约的相关规定，熟悉管理规约的特点和内容，熟悉前期物业服务合同与前期物业服务协议的关系；了解前期物业服务协议签订时应注意的问题，了解临时管理规约与管理规约的内容、制定主体、制定时间。

物业管理合同在整个物业管理过程中具有举足轻重、不可替代的地位和作用。随着物业管理市场的拓展，物业服务企业的改制，物业管理将更加规范化，其市场竞争将逐步加剧，物业管理合同的地位和作用就显得更为重要。

从广义上说，物业管理合同不仅仅包括合同，还有协议和规约等。它们之间存在着时间上的先后顺序，是相互衔接的。下面以住宅小区为例，分别介绍物业管理涉及的前期物业服务合同、临时管理规约、前期物业服务协议、物业服务合同、管理规约等。

第一节　前期物业服务合同

一、前期物业服务合同的含义

《条例》规定，在业主、业主大会选聘物业服务企业之前，建设单位选聘物业服务企业的，应当与该物业服务企业签订书面的前期物业服务合同。

两类物业在第一次出售时应该签订前期物业服务合同：一种是新建物业；另一种是原有公房。

对新建物业而言，通常情况下，由业主大会选聘物业服务企业开展工作，物业服务合同在由业主大会选举出来的业主委员会和物业服务企业之间签订。但是，物业在建成之后、业主大会成立之前就需要进行物业管理活动，由于这时业主大会尚未成立，不可能由业主委员会代表业主与业主大会选聘的物业服务企业签订物业服务合同，这种情况下，只能由建设单位选聘物业服务企业对物业实施管理服务，此时，物业服务合同就应在建设单位和物业服务企业之间签订。

该合同的双方当事人是建设单位和物业服务企业。此时，业主与物业服务企业之间不存在合同关系。这一点和后面要讲的物业服务合同不同——物业服务合同的双方当事人是业主委员会和物业服务企业。

对原有公房或房改房而言，为保证公房出售后实行物业管理，在公房出售前也应签订物业服务合同。合同的甲方是公房出售单位，乙方是其选聘的物业服务企业。

综上所述，根据《条例》的规定，由建设单位或公房出售单位与物业服务企业之间依据前期物业管理招投标的结果，就物业管理区域内的物业的使用、维护、管理等事项签订的物业服务合同，称作前期物业服务合同。它是物业从建设到管理顺利衔接的关键环节。

前期物业服务合同对今后物业管理的规范化实施起着尤为重要的作用。开发企业或公房出售单位在选聘物业服务企业时，应充分考虑和维护未来业主的合法权益，代表未来的广大业主认真考察、比较各物业服务企业，并对其提出要求与约束；尤其是在选聘自行组建的或下属的物业服务企业时更应如此，此时也应签订前期物业服务合同。

如果不签订前期物业服务合同，将不利于物业管理的实施，也无法保证从购买房屋到业主委员会成立并选聘确定新的物业服务企业这段时间购房人的权利与义务，容易引起各种纠纷。

二、前期物业服务合同的特征

在物业买受人成为业主之后、业主委员会成立之前的这段时间，业主需要物业服务企业提供物业服务，物业服务企业也需要业主履行一定的义务，这里就需要一个调整业主与物业服务企业之间关系的合同，明确双方的权利和义务，以减少日后在物业管理中的矛盾和纠纷，前期物业服务合同应运而生。前期物业服务合同具有以下特征：

（一）短暂过渡性

前期物业服务合同在房屋售出后至业主委员会成立并选聘新的物业服务企业之前有效。实践中，物业的销售、业主的入住是陆续的过程，业主召开首次业主大会会议时间的不确定性，决定了业主、业主大会选聘物业服务企业时间的不确定性。因此，前期物业服务期限也是不确定的。所以，前期物业服务合同是在房屋售出后至业主委员会与选聘的物业服务企业签订合同之前的短暂过渡性合同。换句话说，建设单位或开发企业的最初委托只是一种临时性的安排，业主委员会成立之后，即使同意与开发企业委托的原物业服务企业续签合同，也可能会对前期物业服务合同作出一定的修改。

（二）依附性

《条例》第25条明确规定：建设单位与物业买受人签订的买卖合同应当包含前期物业服务合同约定的内容。

这意味着，前期物业服务合同是依附于商品房买卖合同而存在的。

物业服务合同确立了物业服务企业与业主之间的权利和义务，是物业管理法律关系的基本依据。但是，前期物业服务合同是由建设单位和物业服务企业作为合同主体签订的，而前期物业服务的对象却是业主，这就存在一个问题：物业买受人在购买物业时如何知道和决定是否接受前期物业服务合同。如果业主对前期物业服务合同的内容没有足够的了解，建设单位和物业服务企业容易利用这种信息的不对称，在签订的前期物业服务合同中，侵害业主的合法权益。生活中发生的一些业主不满物业服务企业提供服务的纠纷，并不全是由于物业服务企业不按照合同提供服务，而是由于业主缺乏对物业服务合同内容的了解，双方对提供服务的内容理解不一致。

实践中，一些地方也正是因为这一条款，规定将前期物业服务合同作为其物业买卖合同的附件，以使购房人了解前期物业服务合同的内容。不过，这种做法虽然在一定程度上可以保证购房人对前期物业服务合同内容的知情权，但其合同效力显然会受到质疑。因为业主并没有参加前期物业服务合同的订立过程，作为附件的前期物业服务合同规定业主的义务，属于"合同为第三人设定义务"，所以，双方容易对附件规定内容的效力产生争议。

但民法典的出台解决了这一问题。

《民法典》第939条规定：建设单位依法与物业服务人[①]订立的前期物业服务合同，对业主具有法律约束力。

这一规定说明，即使建设单位与物业买受人签订的买卖合同没有包含前期物业服务合同约定的内容，前期物业服务合同也同样对业主具有法律约束力。

（三）多方约束性

前期物业服务企业由建设单位选聘后，双方应当签订前期物业服务合同，此时合同效力只及于物业服务企业和建设单位。但是，有了物业买受人也就是业主后，《条例》第25条规定，建设单位与物业买受人签订的买卖合同应当包含前期物业服务合同约定的内容。《民法典》第939条规定，建设单位依法与物业服务人订立的

---

① 《民法典》规定：物业服务人包括物业服务企业和其他管理人。本教材不讨论"其他管理人"这个合同主体形式，因此本教材中的物业服务人均仅指"物业服务企业"，下同。

前期物业服务合同，对业主具有法律约束力。这使原本只约束建设单位和前期物业服务企业的前期物业服务合同，对业主也具有了法律约束力。这样，前期物业服务合同的权利义务就可以约束建设单位、物业服务企业和业主三方了。

（四）前期物业服务合同是要式合同

要式合同是指法律要求必须具备一定形式的合同。由于前期物业管理涉及广大业主的公共利益，《条例》要求前期物业服务合同以书面的形式签订。对合同形式作书面要求，便于明确合同主体的责、权、利，防止建设单位和物业服务企业侵害业主权益的情况发生，发生纠纷的时候也有据可查。

如果物业服务企业违反前期物业服务合同，提供的物业服务不符合约定，物业买受人作为最直接的利害关系人，可以要求物业服务企业承担采取措施改正、支付违约金等违约责任；物业服务企业也可以根据合同要求业主履行该合同中约定的义务，缴纳各种物业服务费用。因此，物业买受人签订物业买卖合同时，必须认真研究前期物业服务合同的内容。

三、前期物业服务合同的主要内容

前期物业服务合同的主要内容有如下9个方面：

（1）物业的基本情况。

（2）物业管理的服务内容与质量。

（3）物业服务费用。

（4）物业的经营与管理。

（5）物业的承接验收。

（6）物业的使用与维护。

（7）专项维修资金的缴存、管理与使用。

（8）违约责任。

（9）其他事项。

四、前期物业服务合同的有效期限

前期物业服务合同的有效期限是个很重要的问题，关系到前期物业服务合同与正式的物业服务合同相互衔接与协调的问题。在以往的实践中，由于在时间连续上没有做好安排，有时会发生前期物业服务合同的期限已经届满，但是业主大会、业主委员会又没有选聘好正式的物业服务企业，更没有签订物业服务合同的情况，此时就会造成物业服务的中断。有时，也会发生另一种情况：业主大会选聘了新的物业服务企业，业主委员会也与其签订了物业服务合同，但前期物业服务合同的期限还没有结束，造成两家物业服务企业都在管理同一物业的局面。

为了解决这一问题，《条例》第26条规定：前期物业服务合同可以约定期限；但是，期限未满，业主委员会与物业服务企业签订的物业服务合同生效的，前期物业服务合同终止。

《民法典》第940条也规定了"前期物业服务合同法定终止条件"：建设单位依法与物业服务人订立的前期物业服务合同约定的服务期限届满前，业主委员会或者业主与新物业服务人订立的物业服务合同生效的，前期物业服务合同终止。

这里包含两层意思：

首先，前期物业服务合同可以约定期限。与一般的服务行为不同，物业管理具有长期性特点。物业服务企业在实施物业管理服务过程中，要对物业进行添置设施设备等一些前期投入，这些前期投入作为企业的经营成本，需要一定时间的经营活动才能逐渐回收。物业服务企业在承接物业之前，要进行成本测算和经营风险预测，前期物业服务合同期限不确定，不仅不利于物业服务企业统筹安排工作，降低交易成本，防范经营风险，而且会导致物业管理市场秩序的混乱，导致纠纷和矛盾。另外，物业服务企业也存在如何选择物业管理服务项目的问题，在约定的期限结束以后，物业服务企业可以自动结束合同约定的物业服务项目，而不用承担违约责任。同时，这也可以督促业主及时成立业主大会，实现其选聘物业服务企业的权利。

其次，前期物业服务合同是一种附终止条件的合同。虽然期限未满，但业主委员会与物业服务企业签订的物业服务合同生效的，前期物业服务合同仍然终止。也就是说，只要在前期物业服务合同期内没有业主委员会签订的物业服务合同生效，前期物业服务合同就可以按照约定的期限履行完毕。这是由前期物业管理本身的过渡性决定的。一旦业主选出了代表并组成了维护自己利益的业主大会，选聘了物业服务企业，进入了正常的物业管理阶段，则前期物业管理就不再有存在的必要，前期物业服务合同自动终止，终止的时间以业主委员会与物业服务企业签订的物业服务合同生效时间为准。

因此，前期物业服务合同所约定的期限并不影响新签订的正式的物业服务合同的生效。也就是说，前期物业服务合同的有效期限，是从房屋出售之日起，至业主委员会与其选聘的物业服务企业签订物业服务合同生效时止。

五、临时管理规约

（一）临时管理规约的含义

临时管理规约，是建设单位在销售物业之前对有关物业的使用、维护、管理，业主的共同利益，业主应当履行的义务，违反规约应当承担的责任等事项依法作出的约定。

换句话说，临时管理规约是指建设单位依照国家有关物业管理的法律、法规和政策规定，依照建设部2004年发布的《业主临时公约（示范文本）》的基本内容，结合准备销售物业的实际情况，制定的最初的管理规约文本。

（二）临时管理规约制定的主体

那么，临时管理规约应该由谁来制定呢？

临时管理规约一般由建设单位在出售物业之前预先制定，而《条例》第22条也作了这样的规定。原因如下：

正式的管理规约称得上是一个物业管理区域内的"小宪法"，是业主之间的共同约定，需要经过业主大会的讨论。但是在前期物业管理期间，管理规约的制定面临着和选聘前期物业服务企业一样的难题：一方面，在物业管理区域内的物业分期分批售出时，入住的业主人数少，而且随着物业销售情况的变化，处于不断的变动之中；入住的业主之间相互不熟悉，很难在此时联合起来召开业主大会，因而此时无法制定管理规约。另一方面，业主共同遵守的关于物业的使用、维护与管理的规则又是物业本身维护与保养的迫切需要，若不及时制定，会严重影响物业的使用与管理。因此，需要在业主大会制定正式的管理规约之前先行制定临时管理规约，以备急需。

由于业主购买物业的时间不可能一致，最初的管理规约不可能由购买物业的业主共同商议而成，就只能由房屋的第一个业主——建设单位先制定一个临时管理规约，然后再由物业买受人认可。

建设单位在物业销售之前，事实上是最大的物业所有人，或者说唯一的业主，而且这种"业主"的身份一直延续到物业全部销售完毕，由建设单位来制定临时管理规约是比较合适的，也符合公平原则。这是建设单位能够制定临时管理规约的基本依据。

但是，建设单位制定的管理规约毕竟不同于全体业主通过规定程序制定的管理规约，它并不一定能完全体现全体业主的意志，所以，这个"管理规约"只是临时存在的，具有过渡性质，因此称为"临时管理规约"。在业主成立业主大会后，业主通过业主大会会议表达自己的意志，决定制定新的管理规约，或者修改临时管理规约，当然也可以继续保持临时管理规约，但此时的临时管理规约经过业主大会的审议通过后，已经转化为正式的管理规约。

（三）临时管理规约制定的时间

建设单位制定临时管理规约的时间为物业销售之前。这是因为，一旦有业主入住，就会涉及业主之间有关物业使用、维护、管理等方面权利和义务的行使，所以业主需要提前知晓临时管理规约的内容，以便能从一开始入住就遵守规约。在实践中，建设单位一般将临时管理规约作为物业买卖合同的附件，或者在物业买卖合同中明确要求物业买受人遵守临时管理规约的条款，通过这种方式让物业买受人作出遵守临时管理规约的承诺。这在客观上也要求临时管理规约应当在物业销售前制定，对有关物业的使用、维护、管理，业主的共同利益，业主应当履行的义务，违反规约应当承担的责任等事项依法作出约定。

不过，《条例》并没有规定将临时管理规约作为物业买卖合同的附件，因为物业买卖合同本质上来说是建设单位与物业买受人之间对彼此权利义务的约定，而临时管理规约是需要全体业主遵守的约束全体业主的行为准则，二者的具体内容与效力范围存在着很大的差别，所以临时管理规约不是也不应该是物业买卖合同的一部分。

建设单位制定的临时管理规约，不得侵害物业买受人的合法权益。建设单位应当在物业销售前将临时管理规约向物业买受人明示，并予以说明。物业买受人在与建设单位签订物业买卖合同时，应当书面承诺遵守临时管理规约。

需要说明的是，物业销售包括物业的预售和现售两种形式。无论物业是现售还是预售，建设单位都应预先制定临时管理规约。

（四）临时管理规约的内容

根据《条例》的规定，临时管理规约应当包括对有关物业的使用、维护、管理，业主的共同利益，业主应当履行的义务，违反规约应当承担的责任等事项。具体而言，包括以下几个方面：

（1）规定物业使用、维护和管理的规则，如物业的共用部位以及共用设施的使用规则。

（2）确认业主拥有正当使用物业共用部分、共用设施的权利，如使用电梯、公共道路、物业管理区域内的公共文化和体育设施等权利。

（3）规定业主应当履行的义务，包括妥善利用和爱护物业的共用部位与共用设施，不得擅自利用、毁损物业的共用部位。例如，不得违反规定，擅自饲养家畜；不得违反环境卫生规定，胡乱丢弃垃圾或者收集可能危害公共卫生的物品；不得聚众喧哗等。

（4）违反公约应当承担的责任，如停止侵害、排除妨碍、赔偿损失等。

建设部于2004年颁布了《业主临时公约①（示范文本）》（建住房〔2004〕156号），建设单位制定业主临时管理规约时可以参考。

（五）制定临时管理规约的相关规定

1.不得侵害物业买受人的合法权益

临时管理规约由建设单位制定，但由于物业买受人在购房时与建设单位的实力对比中处于劣势，对临时管理规约的制定缺少主动参与的机会，建设单位基于对自己有利的动机，在规约中可能会加入不公正的条款，从而损害物业买受人的利益。例如，规定长期（甚至终身）聘用某个物业服务企业；规定建设单位对物业的某些部分享有保留的权利，如利用建筑物的外墙面和楼顶做广告，保留对某些会所、学校、停车场、网球场等共用部位的所有权或使用权，而对物业服务费用不承担义务；规定物业服务企业可以利用物业的某些共有部位谋求自身的利益；不合理地限制业主大会的成立；限制业主的某些合法权利等。为了消除临时管理规约可能存在的这些不公正内容，为了避免建设单位可能的越权和侵权以及制定不利于业主的条款，《条例》规定，建设单位制定临时管理规约时，不得侵害物业买受人的合法权益，这是对临时管理规约的内容进行的原则性限制。

2.建设单位在销售房屋前，需要针对临时管理规约向购房者作出说明

临时管理规约一经签订就对业主产生约束力，因而和业主的利益是息息相关

---

① "临时公约"现称作"临时管理规约"

的。但由于业主没有参与临时管理规约的制定，建设单位有可能滥用单方制定临时管理规约的权利。为了保障业主的知情权和合法利益，《条例》明确规定：建设单位应当在物业销售前将临时管理规约向物业买受人明示，并予以说明。

可见，建设单位的义务包括两个方面：

首先，要将临时管理规约向物业买受人明示，让物业买受人知道临时管理规约的存在。这里的"明示"，应该理解为以书面的形式向物业买受人明确无误地告示，比如直接将临时管理规约文本交予物业买受人，或者以通告的方式，在显眼的地方予以公示。

其次，要向物业买受人说明。这包括说明临时管理规约的具体规划，让物业买受人知道临时管理规约的详细内容，并就容易导致购房人混淆的地方进行解释，以使物业买受人准确理解自己未来的权利与义务。对建设单位规定了说明的义务，可以防止其利用物业买受人缺少经验和专业知识而拟定不公平条款，以维护物业买受人的利益。

3.购房者在购房时应书面承诺遵守临时管理规约

根据《条例》规定，当物业买受人决定购买房屋，在与建设单位签订物业买卖合同时，应当同时对临时管理规约予以书面承诺。在物业买受人书面承诺后，临时管理规约即对物业买受人产生约束力，物业买受人必须遵守，否则就是违约。

为了避免建设单位和物业买受人对是否已经明示和说明发生争议，减少纠纷，承诺应当采用书面的方式。由于《条例》中并没有规定将临时管理规约作为物业买卖合同的附件，所以在实践中，通常的做法是建设单位在物业买卖合同中明确要求物业买受人遵守临时管理规约的条款，让物业买受人在物业买卖合同上签字确认。物业买受人签字确认后，也就意味着临时管理规约得到物业买受人的接受和认可，从而为物业买受人遵守临时管理规约提供了合理的依据。

在业主大会成立后，业主大会应该以临时管理规约为基础进行适当的修改，制定正式的管理规约，这时临时管理规约自然失效。正式的管理规约对全体业主具有约束力，业主应该自觉地遵守管理规约（见本章第四节内容）。

（六）临时管理规约与管理规约的异同点

临时管理规约与管理规约的相同点是：临时管理规约和管理规约均对物业管理区域内全体业主具有约束力。

临时管理规约与管理规约的不同点是：

（1）临时管理规约适用于业主大会或业主委员会成立前的前期物业管理阶段；管理规约适用于业主大会或业主委员会成立后的物业管理阶段。

（2）临时管理规约由建设单位制定，物业买受人购买房屋并与建设单位签订物业买卖合同时，应当同时对临时管理规约予以书面承诺；管理规约由业主大会制定，经物业管理区域内专有部分占建筑物总面积过半数的业主且占总人数过半数的业主同意后生效，并应以书面形式予以承诺。

（七）违反临时管理规约的责任

业主违反临时管理规约的，应该承担相应的违约责任。比如个别业主不按照规约的规定使用共用部位或共用设施设备，造成损坏，是对其他业主的利益的侵害，应该赔偿损失。

对业主违反临时管理规约的行为，相关业主、业主委员会、物业服务企业，可以督促其改正；协商调解不成的，可提起诉讼；违反相关政策法规的，报告有关部门。

第二节　前期物业服务协议

前面说过，物业管理合同按委托人的不同和签订的先后顺序分为三种，前期物业服务协议①是其中的第二种。

一、前期物业服务协议的含义与作用

要了解"前期物业服务协议"的含义，应先了解"前期物业管理"的含义。

本书曾在第三章第一节对"前期物业管理"进行了定义：

前期物业管理，是指自房屋出售之日起至业主委员会与物业服务企业签订物业服务合同生效时止的物业管理；或者，是指在业主、业主大会选聘物业服务企业之前，由建设单位选聘物业服务企业来进行的物业管理。两种定义并无本质不同。

前期物业服务协议是指业主在购房时，由房屋出售单位（包括建设或开发单位和公房出售单位）或物业服务企业就物业的各方面管理问题与其签订的物业服务协议。它存在于业主委员会成立之前且新的物业服务合同生效前这段时间里。

前期物业管理在整个物业管理中处于非常重要的地位。比如，开发企业的商品房出售，已交付的专有部分面积未超过建筑物总面积的50%时，不能召开首次业主大会，无法选举产生业主委员会，也就不能由业主独自选聘物业服务企业。这种情况下，《条例》规定：由建设单位或开发企业代表业主选聘一个物业服务企业，在业主委员会成立之前暂时管理本物业。这样，当开发企业与物业服务企业签订了前期物业服务合同后，开发企业或物业服务企业就需要在交房时与业主签订一份前期物业服务协议。该协议同正式物业服务协议一样，都规定了物业服务企业同业主的责、权、利关系，这是物业服务企业在以后的管理过程中管理服务的依据和标准，并根据该标准收取物业服务费用，同时，该标准将对业主委员会成立后能否选聘本物业服务企业起重大作用。并且，签订该协议后，物业服务企业才能名正言顺地从业主那里收取物业服务费，并得到业主的理解。

---

① 因修正后的《物业管理条例》将"管理"改为"服务"，本教材将"前期物业管理服务协议"简化为"前期物业服务协议"。

该协议自业主委员会成立后，选聘新的物业服务企业并同新的物业服务企业签订正式物业服务合同时终止。即使业主委员会选定物业服务企业不变，仍需签订正式物业服务协议（此时称为"物业服务合同"），同时废止前期物业服务协议。所以前期物业服务协议必须签订。

由此可见，前期物业服务协议是整个物业管理的先决因素，是前期物业管理必不可少的重要部分，也是签订房屋销售（预售）合同的必备条件。

二、前期物业服务合同与前期物业服务协议的关系

在物业管理中，合同与协议有一定的区别。

前期物业服务合同是房屋出售单位在销售物业之前，与其所选聘的物业服务企业签订的物业服务合同，合同甲方是房屋出售单位（包括建设单位或开发单位、公房出售单位，下同），乙方是其所选聘的前期物业服务企业；而前期物业服务协议，是由物业买受人在购房时，与房屋出售单位或其委托的物业服务企业所签订的协议。协议甲方是房屋出售单位或其委托的物业服务企业，乙方是购房人（也称业主或物业买受人）[①]。

《条例》规定：建设单位与物业买受人签订的买卖合同应当包含前期物业服务合同约定的内容。因此，前期物业服务协议的内容包含了前期物业服务合同的内容，此二者的联系是很明显的。

三、前期物业服务协议的特征

（一）购房人在签购房合同时必须同时签订该协议

购房人在签订房屋销售（预售）合同时，必须同时签订此项协议。也就是说，如果购房人不签订前期物业服务协议，就不能购房；如要购房，就必须对协议的内容作出书面承诺。这是减少日后物业管理纠纷所必需的。

（二）协议的基本内容应与前期物业服务合同一致

由于协议是对前期物业服务的约定，在前期物业服务协议到正式物业服务合同的过渡期内，它与前期物业服务合同并存。所以，协议的基本内容，尤其是物业管理的服务内容、质量、费用等应与前期物业服务合同相同。

（三）协议应经政府主管部门审定

协议由甲方制定，为规范物业管理市场行为，原建设部颁布了协议的示范文本。甲方制定协议时，必须以该示范文本为基础，根据物业的实际情况加以必要的调整与修改。考虑到众多分散的业主还没有统一意志的表达途径，对物业管理的认识和了解程度也有差异，为确保购房人的合法权益不受损害和侵犯，现行政策规定，协议制定后应经政府主管部门备案审定。也就是说，这是政府主管部门代表广

---

① 见建住房〔1999〕246号文——《前期物业管理服务协议（示范文本）》有关"协议当事人"的解释。甲方是指：（1）房地产开发单位或其委托的物业管理企业；（2）公房出售单位或其委托的物业服务企业。乙方是指购房人（业主）。

大业主来维护其合法权益。

（四）协议的内容必须对所有购房人一致

物业管理是统一的专业化管理。购房人购房有先有后，情况也互不相同，这导致不同购房人的购房合同会有差异。但协议对所有购房人都应是统一的文本，不能因人而异。从开发企业的角度来说，在前期物业服务中，不能对部分人作出额外的承诺，因为这样势必损害物业服务企业的利益，其最终结果将损害其他购房人的利益。从购房人的角度来说，协议不能讨价还价，不能期望得到超出其他购房人的额外利益。

四、前期物业服务协议的主要内容

前期物业服务协议的主要内容应当包括：

（1）合同双方当事人的名称、住所。

（2）物业管理区域范围和管理项目。

（3）物业管理的合同期限。

（4）物业的服务费用。

（5）物业管理的要求和标准。

（6）终止和解除合同的约定。

（7）违约的约定。

（8）当事人双方约定的其他事项等。

五、前期物业服务协议的期限规定

协议的有效期限是从房屋售出之日（业主购房之日）起，至业主委员会成立后与其选定的物业服务企业签订的物业服务合同生效时止。

六、签订前期物业服务协议时应注意的问题

实践中，业主在购房时往往很草率地就在前期物业服务协议上签字，很少有业主仔细研究前期物业服务协议的内容，一般只知道自己该享有的服务有保洁、保安、保绿和维修等，对更具体的内容则浑然不知。

为了入住以后尽量减少与物业服务企业的纠纷，以及产生纠纷后有据可依，业主在购房和签订前期物业服务协议时，应该注意以下几个方面：

（1）明确业主与物业服务企业的权利和义务，物业服务企业的口头承诺应当落实到协议上作为凭据。

（2）明确物业服务企业提供的物业服务内容包含哪些，其责任是否界定清楚，物业服务质量标准是否细化、量化且可以考核。

（3）明确物业服务费的标准和缴纳方式以及相关费用的支取是否合理。

（4）明确合同中约定的业主在物业使用过程中应遵守的事项。

（5）双方违约责任的界定是否明确、合理。

第三节 物业服务合同

当前，我国物业管理行业正处于向现代服务业转型升级的重要时期。物业服务标准化工作对推动行业在越来越规范的市场环境中持续升级将起到举足轻重的作用。物业服务标准和服务规范的表现形式之一就是签订规范的物业服务合同。

合同是民事主体之间设立、变更、终止民事法律关系的协议。物业服务合同是物业服务企业提供物业服务的法律依据，也是界定业主和物业服务企业之间权利义务和责任的契约基础，物业服务合同的重要性不言而喻。

对物业进行管理本属于业主的事务，不是物业服务企业的自身事务，但是业主如果不将管理事务委托给物业服务企业处理，就不得不亲力亲为①。但由于时间、精力和能力的限制，业主自己对物业进行完善的管理，亲力亲为往往是不可能的。因此，业主希望通过物业服务企业实现对物业的有效管理，从而为业主创造一个整洁、优美、安全、方便的居住或工作环境。

需要注意的是，虽然业主是物业的所有权人，但物业服务企业实施的物业管理活动是对一定物业区域内的全部物业进行管理，因此，这个意义上的物业所有权人就应该是全体业主，某一个或数个业主不能作为物业服务合同的主体。由于业主人数很多，当单个业主的想法与全体业主不统一时，就需要业主大会的执行机构即业主委员会，代表大多数业主的意志与物业服务企业签订物业服务合同。

一、物业服务合同的含义

过去，在我国的合同法中是没有物业服务合同的。《民法典》合同编增设了"物业服务合同"专章。这是一个重大突破，为解决现实中大量的物业服务合同纠纷提供了法律依据。

《民法典》第937条规定：物业服务合同是物业服务人在物业服务区域内，为业主提供建筑物及其附属设施的维修养护、环境卫生和相关秩序的管理维护等物业服务，业主支付物业费的合同。

物业服务人包括物业服务企业和其他管理人。

这里涉及两个概念，物业服务人和物业服务区域。

物业服务人包括两类：物业服务企业和其他管理人。民法典的该条定义扩大了《条例》中关于物业服务合同主体的范围，明确将"其他管理人"也列为物业服务合同的主体范围。也就是说，签订物业服务合同的主体，不仅限于物业服务企业，

---

① 如第一章所述，"亲力亲为"是指"业主自管"与"业主自治"形式，本书中的"物业管理"取狭义之解，未讨论这两种物业管理形式。

其他主体也可以成为物业服务合同的主体① 。

该定义确定的另一个概念是"物业服务区域"。之前《条例》中使用的概念是"物业管理区域",如"物业管理区域内全体业主组成业主大会""一个物业管理区域成立一个业主大会""一个物业管理区域由一个物业服务企业实施物业管理"等,由此,各地物业管理条例把小区或大厦统称为物业管理区域,带有浓厚的行政管理色彩,此次《民法典》将其明确为物业服务区域② 。

《条例》第34条第1款规定:业主委员会应当与业主大会选聘的物业服务企业订立书面的物业服务合同。因此,签订物业服务合同的双方当事人,为业主委员会和物业服务企业。鉴于物业服务合同的内容复杂,牵涉的事项众多,同《条例》一样,《民法典》第938条也要求物业服务合同采用书面形式。

该合同与前期物业服务协议不同。前期物业服务协议是由业主与房屋出售单位(建设单位或开发单位)或物业服务企业签订的;物业服务合同是由业主委员会代表全体业主与选中的物业服务企业直接签订的,合同的甲方是业主委员会(代表所有业主),乙方是物业服务企业。

签订物业服务合同时,需要业主委员会对原物业服务企业实施的前期物业服务进行全面、认真、详细的评议,听取广大业主的意见,决定是续聘现物业服务企业还是另行选聘其他物业服务企业,并与确定的物业服务企业签订物业服务合同。其签订日期一般应在业主委员会成立之后3个月内,最迟不应超过6个月。

二、物业服务合同的期限

物业服务合同应当确定合同的期限,以及期限的起始、终止日期。与此同时,应当对物业服务合同的提前终止作出规定。例如,可以规定,如果物业服务企业提供的服务未达到要求,业主委员会可以在何种具体情形下决定终止合同;如果业主委员会提议终止合同,双方如何具体磋商,在此期间如何保证物业服务不中断;合同一旦终止,物业服务费用的缴纳与使用又将如何处理等。

合同的物业服务期限由双方协议商定,以年为单位。实践中,不少合同将物业服务期限规定为3年。

物业服务合同签订后,前期物业服务合同与前期物业服务协议同时终止。

每次合同期限届满前,业主委员会应根据广大业主的意见和物业服务企业的业绩,决定是续聘现物业服务企业还是另行选聘其他物业服务企业。这两种情况下的处理方式是:

(1)物业服务期限届满前,如果业主依法共同决定续聘,则应当在合同期限届满前与原物业服务人续订物业服务合同。如果物业服务人不同意续聘的,应当在合同期限届满前90日书面通知业主或者业主委员会,但是合同对通知期限另有约定

---

① 本教材内容仅指"物业服务企业"这一管理主体,对"其他管理人"主体未予考虑。
② 但"物业服务区域"和"物业管理区域"是否会产生不一致的情况,还需看后期司法实践。所以本教材仍使用了《条例》中"物业管理区域"的概念,待相关法律法规跟进修改后再做修改。

的除外。①提前90日通知是物业服务人不同意续聘的法定义务。

（2）物业服务期限届满后，业主没有依法作出续聘或者另聘物业服务人的决定，物业服务人继续提供物业服务的，原物业服务合同继续有效，但是服务期限为不定期。当事人可以随时解除不定期物业服务合同，但是应当提前60日书面通知对方。②也就是说，对于不定期物业服务合同，物业服务企业和业主双方都具有合同任意解除权。合同期限届满后，无须就是否续聘专门做决定。

实践中，对物业服务合同期限届满后，业主没有依法作出续聘或者另聘物业服务人的决定，但物业服务人继续提供物业服务的问题是否有效一直争议很大，《民法典》第950条规定了物业服务人的后合同义务，明确肯定了继续提供服务的法律效力，也进一步明确了事实服务期间的合同属于不定期物业服务合同的法律性质。

三、物业服务合同的主要内容

《条例》第34条规定：物业服务合同应当对物业管理事项、服务质量、服务费用、双方的权利义务、专项维修资金的管理与使用、物业管理用房、合同期限、违约责任等内容进行约定。

因为物业服务合同是物业管理当事人意思表示一致的产物，所以合同的内容应当由当事人约定。该款属于指引性规范，意在引导物业管理当事人在订立物业服务合同时约定一些必要的内容，以利于合同的履行。

《民法典》第938条规定：物业服务合同的内容一般包括服务事项、服务质量、服务费用的标准和收取办法、维修资金的使用、服务用房③的管理和使用、服务期限、服务交接等条款。

按照《条例》和《民法典》的规定，物业服务合同应当具备以下主要内容：

（一）服务事项

物业管理服务事项是指物业服务企业应当为业主提供的服务的具体内容，主要包括以下事项：

（1）物业共用部位的维护与管理。这是为保持物业完好率、确保物业使用功能而进行的管理与服务工作。

（2）物业共用设备设施及其运行的维护与管理。这是为保持物业及其附属的各类设备设施的完好及正常使用而进行的管理与服务工作。其主要包括电梯，水泵，电视监控系统，有线对讲系统，电视接收系统，避雷、消防、污水处理系统等设备设施及其运行的维护和管理。

（3）环境卫生、绿化管理服务。这是为净化、美化物业环境而进行的管理与服务工作，也称为保洁服务，包括对楼道、走道、门厅、屋顶、天台、园地、路面等

---

① 见《民法典》第947条关于物业服务合同续订的规定。
② 见《民法典》第948条关于不定期物业服务合同的规定。
③ 《民法典》中称《条例》中"物业管理用房"为"物业服务用房"。这个叫法更多突出的是物业服务企业的"服务"属性，而非"管理"属性。本教材中如果对此有不同的表达，与该表达所涉及的法规有关。如果同时涉及不同的法规，则采用《民法典》的表达。

部位的定时清扫，对生活垃圾和建筑垃圾的处理，洒药灭害等服务。

（4）物业管理区域内公共秩序、消防、交通等协助管理事项的服务。这是为维护物业管理区域内正常的工作、生活秩序而进行的协助性管理与服务工作。

（5）物业装饰装修管理服务。它包括房屋装修的安全、建筑垃圾的处理等各项管理工作。

（6）专项维修资金的代管服务。这是指物业服务企业接受业主委员会或物业产权人委托，对代管的共用部位、共用设施设备专项维修资金的管理工作。

（7）物业档案资料的管理。这是指对物业产权产籍档案资料、房屋及其附属的各类设施设备的基本情况和实际变动情况的管理工作。

物业服务合同除了可以约定上述管理服务事项外，还可以根据本物业管理区域的具体情况，针对业主或者物业使用人的自有部分有关设备的维修保养管理事宜，以及业主或者物业使用人特别委托的物业服务事项作出约定。

（二）服务质量

服务质量是对物业服务企业提供的服务在质量上的具体要求。这样，可以明确物业服务企业应达到的目标，也方便业主对物业服务企业的服务进行考核。例如，电梯每日至少运行多少小时，维修等待时间不应长于多少小时等；当事人也可以在合同中约定，物业服务企业提供的保安服务，应当做到每30分钟4人次巡逻一次等。

对于物业服务合同，服务质量条款的重要性是毋庸置疑的。在实践中，许多物业服务合同的纠纷均因服务质量问题而产生。例如，由于约定不明，业主往往以物业服务企业提供的服务质量没有达到要求而拒绝缴纳物业服务费用，物业服务企业认为自己是按照合同约定提供的物业服务，双方发生纠纷，物业服务企业起诉业主违约。《民法典》第511条规定：合同质量要求不明确的，按照强制性国家标准履行；没有强制性国家标准的，按照推荐性国家标准履行；没有推荐性国家标准的，按照行业标准履行；没有国家标准、行业标准的，按照通常标准或者符合合同目的的特定标准履行。违反上述标准，按照《最高人民法院关于审理物业服务纠纷案件具体应用法律若干问题的解释》第3条的规定，物业服务企业要基于服务不到位承担继续履行、采取补救措施或者赔偿损失等违约责任。

实际上，服务质量较难定量衡量，为了避免不必要的纷争，物业服务合同的当事人应当针对物业服务质量作出全面、具体的约定。在约定明确的前提下，当事人可以对合同的标的有一个客观的评价标准，这将为合同的顺利履行提供基础。

（三）服务费用

服务费用是业主为获取物业服务企业提供的服务而支付的对价。支付物业服务费用是业主的主要义务。为了合同的顺利履行，当事人须在合同中明确约定物业服务费用的收费项目、收费标准、收费办法等内容。

（1）收费项目，主要是针对物业服务企业提供的服务项目而言的，如公共设施、设备日常运行、维修及保养费，绿化管理费，清洁卫生费，保安费等。

针对收费标准，目前主要有两种计算方式：一是按照每平方米多少元来计算；二是按照每户多少元来计算。物业服务费用的支付人，可以是业主，也可以是使用人。

（2）支付时间，实践中一般是按月支付，也有按季度支付的。在实践中，出现了一些物业服务企业要求业主预付一年或者半年物业服务费用的做法。应当说，这一做法不利于保护业主的合法权益，也不合乎常理。物业服务费用一部分用作服务成本，一部分用作服务报酬。就成本部分而言，当物业服务企业还没有为业主提供物业服务时，并没有发生成本；就报酬部分而言，物业服务企业在没有提供服务时，谈不上有权利预先支取日后的报酬。

针对服务费用，实践中大量存在前期物业服务合同、物业服务合同到期没有及时通过业主大会重新续聘、选聘物业服务企业时所发生的事实服务阶段的物业费，《民法典》第950条规定：物业服务合同终止后，在业主或者业主大会选聘的新物业服务人或者决定自行管理的业主接管之前，原物业服务人应当继续处理物业服务事项，并可以请求业主支付该期间的物业费。这为物业服务企业在事实服务阶段提供物业服务后的收费合法性提供了依据。

（四）双方的权利与义务

业主和物业服务企业需要将双方在物业管理活动中的权利与义务约定清楚。物业服务合同属于双务合同的范畴，当事人互享权利，互负义务。双方的权利与义务是相对而言的，一方的权利就是另一方的义务。例如，享受物业服务是业主的权利，而提供物业服务则是物业服务企业的义务；收取物业服务费用是物业服务企业的权利，而支付物业服务费用则是业主的义务。双方当事人的权利与义务界定得越明晰，合同的履行就越简单，发生纠纷的概率就越小。

《民法典》特别对物业服务企业的合同义务和业主的合同义务进行了明确的规定。

物业服务人的合同义务包括5个方面：一是禁止整体转委托；二是一般义务；三是信息公开义务；四是移交义务和赔偿责任；五是后合同义务。[①]

业主的合同义务包括3个方面：一是支付物业费义务；二是告知、协助义务；三是赔偿损失义务。[②]

今后在签订合同时，双方可以就这些事项作出约定。

（五）专项维修资金的管理与使用

专项维修资金对保证物业共用部位和共用设施设备的维修养护，对物业的保值增值，具有十分重要的意义。目前，专项维修资金主要是针对住宅物业而言的。对于专项维修资金的管理和使用，国家有明确的规定。当物业保修期满后，物业的维修养护责任由保修单位转移到物业产权人身上。在业主分散的情况下，如果没有专项维修资金制度，要想在短时间内向多个业主筹集用于物业共用部位、共用设施设

[①]　详见《民法典》第941条、第942条、第943条、第949条、第950条规定。
[②]　详见《民法典》第944条、第945条、第946条规定。

备大修或者更新改造的费用十分困难。专项维修资金的设立，为物业及时得到维修养护提供了基础性条件。同时，对一个物业管理区域而言，专项维修资金总量是一个不小的金额。从产权上来讲，专项维修资金归物业管理区域内的业主所有，而在实践中，专项维修资金大都由物业服务企业代管。为了发挥专项维修资金的作用，需要当事人在国家规定的基础上，对专项维修资金的管理、使用规划、程序等作出具体约定。

（六）物业服务用房

必要的物业服务用房是物业服务企业开展物业服务的前提条件。对于物业服务用房的配置、用途、产权归属等，《条例》和《民法典》已经作出明确的规定。当事人需要在合同中细化相关内容。例如，对物业服务用房的具体位置、服务企业的具体使用权限、服务用房的日常维护与保养，以及设施设备的维修、更新等作出规定。

（七）合同期限

合同的期限是指合同的有效期。物业服务合同属于在较长期限内履行的合同，因此，当事人需要对合同的期限进行约定。物业服务合同的期限条款应当尽量明确、具体，或者明确规定计算期限的方法。

但是当业主委员会与新物业服务企业订立新合同后，原物业服务合同终止。到期的合同不需要解除，《民法典》以法律形式明确了这一常识。详见本节"二、物业服务合同的期限"。

（八）服务交接

《条例》第38条及《最高人民法院关于审理物业服务纠纷案件具体应用法律若干问题的解释》第3条都规定了服务交接问题。《民法典》第949条明确了"服务交接"，规定：物业服务合同终止的，原物业服务人应当在约定期限或者合理期限内退出物业服务区域，将物业服务用房、相关设施、物业服务所必需的相关资料等交还给业主委员会、决定自行管理的业主或者其指定的人，配合新物业服务人做好交接工作，并如实告知物业的使用和管理状况。

原物业服务人违反前款规定的，不得请求业主支付物业服务合同终止后的物业费；造成业主损失的，应当赔偿损失。

今后，物业服务企业要特别注意这一点，若违反及时退出、配合交接或其他任何一项义务，都不得收取合同到期后临时服务的物业费甚至还可能赔偿损失。而业主委员会为维护自身权益也应注意不要忘记把这一条写进合同中。

（九）违约责任

违约责任，是指物业服务合同当事人一方或者双方不履行合同或者不适当履行合同，依照法律的规定或者按照当事人的约定应当承担的法律责任。违约责任是促使当事人履行合同义务，使守约人免受或者少受损失的法律措施，也是保证物业服务合同履行的主要条款，对当事人的利益关系重大，因此物业服务合同应当对此予以明确。例如，约定违约损害的计算方法、赔偿范围等。其中，违约金的设定是常用的承担违约责任的方式。比如，规定业主如果没有按时缴纳物业服务费就需要支付一定的滞纳金，这里的滞纳金事实上就是违约金。

《民法典》第946条规定，业主解除合同给物业服务企业造成损失的，除不可归责于业主的事由外，业主应当赔偿损失。《民法典》第584条规定：当事人一方不履行合同义务或者履行合同义务不符合约定，造成对方损失的，损失赔偿额应当相当于因违约所造成的损失。所以，业主承担赔偿责任的具体金额，往往与物业服务合同中约定的违约责任密切相关，这也就要求物业服务企业签订物业服务合同之前必须明确约定具体违约事项和违约金的金额及计算方法。具体违约金的计算方法，《民法典》第585条的规定：当事人可以约定一方违约时应当根据违约情况向对方支付一定数额的违约金，也可以约定因违约产生的损失赔偿额的计算方法。约定的违约金低于造成的损失的，人民法院或者仲裁机构可以根据当事人的请求予以增加；约定的违约金过分高于造成的损失的，人民法院或者仲裁机构可以根据当事人的请求予以适当减少。

除上述内容外，物业服务合同一般还应载明双方当事人的基本情况、物业管理区域的范围、合同终止和解除的约定、解决合同争议的方法以及当事人约定的其他事项等内容。

物业服务合同作为双方当事人自由协商的结果，只要不违反有关的法律规定，可以规定上述内容以外的事项，特别是业主委员会认为依据本物业管理区域实际情况需要与物业服务企业特别约定的事项。

但要注意的是，《民法典》第938条规定：物业服务人公开作出的有利于业主的服务承诺，为物业服务合同的组成部分。但"公开"的定义和"承诺"的形式并未说明，这就意味着，物业服务企业在与业主订立物业服务合同时，要对服务事项予以明确，若需要补充，应采取补充协议方式，不要作超出通常情况下物业服务合同文本中约定的服务事项范围和自身服务能力的承诺，否则该承诺可能会产生违约后果。

四、物业服务合同的效力

《民法典》第939条规定：建设单位依法与物业服务人订立的前期物业服务合同，以及业主委员会与业主大会依法选聘的物业服务人订立的物业服务合同，对业主具有法律约束力。

该规定明确了物业服务合同属于集体契约，其效力及于所有成员，任何成员不得以未签订合同主张物业服务合同对其不具有约束力。

实践中有不少关于物业服务合同纠纷的诉讼，部分业主会以自身并非合同的当事人作为抗辩事由，按照上述规定，这样的抗辩事由无法得到法院的支持。

五、物业服务合同的解除

这是《民法典》的新规定。《民法典》第946条【业主合同任意解除权】规定，业主依照法定程序共同决定解聘物业服务人的，可以解除物业服务合同。决定解聘的，应当提前60日书面通知物业服务人，但是合同对通知期限另有约定的除外。

从业主方面来说，只要满足两个条件"业主大会程序合法"及"提前60日书面通知物业服务人（合同对通知期限另有约定的除外）"，即产生合同解除效力，物业服务企业就要退出。当然，任意解除不是无责解除，除不可归责于业主的事由外，解除合同造成物业服务人损失的，物业服务企业可以要求业主赔偿损失。

以上涉及的民法典中的众多合同条款，更多侧重强化对业主权益的保护，明确了业主对定期物业服务合同的解除权利、解除后果及业主对不定期物业合同的任意解除权以及在新老物业服务人过渡阶段的物业费结算方式。

因此，在今后的物业服务实践中，首先，物业服务人应当全面完善物业服务合同条款以保障自身利益，如延长业主解聘或不同意续聘通知的提前日期以提前做好准备工作、清晰界定业主单方面解除合同应当向物业服务人支付的损失赔偿的范围以减少临时解聘的损失；其次，物业服务合同到期后，及时与业主续签或重新签订物业服务合同，以免转换为不定期合同从而赋予业主任意解除权；最后，在新老物业服务人过渡阶段，由于缺少合同的保护，物业服务人应当妥善留存各项证据以便后续与业主结算物业费。

《民法典》的颁布给物业服务领域带来了全新的变化，其对物业服务合同的修订内容为司法机关裁决此类争议提供了强有力的法律依据，业主的权利得到了更全面的保障，也对物业服务人的服务能力提出了更大的挑战。物业服务行业的竞争成为物业服务人服务品质、服务能力、合规风控水平的全面竞争。物业服务人只有不断提升物业服务品质，改善合规经营管理能力，才能在新局势下取胜。

六、现实中物业服务合同存在的问题

（1）对签订合同不重视。常见的是业主委员会没有仔细征求业主的意见，对需要物业服务企业提供服务的项目也考虑不周，以为签订一个格式合同就万事大吉；业主委员会隐瞒未取得业主大会授权的事实与物业服务企业签订合同，但选聘物业服务企业属于《民法典》第278条规定的业主共同决定事项，业主基于业主委员会侵害自身的知情权和撤销权向法院请求予以撤销，最终导致物业服务企业无法与业主委员会订立合同。对于由此造成的损失，物业服务企业可以按照《民法典》第500条关于缔约过失责任的规定向业主委员会主张损害赔偿。为保证物业服务合同的订立和履行，物业服务企业在签订合同前，应加强风险防范意识，审查业主委员会是否取得业主大会的授权。

（2）签订的合同形同虚设。有的业主委员会不把合同的内容向广大业主公布。有的物业服务企业则把合同锁在总部，具体操作人员不明了必须履行的合同义务内容，他们的日常工作只是依照领导要求或者师傅教的来做。

（3）擅自改变合同约定的服务内容。例如，有的合同约定"急修半小时内到现场，一般维修两小时内到场"，但挂在墙上向业主承诺的是行业规范最低标准"急修两小时到场，一般维修三天内到场"。

（4）很少有业主知道物业服务合同的内容。对自己应享有的服务一般只知道保洁、保安、绿化和维修等，浑然不知具体内容；也有一些业主对装修、转租、转让、改变房屋用途时应及时告知物业服务企业的义务也不了解，对违约可能承担的法律责任更不清楚。如《民法典》第945条"业主告知、协助义务"规定：业主装饰装修房屋的，应当事先告知物业服务人，遵守物业服务人提示的合理注意事项，并配合其进行必要的现场检查。业主转让、出租物业专有部分、设立居住权或者依法改变共有部分用途的，应当及时将相关情况告知物业服务人。

七、前述各合同在签订时的要点

物业服务合同在签订时，应以政府颁布的示范文本为基础，双方在平等自愿的前提下，遵循公平、合法与诚实信用的原则，经充分的协商讨论，达成一致意见后方可签订。

物业管理工作自身的特点决定了前述合同在签订时，要注意以下四个要点：

（一）物业服务合同的制定宜细不宜粗

物业服务合同的内容是签订合同的要点。在签订时，要注意应包含四个层次的阐述：

（1）项目，即有哪些服务项目应逐项写清。如房屋建筑公用部位的维修、养护和管理，共用设施设备的维修、养护、运行和管理，环境卫生等。

（2）内容，即各服务项目所包含的具体内容，越详细越好。如"房屋建筑公用部位的维修、养护和管理"这一项，具体包括楼盖、屋顶、外墙面、承重结构等；"环境卫生"这一项具体包括对哪些部分的清扫工作等。

（3）标准，即各服务项目具体内容的管理服务质量标准。比如，垃圾清运要一天一次，还是两天一次；环境卫生的清洁标准等。要注意在明确质量标准时，应少用或不用带有模糊概念的词语。如"整洁"，由于不易对是否整洁作出准确判断，所以经常造成纠纷。而目前，不少物业服务合同在签订时对质量标准阐述不准确。

（4）费用，即各服务项目在前述的管理服务内容与质量标准下应收取的相应费用。物业管理服务是分档次的，不同档次收取的费用是有较大差异的。在明确了委托项目、内容和标准后，费用的确定往往是双方争论和讨价还价的焦点。在确定合理的费用时，要经过详细的内容测算和横向比较。

上述四个层次是物业服务合同必备的内容。为防止合同过长，可采用附件的形式。在物业服务合同示范文本中，包括物业构成细目和物业管理质量目标两个附件；在前期物业管理服务协议的示范文本中，包括物业使用守则和房屋装饰装修管理协议两个附件。此外，双方还可就具体问题增加其他附件。

这里要提醒的是，物业服务合同绝大多数为格式合同，可以根据自身情况、物业服务实践，做到尽可能完善、完备，合同签订后，一定要落到实处。

（二）合同中不应有无偿的承诺

首先，物业服务是有偿的，而无偿在理论上是讲不通的，带有福利色彩。物业服务除了公共服务面向全体住用人（业主和使用人）外，其他的专项服务、特约服务等都是面向部分或少数有此需要的住用人的，一般不可能使所有的住用人都受益。因此，如果无偿提供这部分专项、特约服务，对那些不需要或未享受到该项管理服务的人来说就是不公平的。

其次，无偿提供管理服务在实践上也是有害的、行不通的。无偿提供的管理服务仍是有成本，需要支付费用的，无论是开发企业还是物业服务企业，都不可能也不应该长期承担这笔费用；否则，最终的结果还是将成本费用转移或分摊给全体业主。

（三）合同的签订既要实事求是，又要留有余地

物业的开发建造是一个过程，有时分期实施。在合同尤其是前期物业服务协议签订时要充分考虑这点，做到既要实事求是，又要留有余地。比如，当最初仅个别业主入住时，一般无法提供24小时热水供应，在合同中就要说明并给出该项服务提供的条件与时机，以及未提供该项物业服务而产生的适当的费用减免；又如，当一个住宅区分期规划建造时，在首期不应把小区全部建成后才能够提供的服务项目内容列入合同。这点在签订前期物业服务合同和前期物业服务协议时，尤其应该注意。

（四）要明确违约责任的界定及争议的解决方式

在物业管理的实践过程中，不可避免地会产生各种各样的问题、矛盾与纠纷。这些问题、矛盾与纠纷既可能发生在物业服务企业与业主之间，也可能发生在业主相互之间。有一些是违法的问题，更多的则属于违约、违规以及是非道德和认识水平的范畴。显然，对于不同性质、不同层面的问题、矛盾与纠纷要通过不同的途径，采取不同的处理方式来解决。

由于物业管理活动具有生产与消费同时产生、同时结束的特点，问题出现后不易取证，责任的界定往往成为双方争议的焦点，导致解决这些问题比解决一般合同履行中产生的问题要更为复杂。因此，在签订物业服务合同时，双方要对此有更为详尽的约定。首先，要明确在各类问题出现后，如何区分责任以及承担相应责任的前提条件；其次，要明确解决问题的方式和途径，有时还要事先约定解决的期限及费用的处理等条款。较之一般合同，物业服务合同对违约责任的界定及争议的解决方式更应重视。

前述三个合同与协议的共同点在于它们的客体是一致的，服务事项都是物业服务活动。但因在开发建设、销售和消费使用这三个不同阶段，物业产权在不同产权人之间的转移导致合同的主体有所变化，进而三个合同的签订时间、期限要求与方式等都有差异（见表5-1），但三个合同是相互衔接的，互为补充的。从物业管理规范化运作的角度讲，三个合同与协议缺一不可。

物业管理 合同类别	合同 签订时间	合同主体		委托期限
		甲方	乙方	
1　前期物业 服务合同	物业开发过程中 （一般在开始 预售前）	房地产开发单位或 公房出售单位	物业服务 企业	自签订时起， 至物业服务 合同签订时止
2　前期物业 服务协议	业主购房时	房地产开发单位或其委托的 物业服务企业； 公房出售单位或其委托的 物业服务企业	业主	同上
3　物业 服务合同	业主委员会成立 后6个月内；每次 合同期满前	业主委员会 （代表所有业主）	物业服务 企业	双方议定， 一般为2年或3年

表5-1　　　　　　　　　　　三个合同的比较

除了上述三个合同，在物业管理过程中发生的、与物业管理活动有关的其他合同，比如，物业服务企业与所聘用的专业公司（保安公司、清洁公司等）签订的合同，都不能被称为物业管理合同。

第四节　管理规约

一、管理规约的含义

管理规约①是由全体业主共同制定的，规定业主在物业管理区域内有关物业使用、维护、管理等涉及业主共同利益事项的，对全体业主具有普遍约束力的自律性规范，一般以书面形式订立。

管理规约作为业主对物业管理区域内一些重大事务的共同性约定和允诺，作为业主自我管理的一种重要形式和手段，要求全体业主共同遵守。管理规约是物业管理法律法规和政策的一种有益补充，是有效调整业主之间权利与义务关系的基础性文件，也是物业管理顺利进行的重要保证。要形成和谐有序的物业管理秩序，必须充分认识到管理规约起到的重要作用。

管理规约是全体业主应该遵守的物业管理规章制度，是业主团体的最高自治规范和根本性规则，是一个物业管理区域内的"小宪法"，与《物业服务合同》《业主委员会章程》等构成了物业管理的基本框架。

管理规约由业主大会制定并修改。管理规约应当对有关物业的使用、维护、管

---

① 此处的"管理规约"即指《业主公约（示范文本）》中的"业主公约"。

理，业主的共同利益，业主应当履行的义务，违反规约应当承担的责任等事项依法作出约定。

二、管理规约的特点

管理规约有以下特点：

（一）业主意思自治

管理规约是全体业主经过协商讨论后的约定，反映的是全体业主的意志，由业主自己执行，不需要国家强制力和行政机关来保证执行。

（二）订立程序严格

管理规约的订立应当在全体业主自愿和充分协商的基础上依照法律规定的方式进行，当个别业主有不同意见时，应当采取少数服从多数的原则，以全体业主整体利益为重。管理规约的订立和修改属于业主共同决定事项，应由专有部分面积占比三分之二以上的业主且人数占比三分之二以上的业主参与表决，且应当经参与表决专有部分面积过半数的业主且参与表决人数过半数的业主同意。

但关于"管理规约的订立和修改"的表述，近年来出台的各法规中有所不同，《条例》和《民法典》直接表述为"制定和修改管理规约"，较《物权法》和《建筑物区分所有权解释》中的"制定和修改建筑物及其附属设施的管理规约"，进一步凸显管理规约主要不是管物，是对人的行为调控。

（三）约定效力至上

对全体业主都具有约束力。管理规约是经业主签约或者业主大会审议通过生效的，作为物业管理区域内全体业主的最高自治规则，约束全体业主，包括对该规约有不同意见的少数业主。另外，业主大会、业主委员会的相关规定不得违反管理规约，否则无效。当其采用物业管理规约形式时，还约束开发企业及物业服务企业。

需要说明的是：

1.管理规约对物业使用人也发生法律效力

由于管理规约的一项核心内容是规范对物业的使用秩序，而物业使用人由于其对物业的实际使用不可避免地会影响到物业的状态，而且业主委员会或者物业服务企业对物业进行管理势必要直接与物业使用人打交道，因此客观上需要将其纳入物业管理活动中。

2.管理规约对物业的继受人（即新业主）自动产生效力

在物业的转让和继承中，物业的所有权发生变动，移转给受让人，但管理规约无须新入住的继受人作出任何形式上的承诺，自动地对其产生效力。在这一点上，可以理解为继受人在取得物业时，对已经生效的管理规约存在默示，自愿接受管理规约的约束。

三、管理规约订立的程序

管理规约的订立一般应当按照以下程序进行：

（1）建设单位或者物业服务企业组织有关人员学习研究国家和当地人民政府的有关法律、法规，特别是《业主公约（示范文本）》。

（2）结合所管物业项目的实际情况，依照《业主公约（示范文本）》的基本内容，制定物业管理项目的管理规约（草案）。

（3）召开业主大会，将管理规约（草案）提交业主大会讨论、修改。

（4）业主大会讨论通过管理规约。

（5）业主签字，管理规约生效。

四、管理规约的内容

管理规约是业主自治性规范，其内容主要涉及业主的公共利益。因为各地生活习惯、生活水平不同，建筑物的规模、用途也不同，管理规约的具体内容可以由业主根据情况自行协商确定。根据《业主大会和业主委员会指导规则》的规定，一般应该包括以下事项：

（1）物业的使用、维护、管理。

（2）专项维修资金的筹集、管理和使用。

（3）物业共用部分的经营与收益分配。

（4）业主共同利益的维护。

（5）业主共同管理权的行使。明确业主基于物业所有权的物业使用权及作为小区成员的成员权，包括表决权、参与制定规约机会、选举和罢免管理机构人员的权利、请求权及监督权等。但如果业主拒付物业服务费、不缴存专项维修资金以及实施其他损害业主共同权益行为的，业主大会可以依据管理规约和业主大会议事规则对其共同管理权的行使予以限制。

（6）业主应尽的义务。如遵守有关物业管理区域内物业共用部分和共用设施设备的使用、公共秩序和环境卫生的维护等方面的规章制度；按照国家有关规定缴纳专项维修资金；缴纳物业服务费用；不得擅自改变建筑及其设施设备的结构、外貌、设计用途；不得违反规定存放易燃、易爆、剧毒、放射性等物品；不得违反规定饲养家禽、宠物；不得随意停放车辆和鸣放喇叭等。

（7）违反管理规约应当承担的责任。业主不履行管理规约要承担民事责任。如果业主有损害他人合法权益和业主共同利益的行为，业主大会和业主委员会有权依照法律、法规以及管理规约，要求停止侵害、消除危险、排除妨害、赔偿损失。管理规约也可以另行设定承担责任的方式。值得注意的是，我国法律规定，只有法律明确授权的国家机关才享有处罚权，才能对某些违法行为处以罚款。所以，管理规约对业主的违约行为不得设定罚款，但可以约定缴纳保证金、违约金，当业主有违约行为时，从中扣除。

在违约责任中还要明确解决争议的办法。一般情况下，对业主违反规约的行为，相关业主、使用人、业主委员会或物业服务企业有权加以劝止；不听从劝止的，可以通过业主委员会或者物业服务企业调解和处理；业主不服调解和处理的，可以通过诉讼渠道解决。

第五节　案例分析

案例 1　开发企业是否有权将物业管理业务发包给他人，并收取承包金？

案例：

我是某物业服务企业的一名员工，最近，在与某开发企业商谈一个物业项目的物业管理问题时，开发企业告诉我，其新开发的住宅物业各方面情况都很好，很多物业服务企业都陆续来洽谈物业管理业务。开发企业原来想自己成立物业服务企业进行物业管理，但由于各方面的原因，最后放弃了。现在希望把物业管理权发包给其他物业服务企业，条件之一是要先支付物业管理业务的承包金，标准为1元/平方米，我不知道开发企业这样做是否合理？

案例评析：

这类事情关系到物业管理权的归属问题，开发企业应该明白，物业管理权是建立在所有权上的，如果开发企业开发的物业已经售出，那么物业管理权就应当归业主所有，而不应再由开发企业作决定，且当开发企业将自己开发的物业管理权发包给其他物业服务企业时，无权收取承包金。

理由简述如下：

第一，物业管理权是一种存在于所有权上的物权，因此谁可以行使该权利，应当由物业的所有权人（即业主）来决定。开发企业在没有完全销售自己开发的物业之前，作为业主，当然享有物业管理权。但从开发企业的性质来说，它开发完成的住宅物业一般并不自用，且一般会在较短的时间内，如一年或几年转移给购房人，所以，开发企业只能行使其作为业主的那一部分物业管理权和那一段时间的物业管理权，超出了这个限制，就是对其他业主物业管理权的侵犯，自然是不合理的，也是不合法的。

第二，开发企业有权将自己开发的物业的管理权发包给物业服务企业，但无权收取承包金。前面的一些案例已经分析过，开发企业决定初期的管理模式和初期的物业服务企业是合理的，也是合法的，这里不再赘述。

下面重点分析一下开发企业无权收取承包金的原因。

首先，我们知道收益来源于权利，也就是说，要想获得收益，就必须有相应的权利。作为开发企业，它没有该物业的最终所有权，也就没有最终物业管理权，开发企业所拥有的只是一定阶段的所有权和物业管理权。因此，开发企业不能超出这个阶段，收取涉及以后阶段的所谓承包金。换言之，即使收取承包金，也应该由全体业主的代表——业主委员会来收取，收取的承包金也不能归开发企业独有，而应该由全体业主共享。

其次，物业管理总体上是一个利润率不高的行业，国家法律虽然没有明确规定不能收取承包金，但事实上，如果业主委员会真的收取了承包金，对大多数的物业服务企业来说，都将是一个负担，除非物业服务企业有权利决定收取物业服务费的标准和服务质量，当然，这对小区业主来说，显然会加重负担，增加业主的不满。

案例 2　业主委员会是否有权解除前期物业服务合同？

案例：

2014 年 7 月 21 日，某物业服务企业与某房地产开发公司（下称"开发公司"）签订前期物业服务协议，由物业服务企业对某小区实施物业管理服务，服务期限自 2014 年 7 月 21 日至 2017 年 7 月 20 日，协议签订时，开发公司向其移交了物业相关资料。服务期间，物业服务企业还与小区部分业主签订了物业服务合同。

2019 年 8 月 16 日，该小区所在县镇人民政府根据小区筹备设立业主委员会的申请，作出同意筹备设立业主委员会的批复。2019 年 9 月 3 日，该小区召开了业主大会，选举成立该小区业主委员会，且小区所在县镇人民政府批复认可全体业主选举产生业主委员会程序符合相关规定，选举结果有效，小区业委会遂向房地产管理局登记备案。2020 年 3 月 9 日，小区业委会向物业服务企业发出书面通知，告知 2 月后不再需要该物业服务企业提供物业服务，并附有 408 户业主同意的签字。后在 2020 年 5 月 8 日与业主大会选聘的另一家物业服务企业签订了物业服务合同。2020 年 5 月 6 日，业委会再次提醒物业服务企业将解除前期物业合同，要求其 3 天内撤离小区，同时移交物业服务用房及小区相关资料。但物业服务企业以小区业委会成立不合法、不具备诉讼主体资格；其与小区业主签订的是正式物业服务合同，不是前期物业服务合同；业委会要先通过业主大会解聘原物业服务企业才能选聘新的物业服务企业等为由反对撤出。双方多次协商无果，故小区业委会诉至法院，要求该物业服务企业撤出并移交小区物业资料。

从《民法典》角度分析，你认为：

（1）物业服务企业与开发公司签订的物业服务合同是前期物业服务合同还是正式的物业服务合同？为什么？

（2）业委会是否有权解除物业服务合同？理由是什么？

（3）物业服务企业拒绝撤出的理由是否成立？为什么？

案例评析：

本案例涉及前期物业服务合同与物业服务合同的界定、前期物业服务合同终止的条件、物业服务合同解除的条件、物业服务企业的移交义务及法律责任等问题。

判断是否属于前期物业服务合同，主要应以物业服务企业是不是在业主大会成立后选聘为标准。

在业主大会选聘出物业服务企业之前，建设单位与其指定或选出的物业服务企业之间签订的物业服务合同，从性质上属于前期物业服务合同的范畴。本案特殊之处在于，被告物业服务企业在业主大会成立之前还曾与小区部分业主签订了物业服务合同，该服务合同性质如何认定？物业服务企业服务的对象是小区全体业主，负责的是整个小区的物业服务，不能等同于一般民事主体之间的合同签订，更不能只考虑单个业主的意思表示，若将签订物业服务企业的权利交到小区各个业主手中，就很难对小区事务进行有效的管理，本案中涉及部分业主的服务合同的签订时间均在小区业主大会召开、业委会成立之前，其从性质上来说，还是属于前期物业服务合同的范畴。

但是，要特别说明和强调的是，现实中，一些物业服务企业、开发单位与业主不清楚在各阶段所签文件的性质。本案中，2014年7月物业服务企业与开发公司签订的不是"前期物业服务协议"而应是"前期物业服务合同"；相反，该物业服务企业与小区部分业主签订的是"前期物业服务协议"而非"物业服务合同"，而且，物业服务合同是不能在物业服务企业与小区单个业主或部分业主之间签订的。

1.如果是前期物业服务合同，就有一个服务期限及终止条件的问题

根据《民法典》第940条【前期物业服务合同法定终止条件】：建设单位依法与物业服务人订立的前期物业服务合同约定的服务期限届满前，业主委员会或者业主与新物业服务人订立的物业服务合同生效的，前期物业服务合同终止。所以，终止情况有两种：第一个是自然终止，即本案中的2017年7月20日，前期物业服务合同到期日；第二个是法定终止，即业主大会选聘了新的物业服务企业并与之签订了物业服务合同时。此时，就算前期物业服务合同未到期，只要业主委员会与新物业服务企业订立的物业服务合同生效，前期物业服务合同也就终止了。

2.业主委员会有权解除前期物业服务合同

根据《民法典》第948条【不定期物业服务合同】：物业服务期限届满后，业主没有依法作出续聘或者另聘物业服务人的决定，物业服务人继续提供物业服务的，原物业服务合同继续有效，但是服务期限为不定期。当事人可以随时解除不定期物业服务合同，但是应当提前六十日书面通知对方。

本案中，物业服务企业与开发公司签订的前期物业服务合同已于2017年7月20日到期，之后业主并没有作出续聘或另聘该物业服务企业的决定，此时该物业服务合同虽然继续有效，但服务期限已为不定期。所以，业委会可以随时解除该合同，而且也提前60日书面通知了物业服务企业，完全符合法律要求。

但是前期物业服务合同终止后，在业主或者业主大会选聘的新物业服务人接管之前，如果发生了继续处理物业服务事项所发生的物业费，业主以合同终止为理由未付、拒付的话，该物业服务企业是可以依据《民法典》第950条【物业服务人的后合同义务】请求业主支付的，具体是指2017年7月21日至2020年5月9日这段时间的物业费。这才是需要该公司关注和解决的问题。

3.某物业服务企业拒绝撤出的理由不成立

首先，业主大会系业主自治性组织，业主委员会是业主大会的执行机构。《民

法典》第277条第2款规定：地方人民政府有关部门、居民委员会应当对设立业主大会和选举业主委员会给予指导和协助。某小区于2019年9月3日召开业主大会，并选举成立业主委员会，也得到了当地政府部门和居委会的指导和协助。所以，业主大会召开程序合法，业委会成立过程合法，根据高法《物业服务纠纷解释》第10条的规定，业主委员会有权提起诉讼，故业委会在本案中作为原告提起诉讼，主体适格。

其次，前已说明，该物业服务企业与部分业主签订的不是物业服务合同，而应是前期物业服务协议，况且其协议及真正的前期物业服务合同早已到期，所以更不能以此为由不撤出。

最后，根据《民法典》第948条关于【不定期物业服务合同】的规定，当事人可以随时解除不定期物业服务合同，不需要由业主大会先行解聘原物业服务企业再选聘新物业服务企业，但是选聘物业服务企业并与之签订物业服务合同确实需要业主大会同意。所以，物业服务企业的拒绝撤出理由不成立。

《民法典》第949条【物业服务人的移交义务及法律责任】规定：物业服务合同终止的，原物业服务人应当在约定期限或者合理期限内退出物业服务区域，将物业服务用房、相关设施、物业服务所必需的相关资料等交还给业主委员会、决定自行管理的业主或者其指定的人，配合新物业服务人做好交接工作，并如实告知物业的使用和管理状况。原物业服务人违反前款规定的，不得请求业主支付物业服务合同终止后的物业费；造成业主损失的，应当赔偿损失。

所以，物业服务企业应该及时撤出物业服务区域，将相关资料、设备设施等交还业委会，并配合新物业服务企业做好交接工作。如果违反规定，不能要求业主支付前期物业服务合同终止后的物业费；造成业主损失的，还应当赔偿损失。

案例3　业主违反管理规约封闭阳台被物业服务企业罚款，应如何处理？

案例：

2017年6月，某小区业主章先生在外带回一个5岁大的孤儿，决定收养他。但因家居面积不大，安顿小孩不便，便想封闭一阳台作为小孩卧室。该小区物业服务企业未同意，并告诫说，封闭阳台违反管理规约。章先生未理会，请来装修工人对阳台进行装修、封闭。物业服务企业多次制止未果，便下达了正式的处罚决定书，内容为：依据本小区《管理规约》第18条、第25条规定，限章先生10日内将阳台恢复原状，并处罚款200元。章先生不服，对此决定不予执行。物业服务企业遂对章先生家停水停电。双方多次交涉，物业服务企业坚持在章先生执行处罚决定特别是交纳罚款之前，不予通水通电。章先生无奈，交纳了200元罚款。2017年8月，章先生向法院提起诉讼。

原告章先生诉称，自己收养孤儿是善举，小区业主和物业服务企业都应支持。封闭阳台虽然违反《管理规约》，但并不违反法律法规。况且物业服务企业没有罚款权，更无权停水停电。因此，请求法院判决被告物业服务企业的处罚决定违法，予以撤销，并赔偿停水停电损失200元。

被告辩称，小区的管理规约中关于不准封闭阳台的条款，是根据县政府的文件制定的，所有业主包括原告章先生都已承诺，不管出于什么原因，原告章先生都应该遵守。对原告的罚款和停水停电，都是根据《管理规约》实施的，所以被告坚持所作处罚决定。

你的看法呢？

案例评析：

本案是一个因业主违反《管理规约》而发生的纠纷。

需要明确的是，合法的管理规约本身就是合法的合同，受法律保护。如何保证管理规约合法，如何判断规约的合法性呢？为了保证规约的合法性，制定规约要根据主管部门制定的规约示范文本来进行，规约草案制定出来后，最好请律师审查把关。本案中的《管理规约》，对违反规约的业主的处罚明显与法律相悖。首先，物业服务企业作为民事主体，不具有行政性的罚款权，即使全体业主通过管理规约的形式也不能授予物业服务企业罚款权。对违反管理规约的业主，物业服务企业可以规劝、制止、批评、警告，也可以让违反规约的业主交纳在规约中事先约定的违约金，或者向法院提起诉讼。其次，物业服务企业没有权力停水停电，只有在水、电使用人欠费的情况下，水、电相关公司可以依法行使权力，因为那是水、电相关公司与业主的另一种合同关系，只要业主没有欠水、电费，就不能停其水、电。本案涉及的《管理规约》中违背法律法规规定的相关条款应当修改。

需要注意的是，合同的一部分无效，不影响其余部分的效力。所以，《管理规约》中不准封闭阳台的约定依然有效。至于章先生所称"自己收养孤儿是善举，小区业主和物业服务企业都应支持。封闭阳台虽然违反《管理规约》，但并不违反法律法规"的主张，这相当于承诺了它的效力。如果章先生为了抚养孤儿，的确需要封闭阳台，可提议修改规约的相关条款，或在业主大会上提请特别批准。

最后，法院经审理后认为，合法的管理规约就是合法的合同，受法律保护，业主既然签字就应当遵守，原告章先生不能封闭自家阳台。但规约中关于对违反规约的业主的处罚约定不符合法律规定，被告依据《管理规约》中的不合法条款对原告进行处罚，不应支持。因此，判决如下：

（1）限原告10日内将阳台恢复原状。

（2）限被告10日内将所收取原告罚款200元予以退还。

（3）被告赔偿原告因停水停电所遭受的损失100元。

小结

从广义上说，物业管理合同包括前期物业服务合同、临时管理规约、前期物业服务协议、物业服务合同、管理规约等。

前期物业服务合同是由建设单位或公房出售单位与物业服务企业之间依据前期物业管理招投标的结果，就物业管理区域内物业的使用、维护、管理等事项签订的物业服务合同。它具有短暂过渡性、依附性、多方约束性与要式合同的特点。

前期物业服务合同可以约定期限，但前期物业服务合同所约定的期限并不影响新签订的正式的物业服务合同生效，即期限未满、业主委员会与物业服务企业签订的物业服务合同生效的，前期物业服务合同终止。

临时管理规约是建设单位在销售物业之前对有关物业的使用、维护、管理，业主的共同利益，业主应当履行的义务，违反公约应当承担的责任等事项依法作出的约定。临时管理规约一般由建设单位在出售物业之前预先制定。

前期物业服务协议是指业主在购房时，由房屋出售单位（包括开发单位和公房出售单位）或物业服务企业就物业的各方面管理问题与其签订的物业服务协议，它存在于业主委员会成立且新的物业服务合同生效之前这段时间。

前期物业服务合同的甲方是房屋出售单位（包括开发单位或公房出售单位，下同），乙方是其所选聘的前期物业服务企业；而前期物业服务协议的甲方是房屋出售单位或其委托的物业服务企业，乙方是购房人（即业主或物业买受人）。

物业服务合同是物业服务人在物业服务区域内，为业主提供建筑物及其附属设施的维修养护、环境卫生和相关秩序的管理维护等物业服务，业主支付物业费的合同。

物业服务合同应当对物业管理事项、服务质量、服务费用、双方的权利义务、专项维修资金的管理与使用、物业服务用房、合同期限、服务交接、违约责任等内容进行约定。

该合同与前期物业服务协议不同。前期物业服务协议是由业主与房屋出售单位或者其委托的物业服务企业签订的；物业服务合同是由业主委员会代表全体业主与选中的物业服务企业直接签订的，合同的甲方是业主委员会（代表所有业主），乙方是物业服务企业。

物业服务合同签订后，前期物业服务合同与前期物业服务协议同时终止。

管理规约是由全体业主共同制定的，规定业主在物业管理区域内有关物业使用、维护、管理等涉及业主共同利益事项的，对全体业主具有普遍约束力的自律性规范，一般以书面形式订立。

管理规约由业主大会制定并修改。管理规约应当对有关物业的使用、维护、管理，业主的共同利益，业主应当履行的义务，违反规约应当承担的责任等事项依法作出约定。

关键概念

前期物业服务合同　临时管理规约　前期物业管理　前期物业服务协议物业服务合同　管理规约

思考题

1.什么是前期物业服务合同？它有哪些特征？

2.前期物业服务合同包括哪些主要内容？有效期限是如何规定的？

3.什么是临时管理规约？其包括哪些内容？

4.临时管理规约是物业服务合同的一部分吗？为什么？

5.《条例》对临时管理规约的制定作出了哪些规定？

6.临时管理规约与管理规约有哪些异同点？

7.什么是前期物业服务协议？它有哪些特点？

8.前期物业服务协议包括哪些内容？该协议规定的有效期限是怎样的？

9.签订前期物业服务协议时应注意哪些问题？

10.前期物业服务协议与前期物业服务合同的联系与区别是什么？

11.什么是物业服务合同？该合同应对哪些事项作出约定？

12.前期物业服务合同、前期物业服务协议、物业服务合同各自的签订时间以及合同的双方当事人如何？

13.物业管理中各种合同或协议的区别是什么？

14.什么是管理规约？其特点和内容有哪些？

15.管理规约对租房者也有约束力吗？为什么？

16.前期物业服务合同对业主也具有约束力吗？

17.物业服务合同生效之时，前期物业服务合同还继续有效吗？

18.业主委员会成立以后，一定要重新选聘新的物业服务企业吗？如果选定的物业服务企业不变，可以继续采用原有的物业服务协议吗？

案例分析题

1.业主个人可以召集业主大会吗？

2017年2月28日，沈阳某开发企业与杨女士签订了《商品房买卖合同》，将其开发小区内的一套公寓出售给杨女士。4月20日，在杨女士与某开发企业签订了《××公寓业主临时管理规约》后，杨女士入住小区。入住后，杨女士发现物业服务企业在管理与服务上存在一定的问题，多次反映仍无改进。杨女士遂于7月15日和16日，在小区1号楼一层的电梯通道内张贴书面通知，通知说："定于7月20日召开业主大会，请各业主参加。"7月18日，开发企业向杨女士发出书面函件，要求其采取正当途径行使合法权利。同时指出，现小区入住面积和人数均未达到《条例》要求，所以还不具备依法组建业主委员会的条件；另外，未经公安部门备案批准，未经物业管理部门同意，不得在小区范围内以任何形式公开集会。但杨女士并不理会，继续发布开会的书面通知。于是，开发企业把杨女士告到法院。

你认为法院将如何判决？

2.前期物业管理中产生纠纷的原因是什么？如何解决？

　　某市某小区的物业服务企业是开发企业的全资子公司，在没有签订书面的前期物业服务合同的情况下，理所当然地承接了开发企业的物业进行管理。业主入住之后，也未与业主签订前期物业服务协议，因此，业主对物业服务企业的物业服务费收费标准和服务标准多次提出质疑，而该物业服务企业也多次向业主大会提出该项目严重亏损，因而需提高物业服务费。双方僵持不下，业主与物业服务企业的矛盾愈演愈烈，业主最终解聘了物业服务企业。

　　在你看来，此案矛盾的焦点在哪里？今后又该如何解决这类问题呢？

　　3.张先生所在的小区近期更换了新的物业服务企业。在召开业主大会选聘物业服务企业期间，张先生因在外地出差，未能参加。小区的业主委员会与业主大会确定的物业服务企业签订了物业服务合同。张先生接到通知后，对此未表示异议。其后，张先生因房屋装修和物业费收费标准问题与物业服务企业发生矛盾，张先生称，物业服务合同是业主委员会签订的，自己并不是合同当事人。现实生活中，这种以不是合同当事人拒绝履行相关义务的业主还有不少。你认为，这样的说法有无依据？根据法律如何解决这个问题？

《民法典》正式实施
《物权法》废止
这些要点物业需要注意！

第六章

物业的基础管理

□ **学习目标**

　　通过对本章的学习，要求学生掌握房屋维修管理的概念、特点及意义，掌握房屋完损等级的分类与评定和房屋维修工程的分类，掌握房屋设备的分类；熟悉房屋维修管理的内容，熟悉房屋修缮标准；了解各种设备的维修和管理。

　　物业的基础管理是指物业服务企业的工程和设备管理人员，通过熟悉和掌握物业建筑及其设施设备的原理性能，对其进行保养与维修，使之能够保持最佳运行状态，最有效地发挥作用，从而为业主和使用人提供一个安全、舒适的环境的管理过程。具体来说，物业的基础管理包括房屋建筑的维修管理和房屋设备的维修养护管理。

　　在物业管理中，房屋建筑、设备及设施维修保养的好坏，反映了一个物业服务企业专业技术管理水平的高低。它是一项长期的、必要的基础性工作。

第一节　房屋建筑维修管理

一、房屋维修管理的概念与特点

（一）概念

　　房屋维修管理[①]是指物业服务企业根据国家对房屋维修管理的标准和要求，对企业所经营管理的房屋进行维护修缮的技术管理。

----

　　① 为了论述简便，"房屋维修管理"在本书中同"房屋建筑维修管理"。

（二）特点

房屋维修管理的特点主要有三个：

（1）复杂性。房屋维修管理的复杂性是由房屋的多样化、个体化以及房屋维修的广泛性和分散性决定的。由于每一幢房屋本身都具有独特的形式和结构，房屋维修应根据各种不同的房屋结构、形式的特点，制订不同的维修方案，组织不同的维修施工，这使房屋维修管理变得复杂，要求房屋维修管理必须根据不同情况，分别实行不同的管理方法。此外，对零星、分散而又形式多样的房屋维修进行管理，也使得房屋维修管理呈现复杂性。

（2）计划性。房屋维修过程本身存在着各阶段、各步骤之间一定的不可违反的工作程序。例如，房屋维修一般都必须经过房屋现状调查，对其质量和安全进行检查、研究、规划后才能确定维修方案，房屋维修也必须严格按维修施工程序进行，这就决定了房屋维修管理必须按这一程序有计划地组织实施。

（3）技术性。房屋维修具有的技术性决定了房屋维修管理也具有一定的技术性。例如，无论是房屋安全质量检查管理，还是组织维修施工管理，都要求管理人员具有一定的房屋建筑工程专业技术知识和相关专业技术知识，从而能够对房屋维修方案作出正确、合理的决策，以便对房屋维修工程质量、工程的成本和进度进行有效控制和管理。

二、房屋维修管理的意义

在物业管理中，房屋管理和修缮是主体工作和基础性工作，因此，房屋维修管理在物业管理全过程中占有极其重要的地位。

（1）做好房屋维修管理，有利于延长物业的使用寿命，增强房屋住用安全性能，提高业主的居住质量。

（2）做好房屋维修管理，有利于保证房屋的质量和提升房屋的价值，实现房屋保值、增值的目的，为业主、物业服务企业和国家增加财富。

（3）做好房屋维修管理，有利于城市建设和管理，保持城市房屋的建筑形象，起到美化城市环境、美化生活的作用，推动城市物业管理向专业化、社会化、市场化方向发展。

（4）做好房屋维修管理，有利于物业服务企业在业主和使用人中建立良好的企业信誉，塑造良好的企业形象，从而为占领竞争激烈的物业管理市场打下扎实的基础。因为在市场竞争中，良好的信誉和高质量的维修管理服务水平本身就是一种竞争资本。

三、房屋维修管理的内容

房屋维修管理的主要内容包括房屋安全与质量管理、房屋维修施工管理、房屋维修行政管理和房屋维修技术管理。

（一）房屋安全与质量管理

房屋安全与质量管理要求物业服务企业定期和不定期地对房屋的完损情况进行检查，评定房屋完损等级，随时掌握所管房屋的质量状况和分布，组织对危险房屋的鉴定，并确定解危方法。

1.房屋的质量等级鉴定

房屋的质量等级是指区分房屋完好或损坏的程度，也称房屋完损等级。该等级的确定以住房和城乡建设部发布的《房屋完损等级评定标准（征求意见稿）》[①]为依据。房屋质量等级鉴定的基本任务是要理清所管房屋的质量状况和分布，为房屋的管理、保养、修缮提供基本资料依据。

2.房屋安全检查

在长期使用过程中，由于自然的、人为的各种因素的影响，房屋的各个零部件会受到不同程度的损坏。有的结构损坏达到一定程度之后，房屋就会产生危险点或变成危房，若不能及时抢修排险，就可能危及人的生命财产安全。因此，在房屋的长期使用过程中，必须经常组织房屋安全检查。其基本任务就是通过对房屋进行经常性检查，了解房屋完损状况，发现房屋存在的隐患，及时采取抢修加固和排除险情的措施。

3.危险房屋的管理

确保房屋住用安全是房屋维修的最基本方针与原则。目前我国各个城市中，每年都有相当数量的旧房转化为危房，这些危房严重威胁着人民群众的住用安全。不仅如此，在一些新建房中，由于设计与施工质量等问题，也有房屋倒塌事故发生。所以，加强危房管理，杜绝房屋倒塌事故，是房屋安全与质量管理中的重点内容，危房管理应作为一个特殊的问题看待。危险房屋的确定以住房和城乡建设部发布的《危险房屋鉴定标准》（JGJ125-2016）为依据。

（1）制定危房鉴定标准。

房屋危险性鉴定应根据被鉴定房屋的结构形式和构造特点，按其危险程度和影响范围进行鉴定，一般划分为A、B、C、D四个等级：

A级：无危险构件，房屋结构能满足安全使用要求；

B级：个别结构构件评定为危险构件，但不影响主体结构安全，基本能满足安全使用要求；

C级：部分承重结构不能满足安全使用要求，房屋局部处于危险状态，构成局部危房；

D级：承重结构已不能满足安全使用要求，房屋整体处于危险状态，构成整幢危房。

具体来说，A级是安全房屋；B级是指个别结构构件或某项设施损坏，但对整体还未构成直接威胁，一般可通过维修排除险情；C级是指房屋大部分结构尚

---

① 2020年11月11日发布，暂为征求意见稿。

好，只是局部承重构件受损，一旦发生事故，对整幢房屋无太大影响，只要排除局部危险，可继续安全使用；D级是指房屋承重结构大部分具有不同程度的损毁，已危及整幢房屋并随时有倒塌的可能，且已无维修价值，不能通过修复保证住用安全。

（2）建立健全危房鉴定机构。

除了市、县人民政府房地产行政主管部门设立的权威性的房屋安全鉴定机构外，各物业服务企业也应设立房屋安全鉴定部门或指定专门技术人员负责此项工作，依据住房和城乡建设部颁发的《危险房屋鉴定标准》和各地人民政府颁布的有关规定，按照初始调查、现场勘察、检测验算、论证定性等程序，在掌握测算数据、科学分析论证的基础上，确认房屋的建筑质量及安全可靠程度。

（3）确定危房处理措施。

对被鉴定为危险房屋的，根据鉴定情况可按以下4类办法处理：第一，观察使用。其适用于采取适当安全技术措施后，尚能短期使用，但需随时观察危险程度的房屋。第二，处理使用。其适用于采取适当技术措施后，可解除危险的房屋。第三，停止使用。其适用于已无维修价值，暂无条件拆除，又不危及相邻建筑和影响他人安全的房屋。第四，整体拆除。其适用于整幢危险且无维修价值，随时可能倒塌并危及他人生命财产安全，需立即拆除的房屋。

（二）房屋维修施工管理

房屋维修施工管理，是指物业服务企业为实现房屋维修的总目标，针对维修工程的施工所进行的计划、组织、指挥、调节和监督等管理工作。其内容包括以下4个方面：

1.维修队伍的选择

一是物业服务企业自己拥有一支维修养护队伍来进行维修工程的施工。

二是物业服务企业自己没有维修队伍，对房屋的维修工程实行招标，或以承包方式把房屋的维修养护承包给专业维修队伍。随着市场经济的发展，招标或承包的维修工程会越来越多。无论哪种情况，施工管理的基本内容都是一致的，包括施工计划管理、施工组织管理、施工调度与施工现场管理、施工质量与施工安全管理、施工机器设备与施工材料管理、成本核算管理等。

2.维修施工的组织与准备

施工组织与准备，是指在开工前，有关各方在组织、技术、经济、劳力和物资等方面，为保证工程顺利开工而事先必须做好的一项综合性的组织工作。维修工程应根据工程量大小及工程难易程度等具体情况，分别编制工程组织设计（大型工程）、施工方案（一般工程）或施工说明（小型工程）。

3.维修施工的技术交底

在施工准备阶段，维修施工单位应首先熟悉维修设计或维修方案，如果是对外招标或承包的项目，物业服务企业应组织技术交底和图纸会审，并在会审中就有关问题提出解决措施，作为施工的依据之一。物业服务企业还要监督施工单位按图施工，并对重要部位和隐蔽工程及时验收，保证质量。

4.施工调度与管理

施工调度是以工程施工进度计划为基础，在整个施工过程中不断求得劳动力、材料、机械与施工任务和进度要求之间的平衡，并解决好工种与专业之间衔接的综合性协调工作。其主要任务是：（1）经常检查督促施工计划和工程合同的执行情况，进行人力、物力的平衡调度，促进施工生产活动的正常进行；（2）组织好材料运输，确保施工连续性，监督检查工程质量、安全生产、劳动防护等情况，从而发现问题、找出原因、提出措施，要求限期改正。

（三）房屋维修行政管理

房屋维修行政管理主要是通过法律的、行政的、经济的以及思想教育的手段，督促房屋所有人承担起房屋维修过程中应当履行的责任。物业管理人员能够通过法律法规调解和处理有关房屋维修的争议和纠纷。

根据国家和地方有关法规规定，保修期后的房屋修缮是房屋所有权人应当履行的责任。因使用不当或人为造成房屋损坏，应由行为人负责修复或给予赔偿。对于房屋所有者或房屋修缮责任者不及时修缮，或在房屋修缮时遭到使用人或邻人的借故阻挠，或发现有可能导致房屋发生危险情况时，物业服务企业可以采取强制措施，费用由当事人承担。异产毗连房屋的自然损坏，修缮责任由房屋所有人承担，修缮费用由房屋所有人按份额比例分担；因使用不当造成的损坏，由责任人负责修缮。出租房屋的修缮，由租赁双方依法约定修缮责任。

应该注意的是，在不同产权情况和管理体制下，房屋维修责任的划分、维修费用的负担、维修管理的内容等都有不同的规定，物业服务企业在房屋维修管理过程中要按相关规定执行。

（四）房屋维修技术管理

房屋维修技术管理是指对房屋维修过程中的各个技术环节，按国家的技术标准进行的科学管理。其主要内容有：

1.房屋修缮设计或方案的管理

这部分内容包括3个方面：

（1）设计要求。其具体包括：①修缮设计必须以房屋勘察鉴定为依据，并应充分听取业主和使用人意见，使方案更合理、可行；②根据修缮工程的情况，规模较小的工程，可由经营管理单位组织技术力量自行设计，较大的工程设计，必须由具有设计资质证书的单位承担。

（2）方案内容。其具体包括：①房屋平面图，并注明坐落及与周围建筑物关系；②应修项目、数量、主要用料及旧料利用要求；③工程预（概）算。

（3）方案必须具备的有关资料。其具体包括：①批准的计划文件；②技术鉴定书；③城市规划部门的红线图；④修建标准及使用功能要求；⑤城市有关水、电等管线资料。

2.维修施工质量的管理

维修施工质量的管理包括两个内容：施工过程的质量控制和维修工程质量的检查验收。对维修工程，必须按照有关质量标准，逐项检查操作质量和产品质量；根据维修工作的特点，分别对隐蔽工程和竣工工程进行验收，从各个环节保证工程质量。

根据《房屋修缮工程质量检验评定标准》，房屋修缮工程的质量检验与评定，是按分项工程、分部工程、单位工程3级来进行的。分项工程按修缮工程的主要项目划分；分部工程按修缮房屋的主要部位划分；单位工程则指大楼以一幢为一个单位。工程质量分为合格和优良两个等级且各有其达到标准的规定。

一般维修工程质量的交验标准是：维修工程的分项工程、分部工程必须达到国家建设总评定标准中规定的合格标准和合同规定的质量要求；维修工程中的主要项目，如钢筋强度、水泥标号、混凝土工程和砌筑砂浆等，均应符合评定标准规定的全部要求，观感质量评定得分合格率不低于95%。

3.技术档案资料的管理

房屋维修技术档案资料为房屋的管、修、用提供必要的信息资料依据。必须设置专门部门或设专人进行系统管理。技术档案的主要内容包括以下几方面：

（1）房屋新建竣工验收的竣工图及有关房屋技术的原始资料。

（2）现有房屋及附属设备的技术资料。

（3）房屋维修的技术档案。

技术档案资料一般包括：工程项目批准文件；工程合同；修缮设计图纸或修缮方案说明；工程变更通知书；技术交底纪要；隐蔽工程验收、材料试验、构件检验及设备调试资料；工程质量事故处理、工程质量评定资料；工程预、决算资料；工程竣工验收资料等。

4.建立技术责任制

根据《房屋修缮技术管理规定》和《房屋修缮工程施工管理规定》，房屋经营管理单位应建立技术责任制。大城市的房屋管理单位和大型维修施工单位，应设置总工程师、主任工程师、技术队长（或单位工程技术负责人）等技术岗位。中小城市的房屋管理单位的技术岗位层次可适当减少，但必须实现技术工作的统一领导和分级管理，形成有效的技术决策、管理和执行体系。各级技术岗位的主要职责按照《房屋修缮工程施工管理规定》执行。

四、房屋完损等级的分类与评定[①]

房屋完损等级，按子项、分项和评定单元3个层次进行评定，每一层次分4个完损等级，见表6-1中规定的内容和步骤，从第一层开始，逐层进行。

---

① 以下划分详见2020年11月11日住房和城乡建设部办公厅发布的《房屋完损等级评定标准（征求意见稿）》。

表6-1 房屋完损等级评定的层次、等级划分及内容

层次	一	二	三
层名	子项	分项	评定单元
等级	①级、②级、③级、④级	1级、2级、3级、4级	一级、二级、三级、四级
评定内容	屋面评级	建筑装饰部分评级	房屋完损评级
	外立面评级		
	室内建筑装饰评级		
	门窗评级		
	其他非结构构件及建筑构造评级		
	地基基础评级	结构部分评级	
	上部结构评级		
	给排水设施设备评级	设施设备部分评级	
	电气设施设备评级		
	暖通设施设备评级		

房屋完损等级评级的各层次分级标准，见表6-2。

表6-2 房屋完损等级评定各层次分级标准

层次	评定对象	等级	分级标准
一	子项	①级	符合正常使用的要求
		②级	基本符合正常使用的要求
		③级	影响正常使用
		④级	严重影响正常使用
二	分项	1级	符合正常使用的要求
		2级	基本符合正常使用的要求
		3级	影响正常使用
		4级	严重影响正常使用
三	评定单元	一级	符合正常使用的要求
		二级	基本符合正常使用的要求
		三级	影响正常使用
		四级	严重影响正常使用

评定单元的完损等级，一级到四级应分别表示完好房、基本完好房、一般损坏房、严重损坏房。

（一）完好房

完好房的评定标准：房屋的结构构件完好，安全可靠，屋面或板缝不漏水，装修和设备完好、齐全、完整，管道畅通，现状良好，使用正常，或虽个别分项有轻微损坏但不影响居住安全和正常使用，一般经过小修就能修复好。

（二）基本完好房

基本完好房的评定标准：房屋结构基本完好，少量构部件有轻微损坏，装修基本完好，油漆缺乏保养，设备、管道现状基本良好，能正常使用，经过一般性的维修即可恢复使用功能。

（三）一般损坏房

一般损坏房的评定标准：房屋结构一般性损坏，部分构部件有损坏或变形，屋面局部漏雨，装修局部有破损，油漆老化，设备管道不够畅通，水卫、电照的管线、器具和零件有部分老化、损坏或残缺，需要进行中修或局部大修更换部件。

（四）严重损坏房

严重损坏房的评定标准：房屋年久失修，结构有明显变形或损坏，个别构件已处于危险状态，屋面严重渗漏，装修严重变形、破损，油漆老化见底，设备陈旧不齐全，管道严重堵塞，水卫、电照的管线、器具和零件残缺及严重损坏，需要进行大修或翻修、改建。

对于有抗震设防的城市，在划分房屋完损等级时，应结合抗震能力进行鉴定。房屋经过维修后，应调整其完损等级。

五、房屋修缮标准

房屋修缮标准按主体工程，木门窗及装修工程，楼地面工程，屋面工程，抹灰工程，油漆粉饰工程，水、电、卫、暖等设备工程，金属构件及其他工程等9个分项工程进行确定。

（1）主体工程。其指的是屋架、梁、柱、墙、楼面、屋面、基础等主要承重构部件的维修。当主体结构损坏严重时，不论修缮哪一类房屋，均应要求牢固、安全，不留隐患。

（2）木门窗及装修工程。木门窗应开关灵活，不松动，不透风；木装修应牢固、平整、美观、接缝严密。一等房屋的木装修应尽量做到原样修复。

（3）楼地面工程。楼地面工程的维修应牢固、安全、平整、不起砂、拼缝严密不闪动、不空鼓开裂、地坪无倒泛水现象。如房间长期处于潮湿环境，可增设防潮层；木基层或夹砂楼面损坏严重时，应改做钢筋混凝土楼面。

（4）屋面工程。必须确保安全，不渗漏，排水畅通。

（5）抹灰工程。应确保接缝平整、不开裂、不起壳、不起泡、不松动、不剥落。

（6）油漆粉饰工程。要求不起壳、不剥落、色泽均匀，尽可能保持与原色一致。对木构件和各类铁构件应进行周期性油漆保养。各种油漆和内、外墙涂料，以及地面涂料，均属保养性质，应制定养护周期，达到延长房屋使用年限的目的。

（7）水、电、卫、暖等设备工程。房屋的附属设备均应保持完好，保证运行安全、正常使用。电气线路、电梯、安全保险装置及锅炉等应定期检查，严格按照有关安全规程定期保养。对房屋内部电气线路破损老化严重、绝缘性能降低的，应及时更换线路。当线路发生漏电现象时，应及时查清漏电部位及原因，进行修复或更换线路。对供水、供暖管线应作保温处理，并定期进行检查维修。水箱应定期清洗。

（8）金属构件。应保持牢固、安全、不锈蚀，损坏严重的应更换，无保留价值的应拆除。

（9）其他工程。对属房地产管理部门管理的庭院原有院墙、院墙大门、院落内道路、沟渠下水道、窨井损坏或堵塞的，应修复或疏通。

六、房屋维修工程的分类

根据房屋损坏的程度，按维修工程的性质，可分为小修、中修、大修、翻修、综合维修5类。

（一）小修工程

凡需要及时修复的构件、配件、设备的零件，综合平均费用为所管房屋现时总造价的1%以下，并以保持原先房屋完损等级为目的的日常养护工程为小修工程。

小修工程项目种类繁多，主要有：

（1）屋面补漏，修补面层、泛水、屋脊等。

（2）钢、木、门窗的整修，拆换五金，配玻璃，换窗纱，涂油漆等。

（3）修补内外墙、抹灰及粉刷天棚、窗台腰线等。

（4）水、电、暖、气等设备的故障排除及零部件的修换等。

（5）下水管道、窨井的修补疏通，阴沟、散水、落水管的修补等。

（6）房屋的检查、危险构件的临时加固等。

小修工程的主要特点是量多面广、零星分散、突发性强、时间要求紧迫；维修技术简单、用工量较少、修复费用较少。

小修工程的主要任务是：

（1）通过房屋的日常养护工程，维护房屋及设备的功能，保证房屋的正常使用。

（2）根据用户的报修，组织零星维修，使发生的损坏得到及时修复，防止损坏扩大而造成更大的损失。

（3）组织房屋的经常检查，确定房屋的完损状况，从养护入手，预防事故的发生，并为有计划地组织大、中修提供勘察、施工的资料依据。

（二）中修工程

凡需牵动或拆换少量主体构件，进行局部维修，且一次性费用在该建筑同类结构新建造价的20%以下，并保持原房的规模与结构的维修工程为中修工程。

中修工程的项目主要有：

（1）少量结构构件已形成危险点的房屋。

（2）一般损坏而需要进行局部修复的房屋。

（3）整幢房屋的公用生活设备需要进行局部更换、改装、新装工程及单个项目维修的房屋。

中修工程的主要特点是：工地较集中、项目较小、工程量较大；工程的计划性、周期性强。基本要求就是使经过中修的房屋70%以上必须符合基本完好房或完好房的标准。

（三）大修工程

凡需牵动或拆换部分主体结构和房屋设备，不需全部拆除，一次性费用在该建筑同类结构新建造价25%以上的维修工程为大修工程。

大修工程的项目主要有：

（1）主体结构的大部分严重损坏，有倒塌或有局部倒塌危险的房屋。

（2）整幢房屋的公用生活设备必须进行管线更换，需要改装、新装的房屋。

（3）因改善居住条件，需要进行局部改建、添装的房屋。

（4）需对主体结构进行专项抗震加固的房屋。

大修工程的主要特点是：工程地点集中、项目齐全、工程量大、一次性费用较高且整体性强。其基本要求是使经过大修的房屋必须符合基本完好房或完好房的标准。

（四）翻修工程

凡需全部拆除、另行设计、重新建造（包括原地翻修改建或移地翻修改建）或利用少数主体构件进行更新改造的工程为翻修工程。

翻修工程的项目主要有：

（1）主体结构全部或大部分严重损坏，丧失正常使用功能，有倒塌危险的房屋。

（2）因自然灾害破坏严重，不能继续使用的房屋。

（3）主体结构、围护结构简陋，无修理价值的房屋。

（4）地处陡峭易滑坡地区或地处地势低洼长期积水又无法排出地区的房屋。

（5）政府规划范围内需要拆迁恢复的房屋。

翻修工程具有类似建筑工程的技术特征和房屋更新改造的性质，规模大、工期长。其基本要求是经过翻修重建的房屋必须达到完好房的标准。

（五）综合维修工程

凡成片多幢楼房或面积较大的单幢大楼，进行有计划成片维修，包括大、中、小修等项目的一次性应修尽修，其费用在该片（幢）建筑物同类结构新建造价的20%以上的为综合维修工程。

综合维修工程的项目主要有：

（1）该片（幢）大部分严重损坏，或一般性损坏，需进行有计划成片维修的房屋。

（2）需改变片（幢）面貌而进行的有计划维修工程。

综合维修的主要特点是：规模较大、项目齐全、工期长、费用大。其基本要求是经过维修的成片（幢）房屋必须符合基本完好房或完好房的标准。

第二节　房屋设备维修管理

一、房屋设备维修管理的概念

（一）房屋设备的概念

房屋设备是指附属在房屋建筑上的煤、电、水等各类设备的总称，它是构成房屋建筑实体不可分割的有机组成部分，是发挥物业功能和实现物业价值的物质基础。在现代城市中，煤、电、水等配套设备的使用，是人们在房屋建筑内生活、工作或从事其他活动必不可少的基本条件。没有附属设备、设施配套的房屋建筑，就基本丧失了其必要的功能与价值；而附属设施设备不配套，或配套设施设备相对落后，或经常处于损坏待修状态，也会降低房屋建筑的效用与价值。因此，房屋建筑的配套设施设备的完善程度、合理程度及先进程度，往往是决定其未来效用与商业价值的一个极为重要的因素和先决条件。

（二）设备维修管理的概念

设备的维修管理是指按照一定的科学管理程序和制度，按照一定的技术管理要求，对煤、电、水等设备进行的日常养护和维修。

随着房地产业的发展、现代科技的进步、人们生活水平的提高，物业设备的种类日益增多，使用领域不断拓宽，新型产品纷纷涌现，从普通的卫生洁具、装饰用品、厨房设备、运输设备的更新，到闭路电视、音响设备、自动报警、空调、全电子电脑电话等五大系统的建立，再到智能化大楼、综合式太阳能建筑的出现，这些都使房屋建筑及附属设备、设施更为合理、完备和先进，并向多样化、综合化的设备系统发展。

物业设备的发展，不但使人们对房屋建筑设备的功能要求逐步提高，也对房屋设备的维修与管理提出了更高要求。从物业管理的角度看，物业配套设备的完备性、合理性与先进性为人们改善房屋建筑、住用环境提供了物质基础，但只有使用过程中良好的管理与服务，才能使物业设备发挥最大的效用。

二、房屋设备的分类

现代房屋设备一般由水、煤、电、气、卫、空调、电梯、电信等设备系统构成，而一些现代化的写字楼、商厦已配备了自动报警、计算机监控技术设备等更为先进的设备系统。这里，我们分别介绍一般房屋建筑和智能化建筑的设备系统类型。

（一）一般房屋建筑的设备系统

一般房屋建筑的常用设备可分为建筑设备和电气设备两大类。

1.建筑设备

建筑设备由给排水系统，供暖、空调、通风系统，消防设备，煤气设备组成。

（1）给排水系统。它是指建筑物内部的各种供水、排水、去污等工程设施的总称。它包括：

① 供水设备设施。这是指房屋设备中用人工方法提供水源以创造适当的工作或生活条件的部分。其功能是解决市政供水水压不足的问题，满足房屋使用人正常用水，包括总蓄水箱、供水泵、水阀、水表、供水管网等。

② 排水设备设施。这是指房屋设备中用来排除生活污水和屋面雨雪水的部分。它包括排水管道、排污管道、通风管、清通设备、抽升设备、室外排水管、污水井、化粪池等。

③ 房屋卫生设备。这是指房屋设备中的卫生部分。它包括浴缸、水盆、面盆、镜箱、抽水马桶等。

④ 房屋的热水供应设备。这是指房屋设备中的热水供应部分。它包括淋浴器、供热水管道、热水表、加热器、循环管、自动温度调节器、减压阀等。

（2）供暖、空调、通风系统。它包括供暖设备、供冷设备和室内通风设备。

① 供暖设备。供暖设备是在冬季室外温度较低时，为使室内环境维持一定的温度，以某种方式向室内补充热量进行供暖的部分。其一般由3个部分组成：热源部分，包括锅炉、蒸汽喷射器等；输热部分，包括热水管道、热水表、循环管、冷水箱、疏水阀、自动温度调节器、减压阀等；散热部分，包括散热器、暖风机、辐射板等。另外还有一些辅助设施，如鼓风机、回水泵、膨胀水箱、去污器等。

② 供冷设备。供冷设备是指房屋设备中可以使空气流动、给房屋住用者带来凉爽感觉的部分。其功能是使室内空气温度、相对湿度、气流速度、压力、洁净度等参数保持在一定范围内。它包括冷气机、深井泵、空调机、电扇、冷却塔、回水泵及输送冷水的管网等。

③ 室内通风设备。室内通风设备是指房屋设备中用于通风的部分。它包括通风机、排气口及一些净化除尘的设备等。

（3）消防设备。这是指房屋设备中的消防装置部分。它包括喷淋系统和消防栓系统。其他配套的消防设备有烟感器、温感器、消防报警系统、防火卷帘、防火门、排烟送风系统、防火阀、消防电梯、消防通道及事故照明、应急照明等。一般住宅小区常配备的消防设备为供水箱、消防箱、灭火器、灭火瓶、消防龙头、消防泵等。

（4）煤气设备。这是指房屋的燃气设备，包括煤气灶、煤气表、煤气管道、天然气管网等。

2.电气设备

电气设备由强电系统、弱电设备、电梯、防雷及接地装置等组成。

（1）强电系统。这是指给房屋提供电源及照明的各种装置，包括供电和照明设备。供电设备包括变压房设备、配电房设备、配电干线、楼层配电箱等；照明设备包括铁盒子、各种控制开关、电表、插座、供电线路、照明器等。强电系统也称供配电系统。

（2）弱电设备。这是指给房屋提供某种特定功能的弱电设备与装置，包括广播设备，电信设备，网线和电脑设备，共用天线及自动监控、报警设备，闭路电视系统设备等。

（3）电梯。这是指载运人或物品的设备，包括轿箱式电梯和自动扶梯。

轿厢式电梯包括电梯机房、传动设备、升降设备、安全设备、控制设备等部分。按用途可分为客梯、货梯、客货梯、消防梯及其他专用电梯；按速度可分为速度在2.0m/s以上的高速电梯、速度在1.5m/s以上的快速电梯和速度在1.0m/s以上的低速电梯。目前大多数住宅客梯选用低速电梯，少数超高层住宅选用快速电梯。

自动扶梯在构造上与轿厢式电梯相似，但在许多方面比轿厢式电梯简单，一般由驱动装置、运动装置和支撑装置组成，主要用于相邻楼层的人流输送，可以利用很少的空间运送大量人员，常见于商场、酒店、娱乐场所、机场、火车站等。

（4）防雷及接地装置。这包括避雷针、避雷网、避雷带、引下线和接地极等部分。不同用途的房屋建筑物有不同的防雷等级要求，必须按规范装置才能防止雷击危害。

（二）智能化建筑的设备系统

智能化建筑主要由三大系统集成，即楼宇自动化、办公自动化、通信自动化。所以，配置了这三大系统的建筑一般被称为"智能化建筑"。在智能化建筑中，主要的技术设备有以下几种：

（1）楼宇自动化系统。其主要包括能源监控系统、保安监控系统（摄像机、监察器、录像机等视频监控设备和各类紧急报警装置）、消防及火警系统（各类烟感、温感传感器，火灾自动报警主机，各类人工报警装置）、设备自动控制系统等。这些控制系统通过传感器对被控对象进行检测，然后将检测到的信号输入计算机。

（2）办公自动化系统。其主要是指借助各种办公设备共享信息资源，并由这些办公设备与办公人员服务于某种办公目标的人机信息系统。这包括资料档案管理、多媒体信息查询、电视会议、财务计划、人事管理以及电子数据库系统等。

（3）通信自动化系统。在智能化建筑中，通信自动化系统是一个中枢神经系统，包括以数字式程控交换机为中心的通信系统，以及通过建筑的结构化综合布线系统来实现计算机网络、卫星通信、闭路电视、可视电话、电视会议等系统的综合，从而达到建筑内、市内、国内以及国际上的信息沟通与共享。

（4）综合布线系统。综合布线系统将建筑设备自动化系统、办公自动化系统、通信自动化系统等连接成一个整体。

三、房屋设备的分类管理

以下内容从一般房屋建筑常用设备的分类角度进行阐述。

（一）给排水设备的管理与维修

水是人类赖以生存的基本要素，是物业发挥正常功能的保障条件之一。因此，给排水系统能否正常工作，将直接影响工作、生活环境和物业功能的发挥。给排水设备的管理与维修是物业管理中最基本的日常管理服务工作。

1.管理范围界定

物业服务企业应与给水、排水等专业管理部门明确各自的管理职责，分工合作。如某市对居住小区物业服务企业与各专业管理部门的职责分工为：

（1）给水设备。

建筑物给水方式有多种，一般平房和多层楼房均由城市供水管网供水。高层建筑则需要进行二次供水，因为城市管网的水压无法满足高层供水需要，多采用加压水泵和高位水箱向高层供水。

高层楼房以楼内供水泵房总计费水表为界，多层楼房以楼外自来水表为界。界限以外（含计费水表）的供水管线及设备，由供水部门负责维护、管理；界限以内（含水表井）至用户的供水管线及设备由物业服务企业负责维护、管理。

供水管线及管线上设置的地下消防井、消火栓等消防设施，由供水部门负责维护、管理，消防部门负责监督检查；高、低层消防供水系统，包括泵房、管道、室内消火栓等，由物业服务企业负责维修管理，并接受消防部门的监督检查。

（2）排水设备。

室内排水系统由物业服务企业维护管理。居住小区内道路和市政排水设施的管理职责，以3.5米路宽为界，凡道路宽度在3.5米（含3.5米）以上的，道路和埋设在道路下的市政排水设施，由市政工程管理部门负责维护、管理；道路宽度在3.5米以下的，由物业服务企业负责维护、管理。居住小区内各种地下设施检查井盖的维护、管理，由地下设施检查井的产权单位负责。有关产权单位也可委托物业服务企业维护、管理。

2.给排水设备的验收与检查

给排水设备状况直接影响着给排水系统的正常运行，关系着住户的切身利益和日后的管理工作的难易。因此，要加强日常运行中的检查工作。

（1）验收要求。

① 应严格执行国家有关规定。凡新接管的住宅，给排水设备（尤其是生活饮用水或室外下水管线）不合格（未接好等）的物业一律不能进驻，亦不能接管验收；如已进驻，立即采取措施对给排水设备进行修缮。

② 参加验收人员应能胜任接管验收工作。

③ 应出具验收报告。其内容包括工程地点、开竣工时间、设计及施工和接管单位、设备概况、工程竣工图纸等，并应准备齐全交付接管单位。

（2）开发建设单位应提交的文件。

验收中开发建设单位应提供下列文件：①全部的设备施工图纸（包括竣工图）；②设备试验记录、隐蔽工程测试记录；③供水卫生许可证、水质化验单、质监部门工程质量验收合格证和洽商记录。

（3）应验收项目。

① 生活泵、备用泵、消防泵应是正规企业生产的产品，要有产品合格证。安装合格，无异响、无颤动、有防水。

② 水箱防腐涂料必须有省级以上（含省级）卫生部门颁发的"产品卫生安全评价报告"。水箱无漏水，各接口处应有防渗漏处理。

③ 水位控制装置动作灵敏，电器设备完好并有防水措施。

④ 生活供水管道、水箱或储水池安装完毕必须进行清洗和消毒，并取得卫生防疫部门的"卫生许可证"。

⑤ 消防设备必须进行设备及性能试运转，须符合设计使用要求并经过消防部门验收签字。

⑥ 二次供水管道所用管件及连结方式应按有关规范执行。

⑦ 凡有保温层的以及暗敷设的供水管道，必须有隐蔽前所作的水压试验记录。

⑧ 生活供水箱、泄水管、溢水管均不能与生活污水管道及设备直接连结，必须有可靠的空气隔断及防污染装置。

⑨ 生活与消防合用一个水箱时，必须留有消防储水量，水箱的消防出水管与生活用水出水管应有符合消防要求的储水量间距。

⑩ 水箱的位置、箱口、高度、与屋顶的距离、环境等必须符合有关规定。

3.给排水设备的运行管理

（1）服务标准。

给排水设备的运行管理应执行以下服务标准：

① 有卫生防疫部门核发的"供水卫生许可证"。

② 保持供水设施周围的环境清洁。

③ 保证供水安全，每年进行一次水质化验。

④ 水箱水池加盖加锁，每年清洗消毒一次。

⑤ 供水管理与操作人员应按规定进行身体健康检查并取得健康合格证。

⑥ 保证供水不间断，零修时接到报修后按时限要求赶到现场处理，大修时要提前通知，并采取临时供水措施。

⑦ 消防泵每月试泵一次，保证泵能转、水能上。

（2）档案管理。

二次供水设备以每个泵房为单位建立设备档案，设备档案包括：

① 验收的全部文件。

② 大、中修工程和改造、更新工程的所有文件。

③ 事故报告。

④ 年度的安全普查记录。

⑤ 本年度的"供水卫生许可证"和水质化验单。

⑥ 消防泵试运行情况登记表等。

4.给排水设备维修保养管理

给排水设备的维修保养分为维护保养、故障急修、修理工程。

（1）维护保养分为日巡视检查、周保养、月保养、年保养。厂家有特殊要求的应遵照厂家的要求。保养时如发现设备不正常应进行检查，待修理正常后再运行。

（2）故障急修是指供水设备在运行中发生一般故障的检查修理，通过调整更换部件后使设备正常运行。

（3）正常运行频率的设备修理工程可分为维修保养和大修。当水泵与电控设备磨损严重或性能全面下降时，应进行大修；大修定为每5~6年进行一次。如设备性能完好，周期可适当延长。为减少一个污染源，提高供水系统的技术含量而进行的工程称为供水设备改造。若厂家有具体规定以及对技术指标有特殊要求的，可依厂家规定。有关技术规范、标准提出了完成保养和维修的技术指标，这是注重每个设备的基本功能、维持和提高其技术含量、使设备处于最佳运行状态的基本规定，也是减少设备故障、保证安全运行、确保用户的供水需求的重要途径，应严格遵照执行。

（二）供配电设备的管理与维修

供配电设备即强电设备，其中供电设备为房屋输送电能以满足业主和使用人生产、生活的需要；电气照明设备则可以将电能转换为光能，以满足业主和使用人正常工作、学习和生活时的采光需要；而建筑弱电系统中的电信与网络设备部分，其功能是为用户提供通信服务。[①]

住宅小区或高层楼宇要保持正常使用功能，离不开电力的正常供应。供配电的可靠与安全，关系到建筑物各项功能的正常运转和使用人员的安全，因此物业服务企业必须做好房屋供电设备的管理与维护工作。

目前，供电方式主要有两种：一种是供电部门把电力直接送到用户单位；另一种是供电部门把高压电送到小区或高层楼宇，通过该地区变电站再送到各用户单位。

对供电设备进行管理的目的是保证正常运行，不发生事故，不间断供电。为此，物业服务企业必须了解并掌握全部设备的有关情况、数据、各种资料，制定可行有效的管理办法，做好供电设备的正常维护保养。

1.供配电设备管理的内容

（1）掌握设备的基本情况。其包括供电范围内各建筑物的用电内容、基本要

---

① 关于建筑弱电系统部分的管理与维修，本节未作展开讲述。需要了解这部分知识的读者，请参考：王建廷，盛承懋. 物业管理 [M]. 北京：中国建筑工业出版社，2007.

求；供电方式、分配方法、电压登记；全部的图纸；电气设备的数量、型号、位置；各用电户的使用规律、负荷变动等。

（2）建立设备档案。所有较大的用电设备均应分别编号，一般住宅可以以幢为单位建立档案。其内容应大致包括：电气平面图、设备原理图、接线图等有关图纸；用电电压、频率、功率、实测电流等有关数据；维修记录、运行记录、巡视记录及大修后的试验报告等各种记录。

（3）定期巡视维护和重点检测。根据供电范围内的具体情况，确定固定的巡视日期和内容（可分为一般部位和重点部位、一般项目和重点项目等）；根据设备的使用频率和季节的不同，确定测定的项目，如雨季前遥测地极的接地电阻值，夏季遥测线路的绝缘电阻值，以及节日前的有关项目检查等。

（4）积极有效地宣传安全用电、合理用电的知识，使用户掌握用电的一般知识和应遵守的用电规定。

（5）配备专职的电气工程技术人员，负责供电运行和维修的人员必须持证上岗。

（6）对电表安装、抄表、用电计量等工作进行合理安排，对公用电进行合理分配。

2.供配电设备管理制度

（1）接管验收制度。接管验收应由建设单位、施工单位和使用单位共同参加。验收人员应对全部施工质量及技术资料进行检验，查出问题应由建设单位负责返修或协商解决。验收合格的供配电设备应办理移交接管手续。验收工作主要包括以下内容：

①技术资料的验收。它包括竣工图纸（全部电气设备平面图、电气设备各有关部分的图纸、附属工作及隐蔽管线的图纸）、隐蔽工程验收签证、电气设备合格证、施工各阶段的验收证明书、变更记录等。这些资料应纳入档案管理。

②施工质量的验收。核对实际安装的线路及设备的数量、规格、型号、位置是否与图纸要求一致，地下埋设管路的具体位置与平面图是否一致；检查总开关容量、接地装置及接地电阻值、电气设备及线路的绝缘阻值；室内照明设备的随机抽检；设备试运转。

（2）配电房（有的也称变电所）管理制度。配电房是供电中心，属小区或大厦的"心脏"，应制定严格的规章制度，加强管理。

①配电房应由机电技术人员负责管理和值班，送、停电由值班人员负责实施，无关人员禁止入内。

②保持室内照明、通风良好，室温应控制在40℃以下，并悬挂温度计。

③建立配电运行记录，每班巡查一次、每月细查一次、半年大修一次，查出问题及时处理，并认真做好记录。

④供电回路的操作开关标志明显，停电拉闸时应悬挂标志牌，非相关人员绝对不得擅动。

⑤ 房内禁止乱接、乱拉线路，严禁超载供电，确有需要应经有关主管书面批准后进行。

⑥ 配电房内设备及线路的更改，需经主管部门同意。

⑦ 严格遵守交接班制度及安全、防火、清洁卫生制度。

⑧ 严格执行岗位责任制，遵守电力系统各项有关规程。

⑨ 操作及检修时，必须按规定使用电工绝缘工具，穿戴绝缘鞋、绝缘手套等。

⑩ 在恶劣的气候条件下，要加强对设备的巡视，一旦发生故障应按操作规程及时排除，并做好记录。

⑪ 配电房必须配备灭火装置和应急照明设施。

（3）电气设备保养制度

① 变压器：每年冬季检查高低压绝缘并进行变压器油简化试验；每年冬季对变压器线耳和各螺丝进行检查和紧固；每半年对开关箱变压器油进行简化试验；每年冬季对开关箱换油及检修。

② 高压开关柜：委托给供电局继保班，每两年由其进行各继电器试验；每年冬季对开关换油及检修；每年冬季对手动合闸和分闸回路进行试验和检修；每年冬季检查高压PT绝缘电阻。

③ 发电机：每月试空载两次，并检查蓄电池水位和接线耳；每年试带负荷一次；每年冬季对发电机的一、二次回路检查一次；每年冬季检查发电机及电缆绝缘和主开关触点；每年冬季试验发电机各保护性能。

④ 各变压低压主开关：每年冬季检修开关的触头和机构；每年冬季对开关的电子保护进行一次模拟动作试验；当条件许可时，每年对分开关及其出线电缆进行检查；每月对低压配电柜清扫一次灰尘。

⑤ 水泵房生活泵及消防水泵：每天检查地下总水池的进水阀运作情况，发现问题及时处理；每月检修经常使用的生活泵磁吸开关及控制回路；每年检修水泵马达绝缘情况并给轴承换油。

⑥ 消防风机：每月进行一次试机及检查；每年冬季检查绝缘、轴承、开关及控制回路。

⑦ 防雷地网和工作地网：一般每年冬季测试一次。

3.供配电设备管理的特殊要求

（1）供配电设备在投入运行前的准备工作。

① 配备相应的电气专业技术人员和一定数量的电气维修工及值班操作人员，电气维修工和操作人员必须经培训考试合格后持证上岗。

② 值班操作人员系统学习并掌握全套操作系统图、平面布置图等技术资料及现场操作规程等。

③ 建立运行日志、交接班记录、定期巡视检查记录、事故记录、故障检修记录等技术档案。

④ 值班操作人员配备全套安全用具和必需的防护装置。

⑤ 配备必要的电气设备备件和材料。

⑥ 进行必要的检查和试验，确保各种仪器仪表正常和保护装置灵敏可靠，备用设备完整可靠。

（2）供电设备的维护范围。

供电设备的维护范围应遵照供用电规则中所规定的产权分界点的划分原则来执行。

其中规定：

① 低压供电的，以供电接户线的最后支持物为分界点，支持物属供电局。

② 10KV 及以下高压供电的，以物业小区外或配电房前的第一断路器或进线套管为分界点（第一断路器或进线套管的维护责任由双方协商确定），供电局和业主分工维护管理的供电设备，未经对方同意，另一方不得操作或变动。

（3）落实职、责、权、利。

供电管理是一项比较复杂细致的工作，需要常抓常管。如果没有具体的责任人负责这项工作，就会带来很多问题。工程管理部门应设立专门的供电管理机构和班组，把供电管理工作中的职、责、权、利落实到具体的个人，一旦发生问题，也好查清责任，正确处理。另外，供电管理工作也需要领导的支持，用户安全、合理用电也是一个很重要的因素。

（4）建立 24 小时运行及维修值班制度。

这样做，既可以发现没能注意的供电问题，也可以因及时排除故障而解除潜在的事故隐患。同时，通过业主投诉、事故投报，还能及时提高供电管理水平，使业主与物业服务企业之间的信任加强。

（5）对临时施工及住户装修要有用电管理措施。

（6）停电应预先告示，以防发生意外事故。

（7）发生地震、火灾、水灾等情况，要及时切断电源。

4.避雷设施的管理

（1）建（构）筑物防雷等级的划分。

一类建（构）筑物：它是指存放爆炸物品或经常发生瓦斯、蒸汽、粉尘等与空气混合的建（构）筑物。由于电火花能引发爆炸，致使建（构）筑物损坏或人员伤亡，须特别注意。

二类建（构）筑物：它是指凡贮存大量易燃物品的房屋（构筑物），或具有重要政治意义的民用建筑物。

三类建筑物：它是指凡不属于前两类的范围，而须作防雷保护的建筑物。

（2）防雷装置的一般要求。

一般建筑物的防雷设施有针式和带式两大类，避雷针又可分为单支、双支、多支保护等几种形式。建筑物的防雷装置，一般由三个基本部分组成：接闪器、引下线和接地装置。这三部分要严格按照有关规范的具体要求安装。

（3）维修与检测。

① 接闪器应保持镀锌、涂漆完好。

② 引下线应保持镀锌、涂漆完好。在易受机械损伤的部位（地面以上0.3米至1.7米处）应增加保护设施。

③ 接地线。防雷接地、电气设备的保护接地和工作接地，都是合在一起的，组成混合接地系统。为防止雷击时产生的跨步电压，故接地装置与道路及建筑物的主要入口距离一般不得小于3米。

避雷装置的检查包括外观巡查和测量两个方面。一般可用摇表来测量各类建筑物的防雷接地电阻是否符合要求。接地电阻的检测每3年进行一次。

外观检查主要包括对接闪器、引下线等各部分的连接是否可靠，有无受机械损伤、腐蚀、锈蚀等情况，支撑是否牢固。外观检查每年应进行一次。雷雨后也应注意对防雷保护装置进行巡视，发现问题，及时处理。

（三）供暖与空调设备的管理与维修

1.供暖设备系统管理与维修

供暖设备是寒冷地区建筑物不可缺少的组成部分。由于城市居民生活水平的提高、工作条件的改善和环保节能的需要，城市供暖越来越多地采用集中供暖。集中供暖的管理是一种技术含量较高的系统工程。

（1）供暖管理职责划分。

① 采用锅炉供热的，其供热设备、设施及供热管线均由物业服务企业负责维护、管理，或由其委托专业供暖公司负责维护、管理。

② 采用集中供热的，其供热管线及供热设备、设施，均由集中供热部门负责维护、管理。集中供热部门可将居住区内供热交换站及二次供热管线、用户室内散热设备等，委托物业服务企业维护、管理。

集中供暖系统由热源（供热锅炉房）、热网（供暖管网）、散热设备（热用户）三部分组成。供暖管理对象是供暖系统的生产和再生产过程。具体管理内容为热源管理、热网管理和热用户管理。

集中供暖的管理模式主要有两种，即自营管理和交给专门的供热管理公司管理。

自营管理是由物业服务企业组建专门机构对供暖系统全面负责，管理其运行和维护，包括热源管理、热网管理和热用户管理。

委托专门的供热管理公司管理是由物业服务企业（甲方）与供热管理公司（乙方）签订管理合同，由乙方负责供热系统的运行和维护，即进行热源与热网管理；甲方提供必要的费用和监督，即只进行热用户管理。

本部分主要介绍集中供暖管理模式中的自营管理。

（2）供暖用户的管理。

① 签订供暖协议。

② 编制用户手册。用户手册是管理合同的有效附件，可以将供暖管理的有关

事宜解释清楚，如供暖管理的原则、组织机构，供暖服务的标准、收费原则与标准等。

③指导用户合理地取暖。指导用户自觉控制户内热水（汽）的流量，保持适当的室温；检查房间的密封性能，加强保温措施；不得擅自增加散热器，扩大采暖面积或者拆改室内采暖设备；严禁取用供暖系统循环水等。

④采暖费用的收取。按期交纳供暖管理费用是用户的责任。供暖管理费用应在供暖期前交纳。对未能按期交纳的，管理人员要调查用户情况，弄清不交原因，如出差时间长、经济困难或无人居住等。只要经济条件允许，都应监督上交，将久拖不交的情况诉诸法律。对于个别用户（已交费）室内采暖温度长期达不到标准（16℃以上）的，或在某一个时效内（如24小时）用户报修而没有及时维修等情况，影响正常采暖的，可制定合理的补偿标准。

（3）锅炉房的管理。

①落实锅炉的运行条件。

新建投入使用的供暖设施，必须向当地供暖管理部门登记，经检验合格，并获得供暖许可证后方可投入运行。已经投入运行的锅炉，应当定期地进行外部检验、停炉内外部检验和水压试验。同时，应将有关结果上报当地锅炉压力容器安全监督机构，接受其监督检查。

所有拟上岗的司炉工、水质化验员等，必须经过理论知识和实际操作技能培训，经考核合格后，方可持证上岗。

②建立各项管理制度。

其包括：岗位责任制、锅炉及其辅机的操作规程、巡回检查制度、设备维护保养制度、交接班制度、水质管理制度、清洁卫生制度、安全保卫制度等。

③锅炉操作管理。

锅炉操作管理是热量生产，即热水或蒸汽形成并输出热网的全过程管理，是热源管理的核心。利用锅炉供暖的过程是系统化的连续过程。因此，要有不同的分工，要建立锅炉操作的岗位责任制和轮班制。同时要根据物业不同类型和用途，制订不同时点的供热计划，即供暖时间过程控制计划。

（4）供暖设备的维修与管理。

①锅炉的检查与保养。

为了确保锅炉的安全运行，取暖锅炉应在停火后进行清洗检查，并在来年生火前再做一次检查。此外，锅炉遇到下列情况时，需要进行超水压试验：已经连续使用6年以上；已经停运1年以上再次使用；经过移装、改装；受压部件进行了更新、挖补或较大的电焊修理、维修；水暖锅炉的水冷壁管、沸水管的更换总数超过50%等。定期对锅炉进行保养，保养需在锅炉的水垢、烟灰清理干净后进行。

②供暖管道的维护。

在运行期间要做好管道保温；确保循环水质合格；经常检查各种仪表的工作状况，发现问题及时排除；对除污器、水封管等处的排污阀，要定期排放。停运后需要对供暖管道系统中所有的控制件进行维护、检修，并应将系统中的水全部放掉，用净水冲洗管道系统及除污器，再用经过处理合格的水充满，并保持到系统再次运行。当发现供暖管道漏水、漏气时，应根据情况确定维修方法。

③散热器的维护。

散热器漏水、漏气通常应采取拆卸散热器或黏糊砂眼的方法进行修理。

2.空调系统管理与维修

（1）空调房的管理。

空调机房应悬挂"机房重地，闲人免进"的警示牌；房内不得堆放与空调机组无关的物品，更不得堆放易燃、易爆物品；空调机房当班人员必须持证上岗，每天定时记录运行数据，月底汇总存档。

（2）空调机组的运行。

①运行前的检查。

掌握空调、通风设备的技术操作规程和方法，做好开机前的准备和检查工作。

②开机。

启动风机、水泵、电加热器和其他各种空调设备，使空调系统运转，向空调、通风房间送风。启动设备时，在一台转速稳定后才允许启动另一台，以防供电线路因启动电流太大而跳闸。风机启动要先开送风机，后开回风机，以防室内出现负压。风机启动完毕，再开电加热器设备。

③运行。

按时检查调整，使润滑油、水、制冷机等在空调系统运转中保持在正常值范围内；在运转中要按时记录，了解各种仪表读数是否处于正常值范围。如出现反常现象，则要及时设法排除，必要时关机检修。

④停机。

关闭空调、通风系统各种设备时，应先停电加热器，再停回风机，最后停送风机。停机后巡视检查各设备是否都已停机，该关的阀门是否关好，有无不安全的因素。

（3）空调设备的维修保养。

空调设备的维修保养分为日常保养、月度保养、季度保养和年度保养。

3.供暖与空调系统管理制度

（1）锅炉系统工作岗位责任制度。

① 负责锅炉系统的安全运行操作及运行记录，根据各系统的设计和运行要求，对有关设备进行相应的调节。

② 负责锅炉及其所属设备的维修保养和故障检修。

③ 严格执行各种设备的安全操作规程和巡回检查制度。

④ 坚守工作岗位，任何时间都不得无人值班或私自离岗，值班时间内不做与本岗位无关的事。

⑤ 每班至少冲水位计1次，排污1次，并认真做好水质处理和水质分析工作。

⑥ 勤检查、勤调节，保持锅炉燃烧情况的稳定，做好节能工作。

⑦ 认真学习技术，精益求精，不断提高运行管理水平。

（2）锅炉系统维修保养制度。

① 每日清扫、擦洗所有设备及工作场所，否则接班人员有权拒绝接班。

② 每班冲洗水位计1次。

③ 每班定期排水1次。

④ 每日定期手动安全阀1次。

⑤ 每班做炉火、软水及离子交换器化验1次，离子交换器水硬度≥0.09时应2~3小时化验1次。

⑥ 凝结水排放管应每天日班排放1次并检查水质清洁度，化验水指标。

⑦ 每周检查给水滤网、油过滤器、滤网1次。

⑧ 对所有有跑、冒、漏问题的阀及时修复。

⑨ 对所有泵阀（软水、污水）、软水箱等附属设备进行年大修及清洗。

（3）空调系统工作岗位责任制度。

① 空调工对当班空调系统运行负有全部责任。领班必须组织好空调工按照巡回检查制度，定时对外界及空调区域的温度、相对湿度进行监视，根据外界天气变化及时进行空调工作情况调节，努力使空调区域的温度、相对湿度符合要求。

② 严格执行各种设备的安全操作规程和巡回检查制度。

③ 坚守工作岗位，任何时间都不得无人值班或擅自离岗，值班时间不做与本岗位无关的事。

④ 负责空调设备的日常保养和一般故障检修。

⑤ 值班人员必须掌握设备运行的技术状况，发现问题立即报告，并及时处理，且在工作日志上做好详细记录。

⑥ 值班人员违反制度或失职造成设备损坏的，将追究其责任。

⑦ 认真学习专业知识，熟悉设备结构、性能及系统情况，做到故障判断准确，处理迅速及时。

（4）空调系统巡回检查制度。

① 维修主管在日常巡视中要仔细检查各个设备的运行状况。

② 空调机房每天要有巡视记录。

③ 巡视机房的内容包括压力表、盘管、配电柜、风口、地面卫生、阀门、循环泵、电器控制盘等。

④ 巡视各楼层的空调情况包括电梯间及楼道是否有跑、冒、滴、漏等现象。

⑤ 巡视进、出口的水温是否正常。

（5）空调机组的维护保养制度。

① 使用期间每周宜清洗一次过滤器或过滤网。如果过滤器上的污垢太多，可用含有少量中性洗涤剂的温水或冷水清洗，然后用自来水洗净晾干后再安装。

② 应经常清洗面板，清除污垢和灰尘；不可泼水清洗以免造成事故。

③ 在经过4~5年的长期运行后，空调器因污垢和积尘太多，运行效率会大大降低，此时最好拆卸下来彻底清洗。

④ 室外机的冷凝器每两个月清洗一次，用氮气或毛刷吹除肋片表面的灰尘和其他沉积物，清洗时应停止风机的运行。

4.供暖与空调系统管理的特殊要求

（1）供暖系统使用前的准备工作。

供暖前的准备工作是整个供暖期间的重要环节，为确保冬季供暖达到预期的效果，必须做好以下几点：

①做好开炉前的各项检查。

a.要备有充足的燃料、水源及运输设备，确保能源的供应；b.做好锅炉及辅助设备的全面检查，单机冷态运行合格；c.安全阀、压力表、温度计等一切仪表要准确可靠；d.各类电气、微机设备要安全可靠，符合操作要求；e.全面检查通风排烟、上煤除渣、供回水、补水、水处理等系统运行是否正常，各类控制开关是否正常；f.司炉人员必须掌握本锅炉房内附属设备、管道系统及主要附件的作用、位置及操作方法。

②系统的冲洗。

冲洗的目的是清除网络和用户系统的污泥、铁锈、砂子和其他施工中掉入内部的杂物，从而防止杂物在运行中阻塞管路或散热设备。

③系统的上水。

系统上水的水质应是符合要求的软化水。系统上水的顺序是：锅炉→网络→热用户。

对热用户上水应注意：所有热用户宜集中由锅炉统一上水，上水时由回水管向系统内上水。上水时，应开启集气罐上的放气阀，关闭泄水阀门，边上水边放气。上水速度不应太快，以利于空气从系统中放出。当集气罐上的放气阀冒水，即可关闭放气阀门，然后开启供水阀门，系统上水完毕。

④系统定压。

配有膨胀水箱定压装置的要认真检查膨胀管、循环管、溢流管、信号管有无阻塞；配有变频、稳压系统的锅炉房，把稳压装置调到所确定的工作压力点上。上水后要认真检查系统内所有管道、阀门有无渗漏，压力是否稳定。

⑤启动循环水泵。

在循环水泵启动前，先开启末端1~2个热用户或开启末端网络旁通管阀门。当循环水泵启动时，特别在有多台水泵启动时，应每一台循环水泵逐次启动，防止电动机启动电流过大。启动完毕后，关闭所有旁通管阀门。

⑥锅炉点火。

（2）供暖管理工作重点。

①供暖期管理工作重点。

a.准备阶段。配备和培训司炉供热人员；检查供暖设备三修（翻修、大修、维修）竣工情况；系统上水；冬煤储备等。

b.初寒期。按时点火；稳定供暖秩序；贯彻执行规章制度和操作规程；降低炉灰含碳量；确保运行安全；完成进入严寒期前的设备维修工作。

c.严寒期。加强设备维修保养，稳步进入严寒；交流运行管理经验和技术；保证元旦、春节期间的供暖质量；做好下一年度的设备普查和"三修计划"。

d.末寒期。做好末寒期的供暖节能工作；认真完成停炉后的现场清扫和整理等收尾工作。

e.总结阶段。做好供暖成本分析和能耗分析；总结全冬工作，表扬先进，改进不足；部署下一年度工作。

②非供暖期管理工作重点。

落实年度供暖设备"三修"工程计划的资金、材料和工作安排；做好供暖收费工作。

（3）空调系统启动前的准备工作。

① 首先开启冷却水塔，观察其工作情况（主要是水和风机两部分是否正常）。

② 检查各处阀门的位置（确认开机前处于开的位置）。

③ 检查电压是否正常。

④ 检查油压、水压、油温、水温情况，使之符合规定。

⑤ 检查上一班的运行记录。

⑥ 检查主机显示代码状态。

（四）电梯设备的管理与维修

电梯，是指动力驱动，利用沿刚性导轨运行的箱体或者沿固定线路运行的梯级（踏步），进行升降或者平行运送人、货物的机电设备，包括载人（货）电梯、自动扶梯、自动人行道等。电梯是一种具有高技术含量的专用设备，已成为高层建筑不可缺少的垂直交通运输工具，电梯的安全运行与人们的生活质量密切相关。物业服务企业可设置专门的机构对电梯进行集中的专业化管理，也可委托社会上的专业机构进行管理。对经管电梯数量大、种类多的物业服务企业来说，最好组建自己的专业队伍进行集中管理，这有利于提高服务水平和经营效益。

电梯的管理包括电梯的运行管理、设备管理与安全管理。

1.电梯的运行管理

（1）运行时间及运行制度。

高层住宅电梯一般实行全天24小时服务。医院或写字楼电梯如有错峰或楼层等运行时段安排的，电梯司机要替班用餐，保证电梯不间断连续运行。个别有夜间停运的电梯，夜间必须配备电梯司机值班人员，遇居民有特殊情况需用电梯，值班员要随叫随到，及时开梯服务。

（2）运行报表制度。

为掌握电梯运行状况，应建立起填写运行记录与报表制度。各种表格应由物业服务企业统一印发。其包括：

① 电梯运行记录。

② 报修单。

③ 电梯运行月报。

④ 电梯设备年报。

⑤ 电梯事故月报表。

2.电梯的设备管理

电梯设备管理的主要内容有：接管验收、维修管理和技术档案资料管理。

（1）接管验收。

① 验收工作是设备安装转入使用的一个重要过程，第一次验收为初验，对发现的问题应商定解决意见并确定复验时间。复验仍不合格的应限定解决期限。对设备的缺陷及不影响使用的问题，可作为遗留问题与建设单位签订保修或赔款补偿协议。对这类协议必须是在设备能用，不致出现重大问题时方可签订。验收后的验收单与协议等文件应由物业服务企业签署。

② 验收时应注意对重点部位的检查。

③ 交验时应提交完整的电梯设备安装与建筑施工图，包括竣工图，安装说明与使用说明书，隐蔽工程记录与性能测试记录，装箱单，配套产品合格证，随机工具与备用品、备用件。

④ 其他有关问题。

a.保修期。按规定，产品在出厂一年半内保修，安装质量在一年内保修。特殊要求可与施工单位协商决定。

b.司机休息室与维修间。按常规每幢独立的塔楼单梯应在首层配一居室的值班休息室，双通梯及三通梯均只设一间休息室。每维修1~10部电梯应配一维修点（相当于二居室面积）。但附近建有集中维修用房的除外。

c.通向楼顶的楼梯口未设计梯门的应补装铁栅栏门，并装防盗报警装置。

d.提供高档电梯贵重的易损件和备件费。

以上四项问题应在验收时协商议定。

（2）维修管理。

电梯是一种使用相当频繁的设备，在整个运行过程中，其主机与各零件都在发生不同程度的自然损耗，而良好的维修保养可减少损耗，提高可靠性，确保安全，延长电梯的使用寿命，节约资金。

电梯维修等级、周期与要求如下：

①零修，指日常的维护保养，其中包括排除故障的急修和定时的常规保养。因故障停梯，物业在接到报修后应在20分钟内到达现场抢修。常规保养分为周保养、半年保养和一年保养。

周保养：每梯每周一次，每次不少于4小时。

半年保养：每梯每半年一次，每次不少于8小时，侧重于重点部位的保养。

一年保养：每梯每年一次，每次不少于16小时，为较全面的检查保养。

为不影响电梯运行，保养工作应安排在低峰或夜间进行，同时可将连续工作分阶段进行。

②中修，指运行较长时间后进行的全面检修保养，周期一般定为3年。

③大修，指在中修后继续运行3年时间，因设备磨损严重须更换主机和较多的机电配套件以恢复设备原有性能而进行的全面彻底的维修。如果设备性能完好，则周期可适当延长。

④专项修理，指不到中、大修周期又超过零修范围的某些须及时修理的项目，如较大的设备故障或事故造成的损坏。

⑤更新改造。电梯连续运行15年以上，如主机和其他配套件磨损或腐蚀严重，不能恢复又无法更换（旧型号已淘汰或已换代）时，就须进行更新或改造。

（3）技术档案资料管理。

电梯技术档案资料包括设备原始资料与维修管理的资料。

①设备档案。

每部电梯均应在接管后建立单独的档案。其包括：

a.电梯验收文件，包括验收记录、测试记录、产品与配套件的合格证、电梯订货合同、安装合同、设备安装图与建筑结构图、使用维护说明书、遗留问题处理协议与会议纪要等。

b.设备登记表，主要记载设备的各项基本参数与性能参数，如型号、功率、载重量等。

c.中、大修工程记录，记载中、大修时间，次数，维修内容与投资额及工程预、决算文件等。

d.事故记录，记载重大设备、人身事故发生的时间、经过与处理结论等。

e.更新记录，记载本梯更新时间、批准文件。

②维修资料。

其包括报修单、运行记录、普查记录、运行月报及有关考评材料等。

3.电梯的安全管理

电梯作为一种交通运输设备，本身就具有一定的危险性，其维修工作又具有高空作业和带电作业的特点，因此对安全工作必须有严格的管理制度。电梯的安全管理首先是对电梯司机、维修人员的安全作业的训练；其次是对设备安全的监督检查；最后是对用户的安全教育。

（1）对司机、维修人员的安全管理

①持证上岗。

根据政府有关规定，电梯作业属于特种作业。电梯司机和维修工要经统一考核合格后方可持证上岗。

②制定安全操作规程。

制定"司机安全操作规程""电梯维修安全操作规程"，人手一册，严格执行。

③加强培训与考核工作。

a.对电梯司机和维修工都应进行岗前培训。培训的重点是学习安全操作规程，使司机熟悉所操纵的电梯运行性能、操作方法、应急措施等；使维修人员熟悉维修的基本程序与技术标准、故障的检查、排除方法等。经培训后，电梯司机在正式上岗前应经过不少于两周的带班操作训练。对维修工还要进行经常性的技术培训。此外还要经常进行职业道德教育，提高为人民服务和遵纪守法的自觉性。

b.除上岗考核外，对所有在岗的电梯司机每半年要进行一次安全规程的考核。对屡次违反操作规程不听教育的，要取消其电梯司机资格。对维修工要进行技术等级考核和定期的安全操作考核。

（2）设备安全管理措施。

为了运行安全，电梯设备本身在设计和制造上已设置了多种安全装置。在使用中必须经常检查这些装置的可靠性，定期进行安全机构动作试验与整体性能试验。这些在维修使用说明中有明确的规定，关键是要严格执行。

建筑物对电梯设备还要求有防火、防水、防盗、抗震等措施。例如，通向机房的楼梯口应设有防火的安全铁门，机房应装有防盗报警器、灭火器。机房内不应有上下水管线，井道坑应做好防水层，机房地板所开的孔洞应有防水隔离圈，井道内壁不应有梁、柱管道等凸出部分，以保证安装、维修、安全运行。

（3）对住户的安全教育。

① 制定"乘梯须知"，并张贴或悬挂在轿厢内。

② 向用户宣传电梯安全使用知识。

③ 对破坏电梯设备的要责令赔偿，必要时应依法制裁。

（4）安全责任制。

物业服务企业应有主管领导负责安全管理工作，安全必须作为一项责任内容。对造成重大人身、设备事故的责任人要作认真、严肃的调查处理。

（五）安全设备的管理

物业的安全设备管理包括保安设备管理和消防设备管理。

1.保安设备管理

保安设备管理是指运用现代建筑技术和现代电子信息技术，为实现对所管物业辖区的所有建筑主体、建筑设备、公共区域以及业主和物业使用者等多方面的安全管理而建立的一整套智能化的治安管理系统。保安系统可以分为以下几个部分：

（1）电视监控子系统。此系统应能根据安全防范管理的需要，在所管物业各个公共活动场所、通道以及重要部位，再现现场图像画面，进行有效的监视和记录。

（2）防盗报警子系统。此系统应是根据所管物业的公共安全防范管理的要求和防范区域及防范部位的具体状况条件，安装红外或微波等各种类型的报警测控器，对所辖区域的非法入侵实现及时可靠和正确无误的报警，及时通知保安人员。防盗报警子系统应由四部分组成：保安管理中心分路闯入报警系统；警戒门钥匙分路闯入报警系统；紧急通知或抢劫报警按钮；开动摄像机的区间红外线测控传感器。

（3）出入口控制子系统。此系统应能根据所管物业的公共安全防范管理的需要，对物业内部分区域的通行门、出入口、通道及电梯等进行针对通行位置、通行对象、通行时间的有效控制和管理。

（4）访客接洽及报警系统。此系统在高层物业中应用范围较广。它能为来访客人与楼内的物业管理人员提供双向通话或可视通话，为居住人员提供向安保中心及时报警的功能。该系统下面分设安保对讲子系统（由扬声器和摄像机组成）、报警子系统等。

2.消防设备管理

消防设备、设施的管理工作直接关系到物业的安全、业主的生命财产和投资信心。因此，物业服务企业必须加强消防设备的维护与管理，确保火灾报警系统、喷淋系统、消火栓系统等消防设备的正常运行。

（1）消防设备的管理。

①火灾自动报警及联动控制系统的运行管理。

详细记录消防控制中心显示器上所显示的故障，按季度试验、检查各防火分区的火灾探测器、报警系统及联动装置，结合年度检查更换部分探测器、报警装置及联动装置的部分元器件等。

②设备巡视。

其包括对控制区域、消防控制中心的巡视，对火灾自动报警及联动系统的定期检查等。

（2）消防设备的维护。

①室内外消火栓系统的维护管理。

由专人负责，明确消火栓系统的日常维护和定期检查的内容、要求及方法，并按照国家消防规范的有关要求进行。

②喷头的维护管理。

及时将喷头上的灰尘用刷子刷掉或用风吹掉；拆装喷头时，必须使用专用工具并符合操作规程；发现喷头有漏水、腐蚀、玻璃柱中有色液体变色或数量减少等现象，必须立即更换或补足；腐蚀性严重的场所，可对喷头采取涂蜡或刷防腐涂料等防腐性措施。

③喷淋管道系统的维护管理。

采用放水试验的方法观察喷淋管道系统是否受堵，并用顺洗法（冲水法）、逆洗法（压气动法）及时进行清理。

④喷淋供水设施的维护管理。

定期检查自动喷淋灭火系统的水源、水量、水压等是否符合设计要求；检查蓄水池是否有过多的沉淀物，并定期清洗蓄水池；水泵系统应具备双回路供电，有条件者还需自备电源，并定期启动，以检查其工作状态与性能。

⑤喷淋报警阀的维护管理。

对于湿式报警阀，必须进行定期检查，确保能够在打开警铃校验旋塞后的20~

30秒内发出铃声报警。同时，关闭警铃校验旋塞后，铃声停止。对于干式报警阀，应确保报警阀上的空气压力必须高于水压，并能够顶开阀瓣。同时，还应在非严寒季节进行顶开试验。

第三节 案例分析

案例1 业主刚入住，房屋出现问题，责任由谁负？

案例：

某小区一业主，单位分给他商品房6个月后，外墙面出现渗水现象。物业服务企业认为，住户刚搬进来住，是在建筑保修期内，此事应找施工单位索赔。但施工单位认为，此房已建好两年半了，早过了保修期，责任不应由其来负，应找业主单位负责。而业主单位的管房领导认为，该房虽购买两年，但该房子分配到职工手中才几个月，仍属于保修期内的问题，应由施工单位负责。业主不明白，他刚分了6个月的房屋出现问题到底应该由谁来负责？

案例评析：

本案例需明确两个问题：

（1）什么是保修期？保修期和保修范围是如何规定的？

（2）保修期内外的维修责任由谁承担？

物业的保修，是指对房屋建筑工程竣工验收后在保修期内出现的质量缺陷，予以修复。质量缺陷，是指房屋建筑工程的质量不符合工程建设强制性标准以及合同的约定。房屋出现质量缺陷，首先应该确定属于何种问题，是否在保修期限之内。

关于保修期，根据《建筑法》《建设工程质量管理条例》《房屋建筑工程质量保修办法》《商品房销售管理办法》，国家具体有以下规定：

在正常使用条件下，建筑工程的最低保修期限为：

（1）基础设施工程、房屋建筑的地基基础工程和主体结构工程，为设计文件规定的该工程的合理使用年限。

（2）屋面防水工程，有防水要求的卫生间、房间和外墙面的防渗漏为5年。

（3）供暖系统与供冷系统为两个采暖期、供冷期。

（4）电气管线、给排水管道、设备安装和装修工程为2年。

（5）其他项目的保修期限由建设单位与施工单位约定。

建筑工程的保修期自竣工验收合格之日起计算。

建筑工程在保修范围和保修期限内发生质量问题的，施工单位应当履行保修义务，并对造成的损失承担赔偿责任。

一般来说，业主购买的商品住宅会涉及两个保修期，两者在时间的长短上有一些差别。

一是施工单位向建设单位承诺的建筑工程保修期，自竣工验收合格之日起计算，具体期限如上。二是开发企业（即前述建设单位）向购房人承诺的房屋保修期，保修期从开发企业将房屋交付给购房者之日起算（一般指交钥匙时）。

《商品房销售管理办法》第32条规定：销售商品住宅时，房地产开发企业应当根据《商品住宅实行住宅质量保证书和住宅使用说明书制度的规定》①（以下简称《规定》），向买受人提供《住宅质量保证书》《住宅使用说明书》。

该办法第33条规定：房地产开发企业应当对所售商品房承担质量保修责任。当事人应当在合同中就保修范围、保修期限、保修责任等内容作出约定。保修期从交付之日起计算。

商品住宅的保修期限不得低于建设工程承包单位向建设单位出具的质量保修书约定保修期的存续期；存续期少于《规定》中确定的最低保修期限的，保修期不得低于《规定》中确定的最低保修期限。

保修项目和最低保修期限如下：

（1）地基基础和主体结构在合理使用年限内保修。

（2）正常使用情况下各部位、部件保修内容与保修期：屋面防水3年；墙面、厨房和卫生间地面、地下室、管道渗漏1年；墙面、顶棚抹灰层脱落1年；地面空鼓开裂、大面积起砂1年；门窗翘裂、五金件损坏1年；管道堵塞2个月；供热、供冷系统和设备1个采暖期或供冷期；卫生洁具1年；灯具、电器开关6个月；其他部位、部件的保修期限，由房地产开发企业与用户自行约定。

房地产开发企业可以延长保修期。国家对住宅工程质量保修期另有规定的，保修期限按照国家规定执行。

比如，关于屋面防水工程，施工单位向开发企业承诺的保修期为5年，从竣工验收合格之日起计算，而购房人是在其后2年购买的，则屋面防水工程的保修存续期为3年。按照上述规定，在开发企业与购房人签订商品房销售合同时，应就保修期如下规定：从交付使用时起，屋面防水工程保修3年。

如果购房人是在其后3年购买的该商品房，则施工单位向开发企业约定的保修存续期剩2年，即少于《规定》中确定的保修期限3年，那么在商品房销售合同中，应就保修期做如下规定：在交付使用后，屋面防水工程仍保修3年，即不能低于《商品住宅实行住宅质量保证书和住宅使用说明书制度的规定》中确定的最低保修期限。

本案例中，业主分到房子6个月发现房子的质量问题，但分到房子与房子交付使用（购买后拿钥匙时）是两个概念，某些单位购买房子后一直没有往下分，也可能会造成房屋超过保修期的情况。好在后续施工单位承认，该房子在业主发现外墙渗漏时，是商品房建好（竣工验收合格）两年半时，而国家规定，建筑工程在竣工

---

① 一般简称为"两书"，由房地产开发企业根据国家要求制定。其中，《住宅质量保证书》是房地产开发企业将新建成的房屋出售给购买人时，针对房屋质量向购买者作出承诺保证的书面文件，具有法律效力，开发企业应依据《住宅质量保证书》上约定的房屋质量标准承担维修的责任。

验收合格后，施工单位应保证"屋面防水工程，有防水要求的卫生间、房间和外墙面的防渗漏，为5年"的保修期。业主的外墙面渗水正在该保修期内，从这个角度看，应由施工单位对开发单位（继而对业主）承担维修责任。

另外，业主单位陈述，业主发现外墙面渗漏时，该房购买已有2年，按此往回追溯，该建筑工程是在竣工验收合格后0.5年时售予该业主单位，施工单位承诺的保修期尚存续4.5年。根据《规定》，开发单位向购房人承诺的最低保修期"墙面、厨房和卫生间地面、地下室、管道渗漏1年"，也在施工单位承诺的保修期内。

所以，根据前述相关规定，在购房保修期内出现的商品房质量问题，应由开发企业维修解决；如果在购房保修期内，同时又在建筑工程竣工以后的保修期内，商品房质量问题应由施工单位负责维修。如果施工单位不能到场，则由开发企业负责保修，再由开发企业向施工单位追偿。

最后，业主单位只是给业主分房，与房子的维修没有关系，所以施工单位让业主所在单位承担维修责任的说法毫无根据。

今后，为了避免类似问题，在签订商品住宅买卖合同时，购房人或业主应注意两方面：

（1）房屋的保修期限是可以同开发企业商定的，这就要求购房人在订立购房合同时，一定要注意作为合同附件的《住宅质量保证书》，看清楚上面所承诺的保修时间长短和起算时间；如果觉得保修时间太短，可进行补充约定。

（2）买尾房或现房的购房人，收房时一定要注意保修期的时限，避免错过保修时间。

入住后，在发现房子存在质量缺陷时，购房人应注意两个方面：

（1）若在开发企业的保修期限之内，应马上找开发企业要求处理。同时，应记明因为房屋质量缺陷造成的损失，便于之后要求赔偿。

如经保修、维修后导致房屋使用功能受到影响，或因主体结构质量不合格给购买人造成损失的，根据《住宅质量保证书》开发企业应承担赔偿责任。购买人认为主体结构质量不合格的，可以向《住宅质量保证书》中注明的工程质量监督单位申请重新核验，经核验确属不合格的，购买人有权退房。

（2）对超过保修期的房屋质量问题，购房者要区分情况处理。

如果是因为开发企业故意拖延而超过期限，或者因为屡修屡坏、屡坏屡修而超过期限，由开发企业承担责任，购房者有权追诉。只是购房者要注意保存相关证据，便于日后举证。如果不是，则根据物业服务合同或其他相关规定进解决。房屋建筑的日常养护与维修一般由物业服务企业负责，费用在物业费中支出；而房屋的公共部位、公共设施设备方面的大修问题，经业主同意，物业服务企业负责用业主交纳的专项维修资金来维修。

房地产开发企业也应注意以下问题：

在保修期内房屋保修的事项通常由开发企业负责维修和处理，但是，如果开发企业委托物业服务企业等其他单位负责保修事宜的，必须在《住宅质量保证书》中对所委托的单位予以明示，保证购房者权益获得实际保护。

开发企业在与物业服务企业签订前期物业合同时，一定要将开发企业规定的保修期过后物业服务企业应负的责任——写明，避免在纠纷发生时引起不必要的麻烦。

所以，买房人办理入住手续后，遇到诸如房屋漏水、暖气跑水、墙皮脱落等情况。不能简单把气撒在物业服务企业身上，这种做法有失偏颇。购房人遇到房屋质量问题，最好区分出责任在谁，向责任人追究责任。

需要注意的是，国家规定的是保修的"最低年限"，而一些有实力的施工单位或开发企业常常会提供更长的保修期限。北京市 2000 年 9 月发布的《房屋建筑工程质量保修书（示范文本）》中的保修期限是空白的，需经双方协商填写。

案例 2　暖气跑水，物业服务企业是否应该负责？

案例：

张先生购买了某小区商品房屋一套。装修入住后不久，因工作原因到南方出差。一个多月后，张先生回到家，发现自己屋内的地板全部被水泡坏。经打听得知，原来是物业服务企业供暖前试暖，自己家里的供暖设备发生了漏水。张先生认为，物业服务企业试暖不慎造成了他的损失，因此，要求物业服务企业赔偿。那么，物业服务企业对此是否应当承担赔偿责任呢？

案例评析：

案例中提及的这种意外，应该分几种情况进行分析：物业服务企业是否在试暖之前进行了通知；张先生是否接到了通知或者说张先生是否知道试暖的时间；张先生是否积极配合了物业服务企业的工作。这些都将成为判定责任由谁承担的关键。

根据有关规定，作为供暖单位，物业服务企业在每一年度正式供暖前有两个必须履行的义务：一是 9 月底前的维修、养护或更新改造；二是 10 月底前的试暖。物业服务企业只有尽到以上义务才算是对供暖设备尽到了维修的义务。如果物业服务企业没有对暖气进行维修，就构成了违约。

另外，在供暖试暖前，物业服务企业应提前以通知方式告知住户检修时间，至于通知的具体方式，《物业服务合同》中有约定的，应按照约定方式履行；没有约定的，物业服务企业应尽其管理人的义务，确保通知每一个住户，以完全尽到通知的义务，这样才能保证试暖时住户能够配合物业服务企业对暖气管道进行检修，从而确保适时、安全地供暖。

根据上述原则或规定，我们再来分析一下本案例中物业服务企业的责任。

第一种情况是，物业服务企业已发出通知并且业主张先生已经知道检修时间，但由于客观原因，比如急于出差而未能配合物业服务企业的检修工作，那么业主在暖气管道因未能及时检修而发生漏水并造成财产损失这一事件上，存在一定的过错。而物业服务企业因没能就未检修的住户另行采取适当的处理方式，以确保每位住户的暖气管道安全无损，也有一定过失。本案例中，张先生家中的损失应由张先生与物业服务企业共同承担，物业服务企业只在其应承担的部分责任范围内对张先生进行适当赔偿。

第二种情况是，物业服务企业已多次对张先生发出检修通知，张先生没能给予必要的配合，导致物业服务企业无法对业主的暖气管道进行检修。在这种情况下，物业服务企业就可以因没有过错而无须承担责任。也就是说，张先生家中的损失只能由张先生自己承担。

第三种情况，物业服务企业并未发出检修通知，只发出了试暖通知，而业主张先生由于客观原因，如已出差而未能看到该通知从而无法配合试暖，更无从知晓暖气管道存在的隐患，导致暖气漏水后的财产损失。在这种情况下，物业服务企业对于造成的损失就应承担全部责任。只要张先生能够提供相关证据（包括物业服务企业未对暖气管道进行必要的检修、有关通知自己未知晓、出差的时间、车票以及财产损失清单等），物业服务企业就要对此进行全部赔偿。

案例3　电梯事故中业主受伤，物业服务企业与维保单位谁应担责？

案例：

某小区业主委员会委托的物业服务企业与某电梯维保公司签订了有关电梯维护保养合同，合同服务期限为2020年1月1日至2020年12月31日止。2020年9月15日上午10点，小区5号楼2单元电梯发生故障，物业服务企业立即向电梯维保公司报修，维保公司接报后立即派维保人员前往维修。同日10点50分，业主孟某正迈入该楼的一楼电梯时，却遇电梯突然启动，随即被上升电梯夹在轿厢和一楼层门的门楣之间，好在电梯此时停止，但孟某却因此受伤。经消防人员到场解救后送往医院，被医院诊断为骨盆及双侧下肢多发伤。事后，孟某要求电梯维保单位担责，赔偿电梯事故给其带来的所有损失。但电梯维保单位认为孟某、业委会、消防人员对本案损害的发生均有过错，理由是，孟某在乘坐电梯过程中未尽到安全注意义务；业委会明知电梯老化严重未及时更换电梯存在一定过错；消防人员救援不及时加重了孟某的损伤。

那么，本案中：

（1）孟某并未要求物业服务企业担责，但物业服务企业是否就没有责任呢？为什么？

（2）电梯维保公司的看法对吗？为什么？

案例评析：

近年来，随着城市各类物业中电梯数量的快速增长，我国每年都发生多起电梯卡人、困人、蹲底或冲顶等伤人事故，成为安全监管的一大难题。那么电梯出现事故，应该如何划分责任？

本案分析如下：

1.分析物业服务企业有无责任

《特种设备安全法》第38条规定，特种设备属于共有的，共有人可以委托物业服务单位或者其他管理人管理特种设备，受托人履行本法规定的特种设备使用单位的义务，承担相应责任。电梯属于特种设备，住宅电梯属于业主共有，如果小区业主整体委托了物业服务企业进行管理和服务，住宅电梯也是受托人负责管理的一部分，该物业服务企业就要依法履行特种设备的安全管理义务，承担相应责任。住宅电梯一旦出现故障，业主首先要找物业服务企业，如果涉及电梯制造、安装等问题，则由物业服务企业跟相关单位协调。《物业管理条例》第35条规定，物业服务企业应当按照物业服务合同的约定，提供相应的服务。物业服务企业未能履行物业服务合同的约定，导致业主人身、财产安全受到的损害的，应当依法承担相应的法律责任。该条例第46条规定，物业服务企业应当协助做好物业管理区域内的安全防范工作。发生安全事故时，物业服务企业在采取应急措施的同时，应当及时向有关行政管理部门报告，协助做好救助工作。

根据上述规定，本案中，物业服务企业有如下过错：

（1）该案发生后，当地质监局就该事故出具《电梯事故调查报告》，认定该电梯事故主要原因为"电梯公司维保工作不到位，对执行《电梯维修保养规则》中有关电梯制动器保养的要求存在一定缺失"，这说明物业服务企业对电梯的日常维修保养不重视，没有及时发现维保公司的问题。

（2）聘请维保公司作为电梯维保单位对故障电梯进行维修，却未到现场对电梯维保行为进行监督和管理。

（3）物业服务企业没有采取树立警示标志等防护措施来保障乘坐电梯业主的安全，也没有派人盯守防范事故发生，导致业主人身安全受到损害。

所以，物业服务企业不能证明其采取了合理的措施、履行了法律规定的义务来预防事故的发生，对本案损害的发生存在一定的过错，对孟某造成的损害应承担一定的责任。

2.电梯维保公司的看法不对

首先，分析电梯维保公司有无过错，是否应承担赔偿责任。

《特种设备安全法》第45条规定，电梯的维护保养应当由电梯制造单位或者依照本法取得许可的安装、改造、修理单位进行。电梯的维护保养单位应当在维护保养中严格执行安全技术规范的要求，保证其维护保养的电梯的安全性能，并负责落实现场安全防护措施，保证施工安全。电梯的维护保养单位应当对其维护保养的电梯的安全性能负责；接到故障通知后，应当立即赶赴现场，并采取必要的应急救援措施。该法第46条规定，电梯投入使用后，电梯制造单位应当对其制造的电梯的安全运行情况进行跟踪调查和了解，对电梯的维护保养单位或者使用单位在维护保养和安全运行方面存在的问题，提出改进建议，并提供必要的技术帮助；发现电梯存在严重事故隐患时，应当及时告知电梯使用单位，并向负责特种设备安全监督管理的部门报告。电梯制造单位对调查和了解的情况，应当作出记录。

《特种设备安全监察条例》第32条也做了同样的规定。

《电梯维护保养规则》（特种设备安全技术规范 TSG T5002-2017）第6条规定，

维保单位应当按照安装使用维护说明书的规定，并且根据所保养电梯使用的特点，制订合理的维保计划与方案，对电梯进行清洁、润滑、检查、调整，更换不符合要求的易损件，使电梯达到安全要求，保证电梯能够正常运行。当通过维保或自行检查，发现电梯仅依据合同规定的维保内容已经不能保证安全运行，需要改造、修理（包括更换零部件）、更新电梯时，维保单位应当书面告知使用单位。

从本案可以看出，作为小区电梯的日常维护保养单位，电梯维保公司接到电梯在运行中发生故障的信息后，确实立即赶赴了现场，但却未做到正确救援和修复。

质监局出具的《电梯事故调查报告》说明，该电梯维保公司作为有资质的专业电梯维修保养单位，未尽维保义务，未达到有关电梯制动器的日常保养要求。在接到物业服务企业的故障通知后，未采取必要的应急救援措施，如停梯检查、在现场落实安全防护措施，也未建议物业服务企业与其共同采取必要的防范措施，未能切实履行保障乘客安全的义务，且经过维修，电梯仍未达到安全要求，导致孟某进入未正常运行的电梯并因此受伤。本案中，电梯发生故障，物业服务企业已报修，电梯公司在维修现场却发生事故，应当认定电梯公司的维保工作既不到位，也未遵守相关规定。其对本案事故的发生存在主要过错，应承担主要赔偿责任。

其次，电梯维保公司的看法不对。

业主孟某在乘坐电梯时并无违反乘梯要求的行为，不能认为其未尽到安全注意义务。业委会作为业主大会执行机构，其无权直接决定更换电梯，也不具备判断电梯是否老化严重到需要更换程度的能力，从这一点上更说明作为专业的电梯维保公司有着不可推卸的责任，因为《电梯维护保养规则》规定，当通过维保或自行检查，发现电梯仅依据合同规定的维保内容已经不能保证安全运行，需要改造、修理（包括更换零部件）、更新电梯时，维保单位应当书面告知使用单位。而维保公司从未书面告知物业服务企业，业委会当然也无法获知，恰恰说明电梯维保公司平时工作的失职。另外，更换电梯依法应当启用住宅专项维修资金，这是另外一个问题，与电梯维保公司的工作无关。物业服务企业从收取的物业费中已支付了电梯维保公司日常保养电梯的费用，电梯维保公司应该依照与物业服务企业签订的《电梯维保合同》，履行其约定的日常保养工作义务。至于消防人员未及时救助更无道理，《特种设备安全法》并未明确出现该类事故时消防部门的救援响应时间，所以，主张消防部门存在过错缺乏事实和法律依据。

小结

物业的基础管理包括房屋建筑的维修管理和房屋设备的维修养护管理。

房屋建筑维修管理是指物业服务企业根据国家对房屋维修管理的标准和要求，对企业所经营管理的房屋进行维护、修缮的技术管理。房屋维修管理的主要内容包括房屋安全与质量管理、房屋维修施工管理、房屋维修行政管理和房屋维修技术管理。根据房屋损坏的程度，按维修工程的性质，可分为小修、中修、大修、翻修、综合维修5类。

房屋设备，是指附属在房屋建筑上的煤、电、水等各类设备的总称，它是构成房屋建筑实体不可分割的有机组成部分，是发挥物业功能和实现物业价值的物质基础。

房屋设备的维修管理，就是指按照一定的科学管理程序和制度，按照一定的技术管理要求，对煤、电、水等设备进行的日常养护和维修。

现代房屋设备一般由水、煤、电、气、卫、空调、电梯、电信等设备系统构成，而一些现代化的写字楼、商厦已配备了自动报警、计算机监控技术设备等更为先进的设备系统。

智能建筑主要由三大系统集成，即楼宇自动化、办公自动化、通信自动化。

□ 关键概念

物业的基础管理　房屋维修管理　房屋维修施工管理　房屋维修行政管理房屋维修技术管理　房屋质量等级　房屋完损等级　房屋设备　智能建筑设备维修管理　给排水设备　供配电设备　供暖与空调设备　电梯设备　安全设备

□ 思考题

1.什么是物业的基础管理？基础管理包括哪些内容？

2.什么是房屋维修？什么是房屋维修管理？

3.房屋维修管理包括哪些内容？

4.房屋的完损等级有哪些分类？如何确定房屋的完损等级？

5.房屋维修工程有哪些分类？

6.房屋修缮工程有哪几种？其标准是什么？

7.什么是房屋设备？它有哪些分类？

8.什么是房屋设备的维修管理？它包括哪些内容？其中房屋设备的维修管理又包括哪些方面？

9.智能建筑包括哪些系统？

10.你所在的物业服务企业接管了一处居住小区，请你列出小区应配备的主要消防设施，并写出各项设施的性能。

□ 案例分析题

1.物业服务企业私自撬门维修房屋，是否承担赔偿责任？

张先生是某住宅小区4楼的住户，因为工作关系，经常出差在外。一次，张先生家突然漏水，楼下王小姐家里的天花板、家具、衣被都被淋湿。因为水流不止，王小姐便请求物业服务企业前去维修。物业服务企业在联系不到张先生的情况下，私自将张先生家的房门撬开，入内维修。张先生认为，物业服务企业未经同意便擅自将房门撬开，侵犯了自己的权利，因此要求该物业服务企业赔偿损失。那么物业服务企业应当赔偿吗？

2.管道堵塞，造成水浸，责任应该谁负？

杜先生住在某大厦2楼。最近，由于1楼与2楼之间的排污管道堵塞，污水从他家浴室地漏回涌，将木地板及部分家具浸湿，木地板也因此拱起，需更换。杜先生认为，排污管是公共设施，因公共设施出现故障而造成他的损失，应该由物业服务企业赔偿，因此向物业服务企业追偿。但物业服务企业认为，其没有赔偿责任，因而不予赔偿。那么，管道堵塞造成水浸，到底由谁负责呢？

3.空调室外机毁坏，物业服务企业有无责任？

王女士在某小区买完房子装修后一直没去住，空调也没开。2017年4月小区物业通知她，她家的空调室外机着火烧毁了。王女士认为这是物业服务企业保安人员失职造成的，要求物业服务企业赔偿，可物业服务企业人员称责任不在他们。你认为物业服务企业到底有没有责任？

房屋完损等级
评定标准

第七章

物业的综合管理

□ 学习目标

　　通过对本章的学习，要求学生掌握综合管理与基础管理的区别、消防管理与治安管理的区别以及安全管理中常见问题的处置原则和方法；熟悉物业综合管理的运作形式，熟悉安全管理中治安管理、消防管理和车辆管理的含义、基本内容和基本要求；了解物业环境管理中污染的防治、清洁管理和绿化管理的内容，了解不同物业车辆管理的特点。

第一节　物业的综合管理概述

一、物业综合管理的含义

　　物业综合管理主要是指除了对物业本身的管理之外，在公共区域中对使用物业的人进行的环境、安全等管理。它能保证业主和使用人工作、生活的正常秩序，是一种系统的、全面的管理和治理。

二、物业综合管理与基础管理的不同

　　物业综合管理与物业基础管理是两个不同的概念。二者有以下不同：

　　（1）管理对象不同。综合管理主要是管人，管人的正常工作、生活秩序和环境的整治，而基础管理主要是管物业本体。

　　（2）管理的目的不同。前者是为了保证人的工作和生活的安全与舒适，后者是为了物业的保值与增值。

（3）管理手段不同。前者是服务型的管理，后者是管理型的服务，也就是说，前者的管理带有明显的服务性，后者的服务带有明显的管理性。

（4）管理的意义不同。前者对物业管理是充分条件，后者对物业管理是必要条件；缺少前者的某一部分管理，物业管理也许还是成立的，但缺少后者的某一部分管理，就不是完整意义上的物业管理了。

随着物业管理市场的渐趋成熟，物业管理市场的竞争表现为物业服务企业之间综合管理水平的较量，而综合管理水平不仅体现在对建筑物本体及有关设施、设备等硬件方面的管理上，更体现在环境、安全等软件方面的管理上。

三、物业综合管理的运作形式

物业服务企业是物业综合管理的组织者和管理者。各项管理工作的具体运作形式有两种：一是将一些要求明确、职责清晰或专业性强、技术要求高（如电梯）的服务项目委托给社会上专业化的服务公司，如清洁公司、保安公司、电梯公司等；二是物业服务企业自行组建相应的部门，配备必要的操作服务人员来具体实施。

（一）委托专业服务公司

随着物业管理的全面推进，社会上各类专业服务公司将越来越多。专业化的服务公司一般具有人员精干、技术水平高、技术装备全、服务质量好、服务收费合理的特点。一些新组建的公司，尤其是其所管物业的规模不大时，招聘专业服务公司来承担专项服务，对减少冗员、提高服务质量、降低服务成本都有较好效果。委托专业服务公司也将是今后物业管理发展的方向之一。

但是物业服务是禁止整体转委托的。《民法典》第941条规定，物业服务人将物业服务区域内的部分专项服务事项委托给专业性服务组织或者其他第三人的，应当就该部分专项服务事项向业主负责。物业服务人不得将其应当提供的全部物业服务转委托给第三人，或者将全部物业服务支解后分别转委托给第三人。

（二）自行组建专业服务队伍

根据需要，物业服务企业可以设立相应的部门或机构，聘用有关技术人员和操作人员，组建自己的专业服务队伍，提供相应的服务。大多数开发企业组建的物业服务企业都是这样的专业服务队伍。

无论哪种方式，都要接受服务对象的监督检查，而物业服务企业对其所提供的管理服务要负全面管理责任。

四、物业综合管理的内容

从大的方面来说，物业综合管理的内容主要有两个：环境管理和安全管理（详见本章第二节、第三节）。

第二节　物业的环境管理

一、物业环境及物业环境管理的含义

（一）物业环境

物业环境是指物业周围可以公共使用的地方。它与城市里的公共场所、公用地方有着明显区别，不可混为一谈。

（二）物业环境管理

物业环境管理，是指在物业环境这一特定的范围内的污染防治、清扫保洁、绿化管理等服务。换句话说，物业的环境管理是这样一种管理活动，即物业服务企业通过执法检查、履约监督、制度建设和宣传教育工作，防止已经发生、控制可能发生的污染物业环境的活动，其目的是为业主和使用人创建一个整洁、舒适、幽美、文明的生活和工作环境。

二、物业环境管理的内容

根据环境管理和专业化物业管理的要求，物业环境管理的内容主要包括污染防治、清洁管理和绿化管理。

（一）污染防治

1.环境污染与污染防治的含义

（1）环境污染。

人们将其在生产、生活和其他活动中产生的废弃物或其他有害因素过量地排入环境，其数量或浓度超过了环境的自净能力或生态系统的负载限额（即环境容量），导致环境质量恶化的现象，称作环境污染。

（2）污染防治。

所谓污染防治，其实质就是控制人类活动向环境排放污染物的种类、数量和浓度。为此，要求人们采取各种可行的和有效的措施，减少污染物的排放量，降低污染物中有害物质的浓度或危害性，控制和治理现有的污染源，对已经排放的废弃物和污染物进行减量化、无害化、资源化（简称"三化"处理），同时按照以防为主的要求控制和减少新污染源，以遏制环境质量的恶化，并逐步恢复和改善环境质量。

2.污染的分类与防治

（1）污染的分类。

按污染物的形态，污染可分为大气污染、水体污染、噪声污染、固态废弃物污染等。

① 大气污染，是人类活动向大气中排放各种有毒、有害气体和尘烟等污染物

超过了一定限度而造成的一种污染，它严重影响着人类的健康。防治大气污染的管理措施主要有：改变能源结构；禁止在物业辖区内焚烧沥青、油毡、橡胶、落叶等能产生有毒有害气体或恶臭气体的物质；严格控制辖区内工业生产向大气排放含有有毒物质的废气和粉尘；加强车辆管理，限制机动车辆驶入辖区，减少尾气排放量，减少噪声；在物业维修、装修、拆除时，尽量采取防止扬尘的措施；平整和硬化地面，减少扬尘。

② 水体污染，是指病原体污染物、需氧物质污染物、有毒化学物质或其他污染物质排入水中，对环境和人类造成的损害。防治水体污染的管理措施主要有：严格控制工业和生活污水的任意排放；加强对已排污水的处理；加强生活饮用水二次供水的卫生管理等。

③ 噪声污染，是指人类活动排放的环境噪声超过国家规定的标准，妨碍人们工作、学习、生活和其他正常活动的现象。物业环境中的噪声主要有三种：车辆交通噪声、建筑施工噪声和社会生活噪声（如农贸市场的嘈杂声、音响设备的播放声、中小学广播操喇叭声等）。为了严格控制噪声污染，环境保护和物业管理的有关法规规定：禁止在住宅区、文教区和其他特殊地区设立产生噪声和污染的生产、经营项目；禁止在夜间和其他不得作业的时间内从事施工作业，影响他人休息；禁止机动车、船在禁止鸣喇叭的区域内鸣喇叭；控制机动车辆驶入物业辖区，对于允许进入的车辆，限制车速，采用曲线形道路迫使其降速以减少噪声，并禁止鸣喇叭；从事娱乐性文化活动，或者使用音响设备、乐器等开展室内娱乐活动时，应采取有效措施控制音量，不得影响他人的正常生活。

④ 固态废弃物，通常是指在生产、生活和其他活动中产生的，在一定时间和地点不再需要而丢弃的固态、半固态或泥状物质。按其来源和管理要求，可以分为生活型和工业型两类。生活型固态废弃物，即城市生活垃圾，是指居民生活、商业活动、市政维护、机关办公等产生的生活废弃物，如炊厨废弃物、废纸、织物、家用杂具、玻璃陶瓷碎物、电器制品、废旧塑料制品、废交通工具、装修垃圾、煤灰渣、脏土及粪便等。工业型固态废弃物，简称工业废物，是工业生产过程中排入环境的各种废渣、粉尘及其他废物，如高炉渣、钢渣、赤泥、有色金属渣、粉煤灰、煤渣、硫酸渣、废石膏、盐泥等。

⑤ 日常生活垃圾。物业辖区是城市日常生活垃圾的主要产生地。大量的生活垃圾源源不断地、集中地产生在这一人类的聚居地，并正随着经济的增长而增加。在业主和使用人尚未普遍树立起高度的环境保护意识并养成文明的生活习惯之前，或者在管理体制尚未理顺的情况下，物业环境极易被生活垃圾所污染。

（2）污染的防治规定。

防治固体废弃物污染和生活垃圾的规定主要有：

① 任何单位和个人，应按当地环卫部门规定的地点、时间和有关要求，排放、倾倒生活垃圾，不得擅自乱倒或裸露堆放。

② 垃圾箱等设施的设置，应与生活垃圾产生量相适应，有密封、防蝇、防污

水外流等防污染设施。

③ 生活垃圾应及时清扫收集，统一运输和处理，做到日产日清，防止一次污染和二次污染。

④ 生活垃圾应实行分类收集，逐步实现"三化"（减量化、无害化、资源化）。

⑤ 重量超过 5 千克或体积超过 0.2 立方米以及长度超过 1 米的旧家具、办公用废旧电器及包袋箱等大件垃圾，应按管理部门规定的时间投放在指定的收集场所，不得随意投放。

⑥ 医疗垃圾、放射性垃圾、传染病人垃圾、动物尸体等有害垃圾，以及单位和个人在翻建、改建或装修房屋时产生的建筑垃圾，应按有关规定处理，不得混入生活垃圾之中。

⑦ 实行谁产生生活垃圾和废弃物，就由谁来承担相应义务的原则。例如，对单位实行环境卫生责任制、"门前三包"等；对居民实行生活垃圾分类袋装化等。

需要指出的是，当我们用一些规定和措施约束业主和使用人去保护环境的时候，物业服务企业本身也应熟悉我国在环境保护方面的有关规定。我国的环境保护相关法律对物业管理是有影响的，熟悉环境保护的法规，具备一些有关有毒垃圾或其他污染物的常识，对物业服务企业成功开展管理活动来说极为关键。比如，如果业主或使用人扔掉的是有毒的或对环境有害的垃圾，如废旧电池等，物业管理者就必须要有能力辨别有毒垃圾是否已被正确地处理过。我国对无毒性的垃圾也要求按类分开扔放，对于这一规定，物业管理者当然也要严格遵守。在用于垃圾回收的区域，物业服务企业要提供回收设备，并查看住户是否将垃圾正确分类。这样既有利于垃圾的回收利用，也有利于环境保护。

物业环境污染防治的重点一般因物业类型的不同而不同。如工业小区以工业污染物为防治重点，住宅小区则以日常生活垃圾作为防治重点。下面我们要讲的清洁管理和绿化管理主要也是在防治日常生活垃圾污染的基础上进行的。

（二）清洁管理

前面我们已经讲过，物业服务企业的基本业务是公共性的常规服务，而清洁管理和绿化管理即是其中之一。

1.清洁管理的含义

清洁管理是指物业服务企业通过宣传教育、直接监督和日常清洁工作，来保护物业环境、防治环境污染的一种管理活动。通过清、扫、擦、拭、抹等专业性操作，维护所有公共区域和公共部位的清洁卫生，从而塑造文明形象，提高环境效益。物业服务企业要将纠正不良卫生习惯与清洁卫生管理工作相结合，注意通过宣传教育提高居民对公共场地的清洁卫生意识，将人人参与卫生清洁管理与卫生清扫相结合，从而避免随手乱扔垃圾、废旧物侵占公共过道和场地、楼上抛物、随地吐痰、乱涂、乱画、乱张贴和垃圾堵塞下水道的现象。

如果前述防治环境污染的规定能被有效地执行，那么，清洁管理的工作量就会少很多。

物业服务企业的清洁管理工作可以分为两种形式：一是将所管物业环境卫生的日常清扫保洁工作，委托给社会上的专业化清洁服务公司具体实施，物业服务企业只需设环卫主管1~2人负责环境卫生的检查与监督；二是物业服务企业下设环卫部来负责所管物业的清洁管理，并招聘专业清洁人员进行日常的清扫保洁工作。在这种情况下，环卫部的班组设置和人员配备根据物业的类型、布局、面积以及清洁对象的不同而灵活设置。对于一个规模较大的物业服务企业来说，其保洁部一般分设3个班组：楼宇清洁服务班（组）、高空外墙清洁班（组）和公共区域清洁班（组）。

2.清洁管理的内容

目前，大部分物业还做不到通过专业化的清洁服务公司来进行清洁管理。因此，对于前述的后一种形式，清洁管理的业务范围基本包括：

（1）平面清洁。楼宇前后左右的公共区域，包括物业辖区内的道路、空地、绿地等公共区域的打扫与清洁。

（2）垂直清洁。楼宇上下空间的公共区域，包括楼梯、电梯间、大厅、天台等公共区域的打扫与清洁。

（3）物业辖区范围内的日常生活垃圾的收集、分类和清运。要求并督促业主和使用人按规定的地点、时间和有关要求，将生活垃圾倒入专用容器或者指定的生活垃圾收集点，不得擅自乱倒。

3.清洁管理的工作标准

（1）清洁管理工作做到"五定"，即"定人、定地点、定时间、定任务、定质量"。每一个清洁人员都要知晓自己负责清扫保洁的范围、时间、任务与质量要求。

（2）根据不同类型、不同档次的物业对楼宇内公共区域清洁卫生的不同质量要求，制定相应的清洁卫生具体要求。这些要求一要具体，二要明确，以便于监督检查。

（3）物业区域道路清洁标准可以参照马路清扫质量标准：一是每天清扫两遍，全日清洁；二是达到"六不""六净"，即"不见积水、不见积土、不见杂物、不乱收堆、不乱倒垃圾、不见人畜粪"，以及"路面净、路沿净、人行道净、雨水口净、树坑墙根净、果皮箱净"。

（4）垃圾清运及时，做到当日垃圾当日清除，并建立合理的分类系统。如果采用垃圾通道处理的方式，要保持通道清洁；如采用在各楼道设垃圾桶或分发垃圾袋的方式，必须设专人负责，统一送垃圾站或转运站。粪便一般排入城市污水处理系统。

4.清洁管理的主要工作内容

清洁管理的主要工作内容包括制定管理制度和定量定期考核标准；做好卫生设施建设，配备必要的硬件设施；做好事前和事中的清洁宣传教育工作，制定管理规定3方面。

（1）制定管理制度和定量定期考核标准。

管理制度是做好清洁管理工作的保证。管理制度包括清洁员的岗位责任制、劳动纪律要求、奖惩条例、经济处罚和典型曝光规定；清洁卫生检查制度及清洁机具使用操作和保养细则等。

定量定期考核标准可分为每日、每周、每月管理要求。

（2）做好卫生设施建设，配备必要的硬件设施

为了做好清洁工作，增强清扫保洁工作的有效性，除应具备日常使用的清洁机械、工具、物料等，还应配备与之有关的硬件环卫设施，包括环卫车辆，如清扫车、洒水车、垃圾运输车等，以及为方便群众、维护环境卫生的便民设施，如果皮箱、垃圾桶、垃圾清运站等。物业服务企业应多方筹集资金，添置新设施，同时做好这些设施的保养工作。

（3）做好事前和事中的清洁宣传教育工作，制定管理规定

清洁工作一要经常，二要保持。做好环境清洁工作，物业服务企业的管理服务是一个方面，住户的配合也是很重要的一个方面。由于住户的素质有高有低，单靠自觉是不够的，必须制定卫生管理规定来加以约束，并加强教育，使住户和物业服务企业一起来做好卫生管理工作。物业服务企业最好在"早期介入"阶段，即应提前通过各种渠道向未来的业主和使用人进行宣传教育。进入物业管理实施阶段以后，环卫部仍然需要在做好清洁工作的同时，做好清洁宣传教育工作，注意把提高人的清洁卫生意识、纠正不良习惯与清洁管理相结合，使住户也自觉地参与到清洁工作。同时，应广泛征求住户的意见，只有在双方共同努力下，才能创造出幽美、洁净的物业环境。

目前，与清洁管理有关的法律法规主要有《环境保护法》《城市生活垃圾管理办法》《固体废物污染环境防治法》《环境噪声污染防治法》《城市市容和环境卫生管理条例》《城市生活垃圾分类标志》以及各地颁布的管理实施细则等。

（三）绿化管理

1.绿化的含义与功能

绿化，简单地说，就是栽种绿色植物（树木、花卉、草皮等）以改善自然环境和人民生活条件的活动。

绿化是调节居住和工作环境的重要手段之一。绿化在生活中能发挥9大功能：制氧、杀菌、调节气温、防粉尘、减噪声、防风沙、产生负离子、吸附有害气体、防止自然灾害。绿化是居住区唯一有生命的基础设施。加强绿化管理，是改善小区气候和净化空气的需要，是提供良好的休闲场所的需要，也是居民自身生存、发展与享受的需要。

2.绿化管理的业务范围

楼宇与住宅小区绿化管理的业务范围可分为：公共绿化（包括道路绿化）、公共设施和公共建筑绿化、家庭庭院绿化。

（1）公共绿化是指物业管理区域内公共使用的绿化用地，如居住区公园、林荫道、居住组团的小块绿地等。

（2）公共设施和公共建筑绿化是指物业管理区域内的学校、托幼机构、医院、

诊所、影剧院等周围的绿地。

（3）家庭庭院绿化是指住宅四周的绿地及住宅阳台绿化。

3.绿化管理的主要工作内容

物业服务企业的绿化管理应包括绿地的建设，绿化的日常养护，居住区绿化管理规定的制定与落实，制止破坏、践踏及随意占用绿地的现象等。

（1）绿地的建设。

绿地建设包括新辟绿地的设计与营造、原有绿地的恢复与整顿、逐步提高绿地级别，具体包括绿化设计、植物选择、配置及施工4个环节。

①绿化设计。

园林绿化是一个功能与美观相结合的整体，设计原则是"适用、经济、美观"。小区的园林绿地，要求以绿为主，形成系统；见缝插绿，节约土地；合理配置，注意景观。要根据小区的特点，设置精巧的园林艺术小品和丰富多彩的园林植物进行绿化，使其形成幽美清新的环境。重点美化部分应放在小区出入口处等引人注目的地方，同时还要注意竖向绿化。竖向绿化是使绿化向空间发展，包括屋顶、墙面、阳台等的绿化，并与地面绿化紧密协调结合，使整个小区变成一个绿色世界。小区绿化要与周围建筑风格浑然一体，还要与周围的环境相辅相成，根据闹市区、广场、街道等的不同功效，布置适宜的绿化和小品。

②植物选择。

园林绿地中有植物、建筑、山石、道路、水体、小品等，但植物是园林绿地的主体。对于大面积绿化，应选择易生长、易管理、少修剪、少虫害、有特色的优良树种，一般以乔木为主，也可考虑一些有经济价值的植物。一些重点绿化地段，如居住区入口、公共活动中心，可选种一些观赏性的乔灌木或少量花卉；人行道宜选用遮阳力强的落叶乔木；老年儿童休憩、游戏场所忌栽有毒或带刺植物；运动场地则应避免大量扬花、落果、落叶的树木等。

③配置。

小区园林绿化布置可采用规则式和自然式两种方式。接近房屋建筑物的园区采用规则式，远离房屋的地方采用自然式。两者结合起来，则形成混合式园林。

④施工。

施工是达到设计效果的重要一环，它直接影响绿化的质量与日后的养护工作，影响花木的生长、绿地美化的效果和各种功能的发挥。绿化工作可由园林工程部门承建，也可由物业服务企业自行组织施工。在具体施工过程中必须严格按照设计图纸施工，确保工程质量。

（2）绿化的日常养护。

绿化的日常养护是巩固绿化成果、提高绿化质量的保证。绿化日常养护工作包括除草、松土、浇水、施肥、整形修剪、防治病虫害、围护、涂白、立支柱、加强宣传教育和派人巡视、防止人为的破坏等。日常养护具有经常性、针对性和动态性的特点。经常性要求一年四季连续不断地做好养护工作；针对性要求养护工作要针对不同树木花草的不同习性进行；动态性要求掌握不同季节、不同生长期的养护重点。

（3）居住区绿化管理规定的制定与落实。

绿地的建造是环境绿化的前提，物业服务企业日常养护是环境绿化的保证。但物业环境特别是居住区绿化效果的保持，更离不开广大住用户的爱护。因此，物业服务企业要采取多种形式，向广大业主或使用人特别是儿童进行宣传教育，制定相应的绿化管理规定，落实绿地养护措施并抓好落实，使人人都关心爱护绿化。

绿化管理的规定主要包括：

① 人人有义务管理与爱护花草树木。

② 不损坏和攀折花木。

③ 不准在树木上敲钉拉绳晾晒衣物。

④ 行人或车辆不得跨越、通过绿化地带，不得碰坏绿地栅栏。

⑤ 不往绿地倾倒污水或投扔杂物。

⑥ 不在绿化范围内堆放物品、停放车辆。

⑦ 不在树木上及绿化带内设置广告牌。

⑧ 不在绿地内违章搭建。

⑨ 不损坏绿化的围栏设施和建筑小品。

⑩ 人为造成花木或其保护设施损坏的，根据有关主管部门规定进行赔偿或处罚，若为儿童所为，由家长负责赔付。

（4）制止破坏、践踏及随意占用绿地的行为。

尽管物业服务企业对物业服务区域内的绿化尽最大努力去养护和管理，生活中仍然会发生以下现象：有的业主在小区的公共绿地上种植蔬菜；有的抢占绿地作为私家车位并在地上安装地锁；还有底层业主在自己房屋的墙外搭建简易棚放置私人物品或自行车甚至还安装栅栏……

小区绿地归小区全体居民所有，因此小区全体居民都享有绿地的使用权，但是部分业主私自占用绿地种菜、乱搭乱建或用于停放车辆等，不仅损害了广大业主的利益，而且破坏了小区环境，影响到绿地的美观性，甚至出现绿地变垃圾场的情况。同时，小区的绿地养护、物业管理等方面若存在很大的问题，小区整体品质将随之下降，进而导致房价下降；而且有占用绿地的业主，就会有反对占用绿地的业主，这也会破坏邻里间的和谐关系；部分业主认为绿地被占用是因为物业服务企业管理不当，并以此为理由拒交物业费，也导致业主与物业服务企业之间发生矛盾。

为了避免出现以上情况，当小区绿地出现被个人或单位占用的情况时，小区物业服务企业应及时制止对方私自占用小区公共绿地的行为；如果物业制止后对方仍继续这种行为，小区业主委员会可以根据《民法典》和《物业管理条例》等相关法规，强制要求当事人停止占用绿地的行为，或向法院提起诉讼。

4.绿化管理的标准

（1）根据居住功能和居民对绿地的使用要求，采取集中与分散、重点与一般，点、线、面结合的原则，使小区公共绿地、庭院绿地和道路两侧绿地设计合理，花坛、树木、建筑小品配置得当，以形成完整统一的居住区绿地系统，并与周围的绿地系统相协调。

（2）绿化评价指标有：绿地率、绿化覆盖率、人均公共绿地面积。

绿地率=(小区内绿地用地面积÷小区总用地面积)×100%

绿化覆盖率=(绿化垂直投影面积之和÷小区总用地面积)×100%

人均公共绿地面积=小区公共绿地面积÷小区内居住总人口

绿地率通常以下限控制。这里的绿地包括公共绿地、宅旁绿地、公共服务设施所属绿地（道路红线内的绿地），不包括屋顶、晒台的人工绿地。

绿地率和绿化覆盖率是两个不同的概念，绿地率与绿化覆盖率都是衡量居住区绿化状况的经济技术指标，但绿地率不同于绿化覆盖率。绿地率是规划指标，描述的是居住区用地范围内各类绿地的总和占居住区用地面积的比例。绿化覆盖率是绿化垂直投影面积之和占小区总用地面积的百分比，比如一棵树的影子很大，但它的占地面积很小，两者的具体技术指标是不相同的[①]。

根据《全国城市文明住宅小区达标考评实施细则》，新建住宅小区，人均公共绿地应达到1.5平方米以上，绿地率要达到30%，绿化覆盖率达到25%以上；旧城改造的小区，人均公共绿地面积不低于0.5平方米。

5.城市绿化管理的分工

按规定，城市绿化分工如下：

（1）新建小区道路建筑红线之外的，由园林部门进行绿化和养护管理；道路红线之内的，由房管部门或物业服务企业进行绿化和养护管理。

（2）新建小区街坊内部有路名的道路，由园林部门进行绿化和养护管理；没有路名的道路，由房管部门或物业服务企业进行绿化和养护管理。

目前，与绿化管理有关的法律规章主要有：《民法典》《物业管理条例》《城市绿化条例》《全国物业管理示范住宅小区标准及评分细则》等。

在物业服务企业的环境管理工作中，本节的3个内容是层层递进的：污染的防治是为了事先预防；清洁管理是为了净化我们的空间；绿化管理是为了美化我们的生活。

第三节　物业的安全管理

一、物业安全管理的含义

《条例》规定，物业服务企业应当协助做好物业管理区域内的安全防范工作。

物业的安全管理是指物业服务企业采取各种措施和手段，保证业主和使用人的

---

① 另有一指标即绿视率（Green Looking Ratio），指人们眼睛所看到的物体中绿色植物所占的比重，它强调立体的视觉效果，代表城市绿化的更高水准。

人身财产安全，维持正常的生活和工作秩序的一种管理工作，是物业管理服务的基本内容之一。物业服务合同一般都会约定这类社区安全管理义务。

《民法典》第942条规定，物业服务人应当维护物业服务区域内的基本秩序，采取合理措施保护业主的人身、财产安全。对物业服务区域内违反有关治安、环保、消防等法律法规的行为，物业服务人应当及时采取合理措施制止、向有关行政主管部门报告并协助处理。

《民法典》第285条规定，物业服务企业或者其他管理人应当执行政府依法实施的应急处置措施和其他管理措施，积极配合开展相关工作；第286条规定，对于物业服务企业或者其他管理人执行政府依法实施的应急处置措施和其他管理措施，业主应当依法予以配合。

2020年初突发的新冠肺炎疫情，对全国人民的生命安全构成了威胁，给社区或各小区的物业服务工作带来了极大的挑战。物业服务企业在社区疫情防控中承担了大量工作，起到了十分重要的作用。通过立法规定物业服务企业在疫情等特殊情况下开展应急处置的责任，加大了物业服务人的管理责任，明确了业主的配合义务，有助于物业开展相关工作。在突发公共事件中，物业服务企业应当执行政府依法实施的应急处置措施，积极配合开展相关工作，维护小区居民的人身财产安全和社会公共利益。

二、物业安全管理的内容

物业的安全管理包括3个内容：治安管理、消防管理和车辆管理。

（一）治安管理

1.治安管理的含义

物业治安管理是指维护楼宇建筑和住宅小区的正常生产、工作和生活秩序及社会安定的一种管理活动。具体地说，是指物业服务企业为防盗、防破坏、防流氓活动、防意外人为突发事件等开展的管理活动。

社会治安管理工作概括起来有3个层次：一是公安机关的城市治安管理服务；二是物业管理区域内的治安管理服务；三是企事业团体的安全防范。在这3个层次中，公安机关占主导地位，是主要力量。物业管理中的治安管理既担负维护客户（业主和使用人）人身财产安全的任务，又承担积极地协助公安机关打击违法犯罪的责任，发挥辅助作用。第三个层次是前两者的群众基础。由此可见，物业管理中的治安管理是介于公安机关和自我防范之间的一项专业治安工作，具有预防的作用，是城市综合治安管理的重要补充。

物业管理区域内的治安管理工作，一般由物业服务企业的保安部负责，通过值班、看守和巡逻来完成。

2.治安管理的基本内容

（1）建立健全物业安全保卫组织机构。物业服务企业应设立专职保安部门来负责所管区域内治安保卫工作的具体实施。可聘用社会上专业保安公司，也可自己组建保安部来实施治安管理。

物业及物业区域越大，物业类型及配套设施越多，相应的保安部的班组设置也应更多、更复杂。如果是小区，保安人员可分解为安全巡逻人员、车库保安人员；如果是高层楼宇，还可增设门卫班、电视监控班、消防班、大厦保安班等。保安人员应履行安全职责，消除一切危及或影响业主和使用人生命财产及身心健康的外界因素。

（2）做好犯罪的预防工作。预防是保护的基本前提，所以合适的技术设备，诸如合适的锁、钥匙、出入控制和可视保护器等，对于打击犯罪活动极为必要。对于附近有施工工地的物业小区，可以有策略地放置摄像机，监视施工区域，包括中枢通信系统，能够向特殊地带广播示警。因此，在物业设计前或在项目重建前，就应向顾问咨询，安装合适的犯罪预防设备。从这一点出发，再次强调了物业管理前期介入的意义。

（3）雇用合格的保安人员并加强日常管理。雇用合格的保安人员可以防止雇员犯罪。我们已经注意到，在某些物业服务企业，有监守自盗或保安殴打业主的现象，原因就在于雇用的保安人员不合格。防止雇员（可能不仅仅是保安人员）利用工作的便利条件进行破坏治安的犯罪活动，是治安管理的一个重要内容。

在日常管理过程中，物业服务企业的经理应注意到他们是否为雇员的犯罪提供了可能性。例如，一位物业管理人员以例行检查为理由要求进入某一幢楼房可能会被认为是正常的，此时，如果物业服务企业的经理给他所有的钥匙以便他更好地行使其职责，那么他就作了一个非常危险的选择。因此，为了将这种可能损失降到最低，在雇用专业人员时，应该认真审查该人员是否有过破坏或夜间抢劫公寓楼等的犯罪历史。

在录用完所有人员后，物业服务企业的经理还要加强对雇用人员的日常管理，平时要仔细观察、了解雇员的行为并经常培训，绝不允许雇员做对他人造成危险的事。如果物业服务企业的经理得知一位雇员粗心大意、行为失当，甚至存在犯罪倾向，那就需要采取适当措施，否则该物业服务企业就要对该雇员所造成的事故负责。

（4）制定各项治安管理制度和工作程序。治安管理工作，主要是通过落实各项治安管理制度来实现的。物业服务企业应根据各自的实际情况，制定公众治安制度及保安部内部管理制度和工作程序。公众治安制度，如用户安全协议书、非办公时间出入登记制度、小区出租房屋及暂住人员管理规定、装修工程人员管理规定、大件物品出入管理制度等；保安部内部管理制度和工作程序，如保安员交接班制度、保安员岗位责任制、巡视制度及程序、应急预案等。建立门卫24小时值班制度，以防止闲杂人员随意进出物业管理小区；实行保安巡逻制度，以便及时发现并排除治安隐患。

（5）建立正常的巡视和值班制度。根据管区内的实际情况，物业服务企业应安排保安员24小时巡视值班，具体工作可分为门卫、电视监控和巡逻三个方面。

① 门卫：住宅小区或商业大厦的进出口应设置门卫，并实行24小时值班制。

② 电视监控：在主要入口处、电梯内、贵重物品存放处及易发生事故的区域或重点部位安装闭路电视监视器，发现异常及时采取措施。

③ 巡逻：在一定区域内有计划地巡回观察，以确保该区域的安全。巡逻的目的，一是发现和排除各种不安全因素，如门窗是否关好、车辆是否按要求停放、各种设施设备是否存在故障和灾害隐患、值班人员认真与否，以及电视监控是否到位等；二是及时处置和打击各种违法犯罪行为。在巡逻时要特别注意对重点区域的巡察。

（6）完善公共区域内安全防范设施。物业的治安管理除了靠人防力量外，还应注重治安硬件设施的建设，包括保安设施与保安装置等。前者如在居住小区四周修建围墙或护栏，大厦中的紧急情况通道等；后者如报警装置、门户密码开启装置、闭路电视监控器、防盗报警系统等。

（7）密切联系物业辖区内用户，做好群防群治工作。通常物业服务企业只负责所辖物业公共区域的安全工作，不过，要保证物业的安全使用和用户的人身财产安全，仅靠物业服务企业的保安力量是不够的，必须把物业辖区内的用户发动起来，强化用户的安全防范意识，建立各种内部安全防范措施。

（8）与物业周边单位建立联防保卫制度；与物业所在地公安机关建立良好的工作关系，接受指导，争取配合。

（9）为保安人员配备必要的保安器具，办理人身保险。保安工作具有一定的危险性，因此要为保安人员配备必要的警械器具和通信设备，并为保安人员办理人身保险，解除意外事故带来的一系列问题。

（10）严格执行国家有关治安管理条例，密切配合公安机关维护物业管理区域内业主及使用人的生命、财产安全，维护治安秩序，预防和处理治安事故。

3.治安管理的要求

治安管理是物业服务企业的强制性义务，必须在物业服务合同中加以规定。为了确保做好物业管理区域内的治安工作，物业服务企业应做好以下几方面的工作：

（1）加强保安人员的职业道德教育与业务培训。根据治安区域的大小和当地社会治安情况，配备相应数量的保安人员，并定期对保安人员进行培训。培训内容包括心理学、职业道德教育、文明礼貌用语、物业管理的各项规章制度、治安保卫常识、消防基础知识、队列训练、擒拿格斗等。培训后，应经考核方能上岗。

（2）建立有效的保安制度。其包括：根据物业的布局、总面积、幢数、出入口数、公共设施数和住户人数等情况，配齐保安固定岗位和巡逻岗的实际人数；确定保安巡逻的岗位和线路，做到定时定点定线巡逻与突击检查相结合，特别注意出入口、隐蔽处、仓库、车库、车棚等处；建立24小时固定值班、站岗和巡逻制度，做好交接班工作。

（3）日常工作要求。其包括：与街道、派出所建立联系，随时了解社会治安动态；采取发放通行证、出入证、来访登记等措施控制人流、车流、物流；加强物业基础档案的管理，熟悉业主和使用人的基本情况，掌握物业管理区域内的结构布局、设备性能等情况；及时、正确处理各种突发事件；填写每日工作报告和特别工作报告；严禁保安人员滥用权力，如使用武力、武器，随意搜身等。

4.治安管理制度

物业服务企业的治安管理制度，根据对象的不同主要包括两部分：

（1）保安部内部制度。

① 各级保安人员的岗位责任制，如"保安员值班岗位责任"等。

② 工作制度，如"门卫值班制度""保安员交接班制度""巡视制度"等。

③ 管理制度，如"保安员培训制度""保安员奖惩制度"等。

④ 其他有关规定，如"保安员器械使用管理规定"等。

通过上述制度和规定，明确各级保安人员的职责，规范其行为。

（2）公众治安制度。

这是针对住用户的保安管理的各项规定。如用户安全协议书、非办公时间出入登记制度、小区出租房屋及暂住人员管理规定、装修工程人员管理规定、大件物品出入管理制度、治安保卫管理规定、防火管理规定等。通过这些规定，约束住用户的日常行为，减少各类事故的隐患，共同做好治安防范工作。

5.防疫管理

新冠肺炎疫情属于突发事件，但就全球范围内疫情的发展趋势看，疫情有可能常态化，它标志着物业服务企业对疫情的防控管理也将常态化，因此物业服务工作的有序推进和强化非常重要。

依据《民法典》《物业管理条例》及政府相关文件的规定，疫情防控中物业服务企业管理工作的要点如下：

（1）制定物业管理和服务区域内疫情防控方案。

这包括确定责任主体、24小时值守电话、防控措施、应急处置预案、工作要求、工作责任等。对进出人员和车辆排查管控、公共区域消杀、社区防疫宣传等几个重点工作要落实到位。

（2）加强环卫作业人员疫情防控。

① 加强环境卫生管理。加大垃圾收运处置力度，适当提高清扫、清运频次，确保垃圾日产日清，全部进行无害化处理。

② 做好废弃口罩等有害垃圾的收集、运输和处置。单独组织废弃口罩等有害垃圾收运和处置，转运前先进行消毒处理，减少中转环节，禁止有害垃圾混入生活垃圾。

③ 加强环卫作业人员安全防护工作。所有环卫作业人员在疫情防控期间必须采取安全有效防护措施。要组织对环卫保洁人员进行培训指导，教授正确的防护方法，防止因不懂防护而交叉感染。合理安排作息，科学控制劳动强度，防止发生过度疲劳等。

（3）加大物业公共区域的卫生管理。

① 购置、储备必要的护具和消毒用品。

② 加大物业公共区域的通风换气、消毒杀菌、清扫保洁力度。对电梯、按键、门、开关及把手等高频次使用设备，实施每日定点擦拭消毒。对小区或大厦楼道、大堂、前台、单元楼栋、垃圾桶、出入口等进行每日消杀。

（4）加强物业区域防控知识宣传。

① 充分利用宣传栏、电子屏、业主群、公众号等方式宣传新冠肺炎的防控知识。加大正面宣传，引导业主正确认识、有效预防和积极应对疫情。

② 高度关注物业区域的舆情。及时制止虚假谣言和未经证实的信息，避免引发业主恐慌。

③ 进行法律宣传。告知公众，如违反相关规定，造成疫情严重传播风险，危害他人生命健康安全的，将被追究刑事责任。

（5）落实重大事件报告制度。

① 配合街道和社区居委会做好疫情防控监管工作。一旦发现物业区域有重大异常情况要及时向相关部门报告，与当地卫健委保持密切沟通。

② 发动业主和业主委员会参与，共同监督，做到群策群力、群防群治。

（6）加强内部管理，保障服务安全。

① 做好内部工作人员的自我防护教育并为其配备必备装备。

② 采用网络、微信等各种方式及时加强员工关于健康、防疫等方面知识培训。

③ 加强员工职业纪律和职业道德教育，在保证自身安全的情况下，坚决做到不离岗、不脱岗，履行物业服务企业应尽职责。

除了以上措施，有条件的物业服务企业，还可以采取科技手段协助加强疫情防控。比如，无人机在2020年的疫情中就发挥了重要作用，一是利用无人机进行日常工作巡查，可以监控和避免人员密切接触可能带来的疫情传播；二是利用无人机对主要街道、大小胡同进行消毒作业，比传统人工喷洒效果要好。

今后，物业服务企业可以参考中国物业管理协会发布的《物业管理区域新型冠状病毒肺炎疫情防控工作操作指引（试行）》进行相应的防疫工作。

目前，与治安管理有关的法规主要有：《民法典》《突发事件应对法》《治安管理处罚法》《行政处罚法》《保安服务管理条例》《公安部关于保安服务公司规范管理的若干规定》《城市居民住宅安全防范设施建设管理规定》等。

（二）消防管理

1.消防管理的含义

物业的消防管理就是消除和预防火灾，对火灾隐患进行整改和治理，确保物业使用者的生命和财产安全的活动。做好消防工作是物业安全使用和社会安定的重要保证。物业服务企业的消防管理一般从属于保安部门。

消防工作包括灭火和防火两个方面。灭火是在起火后采取措施进行扑救；防火是把工作做到前头，防患于未然。消防工作的方针是"预防为主、防消结合"。

2.消防管理的基本内容

（1）建立专职消防班组。

消防队伍的建立是消防工作的组织保证，物业服务企业应根据所管物业的类型、档次、数量，设立相应的专职消防管理人员（注意要选择年轻力壮、身体素质好、反应灵敏、行动迅速、责任心强、勇于献身又有一定文化水平的人），负责消防工作的管理、指导、检查、监督与落实。其主要任务是进行消防值班和消防检查、接受消防培训、管理与保养消防器材、熟悉并能使用多种消防设施设备和协助公安消防队的灭火工作。

当然，消防管理也可以发挥义务消防员的作用。义务消防员是从物业服务企业和住用户中选拔出来的，是对专职消防班组的补充，他们的工作主要是预防火灾。

（2）制定完善的消防制度和规定。

①消防中心值班制度。

消防中心值班室是火警预报、信息通信中心。因此，消防值班人员在值班期间必须遵守值班纪律，不迟到、不早退、不离岗；不闲聊、不喝酒、不睡觉、不吵闹；严禁无关人员进入；遵守交接班制度；发现火灾隐患及时处理。

②防火档案管理制度。

防火档案管理制度主要包括对火灾隐患、消防设备状况、重点消防部位、前期消防工作概况等的记录，以备随时查阅，定期研究，不断提高防火灭火的水平和效率。

③防火岗位责任制度。

要建立各级领导负责的逐级防火岗位责任制，上至企业领导下至消防班的消防员，都对消防负有一定责任。

④其他消防规定。

要做好消防管理工作，还需要广大住用户的配合，因此，还要制定大厦或住宅小区消防管理规定。

（3）管理好消防设备，做好消防设备的日常养护维修工作。

现代建筑物内部都设有基本的消防设备（如灭火器、消防栓、火灾自动报警系统、自动喷水灭火系统等），以保证其内部人员的人身及财产安全，但经常忽视对消防设备的管理，一旦有火灾发生，消防设备不是找不到就是不好用，或者是配套设备出现了问题。因此，管理好消防设备也是消防管理工作的一项重要内容。

同时，发现消防设备破损、失灵要及时修复，并定期进行养护和维修，使之处于完好状态。要安排专人负责日常保养和看护，避免人为损坏。

3.消防管理的基本要求

从某种角度上看，消防管理的基本要求也是物业服务企业应承担的义务，这些义务应该在业主与物业服务企业签订的物业服务合同中进行约定。一般来说，消防管理的基本要求有：

（1）物业服务企业全体员工应知晓有关条例与法规，并掌握发生火灾时的应急措施和方法。消防工作虽然由公安机关实施监督，但物业服务企业的全体员工都应是义务消防员。

（2）定期对消防器材和设备进行巡视、试验、维修、更新，指定有关人员负责保养、维修和管理，设置消防安全标志，确保消防设备和器材的完好、有效。

（3）物业管理区域内的任何单位和个人都有责任维护消防设施，不准破坏或擅自挪用消防设备和器材，不准埋压和圈占消防水源，不准占用防火间距、堵塞消防通道。对此，物业服务企业负有监督义务。

（4）积极开展消防安全知识宣传教育。建筑物内严禁焚烧物品、燃放烟花爆竹。建筑物内的走道、楼梯、出口等部位，要经常保持畅通，严禁堆放物品，并保持符合国家规定的消防安全疏通标志。

（5）物业服务企业要按照有关电力技术规范的规定，定期对电气设备、开关、线路和照明灯具等进行检查，凡不符合安全要求的，都要及时维修或更换。建筑物内的煤气管道系统的仪表、阀门和法兰接头，必须符合安全要求，并定期检查维修。

（6）业主或使用人进行室内装修或改造需动用明火作业时，须经物业服务企业批准。动火单位或个人应严格遵守动火制度，采取防火措施，做好灭火准备。

（7）坚持管理人员和保安人员的巡回检查及节假日、重大活动日的全面安全大检查。对查出的消防隐患，应责令有关部门制定整改措施，限期改正。如果责任人拒绝整改，物业服务企业应当及时告知业主委员会或直接通报有关行政主管部门。物业服务企业怠于履行约定消防管理义务而造成损失或损失扩大的，应承担民事责任。

（8）当物业管理区域内发生火灾时，物业服务企业应当积极进行救助工作，并及时通知消防部门，否则应当承担相应的法律责任。

4.高层建筑的消防安全管理

近年来，随着我国房地产市场的快速发展，土地资源的稀缺，各城市的小区渐以高层或超高层为主。全国高层建筑的消防问题呈现如下特点：一是高层建筑增长快、体量大、功能复杂（内设各类办公室、卧室、会议室、宴会厅、影视厅、地下停车场等）、设备繁多（采用大量电器设备，设有电梯井、电缆井、各种管道等）、人员密集、火灾负荷大，起火后易造成大面积充烟和立体燃烧，给火灾防控和灭火救援工作带来严峻挑战。二是建筑消防安全条件不达标，历史遗留问题突出。全国约有42万幢、近30亿平方米建筑采用易燃可燃外墙保温材料，遇明火易发生大面积燃烧，其中高层建筑占比较大。一些建造年代较早的高层建筑，受限于当时的技术条件，建筑防火标准低，目前高层住宅建筑中有超过40%未设置自动消防设施。三是日常消防管理不到位，自防自救能力差。一些高层建筑业主、使用人之间安全管理责任不清，相互推诿，出现"真空"地带；一些物业服务企业的消防控制室操作人员流动性大，存在无证上岗、不熟悉消防设施、不懂得应急处置的现象；部分高层住宅建筑的业主和使用人消防安全意识不强，缺乏最基本的逃生自救常识和技能，而且大量使用可燃材料装修，随意遮挡、拆卸消防设施，堵塞疏散通道等情况大量存在。四是高层建筑火灾多发。我国高层建筑火灾呈多发，2009年央视"2·9"大火、2010年上海"11·15"特别重大火灾、2011年沈阳皇朝万鑫酒店"2·3"大火，2017年南昌"2·25"重大火灾等，都发生在高层建筑内，造成大量人员伤亡和财产损失。

所以，高层建筑消防安全管理工作亟需规范和加强。

高层建筑消防安全工作应做到以下几点：

（1）做好高层建筑消防管理基础工作，建立高层建筑消防管理档案。管理档案包括各部分平面图、建筑时间、消防重点部位情况、消防设施分布情况、火险隐患整改情况、火灾自动报警和自动灭火系统的检测报告、高层建筑灭火预案等内容。这样做的目的是全面掌握高层建筑的使用情况和存在的问题，随时记载，针对经常变化的消防安全情况，实行动态管理。

（2）加强消防设施管理，提高专业人员素质。高层建筑的附属设备、消防设施的特点是价格高、技术要求高，所以，必须配备专业技术水平高、责任心强的技术人员对其进行管理，并在技术管理上做到"超前"，定期对各项工程设施进行检测，发现问题及时检修处理。

（3）加强施工管理，严格装修审批和监督制度。高层建筑进行装修时，应采用难燃、非燃材料，装修单位必须到消防部门办理审批手续，装修竣工时须经消防部门验收。

（4）确立高层消防管理的主要措施。如采取防火分隔措施、做好人员疏散的准备工作、设置自动报警设施、设置火灾事故照明和疏散标志等。

（5）提高消防自救能力，健全检查机制。消防安全重在预防，关系到该建筑的所有人。高层建筑一般都是共用建筑，所以在消防统一管理上存在着一些相互推诿的现象。各使用单位应从大局着想，定期联合组织消防演习和消防知识宣传，并配备一些自救用的安全绳、缓降器、软梯、救生袋等工具。高层建筑的主管部门应定期进行消防安全检查（检查是较有效的预防手段），把消防安全状况作为企业晋级、饭店上星级的考核内容，对发现问题的单位进行曝光，对有关责任单位进行必要的处罚。

5. 消防管理和治安管理的区别

消防管理和治安管理的目的都是确保物业管理环境内人员的生命与财产不受伤害和损失，但二者又有不同之处：

（1）防治的对象不一样。治安管理防治的对象是人为造成的事故与损失；而消防管理防治的对象有可能是自然灾害现象，也有可能是人为因素造成的事故灾害，如蓄意纵火或渎职等。

（2）防治的方式不一样。治安管理强调对人管理的措施，限制和制约一切违反正常工作、生活秩序的行为；而消防管理则是针对火源、可燃物的分隔和管理。

（3）防治原则不一样。治安管理一般采取"群防群治""综合治理"的原则，但要注意与公安机关的配合、与业主或使用人的配合；而消防管理一般贯彻"预防为主、防消结合"的原则，要求把预防火灾放在首位，同时注意与业主之间的配合。

对消防管理，政府方面的措施包括：一是建立消防合格证制度，新建物业、不符合消防要求或没有取得消防合格证的物业，不得投入使用；二是建立消防工作检查监督制度，每年组织有关单位联合对物业消防工作进行大检查，对不符合要求的责令其限期整改。

在具体实施过程中，物业服务企业可依据《消防法》、《建筑设计防火规范》或参考《高层建筑消防安全管理规定（草案征求意见稿）》等开展消防工作。

（三）车辆管理

1.车辆管理的含义

车辆是人流、物流的载体，道路是人流、物流流动的通道，在物业中有着特殊的重要性。物业辖区内的车辆管理，主要是为了建立大厦楼宇和住宅小区内良好的交通秩序、车辆停放秩序，确保业主的车辆免受损坏或失窃的管理活动。

随着汽车拥有量的增长，物业辖区内车辆停放量骤增，混乱状况和不安全因素也急剧增加。房地产业发展初期对居民私人小汽车拥有量的预估不准、规划部门没有严格把关、开发企业擅自改变停车场（库）的功能、项目开发分析时对此项市场调查极不深入等原因，都造成目前投入使用的住宅区、写字楼、商场、酒店的很多停车场，在物业管理业务中出现了下列情况：泊车位置不足、泊车位置不合理造成使用不便、随意停放、交通组织不当、噪声干扰严重等。有的还出现车辆被盗或损坏，车主与物业服务企业之间纠纷不断的严重后果。因此，目前物业管理中的车辆管理问题已成为业主与物业服务企业共同关心的问题。

解决上述问题的最佳手段，仍然是我们提倡的物业管理的前期介入——在新项目开发建设时，物管企业应该在项目的规划设计阶段就对停车场、位、库的建设提出有效的建议，避免后期管理中出现这些问题。

2.车辆管理的基本内容

针对目前车辆管理中存在的问题，物业服务企业主要应从两个角度做好车辆管理工作：出入口管理和停车场管理。

（1）出入口管理。

出入口既包括小区出入口也包括停车场出入口。出入口是管理好车辆安全问题的第一关。某些区域，既需保持相对宁静，又需保证行人的安全和环境的整洁。为此，必须控制进出物业区域的车辆，这是大门门卫职责的一部分。除救护车、消防车、清洁车、小区各商业网点送货车等特许车辆外，其他车辆进出物业区域时，都应有限制性规定。

出入口管理包括门卫的职责与出入口管理规定。

①门卫的主要职责。

a.严格履行交接班制度。

b.坚持验证制度。

对外来车辆要严格检查，验证放入；对从物业区域内外出的车辆也要严格检查，验证放行。不管是住宅区还是大厦的车辆出入，对可疑车辆要多观察，有疑问时，应立即到车前向司机敬礼，并有礼貌地盘问。一旦发现问题，门卫要机智地应对司机，拒绝车辆外出，做好应急准备，并报车管负责人和管理处。

c.对进出车辆做好登记、收费和车况检查记录。

d.指挥车辆的进出和停放。

e.对违章车辆，要及时制止并加以纠正。

f.检查驶入驶出车辆的车况，发现漏水、漏油等现象要及时通知车主。

g.值班人员不做与执勤无关的事，要勤巡逻、多观察，有问题及时报告上级部门。

②出入口管理规定。

a.出入口的道路线型、断面与整个住宅区建筑群体布置相协调。

b.车行道通至每幢住宅楼单元入口处。

c.车辆必须按物业服务企业规定的行驶路线行驶，不得逆行，不得在人行道、绿化带上行驶。

d.外来车辆未经许可，不可进入辖区；进入物业辖区内车辆，均需服从物业服务企业管理。

e.凡装有易燃、易爆、剧毒品、污染物品的车辆或2.5吨以上货车，一律不准驶入辖区。

f.驶入辖区内车辆均需减速，不得鸣号（救护车、警车、救火车除外）。如损坏路面、公用设施，应按价赔偿。

（2）停车场管理。

停车场管理包括两方面内容：对停车场位置的合理规划与停车场管理的要点。

①对停车场位置的合理规划。

物业服务企业对停车场位置的规划与房地产开发部门对停车场位置的规划是不同的。后者是在基本无停车场的前提下进行的，前者则是在后者已建起停车场的基础上开始的，是对开发时没有考虑周全的或者有缺陷的停车场的一种补充或改进。因此，物业服务企业在规划所管区域停车场时，既要参考和利用已有的停车场位置，又要有新创造，规划设计出新的、因地制宜的、与物业区域协调的、符合实际需要的停车场。一般来说，需要考虑以下几点：

a.经济实用。

建设停车场需要一定资金，物业服务企业投资建设，是希望能回收资金并获得利润。因此，规划时既要考虑建设成本，又要考虑建成后能否充分利用。如果成本过高，或者估计建成后利用率低，则物业服务企业一般是不宜选用的。如果成本虽高，但利用率高，收益大，或暂时利用率低，但未来利用率会很高，则物业服务企业还是可以考虑的。

b.因地制宜。

因地制宜既是降低成本的一个途径，也是保证停车场和物业区域相协调的一个条件。要做到因地制宜，物业服务企业必须对所管物业区域的环境（建筑格局、道路交通等）有一个全面的了解，特别要对原有停车场有所研究，这样才能在规划停车场位置时避免失误，较好地实现停车场的因地制宜，甚至能使停车场成为物业区域的一景。

在考虑停车场的位置是否经济实用、是否因地制宜的基础上，可进一步考虑将停车场安排在地上或是地下。由于停车场建设工程不宜过大，所以无论建在地上或者地下，都要特别注意"依山就势"，充分利用现有的地形、地势和原有的停车场等。

另外，还可利用楼群之间的空地、商铺门前空地建立临时存车处、临时停车场等，和正式的停车场结合起来，以便于车辆的管理。

②停车场管理的要点。

停车场管理的目的是确保停车场内的设备、设施和停放车辆的安全，保证车场内整齐有序。因此，无论是住宅小区还是商贸楼宇，其停车场（一般分地上停车场和地下停车库两大类）的管理要点基本相同。其主要有以下5点：

a.场内车位划分要明确。

为安全有序地停放车辆，避免乱停乱放现象，停车场内应当用白线框明确划分停车位。停车位分固定车位和非固定车位、大车位和小车位。车主必须按类使用车位，需经常停放的车辆，应办理手续有偿使用固定车位，外来车辆和临时停放车辆有偿使用非固定车位。

b.场内行驶标志要清楚。

为便于管理，停车场一般只设一个进口和出口，进出口的标志一定要明确。场内行驶路线要用扶栏、标志牌、地面白线箭头指示清楚。地下停车场应光线明亮，能见度高，目测距离50米以上。

c.进出停车场管理要严格。

车辆进入停车场要验证发牌，并作登记；车辆驶离停车场时要验证收牌，对外来车辆要计时收费。在车辆进出高峰期时，管理人员还要做好现场的车辆引导、行驶、停放与疏散工作。

d.车辆防盗和防损坏措施要得力。

为避免场内车辆被盗和被撞等事件的发生，一方面管理人员要加强对车辆进入的登记与车况的检查，实行24小时值班制度和定时（如每15分钟）巡查制度；另一方面要教育提醒车主在场内要服从管理人员的指挥与安排，缓慢行驶，注意安全，按规定车位停放车辆，离开时锁好车门，将防盗系统调至警备状态，随手带走贵重物品。

e.停车场的环境与卫生要合格。

例如，停车场内无货物堆积、道路阻塞现象；停车场内地面无水、无油、无污、无纸屑、无烟头等杂物；停车场道路平整无坑、无尖锐物、无金属钉状物；停车场内有明显禁烟标牌，且消防器械及设施均配备齐全，使用功能完好率应达到100%。

3.车辆管理的基本要求

物业服务企业的主要职责为禁止车辆的乱停、乱放，防止车辆的丢失、损坏。依照国际惯例，物业服务企业应与车主签订车辆停放管理合同或协议，明确双方的责任。这里的车辆包括机动车、摩托车、自行车；既包括物业区域内的车辆，也包括外来车辆。

这些规定与要求的具体情况如下：

（1）保安或车辆管理人员着装上岗，按规定执行交接制度。

（2）车辆管理员礼貌待人，热情周到地指挥车辆进出、停放，并做好登记、收费工作；对违章停放车辆者，应及时制止或纠正。

（3）车辆管理员熟知车主姓名、车型、车牌号、房号、车位。

（4）辖区内所有车辆均纳入物业服务企业管理范围，做到一车一证、一证一位、车证齐全、见证放车。

（5）车辆管理员随时巡查车辆停放情况及车辆的车况，遇有门窗未锁、车灯未关、漏油、漏水、剐蹭等现象，应及时通知车主，并做好记录。

（6）定期检查消防设施是否完好、有效，如有损坏要及时报告上级，维修更换。不准使用消防水源洗车。

（7）业主或租户长期在物业区域内的地面停放车辆，必须在物业服务企业办理定位立户手续，领取停车牌放于车上，停于指定车位，并凭牌出入小区，按月交纳停车费；大厦车库只供本大厦业主或租户使用，同样须先到物业服务企业办理车位租赁手续，领取停车牌，凭证入库，对号停放，并按月交纳停车费。

（8）临时进入大厦或小区范围内的车辆，必须在临时车位上停放，并交纳停车费，不得超越车位或跨位停放，更不能停于车道上。

（9）严密注视车辆情况和驾驶员的行为，若遇醉酒驾车者应立即劝阻，并报告有关领导及时处理，避免交通意外事故。

（10）当发现无关人员或可疑人员到车库时，保安人员或车辆管理员应及时前往对其进行查问，同时通知其他保安人员巡视检查停车场的所有车辆，查看牌照、标志有无丢失，车辆有无损伤，车门车窗后备厢有无撬痕等。如未发现问题，可把可疑人员放行；如发现可疑物品或车辆有损时，应立即送交保安部处理，并进行事件的记录。

（11）如发现偷窃车辆行为应及时制止，并尽可能把偷窃者捉拿归案。

（12）车辆管理员或保安人员不得私自带亲戚朋友在车库留宿；闲杂人员不准入内。

（13）不准在物业辖区内的任何场所试车、修车、学习和练习驾车。

（14）不准在人行道、车行道、消防通道上停放车辆。

（15）停车场内禁止儿童玩耍。

（16）如果在物业区域内发生交通事故，应立即指挥停车抢救伤员或维护好事故现场，并联系交通管理部门处理。

（17）住宅小区内摩托车、自行车的车主需要委托保管车辆时，先办理立户登记手续，领取存车牌，并按指定位置存放，一般按月交费，物业服务企业负责其安全。

（18）利用各种宣传形式在大厦业主或小区居民中开展交通安全知识教育，如在社区内张贴宣传单，布置图片栏、宣传栏等，教育业主或居民自觉遵守交通规则。

上述规定与要求并不是完美无缺的，但若能严格执行上述规定与要求，物业服务企业的车辆安全也会得到较好的保证。

4.车辆停放

物业辖区内的车辆停放，实际上是要解决"动"和"静"两个问题。

"动"就是要有行车道。在住宅区，主要是解决好人车分流和保证物业辖区人员的室外活动安全的问题。因此，在停车场的设置上要多利用一些"消极空间"，使车辆进出造成的干扰降为最低。在工业区或商业区，由于车辆进出频繁，要使车辆进出有序，必须设置合理的行车道，同时，物业服务企业应对进出车辆及时进行有效的疏导，避免产生交通喉颈，造成堵塞。

"静"就是要有停车场。根据物业的用途不同，停泊问题又分为两个方面：一是在白天，主要是写字楼、商场、娱乐场所等公共场所的车辆停放；二是在夜间，主要是居住区的车辆停放。对于前者，物业服务企业的任务主要是指挥，督促一切进出车辆根据停放时间的长短，合理安排停放车位，使每个车位的利用率达到最佳状态。而住宅区的车辆停放，应视各个小区的不同情况采取相应的管理办法。比如，有停车库的辖区，尽量使车归其库；没有停车库的，可采取停车与绿化相结合的办法，把一些道路及空地做成可植草的铺地砖地面，这样，既有停车场，又有绿地。又如，对于长期停放的车辆进行登记，并固定其停车位置；对于居住区的自行车、摩托车一般白天划定临时停放点，晚上也使其能尽量归棚，避免露天过夜。

5.不同物业车辆管理的特点

（1）居住物业。

居住物业应大力提倡步行空间的建立，为居民提供公共庭院和通行、娱乐的场所，还应发展公共交通，通过小区班车的形式为居民提供上下班、节假日集中出行服务。对于停车场的管理应注意扰民问题，最好将停车场设在物业小区的四个边缘地带，这样既减少了出行时间又保证了居住物业的安静、清洁。同时，要注意做好车辆的有序存放和保管，防止车辆被盗。

（2）办公物业。

办公物业的车辆道路管理的重点应放在车辆的调度工作上。物业服务企业应对物业中单位上下班情况进行统计，组织人力集中管理，统一调度，如对道路可采取定时单向通行等办法，在上下班的高峰时段充分利用道路空间。同时对办公时间的车辆出入应采取登记的办法严格控制外来车辆的存放，对单位车辆应采取定位存放的办法，以便于合理有效地管理。

（3）商业物业。

对于一般商业物业，物业服务企业必须配合公交系统的车辆定线定站服务，并在双休日增加车辆，从而为顾客提供方便。对于高档商业物业，应主要做好物业停车场的建设和管理。必要时，物业服务企业可拥有自管班车，为顾客提供定线不定站的服务。

（4）旅游物业。

旅游物业客流量的季节性和方向性强，物业服务企业应设立专门的由物业直达旅游地的旅游往返车辆，在旅游季节为游客提供出行方便。旅游物业的管理者还应重视出租汽车的管理、停放、疏导工作。

（5）工业物业。

以仓库、厂房为主体的工业物业不同于上述四种物业，其车辆管理主要集中在对货运车辆的管理上。要注意货运车辆的吨位、高度以及与道路条件是否匹配，有可能的话可为货物的装卸提前做好准备，以减少货运车辆的停放时间，提高货运效率。值得一提的是，夜间运输可以提高工业物业的运输效率，但这要求物业服务企业做好道路辅助设施的管理，如对路标、照明设施进行日常的养护和维修。

6.车辆管理中的问题

根据目前物业管理现状，车辆的管理主要应解决两个问题：合理收费和车辆防盗。

（1）合理收费。

物业辖区内车辆管理的收费应包括维持停车场（库）正常使用所必需的开支、管理人员的劳务费支出及适当的管理费。当然配备不同设备的停车库价格可适当作上下浮动。

（2）车辆防盗。

车辆防盗是目前物业辖区内车辆管理中的一大难点。对此，除了应加强物业辖区内的治安管理外，物业管理部门应从"软"和"硬"两方面加强防范。首先，有条件的停车库应配备电子监控防盗设备；其次，应加强停车库的管理，制定停车库车辆停放保管制度，对进出车辆根据车型、车号及车主发放出入证，加强员工在这方面的素质培训，使之保持高度警惕；最后，辖区内车辆万一失窃，物业服务企业在同车主交涉时，应会同车主一起向保险公司索赔，因为对车管单位——物业服务企业来讲，车主交纳的停车费不包括车辆失窃后的赔偿，车管单位只是提供泊车位，实际上收取的是车位出租费。从权利、义务对等原则出发，物业服务企业只承担相应的责任，但这一"相应的责任"不等于失窃车辆的金额赔款。至于究竟应承担多少责任，车主与管理者事先应有约定，规定赔偿额度以及双方的责任和义务。只有这样，才能减少由于车辆失窃造成的车主与车管单位的纠纷。

（四）电动车的停放充电管理

电动车是一个特殊的存在。它既涉及消防管理问题，又涉及车辆管理问题。

由于骑电动车出行比较方便，不少业主家庭购买了电动车，但随之而来的是停放和充电难题。近年来，我国电动车火灾事故频发，并呈逐年增长趋势，起火原因主要为电气故障。电动车大多在室内停放和充电，有的甚至停放在走道、楼梯间等公共区域，由于电动车车体大部分为易燃可燃材料，一旦起火，燃烧速度快，并产生大量有毒烟气，人员逃生困难，极易造成伤亡。2011年4月25日，北京市大兴区旧宫镇一民房发生火灾，造成多人死亡；2017年9月25日，浙江省台州市玉环市一群租房发生火灾，造成多人死亡，这些都是室内电动车电气故障引发的，教训十分惨痛。

为此，中华人民共和国公安部于2017年12月29日出台了《关于规范电动车停放充电加强火灾防范的通告》，授权物业服务企业有权制止、清理和报告电动车违规停放、充电行为。这为物业服务企业管理电动车带来了依据。有关规定如下：

1.规范电动车停放充电行为

（1）严禁在建筑内的共用走道、楼梯间、安全出口处等公共区域停放电动车或者为电动车充电。

（2）尽量不在个人住房内停放电动车或为电动车充电。

（3）确需停放和充电的，应当落实隔离、监护等防范措施，防止发生火灾。

2.落实停放充电管理责任

（1）对于有物业服务企业或者主管单位的住宅小区、楼院，物业服务企业、主管单位应当依据《物业管理条例》等有关规定，对管理区域内电动车停放、充电实施消防安全管理。

（2）对于没有物业服务企业或者主管单位的，辖区乡镇人民政府、街道办事处应当按照《中华人民共和国消防法》和国务院办公厅印发的《消防安全责任制实施办法》等规范性文件，指导帮助村民委员会、居民委员会确定电动车停放、充电消防安全管理人员，落实管理责任。

（3）有条件的住宅小区、楼院，应当结合实际设置电动车集中停放及充电场所。

3.严厉查处违规停放充电行为

物业服务企业、主管单位和村民委员会、居民委员会，应当组织对住宅小区、楼院开展电动车停放和充电专项检查，及时消除隐患。

（1）对检查发现电动车违规停放、充电的，应当制止并组织清理。

（2）对拒不清理的，要向消防机构或者派出所报告。

（3）对违反消防管理行为的，公安机关将依法予以处罚。

（4）引起火灾，造成严重后果，构成犯罪的，依法追究刑事责任。

物业服务企业应在住宅小区内做好宣传工作，经常检查和整改电动车违规停放和充电行为，确保业主人身和财产安全。

目前，与车辆管理有关的规章有：《机动车停放服务收费管理办法》《道路交通安全法》《突发事件应对法》《道路交通安全法实施条例》等。

三、安全管理中常见问题的处置

在物业安全管理中常会碰到各种各样的问题及突发事件，应注意这些问题的处置原则和处置方法。

（一）安全管理中常见问题的处置原则

尤其是安全部门及人员在面对这些问题和突发事件时，首先，要保持冷静，采取必要的紧急措施，控制和防止事态的蔓延、扩大；其次，运用各种手段，降低事件的损失，迅速解决问题；再次，判断该事件的性质，是一般的违规、违约行为还是违法行为，是民事纠纷还是刑事案件；最后，在事件结束后，要认真调查，分清责任。总之，在突发问题的处置上，既要坚持原则、依法处理，又要有一定的灵活性。

（二）安全管理中常见问题的处置方法

1.发生刑事案件时的处置方法

首先，要迅速向公安机关或保卫部门报案；其次，注意保护现场，禁止无关人员入内，以免破坏遗留下的痕迹和物证；再次，抓紧时机向发现人和周围群众了解情况并认真记录；最后，向到达现场的公安人员认真汇报案件发生情况，协助破案。

2.遇到犯罪分子偷盗或抢劫时的处置方法

（1）保持镇静，设法制服罪犯，发出信号，召集附近保安人员或群众支援。

（2）对逃跑的罪犯，要看清人数、衣着、体貌特征、所用交通工具及特征，及时报告公安部门和保卫部门。

（3）有固定现场的，要保护好现场；没有固定现场的，保存好犯罪分子遗留的物品，特别是作案工具，并避免破坏指纹等痕迹。

3.执勤中发现客户斗殴的处置方法

（1）立即劝阻斗殴双方离开现场，如能确认属违反治安管理规定或犯罪的行为，应及时报告公安机关或将行为人扭送公安机关处理。

（2）提高警惕，防止坏人利用混乱之机，进行破坏活动或偷窃活动。

（3）说服、劝阻围观群众，确保物业区域内的正常治安秩序。

4.对醉酒滋事或精神病人闯入目标区域的处置办法

（1）进行劝阻或阻拦，让其离开保安目标区域。

（2）及时通知酒醉者或精神病人的家属或工作单位，由他们领回，或采取控制和监护措施。如有危害保安目标或危害社会安全的行为，保安人员可将其强制送到有关部门处理。

5.发现有人触电的处置办法

发现有人触电应马上赶到现场，关闭电源，在未关掉电源之前切不可用人体接触触电人，以防自己触电，要用绝缘的物体把线头从触电人身上拨开，并立即进行人工急救，并电告医院马上派医生抢救或送医院急救。

6.电梯停电、发生故障、电梯关人等情况的处置办法

如遇电梯停电、发生故障、电梯关人等情况，应首先通知电梯维修人员前来处理。电梯关人应依下列要点先行释放电梯内乘客：

（1）在行动中要注意自己的安全。

（2）应先将电梯机房总电源切断。

（3）用专用钥匙小心开启厅门，用力开启电梯轿厢门，通知厢内乘客保持镇定，身体各部位不可探出轿厢，以免发生危险，同时查看轿厢地台与楼层地面之间的高度差，在确保安全的情况下才可放行乘客。

7.发生火警时的处置方法

当火灾或其他意外事故（如爆炸）发生，而又无法控制险情时，应立即报警，阻隔火源或事故源，并积极组织人员疏散。尤其是高层住宅和商贸楼宇，疏散路线长、人员分散，通常难以组织疏散，一般的做法是：先及时阻隔火源；然后利用楼宇内的分割装置，如商场内的防火卷帘等将事故现场隔断，阻止灾情扩大；组织人员通过紧急通道、疏散楼梯等迅速撤离。紧急情况下的疏散关键是组织工作，平时应进行一定的训练，以备不时之需。

在确保人员安全的情况下，为避免险情扩大，应尽量将危险品转移至安全处；然后再将贵重财产运送至安全地带。

8.遇到不执行规定、不听劝阻的人的处置办法

对不执行有关管理规定者，要立即规劝。对不听劝阻者，查清姓名、单位，如实记录并向保卫部门汇报。发生纠纷时，要沉着冷静，以理服人，对蛮横无理者或故意扰乱者，视情节报告公安机关依法处理。

第四节　案例分析

案例1　保洁员违规操作的法律责任由谁来负？

案例：

一天，某清洁公司的一名保洁员在公司实施物业管理的一栋高层住宅楼内清扫楼道时，发现了一块小木板，便顺手将木板抛到窗外，恰好将楼下路过的小区业主李某砸伤，李某为此要求清洁公司赔偿他的医疗费用和相关经济损失。清洁公司认为，公司曾经多次教育员工在工作期间严格遵守操作规程，严禁高空抛物，且事发后，清洁公司已将保洁员辞退，李某的医疗费用应当由李某自己向该保洁员索要，

与清洁公司无关。请问，员工违规操作带来的损失，清洁公司是否应该赔偿？

案例评析：

本案例属于高空抛物行为导致业主受伤到底由谁来承担赔偿责任的问题。

高空抛物被称为悬在城市上空的痛，屡屡出现的高空抛物事件，导致不少悲剧发生。产生这个问题的直接原因是人的道德缺失。高空抛物不同于在物业服务区域内公共区域搁置物、悬挂物等的脱落比，如广告牌匾、花盆等的坠落，这种坠物往往是年久失修或风吹等造成的，并非人为。高空抛物是人故意抛物的行为，因此，带有偶发性和不可预见性。高空抛物不仅带来环境垃圾，也更易危及人身安全。

就一般高空抛物而言，《民法典》第1254条【不明抛掷物、坠落物致害责任】规定，禁止从建筑物中抛掷物品。从建筑物中抛掷物品或者从建筑物上坠落的物品造成他人损害的，由侵权人依法承担侵权责任；经调查难以确定具体侵权人的，除能够证明自己不是侵权人的外，由可能加害的建筑物使用人给予补偿。可能加害的建筑物使用人补偿后，有权向侵权人追偿。

物业服务企业等建筑物管理人应当采取必要的安全保障措施防止前款规定情形的发生；未采取必要的安全保障措施的，应当依法承担未履行安全保障义务的侵权责任。

发生本条第一款规定的情形的，公安等机关应当依法及时调查，查清责任人。

由该条款可以看出，高空抛物的侵权人明确的，由侵权人依法承担侵权责任。

本案例中，侵权人很明确，就是保洁员，正常情况下由该保洁员承担侵权责任即可。但与一般高空抛物不同的是，抛物人不是楼内住户，而是清洁公司的员工，那么，根据《民法典》第1191条【用人单位责任和劳务派遣单位、劳务用工单位责任】的规定，用人单位的工作人员因执行工作任务造成他人损害的，由用人单位承担侵权责任。用人单位承担侵权责任后，可以向有故意或者重大过失的工作人员追偿。

本案例中，用人单位是清洁公司，保洁员是其工作人员，根据上述条款，保洁员在执行工作任务时造成他人损害的，由用人单位承担侵权责任，所以李某要求清洁公司赔偿他的医疗费用和相关经济损失是正确的。尽管清洁公司曾多次教育员工在工作期间严格遵守操作规程，但保洁员仍然违规操作，高空抛物显然属该保洁员的故意行为，所以，用人单位承担侵权责任后，可以向有故意或者重大过失的工作人员追偿，即清洁公司可以向该保洁员追偿。

本案例中，清洁公司简单地辞退有过错的保洁员，并声称保洁员的错误由保洁员自己承担的做法显然是错误的。正确的做法是，清洁公司先行赔偿李某的损失，然后可以向保洁员追偿，最后再根据公司制度考虑是否辞退该员工。

《民法典》给我们的启示是，若要清除高空抛物这一社会弊病，应当从道德、法律、技术和管理等层面综合施治。在道德层面，提高社会公德意识，让人们充分认识高空抛物的危害性，摒弃生活陋习，养成良好习惯；在法律层面，要加大对高空抛物行为的民事追责和刑事处罚；在技术层面，要充分利用现代信息技术，加强对高空抛物坠物的监控和防范；此外，由于高空抛物现象更多发生于住宅小区，所以，从管理和服务层面，物业服务企业也要充分履职。

此外，《刑法修正案（十一）》①第三十三条明确了对高空抛物行为的法律施治：

"在刑法第二百九十一条之一后增加一条，作为第二百九十一条之二：'从建筑物或者其他高空抛掷物品，情节严重的，处一年以下有期徒刑、拘役或者管制，并处或者单处罚金。

有前款行为，同时构成其他犯罪的，依照处罚较重的规定定罪处罚。'"

配合上述规定，在法释〔2021〕2号《最高人民法院 最高人民检察院关于执行〈中华人民共和国刑法〉确定罪名的补充规定（七）》②中，对该刑法修正案中第三十三条所述行为确立了正式罪名：高空抛物罪。

高空抛物罪，显然是针对那些虽未造成生命财产损失、但严重威胁公共安全且屡教不改的恶劣行为，且最高徒刑才一年。但若高空抛物行为已伤害他人生命或财产，就可能不是以"高空抛物罪"定刑，而是要择一重罪判处了。

所以，再遇到类似高空抛物情况，无论是物业服务企业、被侵权人还是法院，处理时不但有了法律依据，事实上也更加简便了。

把类似违反公德的行为入刑，是要用法规来规范公众行为，引导并确保社会的文明秩序。

案例2　因消防栓没水，业主家火灾受损，要求物业服务企业赔偿，对吗？

案例：

某日凌晨5时许，某小区曾先生家突发火情。自发扑救的邻居打开楼内所有消防栓箱，不仅找不到消防水带，甚至打开阀门连水都没有。接到火警后，消防队即刻赶到，但由于消防通道停有业主车辆，消防车无法驶入，难以靠近发生火灾的楼宇；从楼内消防栓箱取水又遇到无水的情况，消防队只好奔赴另外的取水点取水扑救。由于以上原因，贻误了最佳灭火时机，火势进一步蔓延，造成包括事主在内的4户受损。

事后，曾先生聘请律师，准备起诉小区物业。律师在取证时，逐层打开消防栓箱，发现曾先生所住楼内的消防栓箱全部无消防水带，打开消防栓水阀无水；进一步了解发现，这种状况不是仅存在于曾先生所居住的这栋楼，小区所有15栋单元楼内的消防栓箱都无法供水且没有消防水带；消防水带锁在物业服务企业的一间

---

① 2020年12月26日，中华人民共和国第十三届全国人民代表大会常务委员会第二十四次会议通过《中华人民共和国刑法修正案（十一）》，自2021年3月1日起施行。

② 《最高人民法院、最高人民检察院关于执行〈中华人民共和国刑法〉确定罪名的补充规定（七）》已于2021年2月22日由最高人民法院审判委员会第1832次会议、2021年2月26日由最高人民检察院第十三届检察委员会第63次会议通过，自2021年3月1日起施行。

屋内。

对此，律师认为小区消防设施被占用状况严重，对曾先生及另外3户的火灾损失，物业服务企业应承担责任。但物业服务企业辩解说，火灾是曾先生自家引起的，与物业服务企业无关；消防通道经常被业主占用，物业服务企业说了也没人听；火灾发生后该公司已尽力扑救火灾，所以对这4家的损失并无过错，不应承担责任。

你认为，小区物业应承担责任并赔偿他们的损失吗？为什么？

案例评析：

城市小区内，消防栓箱可以说是最基础、最必需的安全设施之一，尽管很少能用到，但因定期检查及强制规定，很少有人怀疑它的安全可靠。但本案以及更多案例却暴露出了某些消防设施形同虚设的情况。

本案属于财产损害赔偿纠纷，争议焦点在于物业服务企业平时未对管理区域内的共用消防设施进行维护管理，是否应当承担相应的过错责任。

《消防法》第18条第二款规定，住宅区的物业服务企业应当对管理区域内的共用消防设施进行维护管理，提供消防安全防范服务。消防栓为小区共用消防设施，作为小区物业服务企业，对该共用消防设施进行维护管理、定时检查消防设施是否完整以及及时更换失去使用功能的消防设备，是其法定义务。本案中，物业服务企业未尽这些义务，在火灾发生时，消防设施未能正常发挥作用，使本有可能被扑灭的火灾或本有可能被减少的损失进一步扩大，物业服务企业是存在过错的。

《民法典》第942条规定，物业服务人应当按照约定和物业的使用性质，妥善维修、养护、清洁、绿化和经营管理物业服务区域内的业主共有部分，维护物业服务区域内的基本秩序，采取合理措施保护业主的人身、财产安全。

对物业服务区域内违反有关治安、环保、消防等法律法规的行为，物业服务人应当及时采取合理措施制止、向有关行政主管部门报告并协助处理。

《条例》第28条规定，物业服务企业承接物业时，应当对物业共用部位、共用设施设备进行查验。第46条规定，物业服务企业应当协助做好物业管理区域内的安全防范工作。发生安全事故时，物业服务企业在采取应急措施的同时，应当及时向有关行政管理部门报告，协助做好救助工作。

对照以上法律法规，本案中，物业服务企业的过错在于：（1）火灾发生时，作为重要消防设施的消防栓无水，说明物业服务企业没有尽到对物业共有部位、共用设备设施维护和查验的义务；（2）在其管理的物业服务区域内，对消防通道被占用这种违反消防法的行为，物业服务企业未及时采取合理措施制止并向有关行政主管部门报告并协助处理，即未尽到管理义务；（3）在发生安全事故时，该物业服务企业也未见有应急措施以防止损失扩大。

《民法典》关于侵权责任的第1165条【过错责任原则】规定：行为人因过错侵害他人民事权益造成损害的，应当承担侵权责任。依照法律规定推定行为人有过错，其不能证明自己没有过错的，应当承担侵权责任。

很明显，本案例中，物业服务企业有过错，其辩解理由无法成立，对曾先生及另外3户的损失，该企业应承担侵权责任并予以一定的赔偿。当然，曾先生自身也有过错，另作他论。

本案例中的物业服务企业应针对曾先生的诉讼认识错误，并主动与曾先生及3家邻居协商，在分清责任的条件下，给予符合法律规定的赔偿。

消防管理涉及物业辖区内人员的人身、财产安全，是物业服务企业各项管理的重点工作。今后，物业服务企业在日常服务与管理中，应按照规定配置消防设施和器材，设置消防安全标志；应加强消防设备设施的维修保养，使这些设备设施始终处于良好的可使用状态；应做好火灾处置预案，定期组织消防演习和学习消防知识，培训员工和住用户的火灾应变处理能力。

但是现实中的各小区，这种消防水带不在位、消防水源关闭、业主车辆占用消防通道的现象普遍存在。如果是物业服务企业原因，应及时整改；如果是业主私自使用消防用水、盗用消防设施、随意在消防通道停车等原因，物业服务企业平日就应依法管理，不能放任不管从而造成安全隐患。根据《消防法》的规定，随意使用消防用水、堵塞消防通道的行为是明令禁止的。但在消防管理中，物业服务企业虽然负有管理职责，却没有执法权，管理难度确实存在。所以，物业服务企业应注重平日消防管理记录的保存和有效证据的收集，一旦发生相关诉讼，可以成为物业服务企业免除或减轻责任的依据，从而积极应对法院审理，争取自己的合法权利得到法律保护。另外，还应该依靠业主委员会和业主大会寻求积极的解决办法。

案例3 业主拔掉花草改种蔬菜，怎么办？

案例：

某封闭小区两户业主铲掉小区公共绿化带的花草种上了蔬菜，并以粪便施肥，小区居民对此怨声载道。

种上蔬菜的绿化带紧临小区8单元1-2号和1-3号两业主房前。该片公共绿化带以前种植的各种花草已被青葱、萝卜、小白菜取代，种植面积20平方米左右。业主许先生介绍，一年前入住小区后，所有公共绿化带均被各种花草覆盖，一片生机。6月，8单元1-2号和1-3号两户业主不知为何，开始除掉门前绿化带花草，种上丝瓜、南瓜等时令蔬菜，蔬菜藤蔓四处攀爬，与整个小区绿化环境极不协调。更为糟糕的是，种菜者以粪便施肥，路过此地，臭味扑鼻而来，十分影响小区环境。其他业主与种菜者及物业服务企业交涉多次未果。

为何要拔掉公共绿化带花草改种蔬菜？8单元1-3号的种菜业主罗先生解释，种有蔬菜的绿化带属于自己私有，种植何种植物由自己决定，而且物业服务企业也同意其种菜行为。

物业服务企业经理否认了罗先生的说法。被拔掉花草、种上蔬菜的绿化带属于小区公共地带，任何人不得私自改变用途，更无"同意种菜行为"一说。

你认为，面对此类事件，物业服务企业该怎么办？

案例评析：

近几年来，业主或以领养绿地为名，或以美化环境为借口，甚至是无任何旗号而侵占绿地的事件时有发生，这已经成为一种较为普遍的现象。侵占小区公共绿地的行为，广大业主深恶痛绝，但此类行为却不好纠正。其主要原因是个别业主从中获得了较多的经济利益，而对他人的影响又是有限的，尤其是不会构成安全上的威胁，很多业主认为没有侵害切身利益，不满之余却往往不愿多管。部分业主的漠不关心，助长了侵权业主的蛮不讲理和胡搅蛮缠。

其实，在阻止像本案例中业主侵占绿地、私自改种蔬菜的类似事件中，很主要的一个原因是观念问题。侵权业主往往都有一个冠冕堂皇的理由，即不管是绿地种植花草还是改种其他蔬菜都没有改变绿地的用途，没有对其他人产生不利的影响。这里，他们实际上是改变了事件的性质。侵占绿地，之所以定性为"侵占"，而不是"占有"，其根本就在于这是一种侵权行为，这种行为是将归全体业主所有的公共部位——绿地据为己有，侵犯了全体业主的合法权利，破坏了环境的整体规划，甚至会出现本案例中因为用粪便施肥而造成臭味扑鼻、蝇虫滋生，污染了小区居住环境的现象。

物业服务企业面对这一类问题，首先应在管理上把关，并注意时机和政策的把握。阻止侵占绿地这类行为，关键是要在管理上防微杜渐，发现苗头就要积极阻止；否则，一旦形成规模，就会增加管理难度，甚至出现管理失控的局面。某住宅区里曾发生过的案例是很有借鉴意义的。该小区两年来"圈地运动"愈演愈烈。两片公共绿地成了由香椿、石榴、葡萄等茂密树木组成的杂树林和由辣椒、韭菜、丝瓜等各种蔬菜组成的菜园子。圈地的业主收获了"丰收"果实，但其他业主对此颇有微词。物业服务企业在反复劝阻却收效甚微的情况下，发出通知：限10日之内自行清除私自种植的果木和蔬菜，逾期将强行清除，重新统一规划建设绿地。规定时限到了，仍有部分业主无动于衷，物业服务企业只好亲自动手，对杂树林、菜园子进行彻底清理。清理刚刚开始，一个业主把举报电话打到了市园林绿化监察部门，投诉物业服务企业私自砍伐树木。园林绿化监察执法人员来到现场，没收了物业服务企业工作人员的工具，并下发了违章通知书。园林绿化监察部门解释说，物业服务企业重新规划建设楼前绿地的初衷是好的，但楼前绿地属于住宅区附属绿地，统一归市园林绿化部门规划与建设，对附属绿地上的树木进行砍伐实行许可证制度，任何人不得擅自处置这些树木，并强调无论楼前绿地上的树木是何人所种，既然已经长成，就要纳入园林绿化监察部门的监管范围。明明是业主私种蔬菜破坏绿地却被业主上告为砍伐树木，可见，物业服务企业在处理业主侵占绿地行为时，必须掌握处理时机（不要让无理业主的行为变成有理了才处理）、分清处理范围和法规政策的把握（哪些绿植可以处理，哪些不能处理）。

其次，物业服务企业在管理中还要注意策略和方法，自己要有弥补和解决的行动，同时要注意发挥业主委员会的作用。通过业委会与当事业主进行沟通，同时再调动其他业主，赢得其他业主的支持，形成一种反对随意侵占绿地的舆论呼声，变被动出面阻止为主动疏导，使问题得以妥善解决。针对部分业主侵占绿地种菜侵害其他业主合法权益的行为，业委会与物业服务企业联合采取行动最好。但在业主、业主委员会、物业服务企业劝阻不听、制止不住的情况下，业主可以联系相关执法部门进入住宅小区执法，维护广大业主的共同利益。业主大会和业主委员会有权依照法律、法规以及管理规约，要求行为人停止侵害、消除危险、排除妨害、赔偿损失，如住户可以以相邻权、业委会以共有权受到损害为由向人民法院起诉。

最后，物业服务企业也要善用法律。《民法典》第274条规定，建筑区划内的道路，属于业主共有，但是属于城镇公共道路的除外。建筑区划内的绿地，属于业主共有，但是属于城镇公共绿地或者明示属于个人的除外。建筑区划内的其他公共场所、公用设施和物业服务用房，属于业主共有。这说明，建筑区划内的绿地，除了属于城镇公共绿地或者明示属于个人的以外，都是属于业主共有的区域，单个业主是无权进行种植行为的。如果与其沟通不成，物业服务企业也可以依法到人民法院起诉，要求当事业主恢复绿地原状，而不要采取不合理的过激手段。

本案例中，物业服务企业多次针对业主反映的情况，与两家种菜业主协调沟通，进行规劝，但收效甚微。为求得环境的和谐统一，物业服务企业还专门在种上蔬菜的绿化带周围安装上了木栅栏，但仍不能达到美化环境的效果。这一行动使业主看到了物业服务企业的积极努力，对物业服务企业的工作难度有了更多理解，而这种理解将会转化为支持。

接下来，物业服务企业应主动与业主委员会沟通，并做好那些没有"圈地"的业主的工作，向他们说明物业服务企业的管理苦衷，争取得到他们的支持。

在业主委员会的支持下，物业服务企业可展开舆论攻势，积极宣传《民法典》《城市绿化条例》及相关法规，明确指出侵权业主所占绿地是归全体业主所有的公共部位，他们的行为是对全体业主权利的侵犯，属于侵权行为。在园区内形成舆论氛围，对侵权行为进行谴责，使那些"圈地"业主了解他们的行为是违规行为。

最后，在强大的舆论压力下，物业服务企业与业主委员会共同发出整改限期通告，并暗示如不奏效将通过新闻媒体曝光并诉诸法律途径寻求最终解决。

如此系列行动，相信问题会得到解决。

案例4 小区业主在浴池门口滑倒摔伤，谁应担责？针对类似事件，物业服务企业今后应如何防范？

案例：

2020年12月的一天，大连某小区业主于某下楼去超市买东西，经过小区浴池门口，突然摔倒，造成左腿胫骨骨折、脚踝三处粉碎性骨折紧急入院手术治疗，住院一月之余。该业主是在毫无防备的情况下摔倒的。业主家人在现场发现，平时必经的道路上结了厚厚的一层冰（当天气温零下5度）。经过调查得知，该处冰面是浴池员工向外泼水形成的。而浴池是该小区一楼底商建筑的一部分，归属该小区的物业服务企业管理，于某认为浴池泼水是经常性行为，但物业服务企业就没管过；

事发当天，物业服务企业在此处及周边也没有任何警示、提醒或风险告知。于某认为，双方侵犯了他在必经的小区道路上安全通行的权利，对他摔伤的后果负有不可推卸的责任。于某出院后向浴池和物业服务企业讨要说法，但被双方拒绝。于是，于某将双方一并告上法庭，要求双方共同承担侵权责任，并承担医院手术费用、医药费用、住院期间的护理费用、住院伙食补助费用、护具费用、交通费以及于某卧床休息半年内不能上班的误工费用等计116 270元。另外，经征询医院，次年将再次进行手术从腿中取出钢板，预计住院手术费用、医药、误工、交通等费用15 000元，共计131 270元。

三方都认为，于某的受伤后果与己无关。物业服务企业认为明显是浴池的责任，自己不应担责；浴池负责人认为是业主自己不小心造成，浴池也不应担责；于某认为在正常的道路上行走受此意外伤害，自己不应担责。

你认为，于某摔伤造成的严重后果到底是谁的责任？为避免再出现类似事件，物业服务企业应该怎么做？

案例评析：

本案为诉讼纠纷，属一般侵权纠纷案件，适用过错责任原则。从本案事实和当事人双方提供的证据来看，浴池与物业服务企业均有过错。

很明显，浴池的泼水人是直接侵权行为主体，他应该能预见到寒冷天气下泼水的危害，但他仍然向小区人行道路上泼水，给行人带来了严重的安全隐患。即使不是零下天气，也不能随便向道路上泼水，因为道路湿滑也容易造成业主或行人的行路安全。浴池的行为侵犯了业主或其他行人在每天必经之路上安全通行的权利。经查，《大连市物业管理条例》、该小区的物业服务合同及业主管理规约中都有"在物业管理区域内不得有下列行为：……违反规定倾倒垃圾、污水和抛掷杂物……"等规定，说明该浴池既违反了当地关于物业管理的规定，也违反了对小区业主有约束的物业服务合同和业主管理规约。

判定物业服务企业是否应当承担赔偿责任的核心在于，物业服务企业在提供服务时是否按照物业服务企业与业主之间签订的物业服务合同来提供相应的服务。一般来讲，维护物业区域内的环境卫生是物业服务合同的一项基本内容，物业服务企业必须履行保洁义务，为业主提供一个安全、舒适的小区环境，若在合同履行过程中存在不当行为，就要承担相应的法律责任。对此，《物业管理条例》第35条第二款规定，物业服务企业未能履行物业服务合同的约定，导致业主人身、财产安全受到损害的，应当依法承担相应的法律责任。本案被告中的物业服务企业，有法定义务维护区域内环境卫生，提供安全、舒适的小区环境。

本案中，物业服务企业的过错主要包括：

（1）管理不到位。浴池管理人员往人行道上泼水的事情也许不是一天两天了（之前因天气好，所泼污水直接被路面吸收或蒸发才没酿成事故），根据《大连市物业管理条例》第55条的规定，有"违反规定倾倒垃圾、污水和杂物"行为的，物业服务企业应当予以劝阻、制止；但物业服务企业却一直没有发现浴池违反物业管理条例、业主管理规约及公共道德的做法，或者发现却不予劝阻、制止和督促改正，甚至都没有意识到浴池的行为已经侵犯了业主或行人安全通行的权利。所以，物业服务企业的物业服务存在疏于管理问题；另外，物业服务企业在明显容易出现隐患的地方没有警示牌，没有提醒和告知业主该处存在何种风险，这也是管理不到位的表现。

（2）清洁卫生工作不到位。物业服务企业是小区的物业管理单位，承担着包括卫生清扫、秩序维护等服务职能。浴池属于小区建筑的底商，其门前区域的环境经常被清洁人员忽视。作为小区行人道路的一部分，物业服务企业应当注意到一楼各业户门前或有油污污染地面、或有脏水乱泼现象、或有乱堆乱放行为等，物业服务企业都应及时派清洁工进行清理，但是物业服务企业并没有及时发现和清理，也未及时采取积极的防范措施，从而导致该事故发生。所以物业服务企业应承担相应的责任。

当然，受害人于某对于事故发生亦存在一定过错。虽说这段路几乎天天走，但再平坦的路也应当注意看着脚下，于某作为成年人却未能充分注意，因此也应承担部分责任。

所以，该案例根据《民法典》第287条、第296条、第1165条、第1172条、1179条、第1182条、第1198条以及《条例》相关条款，法院经审理认定：

原告于某损害结果的发生与浴池泼水存在直接的因果关系，被告浴池不能免责；与该小区的物业服务企业疏于管理也存在一定的因果关系，被告物业服务企业也不能免责。因此，对原告于某的经济损失，该浴池应承担主要责任，物业服务企业承担次要责任。同时，原告于某系完全民事行为能力人，应该注意脚下的路面，其在行走中不慎摔伤，主观上存在疏忽大意的过失，亦应承担一定责任。

因此法院判决：对原告于某的经济损失，浴池承担60%，物业服务企业承担30%，于某个人自行承担10%。对原告于某提出的住院医疗医药费、护理护具费用、就医交通费等赔偿要求，法院根据其提供的与此有关的合法票据、医院对于某休养期的认定及对未来钢板拆除手术的合理预期，认定本次人身损害造成的经济损失为115800元。按照上述判决，浴池承担69480元，物业服务企业承担34740元，原告于某自行承担11580元。最终，各方服从判决。

作为物业服务企业，今后应如何避免类似事件的发生呢？

（1）加强日常安全管理，控制危险发生。

凡是物业服务企业要承担赔偿责任的地方，多为安全风险的重灾区。哪些地方对业主的人身、财产可能带来损害，物业服务企业应当预先识别和防范。必须把安全管理摆在突出的位置，有时甚至要放在经营的前面，因为一次赔偿可能就会让一年的利润顷刻化为乌有。与本案类似的事件还有：居民拖地后喜欢将拖把挂在阳台外晾干，但在冬天就有可能夜里结冰，导致行人走在楼下滑倒；若白天融化，会导致楼下晒的衣被遭殃；住宅门面房、楼下车库等地方的居民经常将污水泼在路面上……这些问题平时就应多注意巡查、识别风险并采取防范措施。为防患于未然，物业服务企业应认真对照物业服务合同，严格依约服务，平时要经常巡视、观察、及时发现这类事件，张贴警示或进行劝阻，妥尽注意义务，及时提醒防范；否则，一旦发生事故，物业服务企业也要承担责任。

（2）加强宣传引导，培育业主的公德意识、风险防范意识。

尤其对平时就有不良习惯的业主加强监督。同时，加强员工培训、提高员工综合素质和责任心；制定严密的制度，强化检查落实。

（3）适当外包服务，巧妙转移风险。

物业服务企业可以根据物业管理项目的具体情况，将清洁卫生、绿化养护服务、秩序维护服务外包给专业单位，并与专业服务单位签订外包协议，明确此类风险由专业单位承担。通过这种方式，物业服务企业可以将相关风险转移出去。但服务外包后，物业服务企业要侧重对外包单位的服务监管。

（4）通过购买物业管理责任险和公众责任险，转嫁部分风险。

物业管理责任险能在一定程度上保障物业服务企业及其工作人员，为其在经营过程中由于疏忽、过失或意外事故造成第三者相关或伤害提供经济补偿，是物业服务企业转嫁其管理中的过失责任的可选途径。

购买上述保险时，物业服务企业一定要注意保险产品的"霸王条款"，这些除外责任保险条款对物业服务企业是不利的，应当看清楚和计算好之后再做决定。还要注意如果购买上述保险，在保险范围内是否涵盖外包服务。

小结

物业综合管理主要是指对除了物业本身的管理之外，在公共区域中对使用物业的人和物的环境、安全等进行的管理。它能保证业主和使用人工作、生活的正常秩序，是一种系统的、全面的管理和治理。

物业综合管理与物业的基础管理有以下不同：管理对象不同、管理的目的不同、管理手段不同、管理的意义不同。

物业综合管理包括环境管理和安全管理。

物业环境管理，是指在物业环境这一特定的范围内的污染防治、清洁管理、绿化管理等服务。污染防治是事先预防；清洁管理是净化我们的空间；绿化管理是美化我们的生活。

物业的安全管理是指物业服务企业采取各种措施和手段，保证业主和使用人的人身财产安全，维持正常的生活和工作秩序的一种管理工作。其具体包括3个内容：治安管理、消防管理和车辆管理。

消防管理和治安管理有三方面不同。

物业安全管理中常会碰到各种各样的问题及突发事件，不同的事件有不同的处理方法。

□ 关键概念

物业综合管理　物业环境　物业环境管理　污染防治　清洁管理　绿化管理
物业安全管理　物业治安管理　物业消防管理　物业车辆管理

□ 思考题

1.什么是物业综合管理？物业综合管理与基础管理的区别有哪些？

2.物业综合管理的特点有哪些？它包括哪些内容？

3.什么是物业环境管理？它包括哪些内容？

4.什么是物业安全管理？它包括哪些内容？

5.物业的治安管理、消防管理和车辆管理的要点是什么？

6.简述消防管理和治安管理的区别。

7.保修期满后，如果物业出现了问题，维修责任人是谁？

8.《条例》对小区的保安人员有什么规定？

9.如果物业服务企业擅自将绿地改成车棚，该怎么处理？

10.个别业主侵占小区公用区域该如何处理？

11.某业主经常将私家车停在小区的公共通道内，影响了其他业主（包括人员和车辆）的进出，纠纷不断。对此，你认为物业服务企业该怎么做？

12.楼道内堆放杂物有哪些安全隐患，涉及哪些法律法规？

13.在住宅小区的疫情防控工作中，物业和业主应如何并肩作战？

14.通过对本章的学习，结合生活实际，谈谈你遇到的或听到的住宅小区车辆管理中存在的问题，并提供解决对策。

□ 案例分析题

1.小区健身队跳广场舞健身惹纠纷，噪声扰民应如何处理？

大连开发区某花园小区建筑面积约15万平方米，小区中心是一个广场，广场周围有十几栋居民楼、几百户居民。小区的广场方便孩子们在此玩耍，也方便邻里沟通和夜晚纳凉，初始很受欢迎。但近年来，小区的大妈们成立了老年健身队，晚上利用该广场跳舞，后来发展到早上也跳。由于队伍的壮大，功放音响的分贝也在提高，加上跳舞人的高声谈话，慢慢地影响到了小区居民的睡眠、孩子的学习以及上班族的正常休息，以致到小区物业服务企业投诉的人逐渐增多。投诉者认为跳广场舞的业主侵害了他们的休息权，打扰了他们正常的生活，甚至看电视都听不清声音……他们强烈要求物业服务企业制止健身队的扰民行为，并要求健身队停止健身活动，不然他们会自行采取行动。但健身队的老人们认为，健身活动是公民自由，任何人无权干涉，现在国家提倡全民健身，居民有自己的健身权，不能因为少数业主休息，就要求其他人一起休息，从而侵害他们的健身权；再说小区的广场是大家的，小区管理规约和物业服务合同中也没有专门规定不许在小区广场跳舞，既然我们交物业费了，就有权利在广场上跳舞，其他人无权制止。最终物业服务企业虽出面协调，但基本无效。

看似都有道理的两方说法，让物业服务企业十分为难。物业服务企业到底该怎么办？

2.业主停在公共区域的车辆丢失，物业服务企业是否应赔偿？

王某于2019年年底购买了某小区一套住宅，并与小区的物业服务企业签订了《小区物业服务合同》，缴纳了1年的物业服务费。2020年3月，王某放置于小区内的一辆摩托车失窃。王某认为物业服务企业未尽到保管方的责任，应当承担赔偿责任。在与物业服务企业交涉未果的情况下，王某向物业所在地的区法院提起民事诉讼，要求被告赔偿原告相应的财产损失。经调查，原、被告双方签订《小区物业服务合同》后，原告并未向被告缴纳车辆保管费，其使用的摩托车亦未停放于存车处，而是停放于小区的公共区域。那么，物业服务企业是否应当承担赔偿责任呢？

3.业主在家中被害，物业服务企业是否应当赔偿？

北京市居民李某向某开发企业购买了亚运村内两居室住宅一套，2020年6月入住时，双方未签订物业服务书面合同，但开发企业承诺，由A物业服务企业实行封闭管理，有24小时保安巡逻。2020年12月某日深夜，李某与其子（10岁）在房间收看电视时，一蒙面男子入室抢劫并将李某杀害。之后其子向院内保安人员报案。调查认定，案发时住宅小区仍在施工，可以自由出入，未做到封闭式管理，李某阳台门不是防盗门，可以打开入室。

李某之子与其外祖父、外祖母向法院起诉，诉讼理由是：A物业服务企业收取了保安费，但保安巡逻有名无实，而且没有履行封闭式管理的承诺，此外阳台门质量有问题。诉讼请求是：A物业服务企业应对李某遇害承担民事赔偿责任，各种赔偿金额总计约185万元。

A物业服务企业辩称：24小时保安是针对小区内设有可视防盗对讲系统的高级公寓业主的，死者李某购买的是普通住宅，没有必要的监视设备，只能提供一般的24小时巡逻保安。不过，小区尚有1/3在施工，虽然已经实行24小时保安巡逻，但凶手是死者李某的熟人还是生人，以及如何入室等情况尚不得而知。物业服务企业曾几次建议李某安装防盗门并封闭阳台，但均遭李某拒绝，且李某只在购房后的第1月交纳了保安费，至案发时已经5个月没有交纳保安费。被告认为不应承担赔偿责任。

那么，根据上述情况，业主在家被害，物业服务企业是否应当承担赔偿责任呢？

4.为保护业主，保安打伤他人宠物狗，需要赔偿吗？

业主王女士晚上在小区花园遛弯散心，草丛中突然钻出一只大狗，咬住她的裙角不放。王女士大声呼救，物业服务企业的保安听见后手持棍子冲过来，将大狗击晕在地。狗主人闻声而来，见状十分痛心。经兽医诊断，大狗身上多处骨折，左后腿永久性损伤，从此无法正常行走。保安为救王女士打伤了狗，狗主人要求保安进行赔偿。请问，保安需要对狗主人进行赔偿吗？

5.情景案例：

（1）赵先生在某小区里居住，2020年5月23日晚上，他在朋友家多喝了几杯，摇摇晃晃地回家。在4层转5层的楼梯拐角处，不幸被停在楼道口的一辆自行车绊了一跤。这一跤把赵先生摔得鼻青脸肿，左胳膊磕到楼梯，造成严重骨折。

（2）大连沙河口区某小区18层的公共楼道发生了火灾，原因是有住户装修，家具包装纸箱扔在楼道里没有及时清理，有人将烟头丢到纸箱上，引发火灾。

（3）北京一小区楼道起火，纪某无法从楼道脱身，从5楼窗户跳下，不幸坠楼身亡。着火原因是同楼层的蔡某在楼道堆放包装纸、旧衣物、泡沫箱。

请问，以上案例集中反映了什么问题？该问题具有哪些危害？触及哪些法律法规？物业服务企业有责任吗？

6.停车场如何管理才能减少犯罪？

某物业服务企业管理着一家商业停车场，近一段时间，有几个租户抱怨停车场发生犯罪现象：有几个客户遭到夜袭，一个租户的雇员遭到抢劫。在该停车场发生的犯罪事件被几家媒体报道后，人们非常关注，业主和租户们纷纷要求该物业服务企业为增加安全措施，减少犯罪，制订一个紧急处理计划。

（1）物业服务企业需要雇用一家保安公司吗？如果需要，应怎样寻找？

（2）物业服务企业可采用哪些方法减少犯罪？

（3）如果物业服务企业需要制订一个紧急程序指南，应包括哪些基本要素？

大连市消防车通道管理办法　万科物业处理业主晨练噪音扰民方法和技巧　住宅物业管理区域新型冠状病毒肺炎疫情防控工作操作指引

第八章

物业服务企业的资金管理

□ 学习目标

  通过对本章的学习，要求学生重点掌握住宅小区物业服务费的构成，收益性物业的现金流分析，住宅专项维修资金的概念、性质、用途、管理和使用；熟悉收益性物业的物业服务费的构成、专项维修资金与物业服务费的区别、住宅专项维修资金的交存范围和标准，熟悉物业服务企业的经费来源和收费原则、收益性物业财务收支报告的编制；了解住宅小区公共性服务费的测算方法以及物业费的催交规定。

第一节　物业服务企业资金管理概述

一、物业服务企业的经费来源

为推动和规范物业管理的发展，国务院和各地方政府先后制定了一系列有关政策，建立了多渠道、多层次的物业管理经费筹集机制。当前，从总体上看，物业管理经费的来源主要有以下4个方面：

（一）定期收取物业服务费

根据《条例》和《物业服务收费管理办法》的规定，物业服务费有时也称物业费，是指物业服务企业按照物业服务合同的约定，对物业服务区域内的建筑物及附属设施设备和相关场地进行维修、养护、管理，维护相关区域内的环境卫生和秩序，向业主所收取的费用。

对于前期物业服务合同，物业费的缴纳主体应当是建设单位或者业主。对于普通物业服务合同，物业费的缴纳主体是业主。一般认为，不论是前期物业服务合同还是普通物业服务合同，都应当以房屋交付作为业主开始承担物业费的时间点。

在物业管理经费的筹集中，物业服务费应是物业管理经费长期稳定的主要来源。制定合理的收费标准，确保稳定的资金来源是每一个从事物业管理的物业服务企业必须面对的一个非常重要的问题。

物业服务费的收费构成与测算见本章第二节和第三节。

（二）物业服务企业开展多种经营的收入和利润

在不向政府要钱，也不增加业主负担的情况下，物业服务企业可根据自身的情况，积极开办多种经济实体，开展多种经营，创造经济效益。例如，组建工程队，完善住宅小区配套建设；开办商店、餐饮店、健身房、美容美发厅等。这些经济实体既为物业业主和使用人服务，也向社会承接业务，用多种经营取得的部分利润，弥补管理经费的不足，实现以业养业的目的。

物业服务企业开展多种经营的收入和利润，从性质上讲属于物业服务企业的收入和经营利润，但是其收入和利润事先也无法准确地测算和预计。因此这种收入和利润并不属于物业管理经费稳定的来源。之所以将物业服务企业开展多种经营的部分利润也作为物业管理经费的主要来源，主要是鉴于目前我国市场经济体制尚不完善的现状，从业主与使用人的经济承受能力的实际出发，为了推动物业管理的发展而提出的在一定时期内带有较强过渡色彩的措施。

（三）开发建设单位给予一定的支持

开发建设单位为了自身的声誉和经济效益，对所建造的物业，尤其是住宅日后的物业管理也会给予必要的支持，主要体现在以优惠的方式提供一定数量的物业服务用房（这是《条例》规定的法定义务。物业服务用房属于公共设施，其成本已在出售房屋时分摊给各业主，因此所有权属于全体业主）和经营性配套商业用房、完善物业的各种配套设施和环境的建设等。

（四）业主缴纳的住宅专项维修资金

《条例》第53条规定，住宅物业、住宅小区内的非住宅物业或者与单幢住宅楼结构相连的非住宅物业的业主，应当按照国家有关规定交纳专项维修资金。

这是一笔归业主所有的较大的资金，用来解决保修期过后物业共用部位、共用设施设备的大修（大中修）、更新、改造所需的费用问题。这些费用一旦需要支出，其数额巨大，单靠日常管理所收取的费用无法负担。因此，有必要以专项资金形式事先提取，但专款专用，不得用于日常物业服务费的支出。

关于专项维修资金的性质、用途、收取、使用、管理等办法，由国务院建设行政主管部门会同国务院财政部门制定。具体见本章第四节。

二、物业服务收费的原则

根据《条例》，物业服务收费是由业主和物业服务企业按照国务院相关主管部门制定的物业服务收费办法，在物业服务合同中约定的。当然，二者之间签订的物业服务合同作为普通的民事合同，其内容可以由当事人自由约定，但任何自由都是有限制的。物业服务合同关于物业服务费的约定，应当遵循如下原则：

（一）合理原则

在物业管理实际操作中，核定收取物业服务费用时，应当既考虑物业服务企业的利益，使物业服务企业能有一定的利润，也要考虑业主的经济承受能力。合理确定物业服务费用，要根据物业服务费用的构成，认真核定物业管理服务的成本，加上物业服务企业合理的利润，综合确定，合理收费。另外，还要考虑到各地区的经济发展水平，业主的消费档次，并充分考虑到物业服务企业的不同档次、不同类别，从而确定相应的、合理的服务费用，并体现出优质优价、公平合理。政府物业管理部门和物价管理部门既要扶持并支持物业服务企业的正当收费，又要坚决制止乱收费、重复收费、变相收费的不合理行为。

（二）公开原则

物业服务合同的双方当事人，即业主和物业服务企业，是一种平等的民事法律关系。物业服务企业有义务公开服务项目和收费标准，规范提供特约有偿服务，并实行明码标价，定期向业主和使用人公布收支情况，接受业主和物业使用人的检查和监督。《物业服务收费管理办法》第8条规定，物业服务企业应当按照政府价格主管部门的规定实行明码标价，在物业管理区域内的显著位置，将服务内容、服务标准及收费项目、收费标准等有关情况进行公示。

（三）服务费用与服务水平相适应的原则

《物业服务收费管理办法》第14条规定，物业服务企业在物业服务中应当遵守国家的价格法律法规，严格履行物业服务合同，为业主提供质价相符的服务。物业服务的收费标准应与服务质量相适应：物业服务的项目越多，所提供的管理水平和服务质量越高，物业服务收费标准就越高；物业服务的内容越少，服务的要求越低，物业服务收费的标准也就越低。因此，要坚持质价对应、收费项目与收费标准对称的原则，反对那些不追求提高服务质量和服务水平，只追求高收费的做法，以及不管服务是好是坏、服务水平是高是低，一律按同一标准收费的方法。提供高质量、高水平的服务，应当得到高额回报；享受高水平、高质量的服务，也应当交纳较高的费用。

三、物业服务费收取的具体规定

（一）物业服务收费可以实行市场调节价和政府指导价

根据国家发展和改革委员会《关于放开部分服务价格意见的通知》（发改价格〔2014〕2755号）的规定，物业服务分为两类：非保障性住房物业服务和保障性住房、房改房、老旧住宅小区及前期物业管理服务。

非保障性住房物业服务的收费，是指物业服务企业因接受业主的委托，按照物业服务合同约定，对非保障性住房及配套的设施设备和相关场地进行维修、养护和管理，维护物业管理区域内的环境卫生和相关秩序的活动等向业主收取的费用，基本由当事人协商议定，属于市场调节价。

保障性住房、房改房、老旧住宅小区和前期物业管理服务收费，由各省级价格主管部门会同住房行政主管部门根据实际情况决定实行政府指导价。放开保障性住房物业服务收费，实行市场调节价的，应考虑保障对象的经济承受能力，同时建立补贴机制。

物业服务收费的性质具体包括两种：一是公共性服务；二是特约服务。物业服务收费应当根据所提供服务的性质、特点等不同情况，分别实行市场定价、政府指导价和经营者定价。

公共性服务费，是为物业产权人、使用人提供的公共卫生清洁，公用设施维修、保养，保安，绿化等具有公共性的服务，以及代收代缴水电费、煤气费、有线电视费、电话费等公众代办性质的服务收费，实行市场调节价或政府指导价。实行市场调节价的，由物业服务企业根据实际提供的服务项目和各项费用开支情况，与业主在物业服务合同中协商确定；实行政府指导价的，物业服务企业可在政府指导价格规定幅度内确定具体收费标准。

特约服务费，是为满足物业产权人、使用人的个别需要而提供特约服务的收费。除政府价格主管部门规定的统一收费标准，其服务收费实行经营者定价。实行经营者定价的物业服务收费标准，由物业服务企业与业主委员会或产权人代表、使用人代表协商议定，并应将收费项目和收费标准向当地价格主管部门备案。

我国于2004年1月1日开始实施的《物业服务收费管理办法》是根据《价格法》和《条例》制定的，对物业服务费用的收取作了较为具体的规定。

（二）业主与物业服务企业可以采取包干制或者酬金制等形式约定物业服务费用

（1）包干制是指由业主向物业服务企业支付固定物业服务费用，盈余或者亏损由物业服务企业享有或者承担的物业服务计费方式。

实行物业服务费用包干制的，物业服务费用的构成包括物业服务成本、法定税费和物业服务企业的利润。

（2）酬金制是指在预收的物业服务资金中，按约定比例或者约定数额提取酬金付给物业服务企业，其余全部用于物业服务合同约定的支出，结余或者不足均由业主享有或者承担的物业服务计费方式。

实行物业服务费用酬金制的，预收的物业服务资金包括物业服务支出和物业服务企业的酬金。

①预收的物业服务支出属于代管性质，为所交纳的业主所有，物业服务企业不得将其用于物业服务合同约定以外的支出。

②物业服务企业应当向业主大会或者全体业主公布物业服务资金年度预决算，并每年不少于一次公布物业服务资金的收支情况。当业主或者业主大会对公布的物业服务资金年度预决算和收支情况提出质询时，物业服务企业应当及时答复。

③物业服务收费采取酬金制方式的，物业服务企业或者业主大会可以按照物业

服务合同约定，聘请专业机构对物业服务资金年度预决算和物业服务资金的收支情况进行审计。

（三）物业服务企业根据业主的委托提供物业服务合同约定以外的服务，服务收费由双方约定

比如，业主提出由物业服务企业保证其在小区内的财产与人身安全，则需另设条款，约定服务费用的标准及各自违约的处理办法。

住房和城乡建设部等部门在2020年12月25日发布的《关于加强和改进住宅物业管理工作的通知》"三、提升物业管理服务水平"中，对物业服务价格的制定提出了要求：

完善物业服务价格形成机制。物业服务价格主要通过市场竞争形成，由业主与物业服务企业在物业服务合同中约定服务价格，可根据服务标准和物价指数等因素动态调整。提倡酬金制计费方式。城市住房和城乡建设部门要公布物业服务清单，明确物业服务内容和标准。物业行业协会要监测并定期公布物业服务成本信息和计价规则，供业主和物业服务企业协商物业费时参考。引导业主与物业服务企业通过合同约定物业服务价格调整方式。物业服务价格实行政府指导价的，由有定价权限的价格部门、住房和城乡建设部门制定并公布基准价及其浮动幅度，建立动态调整机制。

四、普通住宅小区物业管理服务的等级标准①

收费高低主要看住宅小区物业管理的服务等级，等级高的物业服务企业收费高些，等级低的物业服务企业自然低些。

为了提高物业管理服务水平，督促物业服务企业提供质价相符的服务，引导业主正确评判物业服务企业服务质量、树立等价有偿的消费观念，促进物业管理规范发展，为配合《办法》的贯彻落实，中国物业管理协会在总结我国物业管理实践的基础上，制定了《普通住宅小区物业管理服务等级标准（试行）》（以下简称《标准》），作为物业服务企业与开发建设单位或业主大会签订物业服务合同，确定物业服务等级，约定物业服务项目、内容与标准以及测算物业服务价格的参考依据。

（1）《标准》为普通商品住房、经济适用住房、房改房、集资建房、廉租住房等普通住宅小区物业服务的试行标准，物业服务收费实行市场调节价的高档商品住宅的物业服务不适用此标准。

（2）《标准》根据普通住宅小区物业服务需求的不同情况，由高到低设定为一级、二级、三级3个服务等级。

（3）《标准》的各服务等级均由基本要求、房屋管理、共用设施设备维修养护、协助维护公共秩序、保洁服务、绿化养护管理等六大项主要内容组成。《标准》以外的其他服务项目、内容及标准，由签订物业服务合同的双方协商约定。

---

① 见附录六。

（4）选用《标准》时，应充分考虑住宅小区的建设标准、配套设施设备、服务功能及业主（使用人）的居住消费能力等因素，选择相应的服务等级。

第二节　住宅小区物业服务费的构成与测算

一、住宅小区物业服务费用的构成

实行物业服务收费包干制的，物业服务费用的构成包括物业服务成本、法定税费和物业服务企业的利润。实行物业服务收费酬金制的，预收的物业服务资金包括物业服务支出和物业服务企业的酬金。

物业服务成本或者物业服务支出构成一般包括以下几个部分：

（1）管理服务人员的工资、社会保险和按规定提取的费用等。

（2）物业共用部分、共用设施设备的日常运行、维修及保养费。

（3）物业管理区域的绿化养护费。

（4）物业管理区域的清洁卫生费。

（5）物业管理区域的秩序维护费。

（6）办公费。

（7）物业服务企业固定资产折旧费。

（8）物业共用部位、共用设施设备及公众责任保险费。

（9）经业主同意的其他费用。

物业共用部位、共用设施设备的大修和更新、改造费用，应当通过专项维修资金予以列支，不得计入物业服务支出或物业服务成本。

住宅小区一般实行物业服务包干制，其物业服务费就是住宅小区物业管理的公共性服务收费，由物业服务成本、法定税费和物业服务企业的利润构成。其中，物业服务成本即为前述的9项；法定税费是按国家规定的税率，在进行企业经营活动过程中应缴纳的税费；物业服务收费的利润率暂由各省、自治区、直辖市政府建设行政主管部门根据本地区实际情况确定。

住宅小区如果实行物业服务收费酬金制，其物业服务费由前述的9项和物业服务企业的酬金构成。酬金可按某个固定的标准从物业服务资金中提取，也可按预收物业服务资金数额的一定比例提取。

二、住宅小区公共性服务费的测算[①]

（一）基本公式

物业服务费的构成可用一个简单的公式来表示：

[①]　由于大部分物业服务企业均采用包干制，所以本部分内容只介绍包干制物业服务费的构成。另外，住宅小区物业管理服务费测算实例可参见：季如进. 物业管理［M］. 沈阳：辽宁大学出版社，2001.

$$X = \sum_{i=1}^{11} X_i (i=1,2,3,\cdots,10,11) \tag{8-1}$$

式中：X表示公共性服务收费标准，单位为元/月·平方米；X_i表示各分项费用收费标准，单位为元/月·平方米；i表示分项项数；$\sum$表示对各分项费用算术求和。

（二）具体测算

1.管理服务人员的工资、社会保险和按规定提取的费用等——X_1

该项费用指物业服务企业的人员费用，包括基本工资、社会保险、按规定提取的费用等；不包括管理、服务人员的奖金，奖金应根据企业经营管理的经济效益从盈利中提取。

（1）基本工资。各类管理、服务人员的基本工资标准应根据企业性质，参考当地平均工资水平确定。

（2）社会保险和按规定提取的费用。其包括以下4项：福利费按工资总额的14%计算；工会经费按工资总额的2%计算；教育经费按工资总额的1.5%计算；社会保险费包括医疗保险、工伤保险、养老保险、失业保险、生育保险等，应根据当地政府的规定由企业确定。

（3）加班费。加班费按人均月加班2~3天，再乘以日平均工资计算，日平均工资按每月22个工作日计算。

（4）服装费。按每人每年2套服装计算，服装标准由企业自定。住宅小区物业服务企业一般应不超过中档服装标准。计算出年服装费总额后再除以12个月，即得每月服装费。

该项费用测算方法是根据所管物业的档次、类型和总收费面积，先确定各级各类管理、服务人员的编制数；然后确定各自的基本工资标准，计算出基本工资总额；再按基本工资总额计算上述各项的金额；汇总后即为每月该项费用的总金额，最后分摊到每月每平方米。

2.物业共用部位、共用设施设备的日常运行、维修及保养费——X_2

该项费用包括小区楼宇内共用部位及小区道路环境内的各种土建零修费，各类共用设施设备的日常运行、维修及保养费；不包括业主拥有房产内部的各种设施设备的维修、养护、更换与更新费用，共用设备设施的大、中修费用，电梯的运行、保养与维修费用，公用天线保养维修费用，高压水泵的运行、维修费用，冬季供暖费。这些费用按国家和当地的现行规定与标准分别向产权人和使用人另行收取。

该项费用在物业服务费用中占较大比重，且分项较多。

该项费用可按以下两种办法进行测算：

（1）成本法。

先分别测算各分项费用的实际成本支出，然后再求和。该项总费用大致包括以下各分项：

① 共用部位及道路的土建零修与保养费F_1（元/月）。

② 共用设施设备日常运行、维修及保养费，包括电费、维修及保养费F_2

（元/月）。

$$X_2=F_1+F_2 \tag{8-2}$$

（2）简单测算法。

以住宅每平方米建筑成本为基数，普通多层住宅共用设施设备建造成本按住宅建筑成本的15%~20%计算，折旧年限按25年计算，每月每平方米建筑面积应分摊的共用设施设备的维修保养费按月成本额的40%提取。共用设施设备运行、维修和保养费的估算公式为：

$$X_2=\frac{每平方米建筑成本 \times 15\%}{25年 \times 12月/年} \times 40\% \tag{8-3}$$

对于上述两种测算办法，简单测算法简便易行，一般适用于普通住宅小区的费用测算。测算时，要注意建筑成本应取现时同类住宅的建筑成本计算。成本法需要较多物业管理的实践与经验，一般适用于高档住宅和写字楼、商贸中心等物业的费用测算。

3.物业管理区域的清洁卫生费——X_3

清洁卫生费指物业管理区域内公共场所、物业共用部位、小区道路环境的清洁卫生，垃圾的收集、清运，以及雨水、污水管道的疏通等费用，包括清洁工具（如垃圾桶、拖把等）购置费、劳保用具费、卫生防疫消杀费、化粪池清掏费、垃圾外运费、清洁环节所需的其他费用等6项。

可按实际情况估算各项年总支出，求和后再分摊到每月每平方米收费面积中。

$$X_3=\frac{\sum_{i=1}^{6}各项费用年支出}{12月 \times 总收费面积}=\frac{\sum_{i=1}^{6}F_i}{12月 \times S} \tag{8-4}$$

在上述计算中，总收费面积既不是小区的总建筑面积，也不是实际交纳物业服务费的面积，而是应交纳物业服务费的面积。应交纳费用的面积为总建筑面积扣除各种公益性事业用房面积，如小学、幼儿园等。物业管理区域内未售出、租出的物业（即空置房），其服务费用由建设单位承担，具体收费标准由双方协商（后同）。

4.物业管理区域的绿化管理费——X_4

绿化管理费指物业管理区域内公共绿化的养护管理费用，包括绿化工具费（如草剪、枝剪、喷雾器等）、劳保用品费（口罩、手套、草帽等）、绿化用水费、农药化肥费、杂草杂物清运费、补苗费、公共环境内摆设的花卉等费用。其计算方法有成本法和简单测算法两种。

（1）成本法。

从成本角度，绿化管理费包括绿化工具费、劳保用品费、绿化用水费、农药化肥费、杂草清运费、景观再造费等6项。

$$X_4=\frac{\sum_{i=1}^{6}各项费用年支出}{12月 \times 总收费面积}=\frac{\sum_{i=1}^{6}F_i}{12月 \times S} \tag{8-5}$$

（2）简单测算法。

按每平方米绿化面积确定一个养护单价，如0.10~0.20元/月·平方米，乘以总绿化面积再分摊到每平方米建筑面积上。

绿化面积用总建筑面积除以容积率再乘以绿化覆盖率计算，也可按实际绿化面积计算。

计算公式为：

$$X_4 = \frac{绿化面积 \times 养护单价}{总收费面积} \tag{8-6}$$

$$绿化面积(平方米) = \frac{总建筑面积}{容积率} \times 绿化覆盖率 \tag{8-7}$$

5.物业管理区域的秩序维护费（保安费）——X_5

物业管理区域秩序维护费用是指在物业管理区域内，保安人员对机动车、非机动车的停放管理和对公共秩序（包括治安、消防、交通等秩序）的维持费用，有时也称保安费，包括3项：保安器材装备费（警棍、对讲机等）、保安人员人身保险费、保安用房及保安人员住房租金等。

按实际情况估算各项的每年总支出，求和后再分摊到每月每平方米收费面积。

$$X_5 = \frac{年总支出}{12月 \times 总收费面积} = \frac{\sum_{i=1}^{3} F_i}{12月 \times S} \tag{8-8}$$

6.办公费——X_6

办公费指物业服务企业在本物业管理区域开展正常工作所需的有关办公费用。办公费用主要包括8项：常年聘请法律顾问的费用，交通费（含车辆燃油支出、车辆维修费、车辆保险费、车辆保养费等），通信费（电话费、传真费、上网费等），低值易耗办公用品费（纸张、笔墨、打印复印费等），书报费，广告宣传社区文化费，办公用房租金，其他杂项等。

上述各项费用一般先按年进行估算，汇总后再分摊到每月每平方米收费面积上。对已实施物业管理的住宅小区，可依据上年度的年终决算得到该值。办公费计算公式为：

$$X_6 = \frac{年各项费用之和}{12月 \times 总收费面积} = \frac{\sum_{i=1}^{8} F_i}{12月 \times S} \tag{8-9}$$

7.物业服务企业固定资产折旧费——X_7

该项费用指物业服务企业用于本物业管理区域物业管理活动的各类固定资产按其总额每月分摊提取的折旧费用。

各类固定资产包括：交通工具，通信设备（电话、手机、传真机等），办公设备（桌椅、沙发、电脑、复印机、空调机等），工程维修设备（管道疏通机、电焊机等），其他设备等，共5项。

按实际拥有的上述各项固定资产总额除以平均折旧年限，再分摊到每月每平方米收费面积上。固定资产折旧费的计算公式为：

$$X_7 = \frac{固定资产总额}{平均折旧年限 \times 12月 \times 总收费面积} = \frac{\sum\limits_{i=1}^{5} F_i}{5年 \times 12月 \times S} \qquad (8-10)$$

该类固定资产平均折旧年限一般为5年。

8.物业共用部位、共用设施设备及公众责任保险费——X_8

该项费用指物业服务企业对物业的共用部位、共用设施设备进行的财产保险及公众责任保险的支出。公众责任险的责任范围，包括被保险人对第三者的人身伤害或财产损失，依法承担的赔偿金以及诉讼和抗辩费用。由于在物业管理服务过程中，难以完全避免发生对第三者造成人身伤害或财产损失的情形，为此，现实中，物业服务企业多投保公众责任险。

9.经业主同意的其他费用——X_9

该项费用指物业服务企业在物业管理区域内提供业主委托的其他服务的费用。

另外，实行包干制的，物业服务费的构成除上述9项外，还包括法定税费和物业服务企业的利润；实行酬金制的，预收的物业服务资金除上述9项外，还包括物业服务企业的酬金。

10.法定税费——X_{10}

法定税费指按现行税法，物业服务企业在进行企业经营活动过程中应缴纳的税费，一般包括增值税、税金及附加等。

在计算增值税时，企业的经营总收入不包括物业服务企业代有关部门收取的水费、电费、燃（煤）气费、房租及专项维修资金，即对这些费用不计征增值税。但对其从事这些代收项目所收取的手续费应当计征增值税。

11.利润——X_{11}

物业服务企业作为独立的自负盈亏的经济实体，也应获得一定的利润。利润率根据各省、自治区、直辖市政府价格主管部门结合本地区实际情况确定的比率计算。对普通住宅小区物业管理的利润率一般以不高于社会平均利润率为宜。

物业服务支出应当全部用于物业服务合同约定的支出。物业服务支出年度结算有结余的，转入下一年度继续使用，物业服务支出年度结算亏损的，由业主承担。

（三）漏交及催交问题

由于多种原因，物业服务费的收缴很难达到100%，这就产生了漏交率的问题。如果因个别业主漏交导致造成的损失摊到其他业主身上，显然是不合理的，但由物业服务企业负担这部分损失也是不合理的。所以，物业服务企业应经常检查业主各月、各季或各年物业费的收缴记录，督促业主及时缴纳物业费。

实践中更多的情况是，业主拖延交费或拒绝交费。物业费是物业服务企业的主营业务收入，业主欠费不仅违反了物业服务合同的约定，也违反了相关法律规定；不仅损害了物业服务企业的合同利益，也损害了其他交费业主的合法权益。实践中，业主被催交物业费的情况比较普遍。

《民法典》第944条规定，业主应当按照约定向物业服务人支付物业费。物业服务人已经按照约定和有关规定提供服务的，业主不得以未接受或者无须接受相关物业服务为由拒绝支付物业费。业主违反约定逾期不支付物业费的，物业服务人可以催告其在合理期限内支付；合理期限届满仍不支付的，物业服务人可以提起诉讼或者申请仲裁。

这说明，物业服务企业合理催交物业费的方式，为"催告+提起诉讼或申请仲裁"。催告，未被限定形式，所以不是必须书面催告，这就意味着上门催收、电话催收、邮件、微信、短信息催收、催收函、律师函等催收形式均可。物业服务企业如果通过诉讼方式催收物业费，要在诉讼时效周期内通过书面方式向欠费业主送达催收函；通过仲裁方式催收物业费，双方要在物业服务合同中约定仲裁方式作为争议解决的唯一方式，同时要评估仲裁的快捷性和仲裁的经济成本。

但是该条款同时规定"物业服务人不得采取停止供电、供水、供热、供燃气等方式催交物业费"。如果物业服务企业采取了"四停"等违法方式进行物业费催交造成业主损失的，业主可以依据相应的证据向物业服务企业主张其承担相应的违约或侵权责任。

物业服务企业在涉及物业费催交的案件中应了解的一个事实是，目前确实有一些物业服务企业会在合同中明确约定"如果业主不按期缴纳物业费，物业服务人有权采取停水电气等方式来催收物业费"，但即便有这一类条款，也会因此类条款损害了公民的基本生活条件，违反了公序良俗，从而被认定为无效条款。所以，物业服务人应避免在合同中设置此类条款，可以设置其他违约责任以促进业主及时缴纳物业款项，如适当提高合同违约金金额等。在物业费催交过程中，尽量采取通知、公告等手段，如无效，则依合同约定及法律规定进行诉讼等法律手段，避免催交过程中的合同履行瑕疵带来不必要的损失。

业主在因拒交物业费被诉讼案件中应了解的一个事实是，只要物业服务人提供了服务，作为个体的业主只能缴费，这是业主的法定义务，众多案例表明，业主在涉物业费诉讼案件中胜诉的可能性极小。

《最高人民法院关于审理物业服务纠纷案件具体应用法律若干问题的解释》第6条规定，经书面催交，业主无正当理由拒绝交纳或者在催告的合理期限内仍未交纳物业费，物业服务企业请求业主支付物业费的，人民法院应予支持。物业服务企业已经按照合同约定以及相关规定提供服务，业主仅以未享受（如未入住）或者无须（如一楼不需要用电梯）接受相关物业服务为抗辩理由的，人民法院不予支持。

要解决这一问题需要两方面的共同努力。一方面物业服务企业要严格按照物业服务合同的约定提供质价相符的物业管理服务。另一方面业主要增强物业服务消费观念，按时缴费，同时，业主要深刻认识到欠缴物业的严重后果：一是要支付违约金；二是可能被法院强制执行；三是被司法拘留；四是被列入失信名单。

欠缴或拒交物业费最大受害者是业主本身，所以，业主应明白业主与物业的利益共存关系。物业服务属于劳动密集型行业，人工成本占70%以上，当物业费不足以支撑企业运作时，物业服务企业一般会压缩人工成本，减少服务人员数量或启用低成本的中老年人。这对物业服务企业而言，是运转困难，对业主而言，是服务质量的下降。而业主还有另一个更大的损失，即房产价值的缩水。房屋作为不动产，可保价增值，而小区环境、物业服务也是房屋价格高低的决定性因素，如果部分业主长期欠缴，物业必然降低服务标准，进而影响房产价值。当对物业服务企业的服务不满意时，业主应以合理方式行使权利，拒绝跟风拒缴。小区物业服务或管理不到位，业主可以通过业委会表达诉求，也可以取证起诉物业服务企业，而不是以此为由拒缴物业费。否则容易造成"收费率低、服务差—服务差、业主不愿缴费—收费率更低、服务更差"的恶性循环。

当业主拒交物业费情况比较普遍时，物业服务企业要自我反省，到底是哪儿出了问题，而非不作为、漠然视之。物业服务企业要向智能管理转型，拒绝不作为和懒散作风。随着社会发展，小区业主的自治意识已经觉醒，物业服务企业如果还按照原先的模式进行管理，必然走向淘汰。新形势下的物管必须规整零散服务，整合水电维修各种"跑腿事儿"，提高服务效率；建立责任人机制和员工激励惩罚机制，将服务人员的利益与责任挂钩；打通物业与业主的沟通桥梁，建立线上意见反馈渠道，实现效率互动、快速应对；寻求科技合作，打造"互联网+智慧社区"新模式。

综上，从业主、业主委员到物业服务企业要尽可能强化双方的契约意识，提高物业服务费的收缴率，同时在进行物业服务经费财务预算时要注意留有一定的余地。

第三节　收益性物业的物业服务费[①]与现金流分析

根据物业的类型和特点不同，可以将物业管理分为住宅小区物业管理、商业物业管理、工业物业管理、特殊物业管理等。商业物业中常见的物业类型是零售商业物业和写字楼物业，有时也称收益性物业，其物业服务费构成与测算同住宅物业相比较为复杂。

一、收益性物业的物业服务费测算特点

对最为复杂的收益性物业服务费用的测算，目前国家尚无统一规定，物业服务企业在具体测算时，可参考《物业服务收费管理办法》的基本原则与要求、当地政府的有关规定以及现行的会计核算办法执行。

由于大多数收益性物业都有其自身的特点，其费用项目还可能由于物业类型、

---

① 中国房地产估价师学会. 房地产开发经营与管理 [M]. 北京：中国建筑工业出版社，2009：351-364.

规模以及物业服务合同的不同而有差别，可根据实际需要将有关收支项目进一步细化或合并。

收益性物业管理中的收入包括租金收入和其他经常性收入（不含保证金和准备金）。而经营费用（支出）的数量和类型依物业类型和规模及所处的地区而有所不同，但目前物业管理行业仍然存在着比较公认的通用费用项目。在与国家规定的物业服务费用构成不矛盾的前提下，每一个物业服务企业都可以用自己的方式来定义费用。某些费用项目还能进一步细分以适应特定物业在管理过程中经营费用管理的需要。此外，有时业主也会要求采用一种特定的费用分类方式。

物业服务企业必须清楚本企业习惯的费用分类和业主要求的费用分类方式，并使二者有机地结合起来。

二、收益性物业的物业服务费构成

一般来说，对收益性物业收取的物业服务费，可以看成该物业服务企业的主营业务收入。物业服务企业的业务收入构成了收益性物业的业主或投资人经营费用的一部分。换句话说，从物业服务企业的角度看，物业服务费是业务收入；但从业主或投资人的角度看，它是业主或投资人经营费用的一部分。除此以外，业主的经营费用还包括办公费用、管理费用、固定资产折旧费等。

对物业服务企业而言，这部分物业服务费的具体项目包括如下12项：

（一）人工费

物业管理及服务人员的工资和福利应列在一个科目下，但有时须进一步分列会计明细科目，如工资、补贴、劳保福利和国家或地方政府要求缴纳的保险费（如医疗、养老、失业保险等）、公积金（如住房公积金）等。为了解人工费在不同工作岗位上的分布，还可以将人工费按员工的工作岗位分别列入物业经营费用中的有关子项（如行政管理、保养、维护、清洁卫生、保安等）中去。此时工资、福利等不是列在人工费科目下，而是列在物业经营管理费的有关子项下，但也要便于集中统计人工费。人工费一般在每月的月中支付1次（也可以按每周、每两周或每半个月支付1次），租金收入一般是在每月的月初收取。所以，从财务管理的角度来说，月初可集中精力进行租金的收缴工作，月中就可以从本月收取的租金中支付人工费和其他费用，月末就能得出交给业主的物业净经营收入。在需要加班工作时，还要计算并向员工支付加班费。

（二）共用部位、共用设施设备日常运作、维修及保养费

该项费用在物业服务费用中占较大比重，且分项较多，主要包括：

1.维修与保养费

该项费用主要用于核算物业外部和内部的总体维修和保养费用支出。建筑物装修门面的清洗、电梯维修与保养、锅炉检查和维修、空调维修与保养、小型手动工具和防火设备购置等通常都列在维修与保养费科目下。其他与此项相关的费用包括管件、供电设备、地面修补和地毯洗涤费等。支付给负责物业维修与保养工作的承

包商的费用应该在物业维修与保养费科目下分列。

2.室内装修费

室内装修费是一项开支较大的经营性费用，所以该项费用与维修和保养费分列。该项工作可能与物业维修保养工作无关，而仅仅是为了改善物业的形象。室内装修费科目一般包括材料费（墙纸、涂料等）、工器具和设备使用费（摊销）、人工费、管理费和承包商利润（如果将该工作发包给承包商的话）。

3.生活用水和污水排放费

该项费用随季节变化而有所变化。大多数物业同时收取生活用水和污水排放费用，因为在一宗物业中污水排放的数量和生活用水的使用量有关。随着城市用水数量的迅速增加，供水和污水处理的成本也在逐渐增长，采取一些节约用水的措施（如采用喷淋方式浇灌绿地、使用节水型卫生洁具、及时更新漏水的供水管道等），不仅可以减少水费支出，而且还可以保护宝贵的水资源。应当注意的是，更新供水管道的费用，应记在物业保养费或管件费子科目中。

4.能源费（电、气、油料等）

为了较准确地计算，该项费用可能要根据物业所消耗能源的类型进一步划分为电、气、油料等详细科目。能源费一般每月支付1次，各种能源的价格可能经常调整，所以尽管每月各类能源的使用量相对变化不大，但每月应付的能源费也会有所不同。如果能源费由租客承担（例如在商业物业中），则物业服务企业还要增加一个细目，以便按租金比例计算和收取每个租客应交纳的能源费。对于公用部位的能源费，要视每个租客使用物业的时间和方式不同，进行合理分摊。

5.康乐设施费

健身设备主要设在写字楼物业中，供租客的员工使用。健身设备、游泳池和其他康乐设施的维修、保养和日常使用属于康乐设施费范畴。康乐设施中每一项具体的服务内容还可分列费用细目，以便使物业服务企业可以通过汇总各单项设施的费用支出情况，得出所有康乐设施运营成本。救生员、器械使用指导员和其他康乐服务人员的工资可以计入这里，也可以计入人工费。

6.杂项费用

该项费用主要记录那些为保持物业正常运转而需支出的非经常性的、零星的费用项目。停车位画线、配钥匙、修理或重新油漆物业内外的标志或符号等所支付的费用常列在该项。还要考虑地区性和季节性的问题，例如，在我国北方地区清扫积雪的费用可能要单列费用细目，但在南方地区就可以列入杂项费用；在南方防止病虫害要分列细目，但在北方就可列入杂项费用。

（三）绿化管理费

该项费用主要取决于物业环境绿化面积的大小和美化大堂、楼道等公共部位而支付的花卉等费用。

（四）清洁卫生费

该项费用主要取决于清洁卫生工作所负责的楼面面积大小。列入清洁卫生费用的详细科目，包括建筑物内外地面的清扫、大堂和走道地面打蜡、洗手间的清扫和消毒以及垃圾清运费用。对单元内部使用空间的清洁卫生工作，要视租赁合约的情况而定，如物业服务企业负责单元内部使用空间的清洁卫生，则应单独列项，即与共用部位的清洁卫生费用分开管理。

大型物业一般要和城市的环卫公司签署合约，请其负责垃圾清运工作。垃圾清运费用的多少主要取决于物业每月清运的垃圾的数量（重量和体积），或需设置的垃圾桶的数量以及需要垃圾清运车的数量。由于城市垃圾数量的增加和垃圾处理能力的限制，国家和各地政府都在鼓励使用可再生的纸张、玻璃、塑料和金属，并将其分类存放，以减少垃圾处理时的工作量，减少资源的浪费。

（五）保安费用

出于物业公共安全的考虑，大多数收益性物业服务企业都与保安公司签署一个保安合同，请保安公司提供保安服务。其他与安全有关的费用支出常列在相应的直接费用中。例如，停车位和公共部位的夜间照明费用应计入能源费中的电费；如果是非保安人员负责出入登记工作，则其工资、福利等支出就计入人工费。

（六）办公费

办公费是一个宏观的概念，包括零星办公用品、低值易耗品支出、邮寄费和其他与现场办公运作相关的费用，如常年聘请法律顾问的费用等。此外，广告宣传及市场推广费也可列入办公费或单列。有时一些非标准的收费如报税准备费等也在办公费中支出。

低值易耗品费用主要包括那些经常更新的日常消耗品的费用，不定期的购买或不经常更新的材料有时也可计入该项。写字楼物业的日常消耗品供应常计入办公费。清洁卫生工作中的消耗材料费用可以包括在清洁卫生费或物业保养费中。

广告宣传和市场推广费用是办公费的一个子科目，其支出的数量取决于物业的空置水平、市场的供求状况、物业的新旧程度。新落成的物业较之已经在市场中树立起形象的物业要花费更多的市场推广费用。该项目费用的实际支出应单独管理。

法律费用是办公费中的又一重要子科目。经常出现在该费用科目下的支出，包括为催收拖欠租金而诉诸法律的费用、预估房产税的支出、定期检查法律文件（如租约、合同等）的费用等。视物业的规模和进行法律咨询的频率不同，律师费是该项下的经常费用。

（七）固定资产折旧费

该项费用指物业服务企业拥有的交通、通信、办公、工程修理各类设备、机械等固定资产的折旧支出。其折旧年限通常统一按5年计算，按固定资产总额分摊到每月并逐月提取，单独设立科目。

（八）不可预见费

收益性物业管理中常有一些预计不到的费用，如短期内物价的上涨、意外事件的发生等。为此，在经营费用的测算过程中，通常列入一项不可预见费，一般按前

7项之和的5%计算。不可预见费单独设账，其支出应严格控制。

（九）法定税费

法定税费包括税金及附加、增值税，一般按国家规定的税率按月缴纳。

（十）企业管理费及利润

企业的管理费和利润，通常是物业的有效毛租金收入的一个百分比。如果有效毛租金收入低于预计的某一数值，还可以确定物业服务费和利润的一个最低值。其具体比例可根据政府有关规定和当地物业管理市场情况确定。通常，从事收益性物业管理的物业服务企业，其企业管理费和利润的提取比例高于从事居住物业管理的提取比例。

（十一）保险费

虽然保险费是每半年或每年支付一次，但保险费的实际支出还要受保险计划安排的影响。保险费项目只包括物业本身的保险，员工医疗保险和失业保险在人工费中开支。

在保险费中开支的保险项目一般包括：①火险；②火险附加险；③全损险；④锅炉保险；⑤财产毁损责任保险；⑥租金损失保险；⑦职工信用保险；⑧业主和租户责任保险；⑨交通工具保险。

（十二）房产税

对收益性物业来说，业主应缴纳房产税。此处把房产税算在物业服务企业经营费用的第十二项，说明房产税由物业服务企业缴纳。其原因是，业主把该物业全权委托给物业服务企业来管理（包括出租），物业的租金也由物业服务企业收取，最后业主与物业服务企业结算的是全年的净收入，所以，仍然相当于是业主缴纳。

我国城市房产税的征收分为按房产余值征收和按租金收入征收两种情况，按年计征，分期缴纳。按房产余值征收的（即房产原值一次减除10%~30%后的余值，至于比例到底是多少，由各省、自治区、直辖市人民政府规定），税率为1.2%；按租金收入征收的，税率为12%。该税有些地方每月征收一次，有些地方每半年或一年征收一次，但物业服务企业在确定该项费用的预算时，一般是以月为基础的，也就是说每月留出来的房产税供需要缴纳该税项时使用。

对于商场和写字楼等商业物业，有些租约规定，缴纳房产税的义务由租户承担，或以租金的一定比例向租户另外收取（即租金中不含房产税），此时，房产税作为物业服务企业的代收代缴费用，可以按月估算和收取，由物业服务企业存入专项账户，以便在需要缴纳房产税时使用。

三、收益性物业的现金流分析

对于收益性物业投资而言，衡量其获利能力大小的标准只有一个，即为投资者所带来的净经营收入的大小。而对于收租物业来说，该净经营收入的大小，主要取决于物业经营过程中所产生的现金流。物业服务企业应能够较准确地为业主或投资者预测现金流，同时对该物业的经营状况进行客观的评估。

（一）现金流

从事物业管理工作的专业人员，通常使用其特定的专业术语，来描述与现金流相关的各种类型的收入和费用项目。这些术语包括：

1.潜在毛租金收入

物业可以获取的最大租金收入称为潜在毛租金收入。它等于物业内全部可出租面积与最大可能租金水平的乘积。一旦建立起这个潜在毛租金收入水平，该数字就在每个月的报告中保持相对稳定。能够改变潜在毛租金收入的因素，是租金水平的变化或可出租面积的变化。潜在毛租金收入并不代表物业实际获取的收入，它只是在建筑物全部出租且所有的租户均按时全额缴纳租金时，可以获得的租金收入。

2.空置和收租损失

实际租金收入很少与潜在毛租金收入相等。潜在毛租金收入的减少可能由两方面原因：一是空置的面积不能产生租金收入；二是租出的面积没有收到租金。在物业收入的现金流中，从潜在毛租金收入中扣除空置和收租损失后，就能得到某一报告期（通常为一个月）实际的租金收入。欠缴的租金和由于空置导致的租金损失一般分开记录，当欠缴的租金最终获得支付时，仍可以计入收入项目下，只有最终不予支付的租金才是实际的租金损失。此外，空置虽然减少收入，但不是损失。物业服务企业有责任催收欠缴的租金。然而，如果拖欠租金的租户拒绝缴纳租金，物业服务企业可以委托专业代理机构催收此项租金，或通过必要的法律程序强制租户履行缴纳租金的义务。

3.其他收入

物业中设置的自动售货机、投币电话、停车场等获得的收入称为其他收入。这部分收入是租金以外的收入，又称计划外收入。此外，一般将通过专业代理机构或法律程序催缴拖欠租金所获得的收入列入其他收入项目中。

4.有效毛收入

从潜在毛租金收入中扣除空置和收租损失后，再加上其他收入，就得到了物业的有效毛收入，即：

有效毛收入=潜在毛租金收入−空置和收租损失+其他收入　　　　　　（8-11）

5.经营费用

收益性物业的经营费用是除抵押贷款还本付息外物业发生的所有费用，包括物业服务企业人员工资及办公费用，保持物业正常运转的成本（建筑物及相关场地的维护、维修费用），为租户提供服务（公共设施的维护维修、清洁、保安等）的费用，保险费，房产税和法律费用等（即前述收益性物业的物业服务费）。跟踪经营费用的目的主要是制定成本支出预算，控制经营费用支出的数量。

6.净经营收入

从有效毛收入中扣除经营费用后就可得到物业的净经营收入，即：

净经营收入=有效毛收入-经营费用 (8-12)

净经营收入能否最大化，是业主最关心的问题，也是考察物业服务企业的物业管理工作成功与否的主要方面。因此，物业服务企业要尽可能增加物业的有效毛租金收入，降低经营费用，以使交给业主的净经营收入尽可能最大化。

当然，有些经营费用偶尔也从净经营收入中支出。

7.抵押贷款还本付息

业主对物业经营情况的评价，并不仅仅停留在获取净经营收入的多少，物业还本付息的责任即抵押贷款还本付息，还要从净经营收入中扣除。当然，该项还本付息不是经营费用，它可以逐渐地转入业主对物业拥有的权益价值中去。业主非常关心的问题是，物业所产生的净经营收入是否能够支付抵押贷款的本息，同时满足其投资回报的目标。有些情况下，物业服务企业负责为业主办理还本付息事宜，但也有些业主宁愿自己去处理这一事宜，这主要取决于业主和物业服务企业的服务合同是如何规定的。

8.现金流

从净经营收入中扣除抵押贷款还本付息之后，就得到了物业的税前现金流。这是业主的税前收入或投资回报（当净经营收入不足以支付抵押贷款还本付息金额时，该现金流是负值）。从物业税前现金流中再扣除准备金和所得税后，即得到物业税后现金流，即：

税前现金流=净经营收入-抵押贷款还本付息 (8-13)

税后现金流=税前现金流-准备金-所得税 (8-14)

准备金通常由物业服务企业直接管理（相当于维修基金，应专户存储），应缴纳的所得税通常由业主负责支付。应该指出的是，如果物业没有抵押贷款，亦无准备金项目扣除，业主应纳税所得额就等于物业的净经营收入。

综上所述，收益性物业管理中的现金流为：

潜在毛租金收入

　　减去：空置和收租损失

　　加上：其他收入

等于：有效毛收入

　　减去：经营费用

等于：净经营收入

　　减去：抵押贷款还本付息

等于：税前现金流

　　减去：准备金

　　减去：所得税

等于：税后现金流

物业服务企业所涉及的财务管理，一般到产生净经营收入为止。从另一个角度来说，业主对物业价值的估计，通常基于税前或税后现金流。虽然物业服务企业没有权利控制这些支出，但它必须了解其计算方法，以及业主如何根据这些信息对物业的经营状况作出判断。

（二）相关问题分析

还本付息的数量，取决于业主购置物业时所用抵押贷款的数额和期限。物业服务企业可以就物业的重新融资为业主提供咨询意见。在许多情况下，通过物业再融资安排，可以提前还清物业当前的抵押贷款余额，而且新的融资安排可使业主的周期性还本付息数额更加适合当前的房地产市场状况，并提高业主资本金的收益水平。

如果不考虑业主在置业投资中资本金所占的比重，一宗物业的年净经营收入是相同的。收益性物业年净经营收入的稳定性，对物业价值有很大影响。

1.物业估价

从物业服务企业的角度来说，尽可能使年净经营收入最大化的重要性是显而易见的：如果一个物业服务企业能够获取足够的年净经营收入，那么业主就可以支付抵押贷款的本息、获取满意的投资回报。然而，净经营收入的水平不仅仅表明了业主的投资回报，而且还直接影响物业的价值。

为了估算收益性物业的价值（v），可以用物业年净经营收入（a）除以资本化率（r），即$v=a/r$。例如，某物业的年净经营收入为20万元，其资本化率为10%，则该物业的估计价值为200万元。某一特定物业的资本化率取决于该物业的类型、当地近期成交的类似物业的资本化率、市场情况及利息率等。资本化率的变化对物业的价值影响很大，因为资本化率上升会导致物业价值下降。采用当地类似物业的资本化率计算时，如果物业的年净经营收入是最好的估计，则该物业的价值也是最高的估计值。如果物业的年净经营收入下降而资本化率不变，则物业的价值也会下降。所以，使物业净经营收入提高的因素，也会提高物业的价值。

2.准备金和保证金基金

不仅需要对物业经营过程中的各项收支认真对待，也需要对准备金和保证金基金进行妥善的管理，以保证该基金本金的稳定增长和利息收入的合理化。

（1）准备金（大修基金）。

准备金是定期存入的用于支付未来费用的资金。如果这部分资金来自物业的收益，就应该从物业现金流中扣除。准备金通常用于支付物业经营过程中的资本性支出（例如设备或屋面的更新），而日常的经营费用则在每月的经营收入中支出。

用于物业更新改造的准备金，可以取有效毛租金收入或年净经营收入的一个百分比。由于准备金是用来支付预计要发生的用途的（如每5年更新一次地毯、根据市场需求的变化改变室内空间布置等），因此，可以根据物业大、中修计划事先作出预算，定期向该账户注入一定数量的资金。

建立用于物业资本支出的准备金，常需要专门的报告和分类账目，准备金账目下的费用支出，一般用支票支付。这里很重要的一点是，建立准备金基金会减少业主从物业收益中获取的净经营收入，有些业主可能要求不建立此项基金，而在物业资本支出发生时再临时筹措。业主和物业服务企业在该基金数量的大小上可能也会有意见分歧。但该项基金的存在，对于保证物业正常的大、中修计划的执行来说至关重要，因此，物业服务企业在与业主签署委托管理合同时，应非常重视有关准备金条款的谈判。

（2）保证金基金。

租户常常需要缴纳租赁保证金，以保证其在租约有效期间内能够很好地履行租赁合约（按期缴纳租金、履行对物业保护的责任）。租赁保证金基金的建立和管理，要遵循国家和各地方政府的有关规定，一般要单列银行账户进行管理。保证金基金的利息收入可以作为物业的其他收入，也可以部分或全部归租户所有。如果租户在租赁期间内完全履行了租约中所规定的责任，则该项保证金在租约到期时要如数退还租户，否则就要扣除部分甚至全部保证金，用于支付物业损毁费用或由于租金拖欠给业主带来的损失。

3.所得税

收益性物业出租过程中的所得税计算比较复杂，如果业主的收入只来自物业出租所获取的利润，则按该利润的25%缴纳所得税；如果业主除了该项物业投资外还有其他投资项目，就有可能合并计算所得税。由于每位业主的纳税责任有差别，物业服务企业通常只能较准确地估算税前现金流，而较为准确的税后现金流通常要在咨询专业税务会计、审计人员后才能得到。

四、收益性物业财务收支报告

编制财务收支报告是物业服务企业的一项重要工作内容。除了在财务收支发生时记入分类账（分户账）或计算机文件外，物业服务企业还要保留所有的收据、银行月结单、购货订单复印件和业主就物业付款的收据存根等。有关这些记录必须定期向物业的业主报告，一般是每月一次。此外，可能还要向租户以清单的方式报告物业管理过程中支出的费用情况、保证金储存利息收入明细、损失估计和其他与物业已出租空间相关的财务事项。物业服务企业必须保留这些记录并就物业的整体或部分编制有关报告。当物业服务企业为一个业主管理多项物业时，可能还要向业主提供有关这些物业的综合报告。

对出租物业来说，最主要的收入记录是租金清单，也是物业服务企业应定期向业主提供的一系列报告之一。该租金清单一般要记录租户名称、其所承租的单元或面积数量、租金标准和租期等，租金清单上还要注明每个租户是否已支付了当月的租金。如果某些经营费用是按租金的一定比例代收的，拖欠或已经缴纳的数额也要在租金清单上体现出来。如果与租金清单有关的信息是计算机化的信息，那么其基础信息的记录也可以采用不同的参数模式，以便编写向业主定期提供的《空置分析报告》《毁约或拖欠租金报告》《租约期满报告》等。

物业服务企业对每一个物业出租单元都有一个分类账，该分类账一般要记录租户名称或姓名、电话号码、出租单元的具体位置、租金标准、每月的最后收租期限、缴纳保证金数量、承租起始日期、租期、经常（发生）收费、代收代缴费用和其他在租约条款中规定的费用。分类账的形式既可以采用行业通行的做法，也可以自行设计。

物业服务企业一般每月要给租户一个租金账单，在上面说明要缴纳的租金数量和按租金比例计算的代收代缴费用。但如果每个月的租金不变，也可不给租户租金账单。收到租户的租金后，要给租户一个收款凭证。

在物业服务企业向业主提供的报告中，应首先有一个包括租金清单、空置情况、拖欠或收租损失报告等内容的经营概况介绍，这是物业在报告期有关经营收入和费用支出的概要性报告，重点说明业主可获得的净经营收入。

还要向业主提交有关经营情况的分析报告，这是物业服务企业和业主沟通的重要方式，对物业服务企业和业主之间更好地配合，尤其是在物业经营出现困难时双方能同舟共济很有帮助。该报告主要用来解释实际收支与初期预算中有关数字的差异或变化情况以及产生这些变化的原因，如果实际收入或支出较预算中有关数字的变化较大，物业服务企业还要和业主一起开会，当面作出解释。但如果变化很小，也可以不提供分析报告，但物业服务企业要向业主就当前物业经营状况进行口头介绍，对物业经营的未来发展进行简要分析。

物业管理过程中有关租户、租金、租约、物业和管理等方面的原始信息是相当庞杂的，准确地保持并记录这些信息并及时向业主提供有关报告也确实是一项相当复杂的工作，但如果用计算机，尤其是使用通用的物业管理软件来管理这些信息，就可以使各种计算、数据分析和报表变得非常简单。利用这些软件，除了可以随时查看物业经营状况外，还可以方便地将实际经营状况与年度预算目标进行比较分析，也可以将本年度经营状况与上年度或过去的其他年度进行比较分析，为将来修订年度预算、预测未来物业发展情况提供依据。

第四节　住宅专项维修资金

随着我国房地产市场的快速发展，居民自有住房的比例越来越高。在单幢住宅楼或者住宅小区内住房产权普遍多元化的情形下，住房共用部位、共用设施设备是否完好、运行是否正常，关系到相邻住宅、整幢楼，甚至整个小区住宅的正常使用和安全。共用部位、共用设施设备一旦需要维修及更新、改造，所需的费用如何在少则几十个、多则上千个业主之间及时筹集，成为亟须解决的问题。

为了加强对住宅专项维修资金的管理，保障住宅共用部位、共用设施设备的维修和正常使用，维护住宅专项维修资金所有者的合法权益，2007年12月4日，根据《物权法》《条例》等法律、行政法规，建设部、财政部联合签署《住宅专项维修资金管理办法》，自2008年2月1日起施行。2021年1月1日起施行的《民法典》

也对专项维修资金有明确规定。

一、住宅专项维修资金的概念、用途和性质

住宅专项维修资金，是指专项用于住宅共用部位、共用设施设备保修期满后的维修和更新、改造的资金①。

物业的共用部位和共用设施是物业发挥使用功能必不可少的组成部分，它的价值已随着物业的出售分摊进各单元售价之中，由各业主承担。共用部位和共用设施的不可分割性决定了它属于全体业主共有，而不为某个业主所有。对它的维修、保养是业主的整体行为，因此需要有一个管理的部门，有一笔可供使用的资金，这就形成了由物业服务企业建立和管理共用部位、共用设施设备维修资金这种模式。

住宅共用部位，是指根据法律、法规和房屋买卖合同，由单幢住宅内业主或者单幢住宅内业主及与之结构相连的非住宅业主共有的部位，一般包括主要承重结构部位（如住宅的基础、承重墙体、柱、梁、楼板、屋顶等）以及户外的墙面、门厅、楼梯间、走廊通道等。

共用设施设备，是指根据法律、法规和房屋买卖合同，由住宅业主或者住宅业主及有关非住宅业主共有的附属设施设备。其一般包括上下水管道、落水管、水箱、加压水泵、电梯、天线、供电线路照明、锅炉、暖气线路、煤气线路、消防设施、绿地、道路、路灯、沟渠、池、井、非经营性车场车库、公益性文体设施、无障碍设施②和共用设施设备使用的房屋等。

《条例》第53条规定，住宅物业、住宅小区内的非住宅物业或者与单幢住宅楼结构相连的非住宅物业的业主，应当按照国家有关规定交纳专项维修资金。

专项维修资金专项用于物业保修期满后物业共用部位、共用设施设备的维修和更新、改造，不得挪作他用。专项维修资金收取、使用、管理的办法由国务院建设行政主管部门会同国务院财政部门制定。

业主交存的住宅专项维修资金属于业主。从公有住房售房款中提取的住宅专项维修资金属于公有住房售房单位。

二、住宅专项维修资金的交存

（一）交存范围

应交存住宅专项维修资金的范围包括住宅（一个业主所有且与其他物业不具有共用部位、共用设施设备的除外）、住宅小区内的非住宅或者住宅小区外与单幢住宅结构相连的非住宅。属于上述范围的，出售的公有住房，售房单位也应当按照《住宅专项维修资金管理办法》的规定，交存住宅专项维修资金。

所以，根据上述规定，我们发现，需要缴纳住宅专项维修资金的业主有三类：住宅物业的业主、住宅小区内的非住宅物业的业主、住宅小区外的与单幢住宅楼结

---

① 《住宅专项维修资金管理办法》（建设部、财政部令〔2007〕第165号）第2条第2款规定。
② 根据《民法典》第281条中的规定添加。

构相连的非住宅物业的业主。第三类业主有些特别，这类业主虽然是小区外的业主，并没有享受到物业服务企业的服务，不受物业服务合同的约束，但是该类业主的物业结构与住宅小区内的单幢住宅楼的结构紧密相连，也就是说和住宅楼存在共用部分，如果住宅楼的结构出现问题，得不到及时维修，该非住宅物业的结构也会相应地受到影响，而住宅楼获得维修、更新、改造，该非住宅物业也能同样受益。根据受益与负担一致、权利和义务一致的原则，与住宅小区内的单幢住宅楼结构相连的非住宅物业的业主，也应该缴纳专项维修资金。

可见，专项维修资金不是物业服务费用，它与服务无关，没有享受到物业服务的住宅小区外的业主也有可能承担缴纳专项维修资金的义务。

（二）交存标准

商品住宅的业主、非住宅的业主按照所拥有物业的建筑面积交存住宅专项维修资金，每平方米建筑面积交存首期住宅专项维修资金的数额为当地住宅建筑安装工程每平方米造价的5%至8%。直辖市、市、县人民政府建设（房地产）主管部门应当根据本地区情况，合理确定、公布每平方米建筑面积交存首期住宅专项维修资金的数额，并适时调整。

出售的公有住房交存住宅专项维修资金的标准为：业主按照所拥有物业的建筑面积交存住宅专项维修资金，每平方米建筑面积交存首期住宅专项维修资金的数额为当地房改成本价的2%；售房单位按照多层住宅不低于售房款的20%、高层住宅不低于售房款的30%，从售房款中一次性提取住宅专项维修资金。

对新建物业，各地交存标准有所不同。比如，杭州按建筑面积征收成本的5%（低限），宜昌收8%（高限）；而北京、西安、兰州等市也按建筑面积征收。又如，北京根据公示的《办法》规定，首期专项维修资金的交存数额为：多层100元/平方米；高层200元/平方米；而此前北京曾使用按总房款的2%标准交存。西安首期专项维修资金的交存数额为：7层以下、不配备电梯的多层住宅为60元/平方米；配备电梯的多层住宅为90元/平方米；7层以上（含7层）的小高层、高层住宅为145元/平方米。兰州的情况是：多层住宅（不配备电梯）为每平方米50元；高层住宅（含配备电梯的多层住宅）为每平方米70元。南宁的情况是：未配备电梯的物业，交存标准为55元/平方米；已配备电梯的物业，交存标准为77元/平方米。

对公有住房出售（房改房），各地收取标准基本与国家规定相同。如北京规定，业主按拥有的建筑面积每平方米缴纳的专项维修资金为当地房改成本价的2%；售房单位按照多层不低于售房款的20%、高层住宅不低于售房款的30%，从售房款中一次性提取住宅专项维修资金。物业行政管理部门将合理确定、公布首期维修资金的交存数额，并适时调整。

未按《住宅专项维修资金管理办法》规定交存首期住宅专项维修资金的，开发建设单位或者公有住房售房单位不得将房屋交付购买人。

（三）应计入住宅专项维修资金的其他部分

下列资金应当转入住宅专项维修资金滚存使用：

（1）住宅专项维修资金的存储利息。

（2）利用住宅专项维修资金购买国债的增值收益。

（3）住宅共用设施设备报废后回收的残值。

（4）利用住宅共用部位或共用设施设备进行经营的业主所得收益（业主大会另有决定的情况除外）[①]。

三、住宅专项维修资金的管理

《住宅专项维修资金管理办法》规定了两种管理模式：一是由管理机构代管；二是由小区的业主大会决定如何管。

业主大会成立前，商品住宅业主、非住宅业主交存的住宅专项维修资金，由物业所在地直辖市、市、县人民政府建设（房地产）主管部门代管。直辖市、市、县人民政府建设（房地产）主管部门应当委托所在地一家商业银行，作为本行政区域内住宅专项维修资金的专户管理银行，并在专户管理银行开立住宅专项维修资金专户。开立住宅专项维修资金专户，应当以物业管理区域为单位设账，按房屋户门号设分户账；未划定物业管理区域的，以幢为单位设账，按房屋户门号设分户账。

专户管理银行、代收住宅专项维修资金的售房单位，应当出具由财政部或者省、自治区、直辖市人民政府财政部门统一监制的住宅专项维修资金专用票据。

业主大会成立后，业主委员会应当通知所在地直辖市、市、县人民政府建设（房地产）主管部门，直辖市、市、县人民政府建设（房地产）主管部门或者负责管理公有住房住宅专项维修资金的部门，应当在收到通知之日起30日内，通知专户管理银行将该物业管理区域内业主交存的住宅专项维修资金账面余额划转至业主大会开立的住宅专项维修资金账户，并将有关账目等移交业主委员会。业主大会应当委托所在地的一家商业银行作为本物业管理区域内住宅专项维修资金的专户管理银行，并在专户管理银行开立住宅专项维修资金专户。开立住宅专项维修资金专户，应当以物业管理区域为单位设账，按房屋户门号设分户账。业主大会开立的住宅专项维修资金账户，应当接受所在地直辖市、市、县人民政府建设（房地产）主管部门的监督。

住宅专项维修资金划转后的账目管理单位，由业主大会决定；业主大会成立后，维修资金由谁管，完全由业主决定：可以自管，也可以委托物业服务企业去

---

① 如《物业管理条例》第54条规定，利用物业共用部位、共用设施设备进行经营的，应当在征得相关业主、业主大会、物业服务企业的同意后，按照规定办理有关手续。所得收益应当主要用于补充专项维修资金，也可以按照业主大会的决定使用。早期规定的"所得收益用来弥补物业服务费用"，是不利于业主的，相当于业主在物业服务费之外，又交了一笔费用。现在，这笔收益主要用于计入专项维修资金，有利于业主，因为产权属于业主。

管。前提是必须确保维修资金的安全。

业主大会应当建立住宅专项维修资金管理制度。业主分户账面住宅专项维修资金余额不足首期交存额30%的，应当及时续交。成立业主大会的，续交方案由业主大会决定；未成立业主大会的，续交的具体管理办法由直辖市、市、县人民政府建设（房地产）主管部门会同同级财政部门制定。

四、住宅专项维修资金的使用

（一）住宅专项维修资金的使用情况划分

1.正常情况下的使用

住宅专项维修资金应当专项用于住宅共用部位、共用设施设备保修期满后的维修和更新、改造，不得挪作他用。

大修是指对住宅共用部位、共用设施设备的大规模的维修、更新和改造，是对住宅共用部位、共用设施设备中坏旧部分的更换，以使其保持正常的使用或者不断提高其使用效能或使其具有新的效能。专项维修资金的使用对象只是住宅共用部位、共用设施设备，住宅自用部位和自用设备的维修和更新费用，保修期满后是由业主自己承担的。

在保修期间，如果物业出现问题，由保修企业即建设单位负担保修费用；保修期满后，发生的自然损坏等需要维修的，则从专项维修资金中支付。如果是由于第三人的人为损坏，则由第三人承担赔偿费进行维修。

住宅共用部位、共用设施设备的维修和更新、改造费用，按照下列规定分摊：商品住宅之间或者商品住宅与非住宅之间共用部位、共用设施设备的维修和更新、改造费用，由相关业主按照各自拥有物业建筑面积的比例分摊；售后公有住房之间共用部位、共用设施设备的维修和更新、改造费用，由相关业主和公有住房售房单位按照所交存住宅专项维修资金的比例分摊，其中应由业主承担的，再由相关业主按照各自拥有物业建筑面积的比例分摊。

售后公有住房与商品住宅或者非住宅之间共用部位、共用设施设备的维修和更新、改造费用，先按照建筑面积的比例分摊到各相关物业。其中，售后公有住房应分摊的费用，再由相关业主和公有住房售房单位按照所交存住宅专项维修资金的比例分摊。住宅共用部位、共用设施设备维修和更新、改造，涉及尚未售出的商品住宅、非住宅或者公有住房的，开发建设单位或者公有住房单位应当按照尚未售出商品住宅或者公有住房的建筑面积，分摊维修和更新、改造费用。

下列费用不得从住宅专项维修资金中列支：

（1）依法应当由建设单位或者施工单位承担的住宅共用部位、共用设施设备维修和更新、改造费用。

（2）依法应当由相关单位承担的供水、供电、供气、供热、通信、有线电视等管线和设施设备的维修、养护费用。

（3）应当由当事人承担的因人为损坏住宅共用部位、共用设施设备所需的修复费用。

（4）根据物业服务合同约定，应当由物业服务企业承担的住宅共用部位、共用设施设备的维修和养护费用。

在保证住宅专项维修资金正常使用的前提下，可以按照国家有关规定将住宅专项维修资金用于购买国债。利用住宅专项维修资金购买国债，应当在银行间债券市场或者商业银行柜台市场购买一级市场新发行的国债，并持有到期。利用业主交存的住宅专项维修资金购买国债的，应当经业主大会同意；未成立业主大会的，应当经专有部分占建筑物总面积2/3以上的业主且占总人数2/3以上业主同意。利用从公有住房售房款中提取的住宅专项维修资金购买国债的，应当根据售房单位的财政隶属关系，报经同级财政部门同意。禁止利用住宅专项维修资金从事国债回购、委托理财业务或者将购买的国债用于质押、抵押等担保行为。

2.紧急情况下的使用

紧急情况下使用住宅专项维修资金有两个依据：

（1）《住宅专项维修资金管理办法》第24条规定，发生危及房屋安全等紧急情况，需要立即对住宅共用部位、共用设施设备进行维修和更新、改造的，按照以下规定列支住宅专项维修资金：

① 住宅专项维修资金划转业主大会管理前，按照本办法第22条第四项、第五项、第六项的规定办理。

② 住宅专项维修资金划转业主大会管理后，按照本办法第23条第四项、第五项、第六项和第七项的规定办理。①

发生前款情况后，未按规定实施维修和更新、改造的，直辖市、县人民政府建设（房地产）主管部门可以组织代修，维修费用从相关业主住宅专项维修资金分户账中列支；其中，涉及已售公有住房，还应当从公有住房住宅专项维修资金中列支。

（2）《民法典》第281条规定，紧急情况下需要维修建筑物及其附属设施的，业主大会或者业主委员会可以依法申请使用建筑物及其附属设施的维修资金。

以上所说的紧急情况的范围一般包括：

① 电梯故障经有关部门确定危及人身安全的。

② 外墙墙面有脱落危险、屋顶渗漏等严重影响房屋使用和安全的。

③ 排水管道堵塞、漏水影响正常使用的。

④ 消防设施损坏，消防部门出具整改通知书的。

⑤ 危及房屋使用安全、影响业主正常生活的其他紧急情况。

以上紧急情况下需要使用专项维修资金时，业主大会和业主委员会可以依法申请使用。

---

① 详见附录四《住宅专项维修资金管理办法》相关规定。

（二）专项维修资金在使用时的业主表决规定

专项维修资金在使用时要经业主共同决定。《民法典》第278条中规定了业主共同决定的事项及表决方式：

"下列事项由业主共同决定：

（一）制定和修改业主大会议事规则；

（二）制定和修改管理规约；

（三）选举业主委员会或者更换业主委员会成员；

（四）选聘和解聘物业服务企业或者其他管理人；

（五）使用建筑物及其附属设施的维修资金；

（六）筹集建筑物及其附属设施的维修资金；

（七）改建、重建建筑物及其附属设施；

（八）改变共有部分的用途或者利用共有部分从事经营活动；

（九）有关共有和共同管理权利的其他重大事项。

业主共同决定事项，应当由专有部分面积占比三分之二以上的业主且人数占比三分之二以上的业主参与表决。决定前款第六项至第八项规定的事项，应当经参与表决专有部分面积四分之三以上的业主且参与表决人数四分之三以上的业主同意。决定前款其他事项，应当经参与表决专有部分面积过半数的业主且参与表决人数过半数的业主同意。"

这一条款降低了业主共同决定事项特别是"使用"建筑物及其附属设施维修资金的表决门槛。比如，把《物权法》中"筹集和使用建筑物及其附属设施的维修资金"分为两项：（五）"使用"和（六）"筹集"。原因是业主大会成立之初一般不需要筹集，业主买房时都缴纳了专项维修资金。这个改变更重要的是为了解决专项维修资金的使用难问题。（五）和（六）两项议题对票权比例的要求不同。"筹集"需要两个"3/4"，而"使用"仅需要"双过半"。

（三）住宅专项维修资金的筹集和使用应当定期公布

为保证业主的知情权，及时了解建筑物及其附属设施的维修资金的筹集情况、依法监督维修资金的使用，《民法典》第281条规定，建筑物及其附属设施的维修资金的筹集、使用情况应当定期公布。与《物权法》中涉及的此条款不同之处，是增加了"定期"。"定期"的界定，一般可由业主委员会与物业服务企业在物业服务合同中事先约定，在未有约定或者约定不明确的情形下，应指合理期限，配合《住宅专项维修资金管理办法》第30条，可视为每年至少一次，所以一季度一次或半年一次也是合理的。

建筑物及其附属设施维修资金的筹集和使用事关每位业主切身利益，通过定期公布相关情况做到信息公开，让业主们能够在信息对称的基础上参与小区管理，是维护业主权益、维持小区秩序的重要保障。

（四）专项维修资金使用的十部委^①规定

十部委在《关于加强和改进住宅物业管理工作的通知》中，对住宅维修资金的使用、管理和归集作出了如下规定：

（1）提高维修资金使用效率。优化维修资金使用流程，简化申请材料，缩短审核时限。建立紧急维修事项清单，符合清单内容的，业主委员会可直接申请使用维修资金，尚未产生业主委员会的，由街道组织代为维修，并从维修资金中列支相关费用。因供水、排水、消防、电梯等紧急事项使用维修资金的，维修工程竣工后，应当公开维修资金使用数额。探索使用维修资金购买电梯安全责任保险。

（2）健全维修资金管理制度。提高维修资金管理机构专业化、规范化管理水平。采用公开招标方式，综合存款利率、资产规模和服务效能等因素，择优确定专户管理银行，控制专户管理银行数量。探索委托专业机构运营维修资金，提高资金收益水平，并将收益分配给业主。加快维修资金管理信息系统建设，方便业主实时查询。每年披露资金管理和使用情况，接受社会监督。加强维修资金监管，严肃查处侵占挪用资金等违法违规行为。

（3）加大维修资金归集力度。推动新建商品房在办理网签备案时，由建设单位代为足额缴纳维修资金。加大对建设单位、物业服务企业代收维修资金的清缴力度。业主共有部分经营收益应当主要用于补充维修资金。逐步实行商品房与已售公房维修资金并轨管理。

五、住宅专项维修资金与物业服务费的区别

住宅专项维修资金与物业服务费主要有以下区别：

1.所有权不同

住宅专项维修资金由产权人缴纳，为全体产权人所共有；物业服务费依据项目不同分别由产权人和使用人缴纳，为物业服务企业所有或代管（依包干制或酬金制而有所区别）。

2.财务处理不同

住宅专项维修资金在会计上称为代管资金，作为长期负债管理，为代收代支费用，国家对此不征税；物业服务费作为管理部门收取的用于日常管理服务的资金，按经营收入入账，需缴纳增值税和所得税。

3.使用权不同

住宅专项维修资金的使用权属于全体业主（业主委员会），使用时由维修资金代管部门（物业服务企业）依据物业的情况提出方案，报业主委员会批准使用；物业服务费由物业服务企业依据管理服务项目列支。

4.用途不同

住宅专项维修资金是用于住宅共用部位、共用设施设备保修期满后的大中修和

① "十部委"指：住房和城乡建设部、中央政法委、中央文明办、发展改革委、公安部、财政部、人力资源社会保障部、应急部、市场监管总局、银保监会。

更新、改造，相当于房屋的"养老金"；而物业服务费是指为对小区公共秩序、环境绿化等进行日常管理服务并对小区共用部位、共用设施设备进行日常维修、保养，而向业主收取的费用，主要用于人员工资、垃圾清运、小修费用等。

与物业服务企业资金管理有关的法律、规章包括《民法典》《住宅专项维修资金管理办法》《价格法》《物业服务收费管理办法》《物业服务收费明码标价规定》等。

第五节　案例分析

案例1　对于房屋未接收前的物业相关费用，物业服务企业该不该收？

案例：

王女士在2019年年初在大连市中山区购买了一套小户型商品房，合同约定的房屋交付日期为2019年12月30日，同时合同约定房屋交付时由开发企业发出书面的交屋通知。但到了合同约定的交付时间，王女士一直未收到开发企业的交屋通知，再加上王女士工作比较繁忙，也未向开发企业询问该房屋能否交付的问题。2020年春节过后，当王女士再到该小区时，发现该小区已有不少住户装修入住了，于是便到开发企业处询问其所购房屋何时可以交付，开发企业告知该房屋在2019年12月30日前已具备交付条件，可以办理交付。但当王女士第二天到开发企业办理房屋交付手续时，开发企业却要求王女士交清2019年12月30日以后的房屋采暖费及物业服务费，否则不予办理房屋交付手续。王女士则认为，房屋未交付系开发企业未向其发出书面交付通知所致，开发企业现要求其承担未入住前发生的有关费用没有法律依据，于是与开发企业产生争议。

你的看法呢？

案例评析：

无论对开发企业还是业主来说，房屋接收都是一个标志或者说分界线，接收时间和接收方式通常在合同中约定。所以本案例首先应判断房屋是否正式接收或逾期接收，然后分析逾期接收的原因，最后再判定该期间所发生的物业费的归属责任。

本案例属逾期接收，但房屋逾期交付期间所发生的采暖费、物业服务费等费用应由哪方承担呢？首先需要了解房屋逾期交付是由哪方造成的，如果是由于开发企业的过失导致房屋未能按时交付业主使用，购房者无须缴纳房屋交付前发生的采暖费、物业服务费，该部分费用应由开发企业自行承担，不仅如此，开发企业还需要承担逾期交房的违约责任；如果是购房者自身原因导致未按时办理房屋接收手续，且合同中对购房者逾期领取房屋钥匙应当承担的违约责任也有明确约定的，如"购房者应承担逾期交付期间所发生的物业服务费、采暖费"，那么购房者应当承担逾期期间的物业服务费、采暖费。王女士遇到的情况属于开发企业未发出书面交房通知而导致房屋逾期交付，因此责任在开发企业，逾期交付期间的物业服务费、采暖费应由开发企业承担。如果开发企业坚持要求王女士支付此费用，并拒绝向其交付房屋，则开发企业已构成违约，王女士可以通过诉讼途径要求开发企业立即交付房屋，并承担逾期交房的违约责任。

案例2 物业服务费收缴不足，物业服务企业可以挪用专项维修资金吗？

案例：

某小区在业主委员会成立后，经过业主委员会同意，房地产行政主管部门将专项维修资金移交给该小区的物业服务企业代管。由于很多业主拖欠物业服务费用，该物业服务企业发生支出困难，于是挪用了部分专项维修资金作为物业服务的日常开支。后来业主委员会在检查和监督物业服务企业代管的专项维修资金时发现了该挪用行为，于是书面督促物业服务企业在规定的期限内将挪用款项返还。物业服务企业对业主委员会的通知置之不理，业主委员会遂向法院起诉，要求返还挪用的住宅专项维修资金及该项资金的管理权。

被告辩称：专项维修资金虽然挪为他用，但最终仍用在为小区居民的服务上，并没有贪污或浪费，而且造成挪用的原因在于一些业主不交物业服务费用，致使物业服务企业入不敷出，物业服务企业实属迫不得已。

你认为，法院应该怎样审理？理由是什么？

案例评析：

根据《条例》的规定，专项维修资金属业主所有，专款专用，用于物业保修期满后共用部位、共用设施设备的维修和更新、改造，不得挪作他用。物业服务企业在依法代管专项维修资金后，业主委员会可以定期检查和监督物业服务企业对专项维修资金的管理和使用情况。

如果业主委员会发现物业服务企业擅自挪用专项维修资金，可以依法提起诉讼，还可以向县级以上人民政府房地产行政主管部门进行投诉。根据《条例》第60条和《住宅专项维修资金管理办法》第37条的规定，挪用专项维修资金的，由县级以上地方人民政府房地产行政主管部门追回挪用的专项维修资金，给予警告，没收违法所得，可以并处挪用数额2倍以下的罚款；构成犯罪的，依法追究直接负责的主管人员和其他直接责任人员的刑事责任。

至于物业服务企业所辩称的理由，即挪用款用在为小区居民的服务上，并没有贪污或浪费等，是不能成立的。因为专项维修资金属业主所有，只能专款专用。一些业主欠交物业服务费用不能成为挪用的理由。物业服务企业可以通过催告、诉讼等手段收取应收的物业服务费用，不能以错误的方法解决问题。

法院经审理应该认定，被告物业服务企业挪用专项维修资金的行为违反了有关法律法规的规定，侵犯了业主的财产权，应判决被告在法定期限交出专项维修资金管理权，返还挪用的资金。

案例3　开发企业对物业服务费的承诺与物业服务企业的说法，谁的算数？

案例：

材料1：

一位业主购买了一套高档公寓并且已经入住。按照该公寓物业管理收费标准，这个业主购买这套房屋每月要缴纳物业服务费500多元，而且每半年结算一次。在与开发企业签订购房合同时，该业主表示难以接受这样高的物业服务费用。售楼小姐说，考虑到该小区已售出80%，可以为他减免1/3的费用。可是这位业主入住后，小区物业服务企业仍然要按全价收取物业服务费。于是业主与物业服务企业之间爆发了冲突。

材料2：

家住广州某花园小区的王先生，在购房时开发企业承诺物业服务费为0.6元/平方米，并有管道煤气、24小时热水等配套服务，而且上述承诺写进了购房合同中。但王先生称其入住一年，非但管道煤气、24小时热水等没有落实，物业服务费反而涨到了0.8元/平方米。王先生找物业服务企业提出疑问，物业服务企业回答说自己是依据国家标准收费的，开发企业说的不算数。王先生又找开发企业询问，开发企业则非常遗憾地称，现在物业管理工作交给了专业的物业服务企业，自己也没有办法约束。

问题：

（1）开发企业的承诺对物业服务企业有没有约束力？

（2）开发企业能不能就物业管理问题对业主作出承诺？能否把其承诺写入合同？

（3）开发企业对其承诺引发的法律后果应否承担法律责任？

案例评析：

"国庆期间购房，最高送3年物业服务费"……这是楼盘预售时常见的促销策略。许多销售人员认为"一有赠送物业服务费等优惠，楼盘的销售会马上好起来。"通常，赠送物业服务费属于开发商销售的一个策略，只要开发商与物业服务企业协商好并且不侵犯业主的利益，应该无可厚非。但现实中，两家企业很少有过协商，或有过协商却没有向购房人说明，从而造成当事人之间的很多纠纷。

针对以上两个案例，分析这3个问题如下：

（1）物业管理与房屋买卖是两种独立的法律关系。物业管理当事人双方，一方是物业服务企业，一方是住户，两者是服务合同关系。房屋买卖当事人双方，一方是开发企业，一方是住户，两者是买卖合同关系。这两种合同关系虽然在主体方面有些重合，比如购房客户往往就是住户，而卖房的开发企业也可能又承担了物业服务企业的角色，但无论如何，这两种合同各自是独立的、有区别的。而且，物业服务费用、标准、内容等，实际上就是物业管理法律关系中的各种权利、义务、责任，只能由物业服务企业和业主共同确立。

在房屋预售前，开发企业可以与物业服务企业商定前期物业服务合同，确定物业服务内容、方式、收费等事项。然后，开发企业在售楼时，可以对相关物业服务问题作出必要的说明、解释，以便增加该物业的卖点，同时方便广大购房者进行综合比较，进而作出决定。但是就签订有关物业服务合同的具体条款来说，开发企业没有主体资格，不能将条款直接规定在售楼合同中，这样做就是越俎代庖，就是不当处分他人的权利。有关物业服务具体内容的条款，应当由物业服务企业直接与购房客户签订。

如果开发企业仅仅是为了促销而就物业服务内容、方式、收费等事项对业主作出口头承诺，这对物业服务企业没有约束力。上面已经说过，对物业管理作出种种承诺是物业服务企业的权利，开发企业没有擅自处分他人权利的权利。

但是，如果开发企业向购房者出示了物业服务企业授权其作出承诺的授权委托书，那开发企业在其授权范围内所作的承诺就是物业服务企业的承诺，对物业服务企业具有约束力。这种情况下，物业服务企业必须在其服务的有效期内兑现其承诺。《民法典》规定，物业服务企业公开作出的有利于业主的服务承诺，为物业服务合同的组成部分。

（2）如果开发企业的书面承诺并不涉及物业服务企业的权利与义务，而仅是自己单方的承诺，如案例中提到的开发企业承诺补贴业主1/3的物业服务费，只要写进合同，或者购房人有证据证明存在这种承诺，也是合法有效的。这时，业主可以要求开发企业依照其承诺补贴这部分的费用。

但实践中，有的省市为了避免这种纠纷，会在当地的物业管理条例中设立规定条款，要求建设单位出售物业时不得承诺减免物业服务费，如《广东省物业管理条例（修订草案）》就规定了这一条款。建设单位在出售物业时承诺减免物业服务费的，由县级以上物业主管部门责令限期整改；逾期不改的，处1万元以上10万以下的罚款。

所以，购房人在买房时，若开发商承诺"减免物业服务费"，首先看是否符合当地规定。如果当地允许，就应该要求其在购房合同中填写清楚减免的数额、减免的时间及由谁来减免，并商议若不能兑现"减免物业服务费"该怎么办，因为若开发商不兑现，物业服务企业只能找业主索赔。这种索赔一般都可以成功，因为《民法典》和《条例》都规定了业主有交纳物业服务费的义务。

（3）如果开发企业在购房合同中承诺了物业服务条款、内容，而开发企业对这些承诺并没有准备或以后根本没有能力兑现，而购房客户认为自己受误导而签约并遭受较大经济损失，则该客户可以要求撤销该购房合同，双方退房退款；如果因此遭受损失，还可以提出索赔请求，开发企业对其承诺引发的法律后果应当承担法律责任。

附录 美国如何收物业费①

美国公寓的物业费称作 Common-Charges，意思是公共收费，或者是业主共享公寓小区部分的开支收费。不过与我国的制度相比较，美国公寓物业费的制定、收集与使用有诸多不同。

（1）开发企业制定标准。美国政府不参与物业费的制定，政府关心的是国家的财政收入，因而只制定购买土地的税收标准，新盖的楼一般都有 15~20 年的减免税期。

每一个造楼计划都必须得到政府的审核。开发企业在消费者购楼时要附一本已得到政府批准的该公寓的 Offering Plan。Offering Plan 是公寓产品说明书，内容包括该公寓地点、结构、材料、单元图、保修期、买卖手续、地税减免计划、价格、物业费以及业主委员会选举办法等。Offering Plan 一经政府批准，开发企业就不能改变其中的任何条例，如要改变，必须由律师书写更改报告（Amendment），得到政府司法部门批准方可执行。

对买房的消费者来说，Offering Plan 中的物业费是消费者购房的重要参数。因为买房的价格是一次性的，而物业费却是持续的。所以，为了吸引大家购房，开发企业通常会尽可能将物业费制定在一个合理的范围内。

一般来说，开发企业会根据水煤电的费率、员工薪资福利、设备维护保养等预算，来制定公寓一年的 Common-Charges 是多少，然后再平均到每个单元每月要支付多少金额。我们可以研究不少纽约公寓的 Offering Plan，比如曼哈顿 425 Fifth Ave 公寓，该公寓坐落在曼哈顿中城的第 5 大道上，共 60 余层 175 个单元、48 个储藏室、42 个酒库，每年的物业费预算是 1 769 597 美元，也就是每年近 177 万美元。这些物业费中包括 13 项基本开支，每一项都有几页纸的详细说明，例如员工薪水福利一项中列出，该公寓雇用一名需要免费配给一套入住单元的经理，他的周薪为961.54 美元；一名维修工，周薪为 727.61 美元；12 名警卫、清洁工，他们的周薪为 660.63 美元。除此之外，还需为这 14 名员工提供伤残失业保险费 28 851 美元；医疗、培训资金等费用 117 853 美元。上述人工开支总共合计 745 031 美元，占了一年物业费的 42%。

众所周知，美国的人工费用是很贵的。但一般来说，美国大部分公寓的人工开支只占总物业费的 1/3，如果公寓的人工开支超出物业费的 1/3，消费者将会思考它的合理性。

按照这些明细核算下来，该公寓 874 平方英尺（相当于 80 平方米）的单元，每月的物业费就是 732.10 美元，而 1 588 平方英尺就是 1 443.69 美元。即使在纽约，

---

① 佚名. 美国如何收物业费［EB/OL］.［2016-10-09］. http://www.pmedu.net.

这也算得上是相当高的物业费。之所以以此为例，是因为此物业费的构成比例是有代表性的。

（2）管理公司收费。物业费的收取是物业服务企业最重要的工作之一，而且这也是管理公司的星级标准之一。

通常在公寓的 Offering Plan 中，已经把收物业费的方式、条例、法律责任都写得清清楚楚。纽约的公寓一开盘，即从开发企业卖出第一套单元开始，整个公寓的每个单元就必须支付物业费，没有售出的单元的物业费由开发企业支付，一分钱也不能少。物业费一般都是按月收的。管理公司在每个月的下旬向业主寄发物业费账单。

在美国也有向业主收一年物业费的情况。有一位业主要回中国香港居住一年，她到管理公司询问是否可预交一年物业费，公司同意了，但要求她写12张支票（每月一张）放在管理公司，在每月初拿一张转存入公寓管理公司的银行账户。管理公司为什么不把她的钱一次性接收并存入银行呢？原因是：第一，这样做不符合年终财会审计；第二，这样做需要向她支付银行利息，计算十分麻烦。

月月收物业费，从财务与管理两个方面都符合业主利益。它是避免管理公司与业主之间法律纠纷的一项重要规则。

（3）业主委员会的职责是省钱。在美国，开发企业制定的物业费并不是固定不变的。公寓 Offering Plan 从政府批准日开始，一般有效期为一年或两年，以后可以根据公寓实际的运行情况，由业主委员会来进行一些调整，业主委员会的一项重要的任务就是监督管理公司，帮助业主省钱理财。仍然以曼哈顿 425 Fifth Ave 公寓为例，在由开发企业制定的物业费预算中，包括了一套提供给管理人居住的单元，这套单元一年要耗费众人的物业费 128 313 美元。因而一年后，公寓业主委员会行使职权，取消管理人居住的单元，将这套单元对外出租。这样一来，不仅每年能省下128 313 美元，而且还可以增加公共基金，为业主减轻负担。

如果制定新合同，即原合同出现变更，预算中的第6条——合同服务与易耗品就发挥作用了。合同服务是指开发企业与其他公司签订的服务合同，例如电梯、中央空调等一些重大设备的维修、保养等，这些合同规定的费用标准不一定合理，业主委员会有权重新寻找多家专业公司进行比价，签署新的合同。

纽约的一幢商业大楼，原来签署的消防系统年保修费达 12 000 美元，一年之后，业主委员会寻找新的专业消防保养公司，年服务费只有 8 000 美元，而且比上一家服务得更好。业主们当然重新作了选择。

在美国也有很多人怕买公寓，因为在美国，管理混乱的公寓很多，物业费年年涨，《纽约时报》等报刊及华文报纸经常刊登开发企业、业主委员会与业主发生冲突的故事。比如 2006 年 1 月 8 日，纽约三大华文报纸刊登，中华大厦 120 名业主在业主大会上狂轰管理公司与业主委员会主席，要求业主委员会主席下台，理由是年终的财务报告的支出费用不清。

不过，这些混乱的故事并不是管理制度问题，其中99%是管理公司与业主委员会执行人的素质问题。从这个角度说，业主积极参与物业管理是十分重要的。在公寓财务报告开支不清的情况下，若提及明年要涨物业费，每位业主都会伸长脖子问，谁动用了我的物业费？为什么？

小结

物业服务企业的经费来源有以下四个方面：定期收取的物业服务费；物业服务企业开展多种经营的收入和利润；开发建设单位给予的一定支持；业主缴纳的住宅专项维修资金。物业服务费的收取应该合理、公开，服务费用与服务水平相适应。

物业服务收费包括两大类型：一是公共性服务费；二是特约服务费。

公共性服务费，是为普通居民住宅的物业产权人、使用人提供的公共卫生清洁，公用设施维修、保养，保安，绿化等具有公共性的服务以及代收代缴水电费、煤气费、有线电视费、电话费等公众代办性质的服务收费。公共性服务费实行政府定价或指导价。

特约服务费，是为物业产权人、使用人的个别需要提供特约服务的收费。除政府价格主管部门规定有统一收费标准的情况外，其服务收费实行经营者定价。

业主与物业服务企业可以采取包干制或者酬金制等形式约定物业服务费用。

包干制是指由业主向物业服务企业支付固定物业服务费用，盈余或者亏损均由物业服务企业享有或者承担的物业服务计费方式。

物业服务费用实行包干制的，物业服务费用的构成包括物业服务成本、法定税费和物业服务企业的利润。

物业服务费用实行酬金制的，预收的物业服务资金包括物业服务支出和物业服务企业的酬金。

物业服务成本或者物业服务支出构成一般包括以下几个部分：

（1）管理服务人员的工资、社会保险和按规定提取的福利费。

（2）物业共用部位、共用设施设备的日常运行、维修及保养费用。

（3）物业管理区域的绿化养护费。

（4）物业管理区域的清洁卫生费。

（5）物业管理区域的秩序维护费。

（6）办公费。

（7）物业服务企业固定资产折旧费。

（8）物业共用部位、共用设施设备及公众责任保险费。

（9）经业主同意的其他费用。

物业服务企业合理催交物业费的方式为"催告+提起诉讼或申请仲裁"，不得采取停止供电、供水、供热、供燃气等方式催交物业费。

住宅小区物业服务费的构成与收益性物业的服务费构成有些许不同。

　　住宅专项维修资金是指专项用于住宅共用部位、共用设施设备保修期满后的维修和更新、改造的资金。

　　物业的共用部位和共用设施是物业发挥使用功能必不可少的组成部分，它的价值已随着物业的出售分摊进各单元售价之中，由各业主承担。

　　住宅共用部位，是指根据法律、法规和房屋买卖合同，由单幢住宅内业主或者单幢住宅内业主及与之结构相连的非住宅业主共有的部位，一般包括主要承重结构部位（如住宅的基础承重墙体、柱、梁、楼板、屋顶等），以及户外的墙面、门厅、楼梯间、走廊通道等。

　　共用设施设备，是指根据法律、法规和房屋买卖合同，由住宅业主或者住宅业主及有关非住宅业主共有的附属设施设备。其一般包括上下水管道、落水管、水箱、加压水泵、电梯、天线、供电线路照明、锅炉、暖气线路、煤气线路、消防设施、绿地、道路、路灯、沟渠、池、井、非经营性车场车库、公益性文体设施、无障碍设施和共用设施设备使用的房屋等。

　　住宅专项维修资金应当专项用于住宅共用部位、共用设施设备保修期满后的维修和更新、改造，不得挪作他用。

　　建筑物及其附属设施的维修资金，属于业主共有。经业主共同决定，可以用于电梯、屋顶、外墙、无障碍设施等共有部分的维修、更新和改造。

　　建筑物及其附属设施的维修资金的筹集、使用情况应当定期公布。

　　紧急情况下需要维修建筑物及其附属设施的，业主大会或者业主委员会可以依法申请使用建筑物及其附属设施的维修资金。

　　专项维修资金与物业服务费的区别在于：所有权不同、财务处理不同、使用权不同、用途不同。

□ 关键概念

　　公共性服务费　特约服务费　专项服务　包干制　酬金制　住宅专项维修资金住宅共用部位　公用设施设备

□ 思考题

　　1.物业服务企业的资金通常来源于哪些渠道？

　　2.物业服务费由哪些部分构成？如何测算？

　　3.物业理服务费有哪两大类型？根据你所居住小区的情况，举例说明哪些属于公共性服务费，哪些属于特约服务费？

　　4.政府指导价和市场调节价有何不同？

　　5.什么是包干制和酬金制？它们各自包含哪些费用？

　　6.个别业主能否以未签物业服务合同为由拒交物业服务费？为什么？

　　7.业主能以物业服务企业管理不善为由拒交物业服务费吗？为什么？

　　8.物业服务企业能否以停水、停电的方式催交房款或物业服务费？

9.不交物业服务费就不给钥匙合法吗？

10.业主不交物业服务费，开发企业能拒办产权吗？

11.简述住宅小区物业服务费用的构成。

12.什么是专项维修资金？

13.专项维修资金应由谁收取？归谁所有？归谁管理使用？

14.利用物业共用部位、共用设施设备进行经营所得的收益应当如何使用？

15.日常物业管理服务费不足时，可以用专项维修资金来弥补吗？

16.专项维修资金筹集和使用时，业主的表决比例是如何规定的？

17.简述专项维修资金与物业服务费的区别。

18.简述收益性物业的物业服务费用的构成。

19.收益性物业的经营收入和经营费用主要包括什么？

20.收益性物业经营过程中的现金流是如何计算的？

21.某物业服务企业计划将已列入公摊面积的地下车库进行装修，开办高档休闲娱乐项目，并以此作为日常物业服务费的主要来源。你认为是否可行？说明理由。

22.直管公房、房改房小区的收费问题一直是老大难问题，面对欠费，你认为采取哪些措施能够解决？

23.因疫情影响，业主未按物业服务合同约定时间交纳物业费，是否要按照合同约定支付违约金？

24.请作一个调查：目前有关物业服务费的纠纷都有哪些？

25.再作一个调查：都说物业服务收费难，到底难在哪里？解决措施有哪些？

☐ 案例分析题

1.房子存在质量缺陷，业主能否拒交物业服务费？

李先生期盼已久的房子最近终于入住了，可他却高兴不起来，因为房子存在质量问题：卫生间漏水、墙面有裂缝、门窗歪斜。李先生找开发企业和物业服务企业后，它们只是把裂缝补了补，渗水及门窗歪斜问题还存在，这严重影响了李先生的使用。所以，李先生不准备再付物业服务费了。请问李先生的这种做法是否合理合法？

2.19万元的住宅专项维修资金该不该用？

某小区第一批业主入住时间为2019年8月，2020年5月成立了业主委员会。2020年11月初，开发企业自己成立的物业服务企业将代收的378户购房业主缴纳的专项维修资金移交给业主委员会，总数154万元，移交时物业服务企业扣除了19万元，并称这笔钱用于小区绿化补种、小区交通道路的修补、CATV（线缆电视）改造、避雷装置检修等。对于这笔经费支出，业主委员会与物业服务企业有着不同的观点。争论的焦点是这19万元资金该不该用。你的看法呢？

3.底层（一层、首层）住户能否免缴电梯费？

某购房人购买了一套带电梯的首层住房一套。他不但对住宅周围环境比较满意，而且认为自己住在首层，对照顾年迈的父母很有利。不久，物业服务企业向其收取物业服务费时，提出要收电梯分摊费用，该购房人坚决拒交，声称自己住的楼盘有28层，而他住在最底层，从来不乘坐电梯，也不用上下楼，却要分摊电梯、楼梯等公用设施所产生的费用，是何道理？物业服务企业却认为，电梯是楼内全部产权人的共享财产，因此，电梯运行维护费用应由楼内全体产权人共同承担。那么，底层（一层、首层）住户能否免缴电梯费？物业服务企业的看法正确吗？

4.某小区物业服务合同到期后，业主委员会聘请了新的物业服务企业，但原物业服务企业却一直以种种理由拒绝撤出。双方协商未果，诉至法院，原物业服务企业称，物业合同到期后，该公司一直坚持为小区业主提供正常的物业服务，业主享受了服务，就应该缴纳相应的物业费，物业服务企业只有在收到全部物业费后才能撤出。实践中，欠费纠纷是物业服务纠纷的主要类型，像本案这样，物业服务合同依法解除后，物业服务企业提出其尚有物业费被拖欠，业主应当如何主张权利？

民法典：该交物业费了

第九章

物业的租赁管理

□ 学习目标

通过对本章的学习，要求学生掌握物业租约的主要组成内容以及物业租赁合同终止的情况和内容；熟悉物业租赁的划分形式、物业租约双方的权利与义务，熟悉捕捉潜在租户的方式，熟悉租约条款谈判的主要内容；了解转租的规定、物业租赁登记备案制度的主要内容，了解物业租赁管理的程序。

随着我国住房保障制度的推进，不少新开发物业中，政府要求配建的租赁住房的面积占了一定比例。这些租赁住房需要出租，也需要物业管理，加之物业管理二、三级市场的发展，物业租赁管理将是物业服务企业重要的业务内容。物业服务企业的努力将会增加物业出租率，而且物业服务企业的知名度亦可吸引客户。因此，许多业主或投资者愿意将物业交给物业服务企业进行租赁管理。本章将介绍物业租赁的形式、租赁契约的构成要素、物业租赁管理的具体操作过程以及租约的编写内容与技巧。

第一节　物业租赁管理概述

一、物业租赁的含义

通常意义的物业租赁指的是房屋租赁。它是指业主（房屋所有权人）作为出租人将其房屋出租给承租人使用，由承租人向出租人支付租金的行为。

物业租赁的含义包括以下两点：

（1）出租人必须是物业的所有权人。这个出租人可以是自然人，也可以是法人；可以是所有权人自己，也可以是共有人，还可以是经所有权人委托的代理人。

（2）出租人将房屋出租给承租人使用，包括给承租人居住或从事经营活动，也包括利用自有房屋以联营、承包经营、入股经营或合作经营等名义出租或转租房产。

本书所讲的物业租赁，既包括住宅物业的租赁，也包括收益性物业的租赁。收益性物业的租赁规模较大，其物业所有权人通常是法人或者大业主。

二、物业租赁的形式

物业租赁可以按物业租赁方式、租金支付方式和租赁管理模式进行划分。

（一）按物业租赁方式划分

1.定期租赁

房产的定期租赁是物业管理中常见的租赁形式。它包含确切的起租日期和结束日期，租期可以是一个星期，也可以是多年。当期限届满，租约自动失效而不需要预先声明，租用者必须把产权交还给物业所有者。定期租赁不因所有者或租赁者死亡而失去法律效力，即所有权益的归属形式不变。

因为固定期限租赁有确切的终止日，因此如果业主希望租户租约期满搬迁，租约上必须注明截止日期。

2.自动延期租赁

自动延期租赁又称周期性租赁，除非租约一方提出要终止合约，否则将自动续约。租约按周、月、年的周期延续，终止通知应与周期对应。租约终止的提前时间可以是一个月到六个月不等。该形式的租赁行为不因租约一方的死亡而失效。

自动延期租赁可由双方根据协议达成，也可依法建立。当物业所有者与租赁者之间的租赁行为在本期租赁期限到期后，以相似的租赁条件自动延续时，协议就达成了。许多居住租约既包含定期租赁又包括延期租赁。一般开始于定期租赁（半年或一年），然后转为周期性租赁。

周期性租赁是这样一种租赁行为：租用者按租赁手续所规定的期限已经到期，或租约中未指明租赁期限，租赁者依旧按原来的方式占用物业，并照常按期缴纳租金。在这种情况下，实际上租金的缴纳周期就自动延续到了下一期限，即如果租金是按月缴纳的，则延期也是按月进行的。从物业服务企业的权益角度考虑，自动延期的延长期限最好是在最初的租约中明确地规定下来，如按月自动延续等。

3.意愿租赁

意愿租赁就是给租户以时期不确定的物业租用权，意愿租赁的延续依赖双方的意愿。意愿租赁可以未经提前通知而随时终止，但一般的做法是提前以书面形式提出终止租赁的通知。与定期租赁不同的是，意愿租赁关系在双方中的一方死去时自动终止。

4.强制占据租赁

强制占据租赁是指租户在租约到期时，在未经所有者许可的情况下强制占用物业。此时，除非业主诉诸法律或租户自动搬离，否则物业将被继续占用。如果租户在租赁合同规定期限内没有将房屋还给业主，所有者或其代理人（物业服务企业）可以采取两种措施：一是不通知占用者就直接向法院提出诉讼；二是默许占用者的租用行为。当所有者接受对方缴纳的租金时，即表示默认对方在意愿租赁的模式下拥有对物业的租用权或租赁行为自动延续。物业服务企业可以通过签订合法而详尽的租约来避免这一复杂棘手的问题。

在以上四种租赁方式中，前两种租赁方式相比后两种租赁方式更为常见，但也并非绝对不变。比如，在租赁期间，如果出租方或承租方任一方违约，另一方可以解除租赁合同，定期租赁或自动延期租赁随即终止。

（二）按租金支付方式划分

按租金支付方式划分，物业租赁有3种：毛租、净租和百分比租赁。这是根据租金的计算方式和收缴形式来划分的。

1.毛租

它是指承租人按期支付固定的租金，而业主负责支付物业的其他所有费用的租金支付方式。水、电、煤气等耗费由租赁双方协商确定，通常由承租户支付，也可以由业主支付。毛租约经常用于公寓的租赁或写字楼的租赁。

2.净租

净租也可称作"纯租约"，通常在长期租赁中采用，租赁时间可达50年甚至更长。净租要求承租人除了支付规定的租金外，还要承担物业其他费用的一部分甚至全部。净租约较多用于普通住宅的租凭。

理论上，净租金可以有3种形式：第1种形式，租户除向业主支付租金外，还要负担水电费、房产税和其他税费；第2种形式，租户除了负担第1种形式中所提及的各项费用外，还要支付房地产保险费用；第3种形式，净租金甚至要求租户负担物业维护和修缮等一切开销（工业物业租赁一般较多采用这种形式）。

在实际操作中，这3种净租金形式可以交替使用，因为它们的不同仅仅在于在多大程度上支付额外的费用。因此，物业服务企业应在租约中明确地定义租约形式的具体内容。

3.百分比租赁

百分比租赁是指用于零售商业物业的租赁，承租人除向业主定期支付固定租金外，还要根据其超出预定销售量的部分，按百分比向所有者缴纳毛租金中的部分收入。

百分比租金是以年总营业额为基础计算的，但可以按月或按季支付。通常先协商确定一个基础租金、年最低营业额和具体的百分比，对超过该营业额的部分才按百分比收取超额租金。例如，某承租人的基础租金为10万元/月，最低年营业额为2 400万元。如果营业额的5%作为百分比租金，则只有当营业额超过2 400万元时，才对超过部分的营业额收取百分比租金。当然，如果零售商的年营业额低于2 400万元，则仍按10万元/月的基础租金收取。百分比租金的支付一般是基于年度来计算的。比如，该租户年总营业额为3 600万元，则其需交基础租金以外的费用为60万元（（3 600-2 400）×5%），相当于每月多交5万元。

大型购物中心或超市常常采用百分比租约。百分比随房屋的位置、性质以及经营种类和市场状况由双方协商确定，有时悬殊较大。

业主的提成一般都要对租户毛收入的下限作规定，很少情况是不作任何规定的。业主为了保证其物业在出租过程中获得预期的经济收入，常在租约中订立强制收回使用权的条款，该条款就确定了一个最低的租期内收入下限。当该限度在核算周期中未能达到时，所有者有权收回物业的使用权。另一种比较公平合理的做法是，当租用者未能完成条款中规定的最低租金时，可以另外追加费用以达到最低租金水平。

（三）按租赁管理模式划分

1.包租转租模式

物业服务企业在接受业主的物业管理和服务委托时，将出租物业全部或部分包租下来，然后负责转租，即物业服务企业再零星出租。

在这种模式下，业主不负责物业的租赁，不承担市场风险，只收取包租的租金。包租按惯例在租金上应有优惠。在租赁市场不景气或不易把握时，业主通常选择包租转租模式，将市场风险转移。

物业服务企业此时既要承担物业的租赁经营，又要负责物业的管理服务工作。

2.委托出租代理模式

业主委托物业服务企业全权负责租赁活动以及租赁中的管理和服务。物业服务企业只获得代理佣金，佣金的计算与出租物业的金额成比例。

在这种模式下，业主同样不负责物业租赁，但要承担一定的市场风险，获取扣除代理佣金后的全部租金收入。在租赁市场活跃时，业主通常选择委托出租代理模式。此时物业服务企业按委托代理合同，从事租赁活动以及租赁过程的管理和服务，并根据合同承担一定的责任，如管理不善或出租活动失误都将受到惩罚。但此模式对物业服务企业的风险较小，租不出去，物业服务企业只是少收佣金而不是租金，且物业服务企业的主营业务收入主要是物业服务费并非佣金，但物业租不出去所造成的空置对业主的影响却很大。

3.自行出租管理模式

在这种模式下，业主自己直接负责租赁活动，不让物业服务企业介入。业主只将物业管理工作委托物业服务企业负责。这种模式与多业主楼宇物业管理中所做的工作近似，但物业服务企业所面对的不是多业主，而是一个业主和诸多承租人。这里的业主往往是一个大业主。

在自行出租管理模式下，业主负责物业租赁的所有活动，承担全部市场风险，也获取全部租金收入。物业服务企业只负责正常的物业管理和服务，只要没有失职行为就不承担风险。经营租赁的风险完全由业主承担，因此所获得的利润与物业服务企业无关，物业服务企业只从中获取正常的物业服务费用。

三、物业租赁的登记备案

物业租赁也可称为房屋租赁。为加强商品房屋租赁管理，规范房屋租赁行为，维护商品房屋租赁双方当事人的合法权益，住房和城乡建设部发布了自2011年2月1日起施行的《商品房屋租赁管理办法》。该办法规定，房屋租赁应进行登记备案。对于房屋租赁，出租人和承租人应当在订立租赁合同后，到当地房地产行政主管部门登记备案。

房屋租赁登记备案的一般程序为申请、审查、颁证三步。

（一）申请

房屋租赁当事人应当在房屋租赁合同签订后30日内，持有关证明文件到房屋所在地直辖市、市、县人民政府建设（房地产）主管部门办理房屋租赁登记备案手续。房屋租赁当事人可以书面委托他人办理房屋租赁登记备案。申请房屋租赁登记备案应当提交以下证明文件：

（1）房屋租赁合同。

（2）房屋租赁当事人身份证明。

（3）房屋所有权证书或者其他合法权属证明。

（4）直辖市、市、县人民政府建设（房地产）主管部门规定的其他材料。

出租共有房屋，还须提交其他共有人同意出租的证明。出租委托代管房屋，还须提交委托代管人授权出租的证明。

（二）审查

房屋租赁登记备案不同于简单的备案，登记本身包含审查的含义。房屋租赁审查的内容主要包括：

（1）审查申请人提交的申请材料是否齐全并且符合法定形式。

（2）审查出租人与房屋所有权证书或者其他合法权属证明记载的主体是否一致。

（3）审查租赁的客体是否允许出租，即出租的房屋是否是法律、法规允许出租的房屋。[①]

申请人提交的申请材料不齐全或者不符合法定形式的，直辖市、市、县人民政府建设（房地产）主管部门应当告知房屋租赁当事人需要补正的内容。

（三）颁证

经审查后符合上述要求的房屋，直辖市、市、县人民政府建设（房地产）主管部门应当在3个工作日内办理房屋租赁登记备案，向租赁当事人开具房屋租赁登记

---

① 见本部分"（二）不得出租的房屋"的内容。

备案证明。

房屋租赁登记备案证明应当载明出租人的姓名或者名称，承租人的姓名或者名称，有效身份证件类型和号码，出租房屋的坐落、租赁用途、租金数额、租赁期限等。

房屋租赁登记备案证明遗失的，应当向原登记备案的部门补领。

房屋租赁登记备案内容发生变化、续租或者租赁终止的，当事人应当在30日内，到租赁登记备案的部门办理房屋租赁登记备案的变更、延续或者注销手续。

我国各级建设（房地产）主管部门正在逐步建立房屋租赁登记备案信息系统，逐步实行房屋租赁合同网上登记备案，并纳入房地产市场信息系统。

值得注意的是，《民法典》第706条规定，当事人未依照法律、行政法规规定办理租赁合同登记备案手续的，不影响合同的效力。

四、不得出租的房屋

《商品房屋租赁管理办法》第6条规定，有下列情形之一的房屋不得出租：

（1）属于违法建筑的。

（2）不符合安全、防灾等工程建设强制性标准的。

（3）违反规定改变房屋使用性质的。

（4）法律、法规规定禁止出租的其他情形。

该办法第8条规定，以下情形也属于不得出租的房屋情形：

（1）不按原设计的房间为最小出租单位的。

（2）人均租住面积低于当地政府规定的最低标准的。

（3）厨房、卫生间、阳台和地下储藏室。

不得出租的房屋即使出租也是违规出租，不能进行租赁备案登记。

五、租赁房屋转租的规定

房屋转租是指承租人在租赁期内将租入房屋出租给第三方的行为。转租至少涉及三方（原出租人、原承租人和新承租人）和两份租约（原出租人和原承租人及原承租人与新承租人的租约）。

承租人经出租人书面同意，可以将承租房屋的部分或者全部转租给第三人。第三人造成租赁房屋损失的，承租人应当赔偿损失。承租人转租的，承租人与出租人之间的租赁合同继续有效。

出租人知道或者应当知道承租人转租，但是在6个月内未提出异议的，视为出租人同意转租。

承租人经出租人同意将租赁物转租给第三人，转租期限超过承租人剩余租赁期限的，超过部分的约定对出租人不具有法律约束力，但是出租人与承租人另有约定的除外。

承租人未经出租人同意转租的，出租人可以解除租赁合同，收回房屋并要求承租人赔偿损失。

第二节 物业的租约

一、物业租约的含义

物业租约，是出租人与承租人签订的，用于明确租赁双方权利义务关系和责任、以房屋为租赁标的的协议，是一种债权合同。租赁是一种民事法律关系，物业服务企业应以书面的形式签订所有的租约，以保护业主的利益。签约双方必须具备合法的身份以达成合约中的协议。一般来说，居住物业的租约要比商业物业或零售商业物业的租约简洁。商业物业的物业服务企业一般有出租物业的责任，尽管这种责任根据业主的不同要求会有变化。比如，有一些物业服务企业可能是唯一的出租代理，而另一些则可能与外界的独立房地产经纪人共同承担责任。物业服务企业应熟悉房屋租赁的相关法律及租赁合同的基本条款，以便有效地管理。

二、物业租约的组成内容

一份有效租约应该基本由以下部分组成：

（一）房屋租赁当事人的姓名（名称）和住所

租约既是一份正规的合同，又意味着房地产权益的转移，因此租约上必须注明出租方（业主）和承租方（租户）的姓名，并且要由物业所有者或其合法代表签名方能生效。当然，租约的签署权可由业主在物业服务合同中授予其物业服务企业。在实践中，物业服务企业应保证租赁一方在租约上签字后方能行使其对物业的使用权。如果租赁方属于公司或组织机构，租约签署者应为租赁方法人代表，并且应在租约上加盖公章。

当事人的住所也是租约的必要要素之一，法律上判定租赁当事人之间的有关通知的送达都是以租约上的地址为准的。

（二）物业的具体描述

在签订合同时对租赁场所作精确的法律描述是至关重要的。

（1）如果物业的出租包括了土地，则在租约中必须有精确的法律描述；如果出租的物业只是一幢大楼或公寓的一部分，则租约应明确其所占空间的边界，如明确房间号和街道地址。

（2）对于商业用房出租，除了地址、号码的描述，还必须有承租户对使用公共部位如楼梯、电梯、大堂、车道、道路所享有的权限，以及被租房间的装饰、器具等项目及其状况和其他附属空间，如车库、储藏室、露台等的权限。另外还要有一张表示铺面位置的平面图附在租约后。

（3）无论是住宅还是商业用房出租，除了房屋的坐落，还要有对房屋面积、结构、附属设施，家具、家电等室内设施及目前状况的描述，以及对房屋使用要求、房屋和室内设施的安全性能的描述。

（4）对物业描述的另一项内容是物业所有者将要为租户进行的物业改造。例如，要指明改造项目和所需要的费用分摊情况以及由哪一方实施改造。有时，这些具体的要求会使租约显得冗长和复杂，这时，租赁双方可另立一个补充合同作为正式合同的有效附件。

例如，如果是居住物业，可以这样写入租约：业主（出租方）将物业租赁给租户，租户同意从业主处租赁房屋，该物业描述及装修情况如下：（街道和其他地段描述），_____（物业名称），面积_____，其他包括_____
_____。

（三）限制租赁用途的条款

租赁用途是租约中的一个重要条款。物业所有者在租约中要增加对物业用途加以限制的条款。例如，在办公物业租赁中可限制物业从事的业务类型，如"建议仅从事一般的保险代理业务，而不可涉及其他"或"不得进行违法用途（如制假等）"，在公寓租约中可添加"只供居住不供商用"。

这些限制条款的用词必须清楚且不含糊，以便法院根据限制条款的含义来解决争端。如果没有书面的限制性条款，承租户可以将房子用于任何合法的用途。对于多用户大楼来说，限制房屋用途的另一方法是，制定"大楼管理规则"，明确规定更为详细的处理日常事务的方法，如大楼的运营时间，承租户如何使用公共场所、停车场，甚至钥匙的使用。

比如，可以这样写入租约：事先未得到业主书面许可，承租方不得粉刷、贴墙纸、添换锁或对房屋作其他改动。租户不得给现在的锁重新配钥匙或自行打开装置，除非将所配钥匙立即全部交给业主。租户将承担有关丢失钥匙或装置的费用。

这些规则是为了保护物业的良好状态，维护物业的声誉和安全以及促进所有承租户的和睦协调关系而设计的。

（四）规定租期的条款

租约中应明确租用期及其开始与截止日期，如可以叙述为："租用期20年，起始日期为2021年2月1日，截止日期为2041年1月31日。"或者："租赁时间从_____年_____月_____日（交易日）始，至_____年_____月_____日结束。"

《民法典》第705条规定，租赁期限最长不得超过20年。超过20年的，超过部分无效。

《民法典》第707条规定，租赁期限6个月以上的，应当采用书面形式。当事人未采用书面形式，无法确定租赁期限的，视为不定期租赁。

（五）关于续租的条款

很多租约中还包含续租条款，就租户续租细节加以说明。续租细节包括租户提出续租的最后期限、方式、向谁提出及续租条件和租金追加额等。

例如，可以这样写入租约：在第_____条第_____款规定的租用期限到期时，租户可以根据意愿提出续租，续租期为_____年。本租赁合同中除以下需要更新的各条款外，其余均在续租期间继续有效。被更新的条款包括：续租期年租金为人民币_____元，自新租期开始的第1个月第1日起按月支付。租户提出续租的请求，必须在本租期到期的3个月以前以书面形式向物业所有者提出。

《民法典》第705条规定，租赁期限届满，当事人可以续订租赁合同；但是，约定的租赁期限自续订之日起不得超过20年。

由于续租条款对租户有利，业主一般会在与租户达成续租协议时，要求续租租金有较大的提高，提高的幅度起码要与物价涨幅持平。

有的租约还允许租户在缴纳罚金的条件下提前终止租约。在工业租约中（尤其是租户自建厂房的情况下），有时允许租户在租约到期时购买物业的全部产权。

（六）规定租金支付方式的条款

租约中应注明租户租金的支付方式。无论毛租、净租还是百分比租赁，支付租金的时间（按月、按季还是按年支付）和总数必须说明。如果租金是按平方米计算的，在租金计算时必须注明"每平方米·每年（或每月、每天）"等字样。同时，写明应提前多少天缴纳房租及租金的交付地点等（具体租金水平的确定以及物业服务、水电燃气等相关费用的缴纳，与租金支付方式有关，详见本章第一节相关内容）。

（七）取得物业实际占用权的条款

在租约中，物业所有者必须保证租户对物业的实际占用权。如果在新租期开始时，物业仍被上期的租户占用，物业所有者或其代理人（物业服务企业）必须对占用者采取措施，且所有费用自负。为避免日后发生纠纷，一般都要在租约中明确有关此方面的内容，从而保证租户实际获得物业的权利。

例如，可以这样写入租约：若租户放弃或搬出房间，业主可以终止该协议并获得合法的实际占用权；若业主不能在开始移交的日子移交房产实际占用权，则开始的日子将被延迟到租户获得实际占用权之日；若业主在开始之日起10日或_____日内无法移交实际占用权，租户可用书面形式通知业主终止合同，并收回所有已支付的租金。

（八）调整租价的条款

受通货膨胀、税收等因素影响，一般租约越长，业主的利益就越可能遭受损失，因此在原始租约中必须加入"允许业主在必要时调整租金"的条款。这是一条对业主来说极有价值的条款。租金的调整条款有5种方式：

1.逐步上升条款

这个条款规定了经过某个规定时间后租金可有一个规定的增长。也就是说，规定租金定期提高。

在毛租和净租中，常见的调整租金的方法就是这种方法。例如，一幢办公楼第1年和第2年的租金是100元/月·平方米，第3年是150元/月·平方米，第4年和第5年是200元/月·平方米。

例如，在租约中可以这样描述：租用者立据保证上述租用期内向物业所有者的指定代理人——××物业服务企业缴纳租金,每租期人民币62 000元整;租金为按月在每月第1日以前向所有者指定代理人——××物业服务企业缴纳。其中最初的6个月每个月人民币4 000元,以后的4个月每月人民币6 000元,最后的两个月每月人民币7 000元。

2.百分比租赁

百分比租赁中租金的调整是按租户经营收入的增长而增加的(详见本章第一节相关内容)。

3.指数租赁

这个条款的特征是将租金的调整与某种指数结合起来。

最常用的指数是消费价格指数和批发价格指数。指数资料应与租户的经营项目有关,可以从可信赖的独立机构获取。对写字楼、服务机构、经济组织、经纪人公司等业务组成的租户,可以用此方法。

租价的调整频度和幅度由双方在租约中商定。例如,租金数额可以确定为:基础租金为4 800元/月,调节租金与商品消费价格增长同步,即商品消费价格每增长1%,租金提高1%。依此,若第1年物价涨幅为6%,则下一年租金为5 088元/月。

4.价格收缩条款

价格收缩条款是指租金价格的调整除了随经济指数变动,还要考虑其他因素,如工资水平、税率、水电费价格和物业运行开支等的变动,有升有降。当考虑物业运行费用时,租户仅负担超出预先确定开支的部分。预先确定开支的部分称为支出基点,超出部分被称为运行超支,该条款常见于办公租赁。

5.重估定价

重估定价就是在租约生效的一段时期(通常为5年)后,双方同意就当时的市场价格对物业的租价重新评估并确定,也就是租赁双方同意接受"市场租金",但这种估价必须由独立的估价师来进行。

(九) 承担不可预见费的条款

一般来说,租约越长,出现无法预期的费用变化或其他不可预见的突发问题就越多,因此,租约中应该附有要求租户分担不可预见费的条款,以保护业主的利益。

(十) 规定转租和分租的条款

如前所述,转租,是指承租人在租赁期内将租入房屋出租给第三方的行为。而分租是指租户将部分权利转让。多数租约是禁止上述行为的,除非事先经过所有者允许。如果租约中没有明确禁止转租或分租行为,租户就有权对其租用权进行转租或指派他用。规定转租和分租的条款可以确保业主对物业的控制权和对租户的选择权。

例如,可以这样写入租约:租户不得出租或转租房屋或其任一部分,或签署此类协议。任何违背此文规定的协议及转租行为均为无效。

（十一）承担灾祸损失的条款

火灾损失、毁坏资产及赔偿等问题在租约中也应有明确的规定。任何由租户造成的对物业的损毁都必须由租户负责，对损毁的物业，业主有权终止租约，并保留对租户追究法律责任的权利。物业的损毁若不是租户造成的，则租户有权终止租约，租户还可以让业主对物业进行修复并在以后的一定时间内免交租金。租户也可以空出不能使用的部分，并要求适当降低租金数额。

（十二）租户责任条款

租约中要规定租户的责任，包括要求租户按照合同约定的租赁用途、约定的方法和使用要求合理使用房屋，不得擅自改动房屋承重结构和拆改室内设施，不得损害其他业主和使用人的合法权益；要求租户对所有设施、电梯和其他设备进行规范操作；不得故意毁坏物业的任何部分并防止他人破坏；不得妨碍其他租户对安静环境的要求。租户因使用不当等原因造成承租房屋和设施损坏的，租户应当负责修复或者承担赔偿责任；租户因保管不善造成租赁房屋毁损、灭失的，应当承担赔偿责任。

例如，可以这样写入租约：租户应正确使用、操作、保护房屋内所有的家具、器械，所有的电、气、垂直固定装置等。当租户发现任何毁坏时，应立即通知业主，并由租户赔偿其应承担的责任，包括日常零碎物品。

（十三）租户对物业改造的条款

租户在未经业主或其代理人（物业服务企业）书面允许的条件下，不得对物业结构作任何改动。多数租户自行进行的对物业的改造将被作为物业的附属物而成为所有者物业的一部分。但商业和工业物业则一般允许租户为了生产经营的需要而自行改造，这些改造部分属于租户自己的资产。因此，在租户能够恢复物业本来面目的条件下，可以在租期结束时将其带走。但要注意，在租约中对租户移走自有改造部分的措辞的微小差别可能造成不同的后果。例如，一个长期租用的租户在初次租赁时作了部分装修，在第三个租赁期他搬走了，而条款现在只要求恢复到租赁初期的状态。此时，租户只要恢复到上一次租赁时的装修情形即可，而第一次租赁时的装修他可以不管，可不再恢复，这时业主不得不承担再装修的费用。

（十四）规定保证金的条款

租约还应该包含租户缴纳保证金和保证金归还条件等内容。保证金可以是现金、支票、转让的票据等。在租期结束，业主或物业服务企业应归还租户保证金，若需要扣留，必须指出租户对自己物业造成的损失。

（十五）规定业主职责的条款

1.账单与通知单的及时送达

租约中应注明业主或其代理人（物业服务企业）通过邮寄或递送的方式在适当的时间及时向租户发送有关账单与通知单。

2.保障租户的隐私权

保障租户的隐私权是业主的职责。为此租约中应注明条款限制业主和物业服务企业随便进入租户所租用的物业内，紧急情况、必要的维修需要以及临近租赁期满除外。如果物业被拍卖，条款中就应允许购买者参观物业。

对商业与工业物业，为保证所有者对物业监督的合法性，物业服务企业应保留随意出入并巡视物业的权利，以便随时发现对物业的滥用行为和未经允许的增建或改建。精明的物业服务企业还可以从巡视中发现租用公司的经营情况。

3.物业的维护

租约中还应该规定出租人（业主）对物业维护所负的责任。出租人应当按照合同约定履行房屋的维修义务并确保房屋和室内设施安全。未及时修复损坏的房屋，影响承租人正常使用的，应当按照约定承担赔偿责任或者减少租金。

业主应负责必需由业主方承担的维修事务。业主一般通过物业服务企业来维护电梯系统、水电设施和排污系统等设施的良好状态，以保证使用。此外，业主还要通过物业服务企业提供诸如公共区域的管理、保洁等一系列服务。

如果业主对提供物业维护和其他服务确有困难的，物业服务企业在草拟租约中应尽量减轻业主在这些方面的责任。当然，如果业主将物业变卖，则除了将保证金交还或移交给新业主外，其对该物业不再负任何责任。

（十六）关于索赔的规定条款

1.业主失责时的租户索赔

（1）业主违约。租约中应注明如果业主或物业服务企业未能履行租约规定的责任，租户可以因违约造成的损失终止租约并提出赔偿的诉讼请求。

（2）未按期交出被租用物业。有时业主由于前期租户未能空出物业或因维修、改建工程未能及时完成等，而拖延交付物业使用权。在这种情况下，如果租户未能在租期开始时获得所租物业的相应权利，可以拒付租金或终止租约，也可通过法律手段获得相应的权利，要求业主赔付由此造成的损失和律师费用。因此，物业服务企业在签约时应留有余地，在租约中写明允许业主在必要时推迟交付被租物业，以使租户在容许的推迟期限内不终止租约或采取其他行动，容许租户在实际租用开始后再计算租金等。

例如，租约中可以这样表述：在租期开始时，业主可能因不可控制因素而未能实质地向租户交付物业的使用权。这种事件的发生并不对租户造成损失，也不影响租约其他条款和租约的有效性，但业主要在租户获得对物业的实际使用权之前放弃租金。

（3）未能提供租约规定的服务。如果业主未能向租户提供必要的服务，如不能正常地供热、供水或提供其他设施，以及没有对物业提供必要的维护而使物业无法正常使用等，租户有权要求终止租约，放弃对物业的租用。因此，为了保护业主的利益，租约中应要求租户在业主的服务未提供时，向业主提出书面通知并给予一定的恢复被中断服务的时间。

2.租户过失时的业主索赔

因租户过失而引起的业主索赔情况如下：

（1）租户违约。若租户违反租约合同，租户将失去租约所赋予的权利，还要赔偿业主的损失。一般租约中规定业主应在规定时期内书面通知租户，责令其修正。如果租户对所造成的损失未采取必要的措施加以修复，业主或物业服务企业有权自行对物业受到损害部分进行必要修复，所需的材料与人工费应由租户承担，并在下个租金缴纳期一并缴纳。如果租户选择终止租赁，租户应立即支付所需维修费用。

（2）驱逐诉讼。如果租户拒交房租和租约中规定的分摊费用、利用物业从事非法活动及租约终止后不搬出或实施破坏等，业主可以在给予对方通知无效后，提出诉讼要求并收回物业，这个过程叫驱逐诉讼或执行驱逐行为。

（3）失职。这一条款是指如果租户不缴纳租金，业主或物业服务企业可以终止租赁。

（4）破产。业主在签约时就要确定租户如宣布破产时应采取的措施，并写入租约条款中。

（5）违法行为。租约中应明确列出禁止违法行为的条款。

在租约的最后，首先要写明所有业主和租户在此合同之前的协议应包含于该合同中，并作为总合同的一部分，成为协议的最终表示，避免与事先的协议或同时发生的口头协议相冲突。其次要写明租户保证其所提供、填写的资料是真实准确的，并签名。如果需要对上述条款进行增补和替换，则写明内容。

此外，如果有附加条款，可以写明附加条款是结合此协议执行的。

合同的末页应预留签名盖章的地方，并在签名盖章前，要确定租约双方在签名前已读过此合同并取得复印件，然后进行签名盖章。

三、租约中租赁双方的权利与义务

（一）出租方的权利与义务

1.出租人的权利

（1）有按期收取租金的权利。承租人无正当理由未支付或者迟延支付租金的，出租人有权请求承租人在合理期限内支付；承租人逾期不支付的，出租人有权解除合同。

（2）有监督承租人按合同规定合理使用房屋的权利，包括对改建、装修、转租的否决权；承租人未经出租人同意，对租赁房屋进行改善或者增设他物的，出租人有权请求承租人恢复原状或者赔偿损失。

（3）有依法收回出租房屋的权利。房屋定期租赁的，在租赁期满后，出租人有权收回；不定期时，承租人如有违约、违法、无故长期空置（公有住宅）、拖欠租金等情况出现，出租人有权提前收回房屋。如承租人拒不执行的，可以诉请人民法院处理。

（4）承租人未按照约定的方法或者未根据租赁房屋的性质使用租赁房屋，致使租赁房屋受到损失的，出租人有权解除合同并请求其赔偿损失。

（5）有向用户宣传、贯彻执行国家房地产管理政策和管理规约、管理规定等权利。出租人有权制止承租人违反国家和地方政府的有关管理规定的行为，也有权制止违反物业管理规定如绿化、消防、安全等规定的行为。

2.出租人的义务

（1）出租人有按照合同约定将租赁房屋交付承租人使用的义务，并在租赁期限内保持租赁房屋符合约定的用途；出租人应当依照租赁合同约定的期限将房屋交付承租人，不能按期交付的，应当支付违约金；给承租人造成损失的，应当承担赔偿责任。

（2）出租人应当履行租赁房屋的维修义务，但是当事人另有约定的除外。承租人在租赁房屋需要维修时可以请求出租人在合理期限内维修。出租人未履行维修义务的，承租人可以自行维修，维修费用由出租人负担。因维修租赁房屋影响承租人使用的，应当相应减少租金或者延长租期。因承租人的过错致使租赁房屋需要维修的，出租人不承担前款规定的维修义务。

（3）出租人有保障承租人合法使用房屋的义务。房屋一旦出租，就是向承租人承诺占有和使用权。在正常使用范围和期限内，出租人不得擅自毁约或干预承租人行为。

（4）有组织租户管好房屋，接受租户监督的义务。

（二）承租方的权利与义务

1.承租人的权利

（1）有按照租约所规定的用途使用房屋的权利。

（2）有要求保障房屋安全的权利。对非人为的房屋与设备损坏，有权要求出租人维修、护养。

（3）出租房屋出售时，有优先购买权。即出租人出卖租赁房屋的，应当在出卖之前的合理期限内通知承租人，承租人享有以同等条件优先购买的权利。

（4）承租人在房屋租赁期间内死亡，与其生前共同居住的人有按照原租赁合同继续租赁该房屋的权利。

（5）根据"所有权变动不破租赁"原则，租赁房屋在承租人按照租赁合同占有期限内发生所有权变动的，不影响租赁合同的效力。即当出租人出售该房屋时，承租人有继续租住的权利。

（6）租赁期限届满，房屋承租人享有以同等条件优先承租的权利。

（7）当发现租赁房屋质量不合格危及承租人的安全或者健康时，承租人有合同解除权。

（8）经出租人同意有转租获利的权利。

（9）按照合同约定有在租赁期限内因占有、使用租赁房屋获得收益的权利。

但因第三人主张权利，致使承租人不能对租赁物使用、收益的，承租人有权请求减少租金或者不支付租金。

（10）有对物业管理状况进行监督、建议的权利。

2.承租人的义务

（1）有义务按期按约定数额向出租人支付租金。

（2）有义务按约定用途合理正当使用房屋，不得私自转租、转让他人。

（3）有义务妥善保护租赁房屋，爱护使用。

（4）有义务在租赁关系终止时及时返还租赁房屋。返还的租赁房屋应当符合按照约定或者根据租赁房屋的性质使用后的状态。

（5）有义务遵守国家和各地方政府有关法规和物业管理规定。

四、物业租赁合同①的终止

合法租赁合同的终止一般有两种情况：一是合同的自然终止；二是人为终止。

（一）自然终止

自然终止的情形包括：

（1）租赁合同到期，合同自行终止。承租人继续租用的，应当在租赁期限届满前3个月提出，并经出租人同意，重新签订租赁合同。

（2）符合法律规定或者合同约定可以变更或解除合同条款的②。

（3）因不可抗力致使租赁合同不能继续履行的。

（4）当事人协商一致的。

（二）人为终止

人为终止主要是指由于租赁双方人为的因素而使合同终止。由于租赁双方的原因而使合同终止以承租人原因居多，主要情形包括：

（1）将承租的房屋擅自转租的。

（2）将承租的房屋擅自转让、转借他人或私自调换使用的。

（3）将承租的房屋擅自拆改结构或改变承租房屋用途的。

（4）无正当理由，拖欠房屋租金6个月以上的。

（5）公有住宅用房无正当理由闲置6个月以上的。

（6）承租人利用承租的房屋进行违法活动的。

（7）故意损坏房屋的。

（8）法律、法规规定其他可以收回的情形。

承租人如有上述行为，出租人除终止租赁合同，收回房屋外，还可就由此而造成的损失进行索赔。

五、有关物业租赁合同的其他注意事项

（1）房屋租赁合同是租赁关系正式建立的凭证，无论是企事业单位分配房、个人换房，还是物业服务企业租赁自有商品房，都应在租赁双方达成房屋租赁意向的前提下，签订房屋租赁合同。

（2）租赁合同要统一按规定填写，不得擅自涂改变更。如有特定协议内容，在合同附记栏内写清。

---

① 物业租赁合同即上文的"租约"。
② 见《民法典》合同编第十四章"租赁合同"中相关条款。

（3）租赁合同一式两份，双方各执一份，双方签字盖章后生效。如有未尽事宜，双方另订协议。合同建立后应到房地产管理机关办理合同登记备案手续，并可办理公证。

（4）起租日期应按合同约定之日起确定。

（5）承租人进住房屋时，出租人应同到房屋现场核对房屋及附属设备，并向用户点交，填写进合同附件中"附着物"一栏。

（6）《商品房屋租赁管理办法》第9条规定，房屋租赁合同期内，出租人不得单方面随意提高租金水平。

（7）房屋租赁当事人应当在房屋租赁合同中约定房屋被征收或者拆迁时的处理办法。

以上内容可参考《民法典》合同编第十四章"租赁合同"相关条款学习。

第三节　物业租赁管理的程序

一、捕捉潜在租户

（一）通过广告捕捉潜在租户

要挖掘和寻找到最好的潜在租户，物业服务企业就必须使用广告。广告有多种形式，如制作标志牌，通过报纸、期刊、广播电视做宣传，或通过信函、宣传手册、传单和网站，或通过赞助体育比赛、戏剧、音乐会等形式。问题在于物业服务企业如何能够用最少的广告成本开支找到最多的潜在租户。由于住宅、工业和商业物业都有不同的潜在客户群，所以做广告时要考虑到潜在租户的类型。

1.不同类型物业的潜在租户适用的广告形式

对工业物业的潜在租户，可通过放置在工业区的主要干道上的大型广告牌进行招租，当然也可以通过工业经纪人寻找；商业物业的潜在租户，可通过在靠近写字楼的地方或在写字楼上竖立广告牌，或在大型橱窗里和城市报纸的特定版面上频繁发布广告等方法寻找；而一个潜在的家庭租户有租赁需求时，这些租户往往通过邻居、朋友或中介，也有通过阅读报纸来寻找，因此，居住物业可通过在物业上悬挂广告牌或在中介刊登广告的方法进行招租。

2.不同类型物业的潜在租户适用的广告内容

出色的广告在人们的脑海里会留下深刻的印象，这样的广告主要通过强调物业的优点和服务来吸引潜在租户的注意。一般在具体内容后就有物业位置、有效日期、参观时间和联系方式等。

（1）标志牌广告。物业的类型不同，潜在的租户不同，通过标志牌寻找的效果也不同。如大型的工业、商业物业就经常使用户外广告牌，来吸引潜在租户；大型住宅或办公楼宇就应在内部设立一个小接待室便于吸引潜在租户前来参观与咨询；小型的住宅或办公楼就可以将物业类型和联系人、有效日期、参观时间和联系方式放在待租物业或待租物业隔壁的显著位置上。

（2）报纸期刊广告。在精心选择的非地区性报纸期刊上做广告可以吸引到一系列有能力的潜在租户。吸引工业或商业方面的潜在租户，可以将广告刊登在财经版面上，当然也可以放在其他版面上；而要吸引住宅类的潜在租户则要在房地产报纸上做较大版面的广告。

（3）广播电视广告。尽管广播电视的听众和观众较多，但这些广告的费用高，而且这些听众和观众都是没有经过选择的，这些人为数众多却并不意味着潜在租户多，所以这个方法会受到限制。

（二）适当使用"免费"噱头捕捉潜在租户

物业服务企业可采用类似"免费"噱头来寻找潜在租户，比如物业服务企业可以提供一次免费旅行、免费游泳或网球课程、免费使用俱乐部的机会等。为了刺激和吸引更多的潜在租户光顾，广告中还可以声明：头6位签约者可免收第1个月的租金；或在一个特定的时期内有某种优惠，比如从广告刊登的第1天起10天内为有效期；或在头10天内光顾物业的客户都有一个小礼品等。

（三）引导潜在租户参观

物业服务企业要通过引导潜在租户参观，使其对待租的物业产生兴趣和需求。物业服务企业应能够估计潜在租户的爱好，在潜在租户对某地段、某单元感兴趣时，就应该带领参观。千万要注意避免潜在租户在参观现场时失望的情况，比如租户发现一些与先前的广告内容截然不同的地方等。因此，物业服务企业要注意应从最佳路线带领他们参观，沿途宣传令人愉快的设施和服务。例如，参观工业区，物业服务企业可宣传该物业交通便利；参观综合办公楼或购物中心的路上（如车上）就可以说一说，使其了解周边租户的素质，并相信周边没有直接的竞争者；另外，在车上还可以回答关于公交车辆的情况。

参观中，物业服务企业不仅要突出不同物业的优点，并且要说明他们所能提供的服务，如保洁方面、便利服务方面、设备的维修保养和常规操作情况以及管理的方针和行为规范等。

这里需注意：物业服务企业如果引导潜在租户参观的空置物业太多，反而会增加潜在租户的疑惑——为什么空置率这么高？因此，精明的物业服务企业应有选择地引导参观。

（四）建立租售中心捕捉潜在租户

对于大型综合住宅和商业物业来说，建立一个组织健全、有专业人员的租售中心是必要的。租售中心要有完整的装修并带有极富吸引力的家具，以使潜在租户看到完成后物业的情况，由于建立租售中心的费用昂贵，所以是否建立取决于租赁的物业数量、希望出租的时间、租赁者期望的租赁额和竞争者的情况等。期望中的租金越高，租售中心的效用就越大，因为使用合适的租售中心会增加潜在的租户的询问率，从而提高出租的可能性。不过，当市场强劲时，一般不需要精心布置这样的租售中心。

二、租户资格审查

不管是住宅、商业还是工业租户，租户资格的审查程序都是基本一样的。

（一）潜在租户的登记

每一个前来咨询或参观物业的潜在租户都要填写一份来客登记表。下面是居住物业来客登记表（见表9-1）。

表9-1　　　　　　　　　　　　　　**来客登记表**

××物业服务企业的居住物业来客登记表

租赁顾问：＿＿＿＿＿

非常欢迎您的光临！请协助我们填写此表：

客户的背景资料：

姓名＿＿＿＿＿日期＿＿＿＿＿需要租赁日期＿＿＿＿＿

住址＿＿＿＿＿省（市）＿＿＿＿＿区＿＿＿＿＿街（路）＿＿＿＿＿

电话＿＿＿＿＿其他电话＿＿＿＿＿

租户人数：＿＿＿＿＿

对物业的租赁要求：

　　　卧室＿＿＿＿＿

　　　浴室＿＿＿＿＿

　　　客厅＿＿＿＿＿

　　　价格范围＿＿＿＿＿

　　　对您来说什么条件最为重要＿＿＿＿＿

与我们认识的途径：

您是从哪里知道我们的信息的？

　　　住户标志＿＿＿＿＿

　　　广播＿＿＿＿＿

　　　报纸＿＿＿＿＿

　　　公告牌＿＿＿＿＿

　　　电视＿＿＿＿＿

其他（请注明）

（二）潜在租户的身份证明

核对居住或商业物业租赁者的身份证明很重要，尤其是零售性的商业物业（如混合租赁的零售购物中心）。因为在商业物业中租户做何种生意是很重要的，它关系到与其他租户能否协调，如有些租户就要求在同一个购物中心限制有竞争性的租户。

（三）租赁经历

由于经常改变租户的花费较高，再加上一般家庭或公司频繁地更换租赁场所的原因大多是陷入了经济困境，因此业主或物业服务企业为控制风险，会事先了解潜在租户的租赁历史，从而尽量与租赁史稳定可靠的、租赁期较长的租户合作。对有改造物业要求的租户，其以往租赁是否稳定则更为重要。另外，除非业主有足够的物业可以提供，否则如果潜在租户有多个，物业服务企业或业主在选择时，往往不会考虑那些规模业务迅速膨胀的公司。因为假使现有的物业对这些租户目前来说正合适，那么过不了一两年就会显得太小而不能再租用。

（四）资信状况

业主或物业服务企业可以从租户以往的拖欠记录中了解潜在租户的资信状况。一般地说，以往总是拖延或不按期付款的租户多数是不会改变的，而以往总是稳定地按期付款的租户则总会保持信用状况良好。因此，对那些有拖欠赖账史的潜在租户可不予考虑，当然，如果仅有偶尔拖欠记录的，则应请对方亲自对此作出解释。物业服务企业可通过调查得到所需要的潜在租户的以往信用资料。

三、租约条款谈判

若潜在租户对物业感兴趣并且其资质也符合业主的条件，具体的谈判过程就可以开始了。谈判的目标就是要签署租赁双方都满意的、公平合理的租约，物业服务企业往往要监控谈判的全过程。

（一）控制签约进程

要使谈判有进展，物业服务企业就要有能够驾驭谈判局面、控制签约进程的能力。物业服务企业要设法避免业主与租户的冲突或租赁业务无果而终的情况。物业服务企业可通过不让业主和租户过早接触等方法，来规避可能出现的冲突。一般的技巧是当谈判快要结束准备签约时，再让双方见面。成功的物业服务企业总是在开始时拟订谈判策略，使业主不至于太早进入面对面的谈判中。

（二）利用经纪人

在办公物业、零售及商业物业和工业物业的租赁谈判中，业主为了满足专业方面的需要往往会聘请第三方——专业知识与经验都丰富的租赁经纪人加入进来，这时除非物业服务企业能够很好地与这类经纪人配合，否则，他们的介入会使谈判更加复杂。在谈判开始前，物业服务企业与经纪人应已商定好由谁直接面对租户。一般情况下，由物业服务企业面对租户，由经纪人在幕后提出建议和策略。因为在谈判中与租用者建立良好的忠实关系是非常重要的，而物业服务企业就比租赁经纪人更能建立这种关系。

（三）谈判妥协

1.谈判妥协的原则

妥协是指业主降低原始条款标准而给租户的一种优惠，妥协的目的是让潜在租户成为真正的租户，有价值的妥协会使租户在基本问题或财政问题上有舒缓的感觉。不过，对条款的每一次妥协都意味着业主租赁收益的减少，因此物业服务企业在谈判中要时刻坚持业主的立场，在业主不可能作出让步的内容上不妥协。一般来说，租赁妥协的原则是，租用规模越大、租期越长，租价妥协的空间越大。但要注意的是，一旦对一位租户作出妥协，就可能对其他租户也要有同样的妥协。

2.谈判妥协的小技巧

在谈判中不管妥协多少，都要让租户感到是在业主不情愿的情况下作出的，是来之不易的。值得注意的是，有时候妥协对业主影响很大，但对租户无价值；而有时租户认为作出了巨大的让步，但对业主意义不大。因此物业服务企业需要了解租户的需求。

3.妥协的程度

租约中几乎所有的条款都有谈判的余地，关键在于双方立场的坚定性，任何一点点的妥协都可能引导潜在租户接受并签署租约，成为真正租户。因此，物业服务企业在谈判中要考虑的是，当妥协程度多大时才能打动租户，即妥协的尺度。一般来说，决定妥协程度的因素有3个：一是业主的财务和战略目标；二是该地区物业租赁市场竞争的情况；三是租户租赁的紧迫性。

4.租价与折扣的谈判

在租金上作出让步，无疑是最具吸引力的，也是对于业主来说最具负面影响的让步。虽然任何租价折扣，都不是业主或物业服务企业情愿作出的，但激烈的物业租赁市场迫使业主或物业服务企业不得不这么做。因此，任何时候物业服务企业都要分析租价折扣的利弊得失，在保证物业的一定租金水平上才能考虑给予租户短期的租金减免优惠。一般租金上的让步只能在市场状况最坏的时候作出。

5.免租的谈判

租金折扣中最常见的一种方式是短期减免租金，这种方法在一定程度上满足了租户和市场的要求。例如，在市场空置率很高的时候，物业服务企业可以以减免2个月租金的形式作出妥协，来促使租户签约。物业服务企业在实施这一妥协条款时要注意，这一般是在租期的最后执行，而不是租期开始的第1个月免租。例如，租赁期是1年的，在最后2个月可以不收租金。这样可以避免租户不付钱就入住，直到被驱逐出去时都未付租金的情况发生。一般来说，短期减免租金的妥协比平均降低整个租期内的租金的妥协要好，因为平均降低租金的妥协无形中已降低了物业的市场价值，它造成的损失要比短期减免租金的损失大。

（四）租期的确定

在租户更迭时，业主为寻找新租户要花费广告支出，对新租户的资格审查要花费成本，谈判要花时间和费用，而每次租户搬出搬进都要发生对物业进行清理、重装修和修整等费用，所有这些都要增加业主的租赁成本，减少租赁收益。因此，一般有经济头脑的业主都愿意签一份长一些的租约。当然，如果业主在长期租约中没有列出逐渐提高租金的条款（如随物价指数而变动等），在长期租约上也会有一些损失。

1.居住物业的租期

对居住物业，如果能约定租金随时间推移而增加，租期才会超过1年，否则一般不超过1年。当然也有例外，如对新建或新改造的物业，业主为提升物业的声望，就会对那些资信好、经济实力强的租户签订2~3年的租约，因为这些人的租用会提高物业在租户及邻里间的声望。

2.写字楼、商用和工业物业的租期

写字楼、商用物业则不同于居住物业，其租期最短也在5~10年，而工业厂房租期则要长达10~25年或更长。业主一般在长期租约中要加入租金随时间而增加的条款。由于商用物业往往有专为租户进行改造的费用，所以对商用物业，物业服务企业要尽量寻求较长的租期，以期能完全收回改造费用。在长期租约中，若以百分比租约方式出租，物业服务企业一般都要求有保底租金，当然对那些声誉很高的大型商业企业租户可以例外。

在租期结束时，给予续租也是一种优惠，有较高声誉或经营业绩好的工商业租户往往能够得到续期的优惠。其他租户要续期则往往有附加条件，如提高租金等。

在租赁市场空置率高的情况下，租户有时在谈判中会提出在租用到预定的时间后可退租的条款；而在经济不景气的时候，租户会提出在租用达到一定时间后根据经营情况减少租用量的条款。在特殊时期，业主在谈判中可以同意上述条件而不附带任何惩罚条件，但对未收回的、为适应其租用要求而改造所产生的费用，则要求租户退租时补交齐。

（五）关于物业改造的谈判

新租户在入住前，一般总会提出这样或那样的改造或改进物业的要求，改造费用一般通过租金的形式收回。物业服务企业要向租户申明的是，所有超标改造装修费用或由租户自负，或由业主提供并在租金中收回。在市场疲软或租户需要的时候，标准内的定期重装修或设备更新可以在租约中考虑由业主负担。例如，对一家声望显赫的证券公司租用的空间，业主负责每3年重新粉刷一次，每6年更换一次地毯等。

1.居住物业的改造装修要求

租户对居住物业的要求一般局限在物业的装饰上，如重新粉刷、重换窗帘、更新地毯等。有些新建住宅的业主让租户自己设计挑选装饰，并把这个作为优惠条件。旧的住宅是否重新装饰，由当时的租赁市场状况和租赁双方的急需程度决定。住宅在重新出租前一般都要重新粉刷一遍油漆，但当市场紧俏或租户急于入住时，如果租户愿意，可以由业主提供材料，租户自行完成，物业服务企业要注意把这些口头协议记录下来以免造成误解。

2.工商业物业的改造要求

在工商业物业的租赁谈判中，物业服务企业在对物业改造的条款作出妥协前，不仅要考虑物业改造对物业的影响，还要考虑由此增加的业主负担。一般谈判的结果是用其他条款来交换，以避免给业主带来损失。物业服务企业要给租户一个可以改造的上限，允许租户在此范围内确定标准。

工商业物业在出租前一般都必须经过相当大的改造，以满足租户经营的特殊需要。改造项目和所需费用及费用如何分配必须在租赁契约中写明。一般新的工商业物业业主在建造物业时，会根据建筑标准预留一定的出口、灯具、窗户等，这些费用一般都由业主承担。超出这些标准的任何设备设施，如附加的楼梯、空间分隔、门、喷淋系统等的费用应由租户负担。

如果业主无法满足租户豪华昂贵的装修改造要求，则可以直接给租户按平方米计算的补贴，但物业服务企业要监督租户的装修过程，使其按约完成。在租约中还要说明，租户的任何改造都是物业不可分割的一部分，租户对其没有所有权。

租户经营业务的性质决定租户对物业改造的要求。比如，保险公司通常采用原有的建筑设备设施；而律师事务所则因业务特殊性，需要单人的办公间，这往往会超过原有设备设施的标准；医疗机构对设备设施的要求可能更高。

（六）扩租权的谈判

扩租权，就是指允许租户在租用一定时间后，根据需要增加租用邻近的物业。对居住物业租户而言，扩租并不常见，但对工商业物业租户，尤其是对于正处在成长阶段的工商业租户来说，这一优惠条件是很有吸引力的。不过，令业主和物业服务企业头疼的是，将已答应扩租的物业出租给那些不知会住多久的租户会带来麻烦。显然物业的空置率越低，租户获得扩租权的可能性就越小，因为物业的大部分空间已被占用或被预约租用。

（七）限制竞争租户条款的谈判

限制竞争租户条款，就是指租户在物业中享有排他的、从事某一行业的经营垄断权。该附加限制条款常常出现在商业物业尤其是零售物业的租约中，有时也在服务业的物业租赁中出现，如理发店等。物业服务企业在谈判中要注意如果这一限制条款不致影响其他业主的利益，或该租户愿意为此交付额外的补偿，则可以考虑采纳；如果这一条款会影响其他有价值的大租户或有声望的租户的进入，则不能同意。

有些行业对竞争对手过于接近并不介意，而有些行业则不同。对大型的商业购物中心，无论租户愿意付出多大的代价，物业服务企业都不能同意这样的限制性条款。因为购物中心的性质就是要多家同类企业共存，从而展开竞争，刺激商场和商业的发展。

四、缔约技巧

在租约正式签约前，许多租户会产生迟疑，比如都会停下来思考这样一些问题：这是否是一个正确的决策？要租赁的物业是否是同等价位上最好的？妥协条款是否符合我的需要？是否可以等等再说？

面对租户的迟疑，物业服务企业可以采用如下缔约技巧。

（一）单刀直入式

单刀直入式就是直接让对方提出他们满意的条件，如"您更希望什么样的空间""您还有什么不满意的吗"。

（二）总结式

总结式就是强调物业的优点和对租户的适用性，在租户查看物业和洽谈过程中始终反复强调，以显示该物业十分理想。

五、检查物业

租约签订就意味着租赁业务的开始。在租赁伊始，物业服务企业应陪同租赁人核查物业，检查所租物业是否符合租赁条款中的条件。如果租赁双方都同时认可物业的状况，就应请租赁人办理接受物业的签字手续。同时，物业服务企业和租赁人都要填写"物业迁入-迁出检查表"（表9-2是一份住宅检查表的例样，商业和工业物业租赁检查表也是类似的），租户离开时也将使用该表。双方必须填写，以免发生争议。

表9-2　　　　　　　　　　　　　**物业检查表**

住宅迁入–迁出检查表	
物业名称： 公寓名称： 地址： 租户姓名：	日期：
租户在入住时需填写下表，请指出是否提供下列项目，并在底端签名	租户在迁出时物业服务企业需填写下表
钥匙 屋内清洁 厨房瓷砖 电冰箱 下水道 壁橱 浴盆 洗脸盆 便盆 柜橱 洗澡间瓷砖 照明设施 墙纸 粉刷 窗 床 餐桌 写字台 隔断 地板 空调 微波炉 电话 其他 ⋮ 租户签名： 物业管理者签名： 日期：	钥匙 屋内清洁 厨房瓷砖 电冰箱 下水道 壁橱 浴盆 洗脸盆 便盆 柜橱 洗澡间瓷砖 照明设施 墙纸 粉刷 窗 床 餐桌 写字台 隔断 地板 空调 微波炉 电话 其他 ⋮ 租户签名： 物业管理者签名： 日期：

六、提供租赁服务

一旦双方签署了租赁合同，租赁关系即告成立。租户搬进，物业服务企业就要与租户建立良好的关系。一方面，与租户建立良好的关系有利于对物业的维修和管理；另一方面，租户如果满意物业管理的服务，一般都愿意续签合同。

（一）建立租赁共识

要与租户建立良好的关系，物业服务企业在租赁之初就要让租户对租赁条约的方方面面有一个清晰的了解，对包括物业管理条约、制度，处理维修的要求，租金缴纳程序，租约终止时间，维修储备基金存款和有关罚款制度，以及业主委员会等内容都要有一个清楚的交代，从而使双方在有关租赁问题上基本达成共识。

（二）建立联系途径

物业服务企业可以通过电话或私人拜访等途径与租户保持联系，设法创造机会并抓住一切机会与租户面谈，广泛征求他们对舒适度、服务、维修、管理等方面的意见。

（三）开展租赁服务

维修服务是最为关键的，也是物业服务企业在所开展的租赁服务中要最重视的，因为租户对维修服务的好坏最为敏感。因此，在租赁初始，物业服务企业应确保租户了解维修程序（比如，向谁提出、怎样提出维修服务要求，以及由谁——业主还是租户承担责任等）。为此，物业服务企业必须建立一个快速有效的服务系统，使租户的要求能够准确地反馈给相应的部门，一种方法是将有关维修要求信息一式三份，物业服务企业、维修者和租户各执一份（有关内容见第六章物业的基础管理）。与租户建立良好的关系主要依赖于业主或物业服务企业对租户要求反应的程度。因此，无论租户提出什么服务要求，物业服务企业都应该尽快作出反馈，即使答案是否定的，物业服务企业也要真实地告知租户并进行解释。最忌讳的做法是表面应允，而实际上却拖延或逃避。

无论物业服务企业对租户的要求多么负责，一旦租户们感到他们的要求受到冷落，租户与物业服务企业的良好关系就会受到冲击。因此，物业服务企业在处理租户的各种要求时，要尽量使其满意。即使遇到租户的过分要求，也要有礼貌地倾听，然后解释提供该服务将增加额外支出。尤其要注意在电话联系时，租户们往往会根据声音判断物业服务企业的态度是否热情与负责；此外，现场的维修工作人员要穿戴整洁，最好穿制服。

七、收缴租金

在租赁开始时，物业服务企业对租金缴纳的时间、地点和滞纳金制度都要非常熟悉。一般来说，无论是办公物业、商业物业还是工业物业、居住物业，提前收取租金是通行的做法。物业服务企业在签订租约之初，就要友好而严肃地向租户解释交费要求和罚款制度，要求其熟悉交费管理程序和有关规定。为方便租户，物业服务企业要建立一个可行的收缴租金系统。

（一）租金缴纳时间的管理

物业服务企业一般在月初开始租金收缴工作。物业服务企业的收费政策直接关系到租户上缴租金的速度。如果物业服务企业不能严格管理交费时间，租户就不会支持物业服务企业的工作。

（二）滞纳金的管理

一般物业服务企业对迟交租金的租户要么采取罚款制度（但这通常不具备权限），要么给予一定的宽限期。物业服务企业对迟交租金所持的态度和租户的交费习惯影响了物业服务企业对迟交租金所采取的行为。如果物业服务企业认为迟交租金是完成足额收缴的必然条件，就会采取给予宽限期的措施。但不管怎样，物业服务企业在接受新物业的管辖时就要建立严格的收费制度，可以对按期缴纳租金的租户给予一定的奖励，对迟交租金的租户收取一定的滞纳金。

（三）收费通知单的管理

由于各种物业的管理服务不同，而且同一物业中的各租户享受的服务也不同，所以在收费通知单中应单列租金。如办公楼宇管理者就要列出运行费用中每个租户的消费量；而商业物业的租金通知单，则要列出电力、公共照明、门厅服务、管道工作和迟付费等项目。计算机系统可以打印出收费通知单，但这些价值昂贵的系统只有在大型物业管理中才会使用，一般在管理住宅租户时很少这样做。

八、续签租约

续签租约对业主和物业服务企业都是有好处的，因为提出再装修以及更换其他设施的要求的旧租户不像新租户那么多，另外业主也节省了寻找新租户的费用。租户是否续约主要取决于对物业服务企业的满意程度和新契约的内容。因此，对新契约的条款作如何的改变是很关键的。

考虑新契约条款是否改变的因素：一是初次租赁谈判中未考虑的因素，如租户以往是否准时缴纳租金等；二是市场的情况。通常改变租赁条款的内容主要集中在租赁期限，维修、更换、再装修的程度和租金水平上。

（一）宏观经济对租赁条款更改的影响

1.宏观经济对租期条款的影响

租约续签时的谈判与初次谈判一样，如果宏观经济形势看涨，物业服务企业就要提高租金、增加提高租金的条款或签订短期租赁合同；相反，如果宏观经济形势看跌，物业服务企业则应倾向于签订长期租赁，以尽可能地保证收回租金，而租户则希望通过签订一个长期不变的合同来获取某些利益。

2.宏观经济对维修、更换与装修条款的影响

物业服务企业应根据市场状况决定是否进行维修、更换与装修。如果租户要求更换的部分对物业来说是永久性的，则可以考虑。

（二）租金调整条款

1.影响租金提高的因素

租约续签谈判中一个非常重要的问题是租金的调整，即租金是否随物业运行费用的增加而发生变化，在商业物业的租赁中这个问题尤其重要。一般来说，租户和物业服务企业都不喜欢增加租金，因为前者不希望出更多的钱，而后者则担心高空置率使业主对其工作不满意。但如果是100%的出租率则说明，相对于市场行情来说，租金偏低了，是到了该调整租金的时候。另外，如果物业服务企业的佣金与租金挂钩，则物业服务企业也会倾向于提高租金。这时，他们通常会对有价值的物业单元提高租金。

物业服务企业也可以通过自身消化费用的方式来避免租金的增加，如削减服务与维修费或降低室外装修维护费。虽然室外装修维护费的削减不会像削减卫生保洁服务费或日常设备设施维护费那样受到租户的抱怨，但室外装修维护费的削减会有碍物业的外观，甚至导致有价值租户的搬迁。如果这导致高租金租户被低租金租户取代，则物业运行费用会更少，这时物业服务企业又不得不增加租金了。

2.租金增加对空置率的影响

租金增加不可避免地会使部分租户威胁业主搬迁或物业服务企业要终止租赁，但随着租户到市场上寻求新的物业并了解市场之后，搬迁人数会降下来。即使真要搬走，物业空置率也是暂时的，不久会被新租户顶替。只要租赁费的增加能够弥补空置的损失，则整体收入不会减少。

例如，某物业服务企业将一个有50个单元的公寓的租金由每套800元/月增加到1 000元/月，20%的租户起初威胁要搬走，可最后只有3户租户真正搬走，出租率降为94%。在原100%的出租率下，租金收入是40 000元/月，现在在94%的出租率下，租金收入是47 000元，比在100%的出租率下每月增加了7 000元的收入。

3.租金增加对与租户关系的影响

一旦租户明白了租金提高后的逻辑关系，即明白租金调整的合理性后，他们的态度就会发生根本性的改变，因此，物业服务企业在提高租金的同时要附上运行费用稳定增加的说明，并将之递送到租户信箱里或张贴在公告栏里。另外，物业服务企业为了在提高租金的同时仍然能够与租户保持良好的关系，就要在租金增加后，保证服务和维修保持或超过原来的水平。比如，可以通过简单地改进门面来增加租户的满意度。相反，如果租金增加而服务下降，则会引起租户的不满和反抗，这时物业服务企业要迅速改进管理，免受失去租户所造成的损失。

九、租赁终止

（一）租赁终止的种类

1.租户提出的租赁终止

租户提出搬迁的要求，须按租约条款规定办理。但如果一个表现良好的租户要求搬迁，则物业服务企业就应立即与其取得联系，并检讨一下是否是管理过失所致。如果是这样的话，物业服务企业应通过保证改变这种状况等承诺，来尽量挽留租户。即使租户的决定难以改变，物业服务企业仍然要调查清楚事情的真相，为以后如何加强管理、避免类似事件发生提供参考。

2.物业服务企业拒绝续签

物业服务企业及时发出终止租赁通知而不再续签也是可以的，但物业服务企业拒签的理由必须是充分的。

3.强制性的终止租赁

当租户违反法规、不付租金、参与犯罪或违反租约协议条款的其他方面内容时，物业服务企业有权通过法律途径强制性将其驱逐。当然，在驱逐前要发最后通牒。表9-3是要求偿付租金的3日期限通知。

表9-3　　　　　　　　　　**（要求偿付租金的）3日期限通知**

致：××租户

地址：

你现被告知未履行书面租约中规定的上文地址所指房产××××年×月—××××年×月的租金偿付责任。未付金额为＿＿＿＿＿元，其中租金为＿＿＿＿＿元，滞纳金为＿＿＿＿＿元。你必须在此通告发到后3天内偿清所有欠款。这笔欠款必须在＿＿＿＿年＿＿＿＿月＿＿＿＿日前全部偿付，部分偿付将不予接受。

如你未能在3日期限内按上述要求偿付，业主（或其代理人××物业服务企业）将终止租约并诉诸法律责令你搬出该物业。

请特别注意本通告中所示的时间限制，若你未能及时偿付，则除了要求你搬离该物业外，你还必须对到业主再次租出该物业为止的期限内的租金负有偿付责任。因此请你特别注意并作出适当的行动。

租户（签名）：　　　　　　　　　　　　　　　　　　××物业服务企业（盖章）

日期　　　　　　　　　　　　　　　　　　　　　　　　日期

（二）租赁终止的程序

1.搬迁前的会面

物业服务企业在租户搬迁前，要与租户进行一次私人会面，填写搬迁前会面表，见表9-4。

2.物业检查

无论哪一方提出结束租赁，物业服务企业都必须在租户搬出之后与其一起检查物业。在房屋被清空后，物业服务企业应在检查时确定下一次搬迁入住之前哪些地方需要重新粉刷。为此，检查时物业服务企业应带上物业检查表（见表9-2），检查物业哪些地方受损以及房间及其设施是否处于完好状态，记下物业的实际情况和需要的维修量及何时可列入维修计划等，并计算出安全与清洁方面应扣除的押金。

表9-4　　　　　　　　　　　　　搬迁前会面表

租户搬迁前会面表

日期：＿＿＿＿＿＿＿＿＿＿＿＿　　　物业：＿＿＿＿＿＿＿＿＿＿＿＿

姓名：＿＿＿＿＿＿＿＿＿＿＿＿　　　所住单元名称：＿＿＿＿＿＿＿＿＿

租赁时间：＿＿＿＿＿＿＿＿＿＿　　　物业面积：＿＿＿＿＿＿＿＿＿＿

未来的地址和电话：＿＿＿＿＿＿＿＿＿＿＿＿＿＿＿＿＿＿＿＿＿＿＿＿

陈述搬迁理由：

建议和评议：我们有哪些地方使您不满意？应如何更好地服务？请详细描述您的建议和评议。

会面方式：＿＿＿＿＿＿＿＿＿＿＿＿＿

会面人：＿＿＿＿＿＿＿＿＿＿＿＿＿

3.归还押金

当归还租户押金时，物业服务企业要说明押金扣除了哪些方面及其数额。例如，物业服务企业扣除了安全押金，就要说明安全押金的用途并归还未支出部分。如果物业服务企业未按租赁协议动用了部分押金，那么必须向租户逐条说明这部分押金的使用情况。如果租户不能接受，物业服务企业必须承担相应的责任。

至此，物业租赁的管理过程结束。

第四节　案例分析

案例1　租户欠交物业服务费怎么办？

案例：

2019年8月，某业主与王小姐签订了一份房屋租赁合同，把自己的一套房子出租给王小姐居住，租期为两年。合同除了对租金及支付期限作了约定外，还约定物业服务费由王小姐承担，但该业主并未将出租行为告知物业服务企业。近日，该业主收到物业服务企业的催款函，说已欠付近1年的物业服务费。为此业主辩称，在租赁合同中已约定由租户交付物业服务费，物业服务企业不应再向业主催缴物业服务费。针对这种情况，物业服务企业应该如何做？

案例评析：

根据规定，物业服务企业按照其与业主签订的物业服务合同提供物业管理服务后，有权按照合同向业主收取约定的物业服务费。对业主来说，在接受了物业服务企业提供的物业管理服务后，有义务按约定支付相应的物业服务费。

民法典第945条【业主告知、协助义务】规定，业主装饰装修房屋的，应当事先告知物业服务人，遵守物业服务人提示的合理注意事项，并配合其进行必要的现场检查。

业主转让、出租物业专有部分、设立居住权或者依法改变共有部分用途的，应当及时将相关情况告知物业服务人。

《物业服务纠纷解释》第7条规定，业主与物业的承租人、借用人或者其他物业使用人约定由物业使用人交纳物业费，物业服务企业请求业主承担连带责任的，人民法院应予支持。

所以，在房屋出租期间，出租人应将出租情况及时书面告知物业服务企业。物业服务企业可根据出租人和承租人对物业服务费缴付的具体约定向有关义务人收取物业服务费。也就是说，若租赁合同约定由承租人支付物业服务费，物业服务企业可直接向承租人收取，但出租人要承担连带责任，即承租人如果没有支付物业服务费，则物业服务费应由出租人承担。若租赁合同对物业服务费由谁支付没有约定或者约定由出租人承担的，物业服务费应当由出租人承担。

根据以上分析，若王小姐不按约定缴纳物业服务费，物业服务企业向业主收取物业服务费是有法律依据的，因为业主要承担连带责任。当然，业主在缴完欠付的物业服务费后，可向王小姐追偿，并可追究王小姐相应的违约责任。

本案例中，物业服务企业接到业主投诉后，应与业主沟通，说明上述观点，以求得业主的理解。同时，还应提醒业主在房屋对外租赁时，应到物业服务企业履行必要的手续，以便物业服务企业掌握其房屋对外租赁情况，配合业主做好房屋租赁的管理工作，以避免出现其他问题。

在物业管理服务中，针对业主的房屋对外租赁情况，物业服务企业要做好指导、监督和调解等方面的工作，重点放在租赁关系即租赁合同关系的管理上，这样才能配合业主保证租赁关系的良好建立和正常进行。具体做好以下事项：

（1）按规定的条件和程序指导签订租赁合同，建立租赁关系。

（2）监督落实租赁合同中出租人享有的权利和履行的义务。

（3）监督检查承租人行使租赁合同中规定的权利和履行应尽的义务。

（4）处理租赁双方在履行租赁合同过程中出现的纠纷以及其他意外情况。

（5）监督租赁关系的变更与终止。

（6）租赁合同终止时，指导办理停、退租手续。

案例2　物业服务企业该听开发商的，还是该听租户的？

案例：

某物业服务企业受某开发企业（业主）委托为其管理一幢高级写字楼。业主与租户约定，物业服务费由租户交纳。一日，该业主与一租户发生冲突，后来越闹越凶。租户停付租金及物业服务费达一个月，业主一气之下，给物业服务企业正式传真，以委托人名义命令物业服务企业切断对该租户办公室水、电、气、暖的供应，并要求物业服务企业打开该租户门锁，将里面所有物品搬出，称一切后果由业主承担。租户得知消息后，并不示弱，也以书面传真形式告知物业服务企业，以物业使用人名义要求物业服务企业严格履行物业服务职能，加强保安服务，严防任何闲杂人员进入办公室，一旦出现有人强行非法进入租户办公室的情况，定向公安机关报警或向有关部门投诉物业服务企业。该案例中：

（1）物业服务企业能否接受业主的指示，去切断该租户的水、电、气、暖的供应？

（2）物业服务企业能否接受业主的指示，打开该租户门锁，将里面所有物品搬出？

（3）租户对物业服务企业的要求是否有道理？物业服务企业有执行的义务吗？

案例评析：

本案例对写字楼和商场等经营性的物业管理来说，具有一定的代表性。目前，全国各地不少地方都存在类似的情况。这类情况的出现，反映了相当一部分开发企业（业主）、物业服务企业以及租户对各自的法律地位、权利和义务、什么是物业服务及其内容等不甚清楚。

（1）物业服务企业能否接受业主的指示，去切断该租户的水、电、气、暖的供应？

按照现有的相关法规，物业服务企业是独立的企业法人，以提供物业管理、经营服务为业务范围，与委托人之间是平等的民事主体关系，所以，不论是受业主委托，还是受业主委员会委托，物业服务企业都不应成为他人的附属或工具，不可听命于他人。无论业主与租户之间的纠纷如何生成与演化，均与物业服务企业没有关系。

正常情况下，只要租户交够一天的物业服务费用，就理应得到一天的物业管理服务。但本案例中，租户因为与业主的纠纷导致停付一个月的物业服务费，即使物业服务企业就此作出什么决定，也不应是应业主的要求而作出的，而是依据有关法规、物业服务合同和管理规约等，由物业服务企业自己作出决策。比如《民法典》第944条规定，业主违反约定逾期不支付物业费的，物业服务人可以催告其在合理期限内支付；合理期限届满仍不支付的，物业服务人可以提起诉讼或者申请仲裁。物业服务人不得采取停止供电、供水、供热、供燃气等方式催交物业费。

由于业主与租户事先有约定由租户交纳物业费，所以，该案例中的租户可以依约代替该条款中的业主，物业服务企业可以向其采取催告与诉讼方式催交物业费，而不可采取"四停"方式制裁租户。

业主与租户产生纠纷，常常使物业服务企业在中间为难，这种情况下，物业服务企业应该积极活动，努力协调双方之间的关系，解决双方间的纠纷与问题，这不仅对业主和承租人有利，对物业服务企业进行物业管理活动也是非常有益的。

（2）物业服务企业能否接受业主的指示，打开该租户门锁，将里面所有物品搬出？

物业服务企业绝不能应业主的要求，擅自把租户的门锁强行打开让业主进入。强行入室、清除物品，这是业主提前终止房屋租赁合同的表现，只能由业主来执行。即使如此，强行入室、清除物品也仍然是违法行为。所以，在业主与租户之间的矛盾没有得到协商解决或取得法律裁决依据之前，该物业服务企业不能参与或协助业主强行入室，否则，如果引起民事诉讼及刑事诉讼，无论业主如何声称对此事负责，相关后果及责任必须由物业服务企业部分承担甚至全部承担。

所以，物业服务企业应拒绝业主的以上两个要求，并提醒业主违反了《民法典》第945条的业主告知义务，以后再出租或有第945条所述其他情况出现时，应事先通知物业服务企业。

（3）租户对物业服务企业的要求是否有道理？物业服务企业有执行的义务吗？

通常来说，物业的服务是针对所有业主，如果是个别业主或使用人不交物业费，很难做到单独不为其提供服务。但本案情况特别。日常安保服务可能无法针对某个人提供，但这次是有针对性的安保，原因是租户与业主产生矛盾，为了防止业主有过激行为，租户需要"物业服务企业加强保安服务，严防任何闲杂人员进入办公室，严防有人强行非法进入租户办公室"。严格说来，这已超出日常安保范围，属于一对一专门提供的安保服务了，应另约定安保费或签订安保合同。但事发之时，别说没有特别约定的安保费，该租户连日常的物业费都已停交一个月，且不是因为物业服务企业的服务不到位（只是因为租户与业主起了冲突）。不交物业服务费用，就无法得到相关物业管理服务，包括保安。所以，在停交物业费的情况下，租户对物业服务企业提出的要求并不合理。他与业主的纠纷或业主某些行为的后果，只能由租户自己应付与承担。物业服务企业没有协助的义务。

案例3　物业服务企业能指定装修公司吗？

案例：

A公司即将迁往新址办公。在洽谈租赁合同时，新址大厦的物业租赁部向A公司推荐了B装修公司。A公司反问是否可以另行指定装修公司时，得到了肯定答复，只是被告知，空调系统以及消防控制喷淋系统需要由大厦指定公司来做。

可是，当A公司委托的装修公司前来与物业服务企业接洽时，该部门提出了一系列难以达到的要求和条件，极尽刁难之能事。最后，迫使A公司不得不委托大厦推荐的B装修公司负责其租区的装修工作。A公司非常疑惑，作为物业服务企业，是否可以为客户指定装修公司？

案例评析：

业主室内装修管理是物业服务企业的一大重点工作。一些物业服务企业为了保证物业的安全使用，往往指定装修公司及机电公司。而业主则认为，既然买了物业就拥有物业的所有权和使用权，就可以任意在物业内进行室内装修，因而物业服务企业无权指定装修公司及机电公司。实际上，物业服务企业和业主的做法或想法都是有问题的。

第一，业主的观点，即买了物业就拥有物业的所有权和使用权，就可以任意在物业内进行室内装修，这明显是不对的。关于这方面的原因，以前的案例已经予以解释。

第二，物业服务企业不能指定装修公司。业主购买了房屋后，自然有权雇装修公司进行一般的室内装修，如做家具、刷油漆、设置间隔墙等，物业服务企业不能向业主指定装修公司。个别物业服务企业或其有关负责人强行指定或变相指定承包商的做法，有违职业道德，在一定程度上侵害了租户或使用单位的合法权益，应予以纠正。当然，第一点里已经提到，业主虽然可以聘请装修公司进行室内的一般装修，但不可以随意装修，对于一些专业性很强的项目，物业服务企业往往还是有权指定装修单位的。

第三，物业服务企业可指定机电装修公司。现在的住宅和商业用房一般都不是独门独户，因而个别业主的室内安全直接影响到楼内其他住户的安全与利益。特别是一些机电设备的装修，往往会危及整幢大楼。如果任由每个小业主自行聘请机电装修公司，可能会出现如下问题：

（1）不同业主请的装修队伍素质和装修水平、安全防范能力等有较大差别。

（2）这些装修公司对大厦的结构、设备的状况、性能等不了解，往往容易带来安全隐患。

（3）业主和物业服务企业很难甚至不可能及时对各个装修公司的员工实施跟踪监管。

而由物业服务企业指定统一的机电装修公司，往往可以避免以上缺陷。同时，指定的机电公司员工素质通常较高、公司信誉较好、装修质量较稳定、对物业的设备设施熟悉、对物业管理规定理解，因而指定的机电装修公司可以保证装修质量，物业服务企业和业主无须对其实施太多的监管。正因为这样，物业服务企业往往对业主的室内装修进行严格的审查和监管，并指定机电公司负责水、电、消防、空调、电话等的安装工作。

当然，物业服务企业指定的机电公司不能与物业服务企业有任何不正当的利益关系。也就是说，物业服务企业不能对机电公司索取回扣、收管理费等。为了保证业主利益，物业服务企业必须指定至少两家品牌优、质量好的机电公司供业主选聘。同时，物业管理部门应对这些承包商给予正确的指导和严格的管理，监督各承包商遵守相关的规定，确保物业项目内的正常管理秩序得到维护，最终使各方面权益得到有效保障。

小结

物业租赁指的是房屋租赁。它是指业主（房屋所有权人）作为出租人将其房屋出租给承租人使用，由承租人向出租人支付租金的行为。

物业租赁可以按物业租赁方式、租金支付方式和租赁管理模式进行划分。

物业租赁行为需要登记备案。

房屋转租，是指房屋承租人将承租的房屋再出租的行为。承租人经出租人同意，可以依法将承租房屋的部分或者全部转租给他人。

物业租约，是出租人与承租人签订的，用于明确租赁双方权利义务关系和责任、以房屋为租赁标的的协议，是一种债权合同。

一个有效租约基本由以下16部分组成：房屋租赁当事人的姓名（名称）和住所；物业的具体描述；限制租赁用途的条款；规定租期的条款；关于续租的条款；规定租金支付方式的条款；取得物业实际占用权的条款；调整租价的条款；承担不可预见费的条款；规定转租和分租的条款；承担灾祸损失的条款；租户责任条款；租户对物业改造的条款；规定保证金的条款；规定业主职责的条款；关于索赔的规定条款。

物业租赁的程序一般包括9步：捕捉潜在租户、租户资格审查、租约条款谈判、缔约技巧、检查物业、提供租赁服务、收缴租金、续签租约、租赁终止。

☐ 关键概念

物业租赁　定期租赁　自动延期租赁　意愿租赁　强制占据租赁　毛租　净租百分比租赁　房屋转租　物业租约　人为终止　扩租权

☐ 思考题

1.什么是物业租赁？

2.物业租赁按租金支付方式分为哪几种？

3.什么情况下物业不能租赁？

4.什么是物业租约？租约应含有哪些条款？

5.出租方和承租方的权利和义务各有哪些？

6.物业租赁管理的程序如何？其中哪些步骤比较关键？

7.如何审查租户的资格？

8.对不同的物业，租约谈判的重点内容是一样的吗？请举例说明。

9.如何建立、形成和维护物业服务企业与租户的良好关系？

10.把你所在的宿舍或住宅当成一处待出租的物业，请编写一份租约。

☐ 案例分析题

1.租户违反规定，物业服务企业有权罚款吗？

某写字楼物业服务企业告知所有的租户，将对租户的房屋装修活动进行统一监督管理。任何租户装修，必须提前提出申请，由物业服务企业审批，并且还规定，如有违反者，将对其处以 3 000~5 000 元不等的罚款。一家租户在装修时，因没有及时清运垃圾，物业服务企业遂要按规定对其罚款 500 元。租户坚决反对，双方出现了激烈的争执。租户认为，物业服务企业无权对其装修行为指三道四，更无权对其罚款；而物业服务企业认为，它受开发企业（业主）的委托，对写字楼进行物业管理，装修管理是其基本的和重要的管理内容，租户违反装修管理规定，物业服务企业当然有权罚款。请问，物业服务企业能否对违反装修管理规定的租户进行罚款？

2.物业经理应如何处理这些问题？

某物业服务企业受业主委托，已将某一公寓租赁出去多年，但最近该物业服务企业碰到一系列麻烦。

有一个张姓租户经常迟交租金，最近 3 个月这个租户又是收到物业服务企业警告后才交纳租金的；另一个赵姓租户总是不断地提出各种服务和维修要求，多数是不在租约范围内的；还有一个孙姓租户以前是个模范租户，在这里也租用了多年，但近期他提出两个月后他将搬离不再续租，当问及原因时，他坦率地说对目前的物业管理政策不满意。

如果你现在是这家物业服务企业的经理，你该如何应对这 3 个租户？你将如何处理这些问题？请谈谈你的办法和措施。

3.租户搬出部分家私而没有业主书面许可怎么办？

某花园 B 栋 5 号楼 F 座的租户想要搬出一部分家私。他千方百计地联系此时正在国外的业主，但就是联系不上。按照管理规定，租户要搬出家私，必须有业主的书面许可，而没有业主的书面许可，管理处不予放行。急于搬出家私的租户万般无奈，找到物业服务企业领导，恳请给以特殊照顾。

你认为，物业服务企业怎么做才能既维护业主权益，又能满足租户要求而不产生纠纷？

商品房屋租赁管理办法

最高人民法院　关于审理城镇
房屋租赁合同纠纷案件具体
应用法律若干问题的解释

第十章

不同类型物业的物业管理

□ 学习目标

　　通过对本章的学习，要求掌握各类居住物业的含义、分类及物业管理要点，零售商业物业、写字楼物业的分类、管理内容、管理要点，掌握商业物业、写字楼出租管理的要点；熟悉住宅小区的构成、特点及物业管理的主要内容，熟悉高校物业管理的含义、内容、特点及原则；了解住宅小区物业管理的具体要求，高校物业管理的现状及发展策略，医院物业管理的内容、特点和主要要求，了解工业物业的含义、类型和基本特点。

　　各类物业在管理上既有共性，也有个性。个性是指各种类型物业在建筑品位、规格和使用功能上的差异，这种差异导致它们在物业管理上各有不同的特点和要求。以下我们按照物业的不同用途，分别阐述居住物业、零售商业物业、写字楼物业、工业物业和特种物业的物业管理。

第一节　居住物业的物业管理①

一、居住物业的含义与分类

（一）居住物业的含义

在我国，一般习惯于按原始设计用途把房屋建筑分成两大类：居住物业和非居

---

① 本节的居住物业管理内容比较粗略，主要是为了配合其他物业类型而进行的介绍。有关居住物业更详细、更专业的介绍散见其他各章节。

住物业。

居住物业即指居民赖以生存的空间和必要的生活条件，包括住宅以及附属的设备和设施。换句话说，居住物业是人们的居住用房。它要具备人们在一定室内活动的吃、喝、住、穿、用等起居功能和设施的条件，这是划分房屋是否是居住物业的一个根本标志。

（二）居住物业的分类

居住物业可分为商品住宅、公寓住宅、别墅住宅和售后公有住宅。住宅的形式不同，其物业管理的要求、管理的特点及管理的重点也会有所不同。

这里，我们主要针对商品住宅小区（以下简称住宅小区）的物业管理进行介绍，因为在我国，目前住宅小区占居住物业的面积比重最大，住宅小区的居民占居住物业的居民比重也最大。

一般来说，城市居民的居住生活聚居地称为居住区。居住区是具有一定的人口和用地规模，能满足居民日常物质和文化生活需要，为城市干道所分割或自然界限所包围的相对区域。

在规划设计中，居住区按居住户数或人口规模分为规模居住区、居住小区、住宅组团三级，其分级规模见表10-1。

表10-1　　　　　　　　　　居住区的分级

项目	规模居住区	居住小区	住宅组团
户数（户）	10 000~15 000	2 000~4 000	300~700
人口（人）	30 000~50 000	7 000~15 000	1 000~3 000

一个完整的居住区由若干居住小区组成。同样，一个完整的居住小区由若干居住组团组成。每一个级别均须配套建设相应数量和级别的公共服务设施。对达到一定规模、基础设施比较齐全的居住区称为住宅小区（含居住小区、住宅组团）。也可以说，住宅小区是指按照城市统一规划、建设达到一定规模，基础设施配套齐全，已建成并投入使用的相对封闭、独立的住宅群体或住宅区域，也是集居住、社会、服务、经济功能于一体的"小社会"。

住宅小区是现代城镇居民居住的一种模式，是符合现有生产水平和人们生活水平的一种居住模式，但不是唯一理想的居住模式。随着将来生产力的进一步发展和人们生活水平的提高，也许会被新出现的居住模式所代替。

二、住宅小区的物业管理

（一）住宅小区的构成与特点

1.住宅小区的构成

现代的住宅小区应由以下3部分构成：

（1）住宅小区的居民。

住宅小区的居民一般有组织地以社会群体的结构方式生活在小区内。首先以血缘关系或婚姻关系组成不同规模、不同形式的家庭，通常以家庭为户，每户为一个单元居住在小区内。有的住宅小区普通工薪阶层的工人和职员多一些，有的住宅小区高收入者多一些，还有的住宅小区的居民受教育层次较高。所以对于不同的住宅小区居民，物业管理水平和服务内容都有所不同。研究住宅小区的居民构成是做好住宅小区物业管理的前提和基础，也有利于针对居民提出的要求更好地做好物业管理的服务工作。

（2）住宅小区的居住设施。

住宅小区的居住设施，主要指小区居民居住的房屋及与之配套的供电、供水、供气、供暖及下水、消防、保安等设备设施，也包括小区内共用房及配套的设施设备。

（3）住宅小区的居住环境。

住宅小区的居住环境包括自然环境和人为环境。

①自然环境。

居住的自然环境如何，将直接影响人们身体的健康。不同的土质和岩石所含元素不同，会对人体产生不同的影响。物业服务企业对住宅小区的自然环境条件应有档案记载，将其纳入管理范围，以防由于自然环境因素的突然改变给物业管理工作及住宅小区居民身体健康带来影响。

②人为环境。

人为环境包括住宅小区社会、经济、文化环境；绿化美化、卫生环境；治安、安全环境等。这些人为环境都是住宅小区的开发者、管理者及居民人为创造的。人为环境的好坏直接体现了住宅小区的居民及住宅小区的物业服务企业综合素质的高低，同时也是衡量住宅小区物业管理水平最直接、最重要的指标。由于人为环境既能人为创造，也能人为改善、人为提高，所以易为物业服务企业所控制，也最能体现小区精神文明建设的成果。因此，人为环境是住宅小区物业管理中非常重要的组成部分。

2.住宅小区的特点

住宅小区相对于一般单体住宅或单幢住宅楼来说，更注重物业的整体性、相关性。住宅小区尤其是新建住宅小区有以下特点：

（1）居住功能单一，相对封闭独立。

住宅小区功能单一，是指小区内一切设施都是为小区居住便利而设计、建造的。它不包括工业生产、农业生产等其他社会功能和城市功能。住宅小区内居民居住集中，相对封闭独立，在城镇中单独营造一片住宅小区，与城市中生产区、商业区、办公区等其他功能区分离，改变了原城镇居民居住分散在城镇各个角落，与其他各功能区混杂居住的局面，方便了居民居住生活，便于集中服务与管理，提高了城镇居民居住条件与水平。

（2）住宅小区人口密度高、人口结构复杂，形成相对独立的社区文化。

以北京所统计的10个小区为例，少则500户，2 000人；多则9 000~15 000户，3万~5万人。小区内有各行各业的人员，其特点是：各种方言和信仰同时存在，社会活动、经济活动和生活方式多种多样；人际关系广泛但较松散，文化程度相对较高。生活在人口高度密集、相对封闭、相对独立的区域内，久而久之，必然形成独特的社区文化，从而逐步演变成一个"小社会"，这给住宅小区的物业管理工作带来了新问题和新思考。

（3）住宅小区房屋产权多元化、公用设施社会化。

由于住宅建设投资的多渠道、住宅的商品化及住房制度改革的深化，房屋的产权结构也发生了重大变化。住宅小区的房屋基本上由住宅小区居民个人购买，产权归居民个人所有。产权多元化是住宅小区管理的突出特点。与住宅房屋所有权多元化相对立存在的是住宅小区公共设施社会化，即小区建筑物共有部分及小区内公共绿地、公用设施等属于小区居民共同所有。这就需要住宅小区物业服务企业在进行住宅小区物业管理工作时应区别对待，对不同所有权采取不同的管理方式。

（4）规划建设合理，配套设施齐全，居住方便。

由于城市建设的发展和居住水平的提高，住宅小区的规划建设有了很大的变化。

新建住宅小区多为多层、多栋楼体建筑群，少的几万平方米，多的十几万甚至百余万平方米。在使用功能上，新建的住宅小区大多是经过政府有关部门多次商讨、规划建设而成的，基本都是由商业、服务业、文化教育、卫生、办公用房、住宅及其配套建筑和设施组成的一个完整的功能齐全的多功能区。因此，这些住宅小区大多规划建设合理，配套设施齐全，居住舒适、环境安全、外形美观、生活便利。

（二）住宅小区物业管理的主要内容

我国的住宅小区物业管理被纳入法律范围，是从1994年3月建设部颁布《城市新建住宅小区管理办法》开始的。

住宅小区物业管理的内容与前面讲过的住宅小区的构成内容有关，即包括住宅小区的居民管理，住宅小区内的房屋建筑及其设备、市政公用设施、绿化、卫生、交通、治安、环境等的管理。

1.住宅小区的居民管理

住宅小区的物业管理，管理和服务的对象首先就是住宅小区的居民。对于居民的管理，不是限制他们的人身自由，而是管理他们在小区居住时的部分行为。

为了住宅小区的公共秩序及住宅小区全体居民的利益，住宅小区内的每一位居民都应该在住宅小区内服从业主委员会与物业服务企业制定的相关制度和规定。这些管理制度都是在小区居民自愿的基础上，为保障小区居民的居住环境和居住条件而制定和执行的。因此，不论是住宅小区物业服务企业还是住宅小区的居民，他们的目标是一致的。

2.住宅小区的居住设施管理

住宅小区物业服务企业根据物业服务合同，负责住宅小区房屋及附属设施、设备的维修管理，管理重点在共有部分。这是物业服务企业的主要业务。

　　住宅小区公共设施（如供水系统、供电系统、消防系统等）的管理，也是受各系统市政部门所有者的委托，代管各系统的运行状况及运行结果，代缴各种相关费用。由于所有权不属于物业服务企业，而其设备的改造、更换等又涉及产权问题，所以凡重大维修项目，均应通过各系统所有者执行。住宅小区的物业服务企业只在委托授权范围内监护设施使用情况及运行状态，保障住宅小区居民能安全、及时地使用，满足其生活、生存需要。

　　3.住宅小区的的居住环境管理

　　住宅小区物业管理的居住环境管理，主要是监测自然环境，防止自然环境中不良因素的影响；对人为环境的管理是物业管理的重点之一，主要依靠物业服务企业与住宅小区的居民签订一些公约或管理制度，来规定住宅小区居民的一些行为，并通过维护、改变或塑造一种环境秩序来营造住宅小区的人为环境。

（三）住宅小区物业管理的具体要求

　　1.对房屋维修管理的要求

　　（1）房屋外观完好、整洁。

　　（2）小区内组团及栋号有明显标志及引路方向平面图。

　　（3）房屋完好率98%以上。

　　（4）无违反规划私搭乱建现象。

　　（5）封闭阳台的，要统一有序，阳台的使用不碍观瞻。装饰房屋的，不危及房屋结构与他人安全。

　　（6）房屋零星维修及时率98%以上，零星维修合格率达100%，并建立回访制度和回访记录。

　　（7）房屋资料档案齐全、管理完善，并建立住户档案，住户所在栋号、门号、房号清晰，随时可查。

　　2.对房屋设备管理的要求

　　（1）小区内所有公共设备图纸、资料档案齐全，管理完善。

　　（2）设备良好、运行正常，无事故隐患，保养、检修制度完备。

　　（3）每日有设备运行记录，运行人员严格遵守操作规程及保养规范。

　　（4）电梯按规定时间运行。

　　（5）居民生活用水、高压水泵、水池、水箱有严格的管理措施。二次供水的，卫生许可证、水质化验单、操作人员健康合格证俱全。

　　（6）消防系统设备完好无损，可随时启用。

　　（7）锅炉供暖、煤气、燃气运行正常。北方地区冬季供暖，居室内温度不得低于16℃。

　　3.对市政公用设施管理的要求

　　（1）小区内所有公共配套服务设施完好，不得随意改变用途。

　　（2）供水、供电、通信、照明设备齐全，工作正常。

　　（3）道路畅通，路面平坦。

（4）污水排放通畅。

（5）交通车辆管理运行有序，机动车、非机动车均无乱停乱放现象。

4.对绿化管理的要求

（1）小区公共绿地、庭院绿地和道路两侧绿地合理分布，花坛、树木、建筑小品配置得当。

（2）新建小区，公共绿地人均1平方米以上。旧区改造的小区，公共绿地人均不得低于0.5平方米。

（3）绿地管理及养护措施能够真正落实，无破坏、践踏及随意占用现象。

5.对环境卫生管理的要求

（1）小区内环卫设施完备，设有垃圾箱、果皮箱、垃圾中转站等保洁设备。

（2）小区实行标准化清扫保洁，垃圾日清日消。

（3）小区内不得违反规定饲养家禽、家畜及宠物。

（4）房屋的公共楼梯、扶栏、走道、地下室等区域保持清洁，不得随意堆放杂物或占用。

（5）居民日常生活所需商业网点管理有序，无乱设摊点、广告牌，乱贴、乱画等现象。

6.对治安、保卫管理的要求

（1）小区基本实行封闭式管理。

（2）小区实行24小时保安制度。

（3）保安人员有明显标志，工作规范，作风严谨。

（4）危及住户安全处设有明显标志和防范措施。

（5）小区内无重大火灾、刑事犯罪和交通事故。

7.对物业服务企业的要求

（1）为居民开展多项有偿便民服务。

（2）一业为主，多种经营。

（3）建立财务管理公开、监督制度。

（4）有较强的发展后劲和以业养业的发展计划及经济指标。

以上住宅小区物业管理的要求主要是针对小区物业服务企业提出的，这是最基本的、最低的要求。住宅小区物业服务企业应该在此基础上有较大的提高，才能不断满足住宅小区居民由于不断增长的物质需求和文化需求而对住宅小区物业服务企业提出的更高要求。

8.提高住宅小区的社会主义精神文明水平

精神文明建设在住宅小区物业管理中的地位，首先表现在精神文明建设是住宅小区物业管理的重要内容之一，是优秀小区达标考核的基本指标，也是城市社会主义精神文明建设的重要组成部分。

住宅小区的精神文明建设活动，可以通过以下方式进行：

（1）运用传播文化的工具和康乐设施，如影剧院、文化站、有线广播、图书馆、社区报、闭路电视等，开展联络感情的活动。

（2）组织各类体育比赛、舞会和文艺演出，加强住户之间的交往与联系，培养公民意识，在群体活动中增进友谊。

（3）创建文明单位，如文明班组、文明家庭、文明楼院、文明住宅小区活动，注重文明居住，无纠纷，邻里团结互助，积极参加各项公益活动。

（4）开展"优质服务竞赛"活动，讲文明、懂礼貌，使用文明用语，提倡尊老爱幼，各行各业发挥本专业的特点，更好地为住宅区居民服务。

（5）促进人际交往，推行"社团"活动。在中国香港，物业服务企业还有一个活跃的准社团组织，经常利用公众节假日，组织丰富多彩的社区活动，甚至组织回内地或赴海外的观光旅游，力求把自己变成社区群众的核心，使人们乐于信任、亲近物业服务企业，有困难的时候信赖并求助于这些物业服务企业。

因此，我们看到，做好住宅小区的物业管理工作，不仅是物业服务企业的责任，也与住宅小区内居民及社会各方面力量的大力支持与帮助密不可分，这样才能促进社会的繁荣与发展，促进社会主义精神文明建设水平的提高。

三、其他各类居住物业的管理要点

（一）高层公寓的物业管理

1.高层公寓的定义

高层公寓是指层数多、住户多，并且有一定高度的建筑。公寓物业一般都配有全套家具、电器、厨房及起居用品，但公寓类建筑往往都没有阳台[①]。高档的单元还可以提供酒店式服务，为住户提供具有特有家庭气氛的住宅。公寓的管理服务要求比一般的住宅高，但比不上酒店的水平。

2.高层公寓的分类

（1）高层豪华公寓。

这些公寓强调地段和设施，大户型可能有120平方米以上，小户型可能只有30或40多平方米。每一单元内装修豪华，家庭用具齐备，有方便、良好的酒店式服务。在城区工作、追求舒适生活方式的高收入年轻白领或金领一族，通常成为高层豪华公寓的住户或租户。

（2）一般的公寓。

公寓市场是需求量较大的市场。一些地段较偏远，配套设施、周围环境不那么理想的公寓物业，常常对单身人士、年轻人、艺术家等很有吸引力。

3.高层公寓本身的特点与物业管理要求

（1）建筑标准比较高，硬件设施齐备，设备复杂。

高层公寓设有高低压配电房，备用发电机，高低压电缆、电线等供电系统；水

---

① 各地规定会有不同。在某些城市，具有40年土地使用权的公建式公寓不允许有阳台；具有70年土地使用权的住宅式公寓就可以有阳台（但一般也没有）。有时，板楼多为普通住宅，所以有阳台；塔楼因为多是公寓，所以一般没有阳台。

泵、备用水泵设备、蓄水池等供水系统；消防系统；电梯和安全监控系统等。有的还24小时供应热水、设有中央空调。这些系统专业性强，大修更新费用昂贵，需要专门的技术人员进行日常维修、养护和管理，确保电机设备、电梯、空调、水泵等正常运转，对住户的涉及楼宇和居室的报修要及时处理。

（2）高层公寓住户收入相对较高，要求服务层次高。

高层公寓的住户对居住条件和环境要求比较高，对物业服务企业的服务水平要求也高，特约性服务项目也较多。因此，要求物业服务企业努力为住户创造安全、幽雅、温馨的生活环境，同时应提供商场、餐饮、洗衣、文化娱乐、医疗康复、代收公用事业费、代订报纸杂志、代理房屋买卖租赁等服务项目。

（3）楼宇单元户数多，人口也相对比较集中，治安管理要求严格。

高层公寓住户多，人口集中居住，来往人员也比较多，加上高层公寓设计上的特点，有电梯、楼梯、楼内的各种管道、通风口、竖井及一些隐蔽的死角，容易给不法分子创造作案条件。为了保证大楼居住的安全，管理人员要对全体住户的情况做到心中有数，对住户变更情况了如指掌，加强门卫和巡视工作，做到处处有安全防范措施。

（4）楼宇高，消防不容忽视。

高层公寓功能复杂、设备繁多、装修量大、各种竖井林立，而且高层建筑易受风力和雷电作用，造成火灾的因素很多。尤其高层楼宇煤气管道多而复杂，极易发生泄漏，如管理不善，容易发生火灾甚至爆炸事故。所以，物业服务企业要经常教育员工，并向住户宣传，督促其遵守用电、用气的规定，勤检查，发现问题及时处理，消除事故隐患。消防工作要抓设备设施合格率，组建义务消防队伍，经常进行演习，确保消防通道的畅通无阻。

（5）高层公寓的每个单元具有相对封闭性，业主或客户具有涉外性和一定的稳定性。

高层公寓的业主或租户中，外籍人士的比例一般比普通住宅更高，所以在管理中，物业服务人员代表着中国员工的形象，在礼仪和态度方面必须十分注意，有些事务还要会同外事部门共同解决。

另外，由于我国的开发企业一般采用出售或出租两种方式进行经营管理，所以其业主和租户都相对比较稳定，较少变化，流动性小。同时，服务周期长，一天24小时，从早到晚，每时每刻都有人居住、有人进出，因此物业服务企业要不间断地进行管理与服务。

4.高层公寓物业管理内容的特别之处

高层公寓的物业管理内容与住宅小区的物业管理内容有相同之处，也有不同之处。不同之处主要体现在以下两点：

（1）公寓的租赁服务较为常见。

一般来说，公寓出租的情况比住宅出租要常见，所以，代理出租物业成为物业服务企业的一项重要工作。对于公寓的租赁管理，具体要做好以下工作：

① 为房屋承租单位或承租人提供优质服务。房屋租赁后的物业管理必须把维护承租方的合法使用权和为承租方服务放在首位，支持承租方的合法要求，提高为承租方服务的质量，做好房屋的维护和修缮工作，保证承租方安全、方便地使用房屋。

② 制定合理的租金标准。公寓租赁之前，必须根据市场收租水平，考虑公寓自身的情况，制定合理的租金标准，以保护租赁双方的权益。

③ 依法维护正常的租赁关系。房屋租赁双方应及时处理租赁使用过程中发生的各种问题，注意调解用房纠纷，要坚持遵守国家的有关法律、政策和规定，抵制违反法律、法规与租赁合同的行为。

④ 严格控制租赁房屋的用途。租赁房屋的使用要按照房屋的设计用途来进行，不允许利用租赁房屋进行违法活动。

（2）公寓的家居管理服务更为突出。

高层公寓的业主收入普遍较高，他们追求舒适的服务，这使得家居管理服务成为物业服务企业的另一重点。家居管理服务通常有以下服务内容：

① 经常对公寓内部进行清洁，打扫卫生。如对公寓房间进行擦洗、更换室内床单等。

② 确保公共区域（如楼道、大堂）清洁卫生，保证静雅、幽美的生活环境。

③ 做好公寓的园艺绿化，营造良好的居住环境。

④ 强化保安消防服务，保障业主的人身、财产安全。

⑤ 开展丰富多彩的公寓社区俱乐部服务，为相对忙碌、自我封闭的业主提供交流的机会，增强业主的归属感，建立良好的社区文化。

⑥ 市场租赁服务，如汽车租赁等。

⑦ 及时进行公寓工程维修及配套家电的保养维护。

⑧ 医疗及救护服务，如设立卫生医疗诊所等。

⑨ 家政服务，如营养顾问、清洁卫生、看管小孩、接送儿童等。

⑩ 社区服务，如设立邮局、银行、商场、装饰设计公司等。

家居服务需求受众多因素的影响。年轻上班一族对家务劳动和家政服务需求较高，老人则对医疗服务依赖性较强，物业管理应视服务的需求量和社会化程度，以效益为目标，规划和开展相应的服务。

（二）别墅的物业管理

1.别墅的定义

别墅，也称花园住宅，通常是指在城市郊区或风景秀丽的地方，建造的一幢幢功能齐全、带有花园或院落的两层或多层单门独户的居住建筑。在居住建筑中，别墅是纯低密度、讲究环境和庭院布局、突出各种建筑风格、内部建筑装修豪华、配备齐全、功能考究、个性突出的居住单元。其建材质量好、建设标准高、建筑式样别致。

2.别墅的分类

目前在市场上我们按照别墅的建筑形式将别墅产品分为以下5类：

（1）独栋别墅。

独栋别墅即独门独院，上有独立空间，下有私家花园领地，是私密性很强的独立式住宅，表现为上下左右前后都属于独立空间，一般房屋周围都有面积不等的绿地、院落。这一类型是别墅中历史最悠久的一种，也是别墅建筑的终极形式。

（2）联排别墅。

联排别墅，英文称"Townhouse"，每户独门独院，设有1~2个车位，还有地下室。它是由几幢小于三层的单户别墅并联组成的联排或住宅，一排二至四层的别墅联结在一起，每几个单元共用外墙，有统一的平面设计和独立的门户。建筑面积一般是每户250平方米左右。

（3）双拼别墅。

双拼别墅是联排别墅与独栋别墅之间的中间产品，是由两个单元的别墅拼联组成的单栋别墅。其在美国被称作"Two family house"，直译为两个家庭的别墅。

（4）叠拼别墅。

叠拼别墅是Townhouse的叠拼式的一种延伸，是在吸取综合情景洋房公寓与联排别墅特点的基础上产生的，由多层的复式住宅上下叠加在一起组合而成。叠拼别墅下层有花园，上层有屋顶花园，一般为四层带阁楼建筑，这种开间与联排别墅相比，独立而且造型更为丰富，同时在一定程度上克服了联排别墅窄进深的缺点。

（5）空中别墅。

空中别墅发源于美国，英文称"Penthouse"，即"空中楼阁"，一般指建在高层楼顶端具有别墅形态的跃式住宅。空中别墅以"第一居所"和"稀缺性的城市黄金地段"为特征，是一种把繁华都市生活推向极致的建筑类型。它要求产品符合别墅的基本要求，即全景观，目前这类产品主要存在于独立的高档公寓顶层，在别墅中还比较少见。

3.别墅物业管理的特点与要求

（1）别墅物业管理服务的特点。

别墅是高标准的建筑，其设备设施精良，对物业管理和服务的水平要求比较高；入住别墅的业主一般都是经济富裕、工作繁忙的企业家或高级管理人员，其家政事务需要由专人打理，这需要物业服务企业提供多种多样的特约服务；这种类型的物业，其收费标准一般由委托方与受托方共同协商确定，但通常收费较高。

（2）别墅物业管理的要求。

① 物业服务人员态度积极主动、文明礼貌，具体要求包括衣冠整洁、语言规范、谈吐文雅、行为得体等。

② 物业设备设施完好。

③ 物业服务人员技术过硬、专业化水平高。

④ 物业服务方式便捷、灵活，急业主之所急，想业主之所想。

⑤ 物业服务收费合理，使业主感到物有所值。

⑥ 物业服务制度健全，以确保提供稳定、安全、优质的服务。

⑦ 物业服务高效便捷，尽量减少工作环节，简化工作程序。

⑧ 物业服务企业要增强服务理念，提升服务品质。

4.别墅物业管理的内容

（1）保证别墅区整体规划的完整性。

不宜随意改变物业小区内的建筑风格和整体布局，尤其是周围的绿地更是不可侵占，禁止擅自改变用地位置或扩大用地范围的任何违章用地或违章建筑。

（2）认真做好别墅养护和设备设施的维修工作。

按照国际标准的管理要求，对别墅区每隔5~7年就要进行一次装修，更新设施，以保持全新面貌。要保证设备设施的良好运行，有问题及时检修。

（3）要特别抓好消防与保安工作。

对于别墅区的管理，应具有高度的私密性、安全性和技术性。别墅的业主通常收入较高、财产较多，易引发盗抢案件，因此，物业服务企业应特别突出加强消防与保安服务工作，实行封闭式管理，24小时全面巡逻、全面监控；对来访客人，要在电话里征得住户同意，方可准许进入。

（4）要做好环境绿化、清洁卫生和车辆管理工作。

别墅区环境管理的重点在于园林绿化和养护，要不断调整别墅区内花草树木的品种，增设具有艺术品位的建筑小品或人造景点，使小区内植物一年四季常青，提高生态环境质量，尽量营造一个鸟语花香、温馨高雅的居住环境。生活垃圾要及时清运，道路、庭院以及草丛中的垃圾要及时清除。一般每幢别墅都有私家车库，而当外来车辆驶入时，应有明确的指示牌标示停车地点。同时，要保持道路畅通，严禁在通道上乱停车。

（5）做好全方位服务。

为了方便业主的工作和生活，物业服务企业要在保证设备设施安全正常运行、卫生清洁达到标准要求、礼貌服务符合规定标准的前提下，尽量满足业主的各种要求。尤其是那些外籍人士，他们身在异乡，有很多不方便之处，物业服务企业的从业人员一定要本着业主至上、服务第一的工作精神，主动和他们交朋友，解决他们在生活和工作中遇到的难题。全方位服务是指除了日常服务外，还要有特约服务、专项服务等，这些服务应有针对性，服务的内容应多种多样。

（三）售后公有住宅的物业管理

1.售后公有住宅的定义

售后公有住宅，是住房制度改革中，将由国家或企业投资建造的房屋以优惠的价格补贴出售给个人的公有住房。

公房出售后就属于自有住宅，但与商品住宅又有所不同，主要是房产处置权的有限性。公房出售后，应推行社会化、专业化的管理模式，实行业主自治与物业服务企业专业管理相结合的办法,其基本原则是住房出售后,实行住房所有人"自有、自住、自管"的原则。从物业管理的角度来说,主要是划清自用、自管与共用、共管的范围、责任以及相关费用的合理分摊。

2.售后公有住宅的管理特点

(1)公房出售前,售房单位应当对其进行必要的检修。

(2)公房出售时,应制定对所有购房人具有约束力的有关房屋使用、修缮、管理等方面的共同行为守则,即业主管理规约或房屋使用公约。购房人在签订房屋买卖合同时,同时签订业主管理规约或房屋使用公约。

(3)公房出售后,业主委员会成立前,住宅的维修养护管理由售房单位或售房单位委托的管理单位承担;业主委员会成立后,住宅的管理,由业主委员会选聘的物业服务企业,按照双方签订的物业服务合同进行管理。

(4)公房出售后,住宅共用部位和共用设施设备的维修养护,由当地人民政府制定具体办法。要建立公房售后住宅共用部位和共用设施设备的维修养护基金。

(5)电梯、高压水泵、供暖锅炉房等共用设施设备的运行、维护与更新及其费用的分摊,按国家和地方政府现行规定执行。

第二节　零售商业物业的物业管理

一、零售商业物业的含义与分类

(一)零售商业物业的含义

零售商业物业,是指以买卖方式使商品流通的经济活动场所。换句话说,其是指商品以小批量的方式直接与顾客见面的地方。这些零售商业物业所包括的范围相当广泛,从小型店铺、专卖店、百货商场到大型现代化购物中心,面积从十几平方米到十余万平方米,其服务地域范围从邻里、居住区到整个城市甚至全国。

由于经营的需要,这类物业往往具有造价高、装修豪华、外形美观、业主或使用人支付能力强、对管理要求高等特点。因此,物业服务企业应根据这种特点,结合房屋本身特点、具体使用情况、所处环境位置和使用者的类型及组成等因素,实施有别于其他物业的管理,提供全方位的优质服务。这样,不仅物业服务企业可以盈利,对于开发企业以后的销售也有很大的促进作用。

(二)零售商业物业的分类

零售商业物业的分类,主要依据建筑规模、经营商品的特点及商业辐射区域的范围三个方面,划分为五种类型:

1.市级购物中心

市级购物中心的建筑规模一般都在3万平方米以上,其商业辐射区域可覆盖整个城市，服务人口在30万人以上，年营业额在5亿元以上。

2.地区购物商场

地区购物商场的建筑规模一般在1万~3万平方米之间，商业服务区域以城市中的某一部分为主，服务人口为10万~30万人，年营业额为1亿~5亿元。

3.居住区商场

居住区商场的建筑规模一般在3 000~10 000平方米之间，商业服务区域以城市中的某一居住小区为主，服务人口为1万~5万人，年营业额为3 000万~1亿元。

4.邻里服务性商店

这些商店的建筑规模一般在3 000平方米以下，500~1 000平方米的情况居多，服务人口在1万人以下，年营业额在3 000万元以下。方便食品、瓜果蔬菜、日用五金、烟酒糖茶及饮料等商品的经营者，服装干洗、家电维修等服务的经营者通常是这些商店的承租人。

5.特色商店

这些商店通常以其经营的特殊商品或服务及灵活的经营方式构成自己的特色。如专为旅游者提供购物服务的旅游用品商店、精品店商场，物美价廉的直销店或仓储商店，有较大价格折扣的换季名牌商店等。这类商店的规模、商业服务半径、服务人口、年营业额等差异较大。

二、零售商业物业的出租管理[①]

零售商业物业的服务对象是承租人和顾客，因此选择好承租人和吸引尽可能多的客流，以建立和维持良好的形象和信誉，是物业服务企业的两大任务，这是零售商业物业物业管理与住宅小区物业管理的不同之处。

零售商业物业的出租管理主要包括以下内容：租户的选择、租金的确定、租约的谈判等。

（一）选择租户

这类物业的商户（即承租人）很多，如何帮助业主招租或选择承租人是物业服务企业很重要的工作。一般要考虑以下因素：声誉、财务状况、承租人组合与位置分配、承租人需要的服务等。

1.声誉

声誉是选择零售商作为零售商业物业租户时首先要考虑的因素。声誉好坏可以反映在以下几方面：

（1）承租人（零售商）对待顾客的态度和服务水准。例如，顾客能否方便地享受退货或更换的服务。

（2）商品更迭频率。如果商品包装陈旧或表面积尘较厚，说明该商家的销售状况较差。

---

① 配合阅读：本书第九章的相关内容。

（3）售货员的表现。售货员对所销售的商品了如指掌且着装整洁、服务规范，也可视为整个商场的一笔无形财富。

（4）是否做广告宣传。零售商在多大程度上进行广告宣传也表明了其在建立和保持声誉方面所作出的努力。

一个新的发展中的企业可能缺乏有关声誉的记录，但物业服务企业可以评估其经营思想和策略，一个企业如果有一套清晰的发展新业务的计划，且经过对所处商业影响区域内消费者的研究，确定了合理的商品种类和适应当地消费者支付能力的价格结构，肯定会好于那些没有认真进行市场策划的商家。

2.财务状况

除了租户的声誉外，物业服务企业还要认真分析可能租户的财务状况。

低于预期的资本回报水平，是商业经营失败的最大原因，这就要求物业服务企业对承租人开展每一项新的商业经营项目进行认真的分析研究。

零售业的经营成本不仅包括租金、公共设备设施使用费和建筑物内营业空间的维护费用，还包括存货和流动资金占用利息、职员工资、货架及收款设备折旧、商店设计和广告费用等支出，对于转移经营地点的零售商，迁移成本和迁移过程中的停业损失也应考虑在经营成本之中。潜在承租人是否有足够的储备资金来应对开业初期营业额较低的压力，也是衡量承租人财务能力大小的一个方面。

3.承租人组合与位置分配

一宗零售商业物业内经营不同商品和服务的出租空间组合，构成了该物业的租户组合。以一个大型百货公司为主要租户的购物中心，将以其商品品种齐全、货真价实吸引购物者；以仓储商店或折扣百货商店为主要租户的商场，将吸引那些想买便宜货的消费者。主要承租户的类型决定了每一零售商业物业最好的租户组合形式。换句话说，次要租户所经营的商品和服务种类不能与主要租户所提供的商品和服务的种类相冲突，两者应该是互补的关系。

与租户组合相关的另一个问题，是在考虑零售商业物业内所经营的商品和服务的种类时，应同时满足目的性购物和冲动性购物的需求，以提高整个零售商业物业的总营业额。

合理确定各租户在整个购物中心中的相对位置非常重要。位置分配的目标是，实现商业物业整体利润的最大化。鞋店往往是男女服装店的一种很自然的补充；出售冰淇淋的冷饮店一般设置在商场的入口或与快餐店为邻；较小的、较高销售密度的零售业务，例如食品和珠宝，趋向于设置在距离商场中心较近的地方。当一个新的商业物业落成时，合理地为每个租户确定位置，对于提高该租户乃至整个物业吸引消费者的潜力大有益处。

4.承租人需要的服务

承租人作为零售商业物业内的租户，非常关心是否有足够的楼面面积来开展其经营活动，其所承租部分在整个物业内的位置是否容易识别，整个商场的客流量有多大等信息。

除此之外，某些租户还有一些特殊的要求，例如餐饮店租户需要解决营业中的垃圾处理和有害物排放问题，家具店租户需要特殊的装卸服务，超级市场租户需要大面积的临时停车场，银行租户需要提供特殊的保安服务等。而是否提供以及在多大程度上提供这些特殊服务，这些特殊服务的付费标准以及每一项服务与其他承租人的关系等，是租赁双方进行租约谈判时要解决的重要问题，也是物业服务企业在提供这些服务时需要事先考虑的问题。

（二）零售商业物业的租金

1.基础租金

基础租金又称最低租金，常以每月每平方米为基础计算。基础租金是业主获取的，与租户经营业绩（营业额）不相关的一个最低收入。

2.百分比租金

当收取百分比租金时，业主分享了在零售商业物业内作为租户的零售商的部分经营成果。百分比租金通常以年总营业额为基础计算，但具体可以按月或季度支付。由于该类百分比租金以零售商的营业额为基数，其数量可能在每个月之间有较大的波动，所以，百分比租金常常作为基础租金的附加部分。

收取百分比租金时，没有统一的标准，因为租户经营的商品种类和经营方式不同，其经营毛利润率水平有很大的差异，但不论经营什么种类，都存在一个可接受的百分比范围。在实践中，具体百分比是可以协商确定的，而且通常仅对超出某一营业额以外的部分才收取此项超额租金。例如，某承租的基础租金为10万元/月，如果以营业额的5%作为百分比租金，则只有当月营业额超过200万元（10÷5%）时，才对超过部分的营业额收取百分比租金。当然，如果零售商的月营业额低于200万元，则仍按10万元/月的基础租金收租。

在前面的案例中，每月200万元的营业额为自然平衡点，如果零售商在一个月内的营业额为250万元，则其应支付的租金为10万元加上超出自然平衡点的营业额乘以5%（在本案例中，50万元的5%为2.5万元），故该月应缴纳的租金总额为12.5万元。然而，租户和业主之间可能要协商一个人为平衡点作为计算百分比租金的基础，人为平衡点可以高于或低于自然平衡点，而如果人为平衡点低于自然平衡点，在百分比不变时，会令业主的收入增加。

3.代收代缴费用和净租约

当以使用毛租的形式出租零售商业物业时，所有的经营费用都应由业主从其所收取的租金中全额支付。然而，许多租户喜欢净租的形式，也就是说一些物业的经营费用由租户直接支付。而业主提供的净租的形式，决定了业主要支付哪些费用，哪些费用属于代收代缴费用，哪些按租户所承租的面积占整个物业总可出租面积的比重来收取，哪些费用主要取决于租户对设备设施和能源使用的程度。

不同的城市有许多其他分类方法，但不论是哪种情况，租户在租金外，还需支付的费用项目都要在租约中仔细规定。租户为了保护自己的利益，有时还会和业主就租金外的一些主要费用项目（如公用面积维护费用）协商出一个上限，以使租户对自己应支付的全部承租费用有一个准确的数量概念。

4.租金的调整

由于零售商业物业的租约期限较长（对于主要租户来说通常是20~30年，次要租户的租期也达到3~10年），因此在租约中必须对租金调整作出明确的规定，以便使租约有效地发挥作用。与写字楼物业的租约一样，租金调整可以基于消费者价格指数、零售物价指数或租赁双方商定的定期调整比率。租金调整条款一般仅对基础租金有效，经营过程中的费用可根据每年的实际情况确定。对于主要租户一般每5年调整一次，次要承租人可每年调整一次。

（三）零售商业物业的租约

零售商业物业的标准租约，是根据该类物业的特点制定的，目的在于就容易引起租赁双方矛盾的问题和今后若干年中可能出现的不可预见因素作出具体的约定。租约中，除了对租金及其他费用的数量和支付方式、支付时间等作出具体规定外，还要对下述的几个特殊问题作出具体规定：

（1）关于每一独立承租单元的用途。制定该项条款的主要目的，是防止某一个租户随意改变其所承租物业的使用方式，保持整个购物中心或商场的统一协调。

（2）限制经营内容相似的租户。设置该项条款的目的，是防止购物中心内的租户经营类似的商品，尽可能减少来自购物中心或商场内的竞争。一般来说，业主一般不会同意新租户经营与原租户雷同的商品；从租户角度来说，除非是那些特别抢手的旺铺，否则也不想以咄咄逼人的架势进行公开的竞争。所以，该条款发挥作用的机会并不多。

（3）限制租户在一定地域范围内重复设店。该条款旨在防止某一租户于购物中心的一定距离范围内（通常为4~8千米），重复设立相似的商店或发展相似的连锁店。业主作出这一规定的目的是确保百分比租金收入不受影响。因为允许租户在一定地域范围内重复设立连锁分支店，会分散前往购物中心购物的顾客，影响购物中心的营业额。当然，如果租户同意在该范围内连锁分支店的营业额的全部或部分亦纳入百分比租金的范畴，业主也应该同意与其协商。

（4）营业时间。同一个购物中心的租户之间，营业时间的安排应协调一致。制定该条款的目的在于授权物业服务企业确定整个购物中心统一的营业时间，以方便物业管理工作。统一的营业时间一般以购物中心内的主要租户为准，次要租户可以适当缩短营业时间但不能超过统一营业时间。有关营业时间的条款，可能还包括随季节变化对营业时间的调整、节假日营业时间的具体规定等，但都不能超过统一营业时间。

（5）公用面积的维护。该条款应准确地界定购物中心内公用面积的组成，说明租户为此应支付哪些费用，该条款往往还授权业主增加、减少公用面积或调整公用面积分布的权利。公用面积一般包括大堂入口、电梯和自动扶梯、顾客休息处、走廊及其他公用的面积。公用面积的维护费用，通常按租户独立承租的面积与购物中心可出租总面积的比例分摊。比如，某租户承租了3 000平方米的面积，占整个购物中心可出租总面积30 000平方米的10%，该租户就要分担10%的公用面积维护费用。

（6）折让优惠。同写字楼租约一样，业主为了能够签订新的租约或保持现有承租人到期后续租，常常给予承租人一定的折让优惠。在理想的情况下，给予承租人的任何优惠尽量不要使租约中所载明的租金水平降低，因为任何形式的折让优惠尤其是租金折扣会导致物业价值的下降。

（7）其他条款。除上述条款外，零售商业物业的租约中还经常包括终止租约条款和持续经营条款（保持商业经营活动的连续性和稳定性），有时还有对承租面积的变更、承租人经营风险投保作出规定的条款，以及对承租人使用停车位的权利和限制条款的规定，承租人为整个物业统一的市场推广计划承担财务义务的规定，租期延展、租约中止的处理等。

三、零售商业物业管理的其他要点

（一）增加租户的营业额是物业管理的重要目标

商业物业的所有权与经营权分离的特点，使得物业服务企业的服务对象多为租户与顾客，因此，与其他经营性物业不同，零售商业物业的物业管理不仅要保持高出租率，以维持业主的出租收入，还要考虑如何吸引顾客、留住顾客以增加租户的营业额，使其收益最大化，这是物业服务企业的重要工作目标。为此，物业管理要为商业物业树立形象，选择对路的承租人，组成合适的各类承租人的组合，经常组织各类促销活动等。

物业服务企业除了对物业的硬件设施和整个物业财务进行有效的管理外，还要花费很大的力量进行整个物业的市场宣传与促销活动，并协助物业内的每个租户进行市场推广工作。一般来说，提供零售商业物业服务的物业服务企业，要花费很多的时间和精力来关注其租户正在进行的商业活动，这是与从事写字楼物业或居住物业服务企业的最大差别。零售商业物业的管理就像零售业本身一样具有动态性。所以，零售商业物业服务企业除了具备一般物业管理的经验外，还必须有足够的零售商业管理的经验，这样才能够保证其管理获得成功。

（二）严格管理各承租商户的装修

承租人通常会根据自己的需要对承租的商店加以装修，很可能对房屋的设施、结构以及外观进行非法改动。这样不仅会危害物业本身，还可能影响其他承租户的营业。因此，对各承租人的装修一定要严格管理，以确保设备设施的正常运行，把对其他商铺的影响降到最低，从而保持购物中心内外良好的整体效果。

（三）做好安全保卫和消防工作

商业物业人流集中，顾客携带的钱财较多，往往也为犯罪分子提供了可乘之机，因而必须加强保安工作，设置专职保安人员甚至便衣人员巡逻值班，并制定严格的治安保卫工作制度，必要时可在商场内安装电子监视器，尽可能使租户和顾客感到安全、可靠。同时由于商业物业中人流、物流、资金流量大，一旦发生火灾，会损失惨重，后果严重。因此，要十分重视消防管理工作，设置防火通道并保持其通畅，保证所有设施、设备达到高度安全标准；对于餐饮租户所安装的排气装置、排水管等必须妥善监管；设置专职消防管理人员，制定严格的消防制度与措施。物业管理人员还要时常提醒人们保持一定的警惕性，向承租人及其员工传授一些预防犯罪的措施。

因此，商场的保安和消防工作，任务十分艰巨。

（四）方便的内外交通、足够的停车位也是购物中心的必要条件

应努力营造良好的交通条件，在适当的地方设置简明的方向指示牌，包括顾客前往的楼层、交通要点与商业场所停车位等；商场内要保持交通通畅，尽可能提供电梯与自动扶梯服务。另外，有条件应考虑自备小客车在公共汽车站、住宅小区等处与商场之间接送顾客。

（五）做好商业物业的内外环境清洁工作

商业物业的人流大、废弃物多，对清洁工作有更高要求。要有专门人员负责场内流动保洁，把垃圾杂物及时清理外运，随时保持场内卫生。

（六）加强与承租人的沟通，协调好与承租人的关系

物业服务企业的经理应不时地与承租人联系。一方面，这有助于物业服务企业开展各种推广和宣传活动；另一方面，这也有助于让承租人了解商业物业的布局、使用情况、管理机构及服务范围、各项管理规定、承租人责任、紧急应变措施及指南等。

商业物业的承租人之间，有时竞争十分激烈，这可能导致他们之间的关系紧张，物业服务企业要以其公平和耐心，协调好承租人之间的关系，避免矛盾的激化。

第三节　写字楼物业的物业管理

一、写字楼的含义及分类

（一）写字楼的含义

写字楼原意是指用于办公的建筑物，或者说是由办公室组成的大楼。广义的写字楼是指国家机关、企事业单位用于办理行政事务或从事业务活动的建筑物，但投资性物业中的写字楼，则是指公司或企业从事各种业务经营活动的建筑物及其附属设施和相关的场地。

业主或投资者投资这类物业的主要目的，是希望通过该项投资，达到资本保值、增值和获得周期性收益。完善的物业管理服务，对业主投资目标的实现至关重要。

（二）写字楼物业的分类

进行写字楼物业管理的第一步，就是通过对写字楼市场的调查分析并结合所管理的写字楼物业本身的状况，对写字楼进行市场定位。为此，物业管理人员通常先将写字楼物业进行分类。

1.按写字楼使用功能划分

（1）单纯型写字楼。它是指基本上只有办公一种功能，没有其他功能（如展示厅、餐饮等）的写字楼。

（2）商住两用型写字楼。它是指既可以用来办公又可以用来住宿的写字楼。其具体分为两种方式：一种是办公室内有套间可以住宿；另一种是大楼的一部分是办公，大楼的另一部分是住宿。

（3）综合型写字楼。它是指以办公为主，同时又具备其他多种功能的写字楼。除办公功能外，这类写字楼还有公寓、餐饮、商场、展示厅等多种功能，但用作办公部分的面积最多。

2.按写字楼的综合因素划分

按写字楼所处的位置、自然或质量状况、收益能力进行分类，通常将写字楼分为甲、乙、丙三个档次。

（1）甲级写字楼。其具有优越的地理位置和交通环境；建筑物的物理状况优良，建筑质量达到或超过有关建筑条例或规范的要求；收益能力能与新建成的写字楼建筑媲美。甲级写字楼通常有完善的物业管理服务，包括24小时的维护及保安服务。

（2）乙级写字楼。其具有良好的地理位置；建筑物的物理状况良好，建筑质量达到有关建筑条例或规范的要求；但建筑物的功能不是最先进的（有功能陈旧因素影响），有自然磨损存在，收益能力低于新落成的同类建筑物。

（3）丙级写字楼。物业已使用的年限较长，建筑物在某些方面不能满足新的建筑条例或规范的要求；建筑物存在较明显的物理磨损和功能陈旧，但仍能满足低收入承租人的需求并与其租金支付能力相适应；相对于乙级写字楼，虽然租金较低，但仍能保持一个合理的出租率。

对写字楼物业进行档次划分并对影响写字楼档次级别的因素进行分析，是写字楼物业管理的基本特色之一。这种划分在很大程度上依赖于专业人员的主观判断。人们很容易区别甲级写字楼和丙级写字楼，但如果要区别甲级和乙级写字楼就比较困难。实践中，人们常从承租人在求租或续租写字楼时考虑的因素出发，通过判别写字楼的吸引力来对写字楼进行档次划分。

一般来说，一个写字楼对承租人是否具有吸引力，主要体现在以下因素中：①位置；②交通便利性；③声望或形象；④建筑形式；⑤大堂；⑥电梯；⑦写字楼室内空间布置；⑧为租户提供的服务；⑨建筑设备系统；⑩物业管理水平；⑪租户类型。

二、现代写字楼的特点

现代写字楼同过去传统意义上的办公楼已经是两个完全不同的概念。现代写字楼有如下五个特点：

（一）所处区位多在城市的繁华地段

现代写字楼多建在以经济、金融、贸易、信息为中心的大中城市，这些城市的经济活动频繁、交易量大、信息快而多、交易成功率高。所以，各类机构均倾向于在大都市的中心地带建造或租用写字楼，以便集中进行办公、经营等事项。另外，这些城市的中心地段，交通方便，各类商业服务设施齐全，既利于办公人员的上下班，又有助于贸易的谈判和开展。

（二）写字楼建筑规模大、各类公司机构集中

写字楼多为高层建筑，楼体高、层数多、建筑面积大，办公单位集中，往往能汇集成百上千家国内外大小公司机构，人口密度大，涉及面广。

（三）写字楼的服务功能齐全，配套设施完善

现代化的写字楼一般都是功能齐全的建筑物，一般有前台服务、大小会议室、小型酒吧、商场、展示厅、车库等，综合型的写字楼甚至有餐厅、影剧院、卧室等配套设施，形成独立的工作、生活系统，为承租者提供工作和生活上的方便，满足他们高效办公的需要。

（四）写字楼大多为高档次的高层建筑

现代写字楼有良好的建筑和现代化的设备，不仅外部有自己独特的线条、格局、色彩和装饰等建筑风格，而且内部一般都配有先进的设备，如中央空调、高速电梯、高灵敏的系统化通信等，能为客户提供一个舒适的工作环境。另外，高档次的高层建筑往往是信誉和富有的象征，承租者都希望借助于高档次的高层建筑为自己树立良好的形象。业主也需要通过为承租者提供更优越的办公条件，以吸引更多的承租者。

（五）多由专业物业服务企业进行管理

写字楼由于其档次高、设施设备复杂、管理要求高，一般都委托专业物业服务企业管理。同时由于大多数写字楼是以出租为主，出租率或占用率的高低是该物业的生命线，而出租率的高低与物业管理好坏密切相关，因此很多写字楼业主委托物业服务企业代理出租。对物业服务企业来说，为业主获取最大利润是其全部工作的出发点和落脚点，其所有的工作应围绕这个目标。

三、写字楼物业管理的基本内容

（一）房屋维修养护及装修管理

在管理过程中，要做到：大厦及栋号、楼层有明显的引路标志；无违反规划乱搭乱建的现象；大厦外观完好、整洁；房屋完好率98%以上，零修合格率达100%；建立回访制度并做好回访记录；另外，监督业主和使用人对写字楼进行的

二次装修，以确保楼宇结构和附属设施、设备不被破坏。

（二）设施设备管理

其主要包括设备管理制度的建立；资料的建卡、存档；建立监管机制，监督检查专项维修保养责任公司及其他维修人员的工作；做好维修程序、设备保养、设备维修、设备改造等方面工作。

（三）安全保卫管理

其主要包括加强保安措施，配备专门的保安人员和保安设备（见第六章相关内容），加强写字楼内部及外围保安巡逻，加强对停车场的保安及交通指挥；实施严格的消防管理措施，保证写字楼内生命、财产的消防安全。

（四）清洁卫生、绿化管理

清洁是写字楼管理水平的重要标志，也是对建筑和设备维护保养的需要。清洁的日常工作重点应放在两个方面：一是建立卫生清洁的检查制度，包括定期巡检、每日抽查、特别项目检查（饮用水质及排污处理检查）等安排；二是保持楼内公共场所的清洁，如大堂、洗手间、公用走廊等。

绿化管理既是一年四季日常性的工作，又具有阶段性特点，必须按照植物的不同品种、习性、季节、生长期等客观条件，适时确定不同的养护重点，安排不同的措施，杜绝破坏、践踏及随意占用绿地现象。

（五）服务管理

写字楼的服务管理包括前台接待服务、委托代办服务、特约专项服务等。

写字楼的前台服务与宾馆相似，主要是为客户提供一些日常服务，包括接待国内外客人；帮助客人解决有关问题，如问询答复、出入引导、接听外来电话等；提供报纸分发、打字、传真、复印等服务。

有时受业主和租户委托，物业服务企业会与外界联系，帮助办理与生活、工作有关的日常事项，如购物、订票、邮寄等，这类服务一般由物业服务企业事先设立，收费也有一定标准。

有时物业服务企业还会与业主和租户单独约定，为业主和租户提供某些有针对性的专项服务，满足他们的特殊需要，如入室清洁服务、保安服务等。

（六）出租管理

写字楼的业主一般在委托物业服务企业管理楼宇的同时，也委托其代理经租楼宇。这种管理模式，既可省去业主经营的麻烦，又可提高大楼和物业服务企业的经济效益。

因此，物业服务企业的一个主要任务，就是帮助业主出租物业，进行经营租赁。租赁业务是写字楼经营必不可少的环节，也是保证业主经济效益的一个重要组成部分。作为物业服务企业，在写字楼出租管理的日常工作中，不但要做好促销宣传工作，处理好具体的租赁业务，还要协调好出租方与承租者的关系，这样才能保证最大限度地出租写字楼的使用面积，提高出租率，为业主争取最大的净租金收入。

四、写字楼的出租管理①

作为收益性物业之一，写字楼的出租管理是一项十分重要的工作。

写字楼的出租管理一般包括以下内容：

（一）写字楼租户的选择

物业服务企业或业主对于选择什么样的租户，并长久与之保持友好关系很重视。在进行租户选择时，主要考虑以下因素：

1.租户的商业信誉和财务状况

一宗写字楼物业的价值，在某种程度上，取决于写字楼的使用者即租户的商业信誉。物业服务企业的经理，必须认真分析每个租户的信誉对其租住的写字楼物业的影响。潜在租户的经营内容，应该与写字楼中已有租户所经营的内容相协调，其信誉应能加强或强化大厦的整体信誉水平。

物业服务企业还应当分析潜在租户在从事商业经营过程中的财务稳定性，因为这关系到潜在租户在租赁期限内能否履行合约中规定的按期支付租金的义务。为了达到这个目的，物业服务企业通常先要求申请入住的租户填写一个申请表，以了解其经营内容、当前的办公地点及其承租的时间、从事业务经营活动的地区范围等信息；如果是某公司的分支机构，则需了解其总公司的具体位置、开户银行的名称、信誉担保人或推荐人情况、对承租面积的具体要求等。物业服务企业还可以从税务机构、市场监督管理机构、往来银行、经纪及租户提供的财务报表来判断其信誉、财务状况。对每一个潜在的租户，不管其规模和过去的信誉情况如何，都应进行仔细的审查，因为某些大型的跨国企业也可能会像一些小公司那样，面临着破产或被转手的厄运。

2.所需面积的大小

选择租户过程中最复杂的工作之一，就是确定建筑物内是否有足够的空间来满足某一特定租户的需求。写字楼建筑内是否有足够的有效使用空间，来满足求租者对面积和空间的特定需要，往往决定了潜在的租户能否成为现实的租户。在考察是否有合适的面积空间可以供求租者使用时常常要考虑以下三个方面的因素：

（1）可能面积的组合。同样大小的面积，在不同的建筑物内其使用的有效性可能是不一样的。外墙、柱子、电梯井、楼梯间不可能为适合某一个租户的需要而移动或改变，所以，这些建筑结构因素常常决定了能否组合出一个独立的出租单元，以满足某一特定租户的需要。

（2）求租者经营业务的性质。一些机构需要许多分隔的办公室，而且常常希望这些办公室都能沿建筑物的外墙布置，以便能够获得充足的自然光和开阔的视野。也有些公司可能不希望有太多的房间靠近外墙。

（3）求租者将来扩展办公室面积的计划。如果一个公司在将来期望有更大规模

---

① 配合阅读：本书第九章的相关内容。

的扩展，必须要考虑在建筑物内是否或如何满足其未来业务发展的需要，尤其是当求租者希望其办公室集中布置时。

3.需要提供的物业管理服务

在挑选租户的过程中，有些求租者为了顺利地开展其业务，可能需要物业服务企业提供特殊服务。例如，求租者可能要求物业服务企业提供更高标准的保安服务，或者对电力或空调通风系统提出更高的要求；求租者的办公时间也有可能与大楼内其他租户有较大的差异，或者要求提供的服务与物业服务企业已提供的标准服务有较大差异。如果物业服务企业没有适当地考虑这些问题，在将来的物业管理过程中就可能会出现许多矛盾。然而，在接受或拒绝潜在租户的特殊要求之前，物业服务企业及业主应该考虑整个租赁期限内的实际费用支出以及费用效益比率，以便在今后签订租约时确定由谁来承担特殊服务的费用。

（二）写字楼租金的确定

物业服务企业在确定写字楼租金时，一般要认真考虑以下三方面的因素：

1.计算可出租面积或可使用面积

准确地测量面积非常重要，它关系到能否确保物业的租金收入和物业市场价值的最大化。

在测算写字楼面积时有三个概念非常重要，即建筑面积、可出租面积和出租单元内建筑面积。

2.基础租金与市场租金

租金一般是指租户使用每平方米可出租面积需按年或按月支付的金额。

对同类物业市场进行分析，由其市场供求关系决定的同类物业租金标准，我们称作市场租金。写字楼的整体市场租金水平主要取决于当地房地产市场的状况。

根据业主希望达到的投资收益率目标和其可接受的最低租金水平（即能够抵偿抵押贷款还本付息、经营费用和空置损失的租金），所确定的本项目的租金水平称作基础租金。

当算出的基础租金高于市场租金时，物业服务企业就要考虑降低经营费用以使基础租金向下调整到市场租金的水平。

在一定的市场条件下，某宗写字楼物业整体租金水平主要取决于物业本身的状况及其所处的位置。但是，写字楼建筑内，尤其是对高层建筑而言，某一具体出租单元的租金则依其在整栋建筑内所处的位置有一定差异。物业管理人员在确定各写字楼出租单元的租金时，常用位置较好的出租单元所带来的超额租金收入来平衡位置不好的出租单元的租金收入，使整栋写字楼建筑平均租金保持在稍高于基础租金的水平上。

3.出租单元的面积规划和室内装修

承租人选择写字楼时，非常关心其承租部分是否被有效利用和能否为其中的工作人员提供一个舒适的工作环境。如果租户不能充分利用其所承租的单元建筑面积，就会白白浪费金钱，但如果为了少支付房租而使办公空间过分拥挤，则会大大降低雇员的工作效率，这也是在浪费金钱。物业服务企业可以通过对出租单元进行面积规划，来帮助租户确定最佳的承租面积。

室内装修的费用由谁来支付，经常是租约谈判过程中的焦点问题。通常业主要就某些标准化的装修项目支付一些费用，也有可能由业主笼统地提供一笔按每平方米单元内建筑面积计算的资金来补贴承租人初次装修需支付的费用。

除标准化装修项目的费用外，其他装修费用由谁来支付一般视市场条件和写字楼内入住率水平而定。一般有四种选择：由业主支付、由承租人支付、业主和承租人分担、业主支付后由承租人在租约期限内按月等额偿还本息（作为租金的一部分）。在市场状况有利于承租人而非业主的情况下，为承租人提供装修补贴常常被业主或其物业服务企业用作吸引承租人的手段。

不论如何安排装修费用的支付，业主和其委托的物业服务企业保留对整栋写字楼建筑进行统一装修或进行建筑物内部功能调整的权利。

（三）写字楼物业的租约与租约谈判

写字楼租约条款的谈判相当复杂，常常有一个很长的谈判周期。物业服务企业也常常参与到租约谈判的过程中来。通常情况下，业主会事先准备好一个适用于写字楼物业内所有出租单元的标准租赁合约，业主和潜在的承租人可在这个基础上，针对某一特定的出租单元，就各标准条款和特殊条款进行谈判，形成一份单独的租约。谈判中双方需要解决的问题包括租金及其调整、所提供的服务及服务收费、公共设施（如空调、电梯等）使用费用的分担方式等。

1.租赁合约中的标准条款

写字楼的租约一般都要持续几年的时间，租约中一般都包括规定租金定期增加方式的租金调整条款，这一条款可能规定要参考一个标准指数，如消费者价格指数或商业零售价格指数，从而确定租金定期增长的数量或幅度。但承租人和物业服务企业更愿意商定一个固定的年租金增长率或增长量，该增长率或增长量在整个租赁期间内有效。

在写字楼租约中，毛租的方式不多见，常采用净租的方式。具体的租约中，要规定代收代缴费用所包括的费用项目名称，以及每项费用在承租人间按比例分摊计算的方法。最常见的代收代缴费用是除房产税和保险费外的水、电、煤气等资源的使用费。此外，设备和公共空间的更新改造投资也要在承租人间进行分摊，但要注意处理好更新改造投资周期与一个租约的租赁周期的关系。

2.折让优惠和承租人权利的授予

折让优惠是业主给租户提供的一种优惠，用以吸引潜在的租户。折让优惠虽然能使租户节省写字楼的租金开支，但租约中规定的租金水平不会变化。

折让优惠的做法很多，如给新入住的租户一个免租期、为租户从原来租住的写字楼迁至本写字楼提供一定的资金帮助、替租户支付由于提前终止与原租住写字楼的业主间的租约而需缴纳的罚金、对租户入住前的装修投资提供资金帮助等。不过，在租赁期间内，这笔资金仍要通过各种方式归还业主。这样做的一个好处，就是能保证租约中所规定的租金水平与市场所能承受的水平相当。

其他的折让优惠，可能会体现在租约续期的有关条款上。如果租户预计由于自己业务的发展可能会在未来增加承租的面积，则一般希望业主在将来（一般是租约期满）能满足其扩展办公空间的要求。除非写字楼市场很不景气，否则业主很难接受这一做法，因为有时为了满足当前租户的这一要求，可能会使腾空的写字楼面积的空置时间增加，导致减少租金收入。作为一种替代的办法，业主通常可以给租户一个优先权，即如果租户想扩大其所承租的写字楼面积，而其原租用的写字楼单元的相邻单元又处于空置状态的话，则该租户在同等条件下有优先承租权。有时租户还会要求在租约中加入关于原租约条件下续租的条款。

然而，业主不愿在租约期满时赋予租户过多的权利。这里主要有两个方面的原因：首先，期限较长的租约所规定的租金，在租赁期间内很难赶上市场租金水平的可能变化。尽管有租金定期调整的条款在发挥作用，但实际租金常常低于市场租金；另外，在租约期满时赋予租户一定的权利，也并不能保证其继续承租。在某些时候，租约中还会包括有关提前终止租约的条款，规定租户只要提前一定的时间通知业主并按规定缴纳罚金，租户就可以提前终止租约。赋予租户一定的权利，大多数情况下是业主不情愿的事，但业主为了保持物业的市场竞争力，有时不得不这样做。

对于经营性物业服务企业来说，写字楼的出租是真正全部管理工作的核心。最大限度地出租楼宇使用面积，成为物业服务企业的主要任务之一。只有取得大量出租收入，才能提高投资商的经济效益，才能提供足够的管理经费。但是与此同时，完善的物业管理和优质的经营服务又是招租的基础。

总之，写字楼物业管理集服务、经营、效益于一体，服务是宗旨，经营是手段，效益是目的。只有这样，良好的物业管理才会产生效益的优化。

第四节　工业物业的物业管理

一、工业物业管理概述

（一）工业物业的含义

工业物业是指已建成并投入使用的各类工业厂房、标准厂房、工业园区及其附属的设备、设施和相关场地，工业物业是随着工业发展而兴起的一种物业类型。工业是指对自然界资源或农产品、半成品等进行加工，以制造各种生产资料、生活资料的产业。而直接进行工业生产活动的场所称为工厂；工厂中储备原材料和储藏产品的建筑物，称为仓库或堆场。工厂、仓库等这些在工业中用于生产、储存的场所统称为工业物业。

（二）工业物业的类型

根据不同的标准可以将工业物业分为不同的类别。

1.根据工业物业的特性或租户类型分类

根据工业物业的特性或租户类型，可以将工业物业分为重工业厂房、阁楼式厂房、现代单层标准厂房和孵化器式厂房四种。

（1）重工业厂房。如石油、钢铁、橡胶、汽车等工业的厂房是典型的重工业厂房。这类厂房结构通常是根据用户的具体要求设计的，这种物业基本上是用户所有的。

（2）阁楼式厂房。这是一种早期的多层建筑，通常是水泥结构、砖石外墙。阁楼式厂房多是为加工工业设计使用的。

（3）现代单层标准厂房。这些建筑都是为一家用户设计的，通常为用户所有，但也有一部分是业主出租给厂商的，一般租户负责物业的维修养护和一切的经营开支。

（4）孵化器式厂房。这类厂房通常归业主所有并出租给租户，业主收取租金并支付大部分经营开支，一般是小型的多租户厂房。创业阶段的企业会租用这类厂房，等到实力壮大后，再迁往更大的地方。

2.根据工业场所的适用性分类

根据工业场所的适用性，可以将工业物业分为普通型、特殊型和单一型三类。

（1）普通型工业物业。普通型工业物业具有广泛的适用性，既可用于仓储，也可用于技术密集型或劳动密集型的工业生产。

（2）特殊型工业物业。特殊型工业物业是指受某种条件限制，仅适用于某些应用范围。例如，要求带有很强绝缘性质的仓储设施。

（3）单一型工业物业。单一型工业物业是指只适合某一类型生产运行的物业，甚至是只适合某一类企业的物业，并且一般无法改作他用，如钢铁厂等。

（三）工业物业管理的含义

工业物业管理是指物业服务企业对工业物业区内厂房、仓库等房屋建筑及其附属的设施、设备的管理，以及各种综合性服务的管理。

工业物业的管理是一项比较难的物业管理。例如，厂房储存易燃货物与材料，容易造成火灾；笨重的机器和存量过大的货物，其重量往往超过楼面结构的负荷；机器开动时会造成振动，耗损严重，而且噪声污染大；固定资产比重大，维修、保养费用高等。

长期以来，工业物业管理没有得到足够的重视。在今后的物业管理中，应多关注工业物业的管理，争取把工业物业管理的水平提到一个新的高度。

（四）工业物业管理的基本内容

（1）负责厂房、建筑物的日常管理事务。

（2）代表各企业、车间统一对外联系，协助落实街道办事处交办的社会事务。

（3）监督厂房和仓库管理规定的实施，协调各企业、生产厂商对公共部分的使用，维护绿化布局，落实卫生制度。

（4）负责厂房和仓库范围内公共部位、公共整体性设备及附属设施的管理、养护和维修。

（5）负责建立厂房和仓库修缮管理基金，设立专项账户，集专款用于公共交通、公共设施维修。

（6）按时收取和分摊管理费、维修费，并定期公布账目。

（7）有权采取必要的措施，保证管理规定的实施。

二、工业物业管理的特点

（一）工业物业的特点

1.投资大

要建立一个能够满足需要的工业性厂房，一般都需要大量的投资，要占用生产性企业的大量经营资金。工业物业的这一特点决定了许多生产性企业要租赁物业，而不是自己建造物业。

2.非流动性

由于不同的行业对工业厂房的要求是各不相同的，再加上一些工业物业具有规模大的特点，工业物业在房地产市场中成为一种交易缓慢的商品，具有非流动性。这种非流动性会增加投资者的投资风险。

3.属投资性物业

各生产性企业对厂房的地点、功能有着各自的特殊要求，而租赁来的物业总有一些不适合之处，因此，它们都希望自己建造一个满足需要的物业。但由于资金有限，这些企业需要寻找投资者合作，这对双方都是有利的。

4.功能易过时

新技术革命使工业物业对技术设备的落后特别敏感，这就增加了投资风险。因此在作远景规划时，必须以审慎的态度，通过增加物业的租赁用途和降低物业的折旧费来规避这类风险。

5.租赁期长

由于工业生产的期限比较长，再加上重型机械的搬运和设备的保养需要巨额花费，所以频繁地更换厂址是不现实的，也是不合算的。工业物业的租赁者一般具有两个特征：一是具有较长的期限，一般为10~25年甚至更长时间；二是对于挑选合适的厂址非常重视，有时甚至十分挑剔。

（二）工业物业管理的特点

1.管理复杂

物业管理中辅助配套的工作多，复杂程度高，难度较大。部分企业是24小时连续生产，与之相配套的辅助部门也要作相应的安排。例如，门卫、餐厅、浴室、动力供应和仓储运输等；对有毒有害和易燃易爆危险品的仓储运输，以及三废的排放处理等要有严格的管理办法和监督措施；为防止超负荷使用动力，要注意组织协调，制定限额使用的规定等。

2.专业性强

工业物业管理的重点是生产性用房的管理。生产性用房一般采取出租或出售的方式经营，由不同的企业使用。由于各生产企业都有其特殊的要求，专业性很强，所以要求物业管理部门要了解不同行业的有关知识，有针对性地制定具有权威性和约束力的管理规定，统一、规范和协调各企业的生产经营行为，维护辖区内正常的生产经营秩序。

3.易出现房屋、设施的意外损坏

因使用不当或使用频繁，容易造成房屋损耗以致带来结构的变化，出现难以预料的险情。例如，笨重的机器和存量过多的货物，使重量超过楼面结构的负荷；机器开动造成的振动可能缩短房屋的使用年限；电梯的高频率使用、电器和其他设备（如水泵等）的超负荷运转而发生的意外损坏，都会增加保养费用。

4.对治安保卫和消防工作有特殊的要求

很多生产企业是高科技型的，生产高精尖产品，从原材料到产成品，不仅价格昂贵，而且技术保密性强，因此必须加强安全防范措施，从内到外建立一套有效的制度。作为生产企业，一般会使用和接触一些危险品，如管理不善，则可能发生火灾、爆炸等事故。消防工作应坚持以预防为主，配备足够的消防设备和器材，24小时由专职消防人员值班，严防火灾的发生。

5.生产用房保持清洁难度大

由于使用功能的特殊性，生产用房难以保持清洁。例如，厂房内机器的油污容易弄脏走廊等地方，生产过程中排放的有害气体、尘埃等要花费大量的人力、物力、财力来清除，这对清洁卫生提出了比较高的要求。

6.有环境保护方面的要求

工业物业管理必须重视对环境的保护，要严格控制工厂的排污，采取措施净化工厂生产制造过程中产生的废气、废水和废渣，使工厂排放物符合环保要求。

7.需提供多方位的社会化服务

工业物业管理除了生产用房的管理外，一般还有其他类型房屋的管理，如办公楼宇、住宅等的管理。物业服务企业除负责一般共用设备、公用设施、环境清洁、厂区安全、庭院绿化等常规性工作外，还要经营餐厅、浴室、医务室、自选商场以及小百货等配套服务，为用户日常生活和工作提供方便。

三、工业物业管理的内容

（一）制定严格的管理制度

（1）工业厂房与仓库的管理规定。

（2）各个岗位的工作职责与操作规定。

（3）机器设备的安装、管理、使用规定。

（4）材料领取、加工、检验、耗用等规定。

（5）产品入厂、入库的规定。

（6）成品发货出库、出厂等制度。

（7）安全保卫制度。

（8）消防制度。

（二）工业区公用部位的管理

（1）为确保厂房和仓库及附近建筑物群体协调和美观，各企业除了满足给排水要求、执行消防安全规定以及符合生产和人员安全标准之外，不得在红线范围内的基地上的屋顶、外墙技术层搭建和安装设备，如需在外墙及屋顶上设置企业标志和广告，应事先向管理部门申请，经协调批准后才可实施。

（2）为确保文明生产和绿化环境，无论购买或租赁厂房和仓库面积多少均不可占用园林绿化地面积。

（3）为确保公共场合的公共卫生，要加强对员工的宣传教育，违反相关规定的，要负相应的责任。

（4）各企业不得以任何形式占用在购买或租赁合同中明确的公用部位。

（5）各企业应教育员工爱护公用部位的房屋结构和设备，如人为损坏，要负相应责任。

（6）厂房和仓库的公共场地除与物业服务企业协商确定停放自行车和汽车外，各企业不得堆放货物等。

（三）工业区设备设施管理

工业区设备和设施大体可分为工业生产专用设备和设施、工业生活公用设备和设施及工业物业附属设备和设施三大类。对于工业生产专用设备和设施，如炼钢厂的炼钢炉、机械加工厂的各类机床等，由于其管理的专业性强，应由工业企业自管；工业生活公用设备和设施及工业物业附属设备和设施（以下简称"工业物业设备、设施"），如供水、供电、供气、供暖、通信等通用的设备和设施，可委托物业服务企业进行管理。工业物业设备、设施管理应建立健全工业物业设备、设施的使用、维护、保养制度，保证工业物业设备、设施的正常运行和定期维护保养。

（四）工业区环境管理

1.工业区环境污染的类型

（1）空气污染。造成空气污染的因素有：燃煤排放的二氧化硫气体；机动车尾气；工厂内排放的化学烟雾、粉尘。

（2）水体污染。工业废水里含有大量有毒、有害污染物，进入水体内造成水体污染。

（3）固体废弃物污染。工厂内固体废弃物是人们在生产、生活中丢弃的固态物质。

（4）噪声污染。噪声可分为交通噪声、生产噪声和生活噪声三种。

（5）电磁波污染。

2.做好绿化和环卫工作

这项工作既是治理环境污染的有效措施，也是提高环保质量的有益途径。工业区内的绿化能够净化空气、防尘、防噪声，起到改善工业区内环境的作用，并能美化人们的工作、生活环境。工业区的绿地包括：

（1）公共绿地，指工业区内、生活区域及文化活动场所的绿地。

（2）公共场所绿地，指公共建筑及公用设施绿地。

（3）宿舍住宅区及庭院绿地。

（4）道路及广场绿地。

工业区的环境卫生要注重"扫"和"防"结合，公共场所要放置卫生桶、卫生箱等，公路要天天清扫、洒水。

3.认真清理物业管理区的违章搭建

违章搭建是对整个物业区和谐环境的破坏，既有碍观瞻，又影响人们的日常活动，还会造成交通的不便。因此，物业服务企业一定要认真做好物业区内违章搭建的清理工作。

4.加强公用设施管理

物业管理区域内的生活、办公服务设施是工业区物业的一个重要组成部分，公用设施一旦受到破坏，会影响人们正常的生活和办公，因此要加强管理。

5.努力建设新型的人文环境

新型的人文环境应该是和睦共处、互帮互助的生活环境，互利互惠、轻松有序的办公环境等。新型的人文环境可以激发人们的热情，提高工作效率，对社会治安状况的改善也有很大的促进作用。

（五）工业区治安管理

治安管理的目的是保障物业服务企业所辖的工业区域内的人、财、物不受伤害和损失，从而维护正常的工作和生活秩序。工业区治安管理具有以下特点：

1.综合性强

工业区内地域广阔，建筑物类型繁多、功能各异，生产单位连续作战，生产产品数量大；生产区域同生活区域混杂，工业区内的人员、车辆繁杂；各生产厂商、车间单位又有各种不同类型的管理方法。物业服务企业不好多加干预，只能同各生产单位、车间及生活区的宿舍、住户的管理单位密切合作，相互配合，积极参与，从而较好地完成管理工作。

2.服务性强

物业服务企业的治安管理，实质上就是治安服务，即提供保安、保卫服务，为保障工业区的职工、住户的人身、财产安全而服务。作为保安人员，要树立"服务第一、用户至上"的思想，既要有保安人员的警惕性，又要有服务人员的热诚；既要坚持原则、照章办事，又要文明礼貌、乐于助人。

（六）工业区消防管理

消防管理的基本目的是防止工业区内发生火灾，最大限度地减少损失，为工业区的业主、单位、职工、住户等的工作和生活提供安全保证，增强他们的安全感，保护他们的生命和财产安全。

消防管理的方针是"预防为主，防消结合"，要求消防工作者在思想上把预防火灾放在首位，同时从人力、物力、财力、技术等多方面作好火灾的预防，确保物业的安全使用。

（七）工业区车辆交通的管理

1.车辆管理工作的内容

（1）建设合适的停车场、棚、库。

（2）配置相应的监控、防盗设施。

（3）建立健全车辆管理制度。

（4）检查、放行进出大门的车辆。

（5）保证车辆在工业区内的正常行驶和停放。

2.停车场地的建设要求

（1）停车场地位置规划。物业服务企业对停车场地位置的规划，既要尽可能地利用已有停车场地，又必须考虑实际需要，大胆创新，因地制宜地规划设计；既能与工业区相协调，又能符合实际需要。

（2）停车场（棚、库）内要求有不同的空间，适合不同车辆。停车场（棚、库）要保证停车畅通无阻，其内部要设置清楚的标志，而且要有足够的指示信号灯、指示标语，有充足的消防设备。停车场（棚、库）的车位布置，要按车型规格分别布置，防止各类车型的车辆混杂存放。

第五节　特种物业的物业管理

一、特种物业的含义与类型

除上述讨论的住宅、写字楼、商场或购物中心和工业物业以外，还有一些尚未包括的物业类型也需要进行物业管理，对这类物业，我们统称为特种物业或其他物业。

这些物业按使用功能和用途分为以下几类：

（1）文化类物业，包括学校、图书馆、博物馆、档案馆、文化馆等。

（2）体育类物业，包括体育场、体育馆、健身房、高尔夫球场等。

（3）娱乐类物业，包括剧场、影视厅、音乐厅、舞厅、游乐厅、度假村等。

（4）卫生类物业，包括医院、疗养院、药检所、养老所等。

（5）交通类物业，包括公路、铁路、桥梁、涵洞、通道、车站、码头、空港等。

（6）宗教类物业，包括教堂、礼拜堂、庙宇等。

（7）其他物业，包括古建筑、名人故居、公用建筑、教养院、监狱等。

以上物业有些是公益性的，有些是经营性的，在传统体制下，一般按系统进行管理，在投资、维修、养护等方面由主管部门承担主要责任。在社会主义市场经济条件下，按照政企分开的原则和物业管理实行企业化、社会化、专业化的要求，这些物业可以由主管部门委托物业服务企业进行管理，也可以由主管部门按照现代物业管理模式进行自治管理。

二、 特种物业的特点

特种物业的物业管理，具有一般物业管理的共性，即都是"以物为媒，以人为本"的管理服务，在管理事项如物业维护、环境清洁、治安保卫、车辆管理等方面有其共同点。然而，在具体实施物业管理时，还应着重分析各类不同物业的不同特点，实行有效的管理和服务。这些差别主要体现在以下几个方面：

1.服务对象不同

各种不同类型特种物业的服务对象不同，决定了其管理重点的不同。服务对象首先具有年龄的差别，其次具有滞留时间的差别。例如，学校是青少年集中的场所，他们充满活力、行动敏捷、动作幅度大，相对而言对设备设施的坚固性、耐久性、安全性的要求比较高。同时，他们在校内一般要滞留2~4年，有自己的组织，可以协助进行各方面的管理。又如游乐场所，各种年龄层次的对象都可能参与，一般滞留时间在2小时左右，流动性很大，清洁和疏散可能成为管理的主要方面。再如图书馆，接待对象主要是中青年，有一定的流动性，但也有常客，通常滞留半天到一天，因此要求环境安静并适当配置餐饮服务。

2.服务需求不同

在特种物业中，求知的场所要求灯光明亮柔和、环境安静，一般来说应铺设地板或地毯。医疗卫生场所应特别强调通风，并配置一定数量的坐椅供患者和家属休息等候。

3.管理对象不同

物业管理服务除了服务对象因人而异以外，还涉及对于"物"的管理。例如，图书馆、档案馆、博物馆收藏了不少珍贵的图书、资料、文物等，对环境的要求比较高，在防火、防盗、防光、防潮、防灰、防虫、防鼠、防有害气体等方面必须采取专门的有效措施。例如，对医院的化疗、放射性工作室应作防护测定，并配以警示装置等。

4.经费来源不同

在特种物业的管理中，凡属经营性的，如歌舞厅、卡拉OK厅、健身房等，可以采取自负盈亏的方式实施物业管理；凡属半营业性的，如疗养院、卫生所等，基本上由主管部门补贴；凡属公益性的，如图书馆等，基本上依靠财政拨款，同时，可以开展一些收费服务获得一些款项，如图书馆的复印、翻译、展览等，但数目一般很小。

　　总之，特种物业不论是在理论研讨还是实际运作方面都处于起步阶段。从物业管理的角度出发，特种物业管理与一般物业管理一样，都要进行房屋建筑及设备设施的维修养护、环境保洁、保安等基础性管理，都要通过物业管理服务合同维系业主与物业服务企业的劳务交换关系，从而塑造一个安全、整洁、舒适、幽美、方便的环境。随着实践的不断深入，特种物业管理将会像其他物业管理一样步入正轨，获得快速而稳步的发展。

　　下面主要介绍我们身边常见的高校、医院的物业管理。

三、高校物业管理

　　随着物业管理行业的发展和高校后勤社会化改革的不断深化，高校物业管理也得到了前所未有的发展。多年来，我国高校快速发展，学生规模、宿舍规模、校园规模不断扩大，高校物业开始由学校的后勤部门管理引入现代物业管理。在一些经济发达地区和一些基础较好的高校，物业管理工作取得了很大的成效。

　　高校物业管理有别于以往高校的传统后勤管理和社会化物业管理，有其特定的属性和特点，即教育属性、特定的服务对象、特定的校园文化氛围。这决定了高校物业管理主要应以保证教学和师生生活为中心，维护房屋及其设施设备的完好，提供多元化服务，营造良好的人文氛围，维持正常的教学秩序，从而构筑一种文明向上、环境优美、舒适、服务周到、经营有序的良好的校园环境，让学生满意，让教师满意。

（一）高校物业管理的含义和特点

1.高校物业管理的含义

　　高校物业管理是对高等院校已经建成并投入使用的各类建筑物及其设备、公用设施、绿化、卫生、交通、治安和环境等管理项目进行维护、修缮和整治，为高校物业所有人和使用人提供全方位、多层次、综合性服务的活动。

　　从高校物业的使用类别看，高校物业可以分为三大类型：教工住宅区（即教工生活区）的物业管理、学生公寓区的物业管理和教学及办公区的物业管理三大类。其主要工作是房屋的管理、保养与维护，水电、消防等公共设施的管理、保养与维护，道路交通的管理与疏导，停车场的管理，园林绿化与保洁，校区秩序与安全等。

2.高校物业管理的特点

　　学校是集教学、学习、休息、娱乐、就餐、运动等功能于一体的综合场所，生活、学习、工作自成体系，学校作为特殊的物业服务对象有其自身的特点。

　　（1）高校物业管理具有教育功能，因为高校的活动主体是在校学生。从教育学的角度看，校园环境是学生的第二课堂，提供的是隐形课程，学生通过校园环境得到历史和现实的各种文化信息，获得更多生活体验，产生人文精神架构，从而实现接受教育的目的。校园环境好坏取决于其物业服务水平，它承载着环境育人功能，具体包括四点：其一，"育身"功能。校园绿色植物的增加可以保持空气清新，有助于人的身体健康。其二,"育心"功能。物业管理使校园更干净、更宽敞,道路更平坦,花木更艳丽,这样的环境可以令人心旷神怡、赏心悦目,容易形成乐观向上、豁达开朗的良好心理素质。其三,"育美"功能。通过良好的物业管理装点而成的校园文化长廊、水景、雕塑等,给人以丰富的美学感受和审美享受,有助于培养人的审美情趣,达到审美教育的目的。其四,"育德"功能。物业管理人员统一着装上岗,语言文明规范,服务热情周到,管理和服务规范细致,这些定能起到一定的示范作用,同时,"节约用水""请勿吸烟""请随手关灯"等警示标志有助于培养学生良好的道德品质。

(2)高校物业管理具有政治性。一般而言,住宅或商业物业的管理主要是为住用户创造安居乐业的生活环境,实现物业的保值和增值。高校物业管理的目标主要是为师生创造一个良好的教学环境,协助提升高校的对外形象。因此,高校物业管理在一定程度上不完全遵循市场经济的效益原则,如学生吃住的管理属于学生生活综合管理的范围,涉及社会安全稳定,其服务费用价格等有些由政府价格主管部门审批,不完全按照市场规律运行;校园治安维护、校园环境的综合管理涉及校园的校风、学风等问题,是一个综合的维护社会稳定的问题。

(3)高校物业管理应注意与高校人文风格的一致性。高校是知识分子的集中地,师生对物质生活与精神生活的要求比较高。面对高素质、高要求的群体,学校教学区与学生公寓的物业管理要突出文化氛围和艺术品味,结合教学区与学生公寓的实际情况,制定出符合其风格的高标准的服务与管理制度,导入传统文化标示标牌,利用闲置空间开辟传统文化读物架,留置宣传栏空间张贴传统文化常识、新时代国家新理念、社会主义核心价值观等,不定时展览艺术画作。以教学楼、图书馆和学生公寓为依托,开展包括生活、学习、文化、鉴赏等多方面内容的服务性管理和教育,共同创造优美、整洁、安静和奋发向上的成才环境,使高校物业管理同样具有人文情怀。

(4)高校物业管理应注重师生直观感受学校物业比住宅物业更注重直观感受,干净、整洁的校园是教育的重要一环,也是树立美丽校园形象的需要。所以,物业服务企业在强调内在管理的同时,应注重校园本体外表工作,提高师生及外访者对校园的直观感受,做到只要身处其中就能让人感到眼前一亮。

(5)高校物业服务费用的确定具有特殊性。一般住宅小区或商业物业的物业管理,其资金来源包括物业服务费、专项维修资金或物业服务企业的多种经营收入等,物业费由小区的业主委员会与物业服务企业协商制定,资金的使用接受业主委员会、业主的监督;高校物业管理服务费来源较为单一,各城市、各高校因各自情况不同,其服务标准、支付费用标准具有较大的差异,大多采用"成本倒推法",而不是"市场计费标准",因而与同等档次物业的社会平均服务费标准也不一致,不具有可比性。

(二)高校物业管理的模式

高校物业的服务对象主要是老师和学生,远没有住宅物业那样人员层次复杂。

高校物业管理业主单一，管理上必须服从学校的统一安排，具有从属性，也有利于服务的针对性。所以，在模式选择上，高校物业管理与一般居住物业、商业物业等物业管理有所不同。

根据高校物业的特点，目前主要有3种物业管理模式：

（1）校内物业自己管理。

通过对原有高校后勤队伍的整合、培训和引进部分专业管理人员，逐步向专业物业服务企业靠拢，进行规范物业管理。该模式比较适合历史悠久的老校区，因为已有一批经验丰富又熟悉学校情况的在编职工，对这批职工队伍加以整合，培训提高，是完全可以做好的，同时也解决了老职工就业的岗位问题，能有效稳定后勤职工队伍，使学校资产保值乃至增值。

校内自管也有两种形式：

一是校内物业的内部共管形式，也即高校内部甲、乙方共管体制。其具体做法是：高校的后勤集团，将原来分属后勤的工作分为两个管理方，一部分属于甲方，代表学校，另一部分属于乙方，名称一般为"物业服务中心"或"物业服务企业"实行企业化管理。双方通过签订委托合同的方式建立物业服务关系，甲方对乙方进行监督。但无论甲方还是乙方，都仍是学校职工。因为乙方不是专业物业服务企业，甲方依然把乙方看作学校员工，这使得甲方的监督成为空话，没有给物业服务中心形成一定的压力，甚至没有市场竞争。

二是高校后勤集团物业服务形式。后勤集团一般下设物业服务中心、公寓服务中心、工程建设与服务中心、动力设备与校园维护中心、饮食服务中心等。其中，物业服务中心和公寓服务中心分别为教工住宅区、教学办公区及学生住宿区服务，服务项目包括各楼宇安全防范、公共卫生环境保洁与治安、楼宇的日常维护和维修；其他中心承担着其他公共设施设备的日常维修养护、水电暖气应急管理、饮食服务等，所有这些中心共同为学校教学科研和师生生活提供后勤服务保障。目前更多高校仍然是通过这类后勤集团进行校区内的物业管理。

（2）招投标引进社会专业物业服务企业进行管理。

这种模式，适合原后勤职工队伍员工少，管理又较薄弱的学校，或者是新的校区。该模式一步到位，从发展来看是必然趋势，但在发展过程中，前期投入较大，资产能否保值，还有待研究，同时还要有一个强而有力的业主委员会为学校分忧、为业户办事，才能磨合到位。

（3）校内物业服务中心和校外专业服务公司混合管理模式。

随着社会的发展，社会分工逐渐趋于细化，而高校物业服务中心或管理中心的员工来自高校后勤集团，通常对一些专业物业工作不够熟练，培训效果也不明显，这时也可以将一些专业物业管理工作以经济合同的方式外包给校外相应的专业服务公司。比如，可以将机电设备维修业务承包给专业设备维修企业，可以从保安公司雇用物业保安人员，可以将园林绿化承包给专业绿化公司，也可以将环境卫生承包给专业清洁公司等。学校物业中心只需根据价格主管部门批准的收费标准，按专业服务公司的收费通知单按时一次性交付这笔费用即可。这种合作既方便使用者，也方便提供专业物业服务的公司，校内物业服务中心可以专心做上述工作之外的物业管理工作，这样可以大大提高高校后勤管理的社会化和专业化程度。

我国的物业管理行业已有近40年的发展历史，从法规的完善度、市场的成熟度、社会的贡献度来看，专业化物业管理都远远优于其他管理形式，但是高校物业管理面对的是特殊群体和环境，资金来源、服务对象等都与一般住宅或商业物业不同，所以，不少高校并未采取市场化的物业管理运作方式，但这并不代表未来的高校物业管理市场永远是自管模式。随着高校后勤社会化改革的不断深入，高校物业管理作为城市物业管理的组成部分，其发展趋势也应该与社会物业管理同步，即最终也会走上物业管理社会化、专业化、市场化的道路。

需要说明的是，无论采取何种物业管理模式，各高校都应从本校和本地的实际情况出发，针对高校的特点进行管理，最大化发挥学校物业管理的后勤保障作用。

高校物业管理的主管部门应尽快同国务院颁布的《物业管理条例》接轨，制定具体的适合高校自身物业管理发展的《高校物业管理办法》，使高校物业管理有法可依，有章可循。

（三）高校物业管理的原则

高校物业管理服务总的原则是，既要适应高等教育、教学工作特点，把社会效益和长远利益摆在首位，又要引入竞争机制，提高工程质量、服务质量和整体效益。

1.坚持为教学科研工作和广大师生服务的正确方向

认真研究后勤社会化改革给学生学习方式和生活方式带来的变化，积极探索让思想政治教育和管理工作进入学生公寓的新路线，对建在校外、多校共用的学生公寓，要按照各负其责的原则，派专人进驻，确保校园的稳定。

2.以校内为主，一校一寓

学校应全面规划、合理调整校园布局，尽最大可能扩大校内学生公寓面积，采取在政府资助下多渠道筹资的办法加快建设速度。政府应该免除校内新建、改建、扩建学生公寓项目的各项税费，简化项目审批手续；银行应主动做好高校学生公寓建设贷款发放工作。

3.坚持高校物业管理的非营利性

政府有义务为公众提供公平并且相对低廉的大学教育，并保持非营利的性质。由高校提供土地，由银行贷款或由开发公司投资建设的学生公寓，学校是产权拥有者。产权与使用权分离的后勤社会化改革，应该有利于教育、教学，有利于学生公寓管理的现代化。后勤服务公司应该实现高效、微利管理，不能以获取高额利润为目的，更不能追求利益最大化，谋取超额利润。

（四）高校物业管理的内容

高校物业中的教工住宅区，正逐步走入社会化、专业化、规范化物业管理的轨道。所以，未来高校物业管理的主要内容是针对学生公寓、教学楼、各种公共设备设施及环境的管理和服务。

1.学生公寓的管理

学生公寓的管理内容包括学生公寓的安全管理、卫生管理、住宿管理，各种公用设施零星维修，学生公寓家具维修、采购及其管理，学生床单、被罩的洗涤和发放等工作。学生是学校公寓的使用人，对学生公寓的管理也包含对使用人的要求。

（1）安全管理。

① 制定公寓管理安全工作目标、方案和措施。

② 组织安全教育、安全工作检查，及时发现和解除安全隐患，抓好各方面安全工作的落实。对学生进行安全、纪律教育，通过谈心、板报、表扬、服务等形式对学生进行思想教育。

③ 对学生公寓进出楼的来访人员验证登记，禁止无证来访者及推销商品者进入公寓，计算机、行李、包、箱、公寓家具等大件物品出入时要核实登记。

④ 充分发挥学生的主观能动性，由学生选举自己宿舍的宿舍长，配合物业服务企业全面负责本寝室的安全工作。抓好公寓各项安全制度的落实，及时发现和解决寝室存在的不安全问题。

⑤ 向学生明确提出安全要求，如不准在公寓内使用电炉等大功率电加热器；不准在公寓内私拉、乱拉电源线、电话线、计算机网线；不准在公寓内吸烟，点蜡烛，焚烧垃圾和废纸、信件等；不准乱动消防器材和设施；不准留宿外来人员；不准向窗外扔各种物品等。

（2）卫生管理物业服务企业负责公寓楼外周边卫生保洁和楼内大厅、走廊、卫生间、洗漱间、楼梯以及公共部分的暖气片、灭火器、门窗等处的卫生保洁工作。

（3）住宿管理。

① 寝室人员办理住宿登记卡和床头卡，并将床头卡按要求挂在指定位置。

② 如果个别学生需要调整宿舍，应按相关规定要求的程序进行调整。

③ 严禁私自留宿外来人员，如遇特殊情况需留宿，必须携带有关证件到公寓管理部门按规定办理手续。

④ 客人来访必须持有身份证、学生证、工作证等有效证件办理登记手续。

⑤ 严禁在宿舍内养宠物。

2.教学楼的管理

（1）教学楼内外的卫生保洁。

① 按要求清洁教室、大厅、走廊、楼梯、电梯、厕所、道路等公用区域，做到无污迹、无水迹、无废弃物、无杂物、无积水、无积雪。

② 为屋顶、墙角除尘，做到墙面无灰尘、无蜘蛛网。

③ 每天上课前，教室内必须擦清黑板、黑板槽、讲台，拖清讲台踏板，掏空课桌内垃圾，教鞭、黑板擦等教具要摆放整齐。

④ 定期收集、清运垃圾。

（2）电梯管理。

① 电梯载员过多时，应及时疏导，分批搭乘，以免因超载而发生危险。

② 按要求清扫电梯内、外部，做到内壁无灰尘、无蛛网，外部无手印。

③ 经常清除电梯门轨道内的垃圾，保障电梯门开关顺畅安全。

④ 定期检修电梯设备，如发现电梯有震荡、不正常声音或是有损坏，应立即记录并通知保修人员进行维修。

⑤ 妥善保管电梯机房钥匙及电梯门钥匙，任何非操作人员不得私自使用。

3.设备的管理

做好学校给排水、供电设施的安装、维修、管理与服务工作，主要包括水电设施的改造、安装与维修，新建楼房水、电设备设施的安装，供水系统设备维修管理，教学用电铃的安装与维修养护等工作，具体应做到：

（1）熟悉学校各楼电力总闸、电路分线、保险丝、电表水泵、空调和消防设备所在位置，并熟悉紧急开关的操作程序。要备足各种配件，以备紧急情况发生时应急之用。

（2）每天检查各楼层，注意电线等设备设施是否有损坏，同时记录需修理的电灯、线路，并及时修理，保障正常供电。如发生停电，要立即抢修，确保及时供电。

（3）在各楼内要配备应急灯和手电筒，以备急用。

（4）每天检查门、窗、课桌、凳、灯及其开关、厕所内设施，发现问题及时修理。

4.环境绿化的管理

（1）协助学校做好绿化、美化的总体规划和设计，或在实施校园绿化总体规划过程中，保留原来可观赏绿化、美化项目，适当开发新的绿化、美化项目工程，根据校园内天然的地形地貌，逐渐形成树木、花草兼观赏经济树木的阶梯式绿化、美化格局。特别应做好花坛等绿地集中地段的绿化、美化工作，做到绿化图案美观、密度合理、时间适宜，以美化校园环境。

（2）及时完成绿化带内缺株树木的补栽和花草的更换，特别是要及时对老化树木进行修枝，保证学生的安全。枯死树木淘汰后，应及时补栽，确保整体协调。

四、医院物业管理

医院是为患者提供医疗服务以及进行医学教学和科研活动的特殊场所。医院内部大体上可分为医院办公楼、门诊部、住院处、礼堂、宿舍、食堂、配电室、机房、库房、锅炉房、停车场等。

同高校一样，医院物业管理通常也是从后勤工作转化而来，即后勤集团物业服务形式，大部分也称作物业管理中心或物业管理处。

医院的外来人员较多，对物业管理的要求较高，这里不仅需要清洁的卫生环境、优美的绿化环境、安全的治安环境、舒适的工作环境、宁静的教学环境、安静的休息环境，而且还要求供电、供水、空调、电梯、供暖等设施设备必须始终保持正常运行。

（一）医院物业管理的特点

1.设备运行需要具有连续性

医院后勤集团中的工程维保中心，需保障医院设备连续正常运行。由于医院医疗工作的持续性大，要求机电维修、供水、供电、电梯、空调、消防、暖通消毒、仓库供应等适应医院持续不间断实时保障的需求。从事这些专业的工程维保人员及管理人员必须加强责任心，在使用、保养及维修这些设备的过程中，应按照有关的操作规程进行，要做好各项操作、保养、维修的记录，落实交接班制度，确保各种设备正常运转。

不同于写字楼或住宅小区，医院的部分设备需要24小时不间断地运行，几乎无法在停水、停电的状况下进行设备维修。这给医院的物业管理工作带来了相当大的难度，无形之中增加了物业服务费用的支出。医院设备的维修养护必须做到科学合理，对于不能间断运行的设备必须保证备用设备的良好使用性，一旦出现故障，立即将备用设备投入使用。

2.保洁工作专业性强、工作量大

医院每天都会有大量的医疗废弃物产生，这些废弃物携带致病菌和有害物质，必须按照严格的规定进行分类处理和清运。从事医院保洁工作的人员必须执行严格的消毒、隔离和防护措施，防止出现交叉感染的情况。同时，保洁人员要具备一定的理疗常识，能够在工作中做好自身的防护。

医院作为病人治疗疾病、恢复健康的场所，需要提供一个温馨、安静的环境。医院的保洁工作既要保证医院内的干净整洁，又要考虑医院环境的这种特殊要求。大面积作业时，应注意防止机器设备使用时产生很大的噪声或对场地环境造成污染。

保洁人员要按服务标准在规定的时间内满负荷工作，对每一栋楼、每个楼层、每个房间都要制定明确的保洁时间和标准。要根据保洁区内的劳动量大小来合理分配人员，要合理运用人力资源。医院物业管理不同于一般社会化物业管理，医院物业中的保洁工作，不但要保持室内室外环境干净、整洁，又要定时对环境进行严格消毒，防止交叉感染，这样就要求保洁人员要遵守操作规程。

3.安全保卫工作具有特殊性

医院的特殊部位，如手术室、药房、化验室、太平间、库房、财务室等地方，应采取严密的警戒措施，重点防范，并建立处理突发事件的应急方案，一旦遇到突发事件，要能够确保病人的安全，同时要注意保护好医疗档案及各种试剂等。

在医院的物业管理工作中，还要特别注意人身健康安全的保护；楼道、病房等各类场所要经常开窗通风，以降低细菌的密度；医院的分区标记应醒目；医院的放射性工作室应做好防护测试，并配以警示装置。

安保工作是医院物业管理中的难点，由于医院是开放式全天候的服务场所，车辆流量大且人员复杂，建筑面积大、病房多，治安管理难度非常大。首先要加强内部管理，增强保安人员的素质。充分调动他们的积极性。其次要实行岗位责任制，把整个区域划分成片，每片要有各自的工作职责和服务质量标准，要分工明确，使队员各自坚守自己的工作岗位，各负其责。发生突发紧急事件时，管理员要按预案，运用配备的对讲机，灵活调配人员，必要时报警。最后要加强医护人员和病人的自我防范意识，使他们共同行动起来，齐抓共管，维护医院治安，具体要注意突发事件的控制。

（二）医院物业管理的内容

1.房屋及附属设备设施的维修养护与运行管理

这主要包括对房屋建筑、中央空调系统、锅炉、高低压配电系统、备用发电机、消防报警系统、给排水系统、电梯、水泵系统、照明系统、污水处理系统、楼宇智能系统、通风系统、制冷设备、广播系统、停车场（库）等的维修养护和运行管理。保证24小时的水、电、气、热供应，以及电梯、变配电、中央空调、锅炉房、氧气输送系统等的正常运转。

物业管理中心或物业管理处应根据医疗要求和设备运行规律做好维修养护计划，提高维修养护的效率，保证设施设备的完好率，不得出现任何有损患者的安全事故。物业维修技术人员必须有一定的理论水平和丰富的实践经验，在出现紧急情况时能采取有效的应对措施。

2.安全保卫服务

这主要包括门禁制度、消防安全巡查、安全监控、机动车及非机动车辆管理、处理突发事件、疫情发生时的入门检查等，尤其要做好手术室、药房、化验室、太平间、财务室、院长室等重要或特殊区域的安全防范工作。保安部门要加强对医护人员的安全保护，对于打架、斗殴或发生医疗纠纷等情况，要及时、慎重地进行处理。加强对医院出入口的监控，有效开展防盗工作，防范治安刑事案件。

定期组织消防安全工作检查，彻底消除安全隐患。要配备专职的消防工作人员，成立义务消防队伍，不但要进行业务知识培训，还要举行消防演习。

3.病区被褥用品洗涤及供应管理服务

这主要包括病区脏被褥用品的收集、清点、分类放袋、分类处理等，有传染性病菌及被血、便、脓污染的衣物要密封；回收各类被褥、工作服，进行洗涤，病人衣服与医护人员工作服要分开，遵守衣物分类洗涤原则，回收的脏被褥要及时消毒浸泡；干净被褥要分类、分科、分病区进行分送，按时下发到各科室，并做好清点登记；每天做好破损物品的修补等记录。

4.环境管理服务

医院的卫生保洁工作主要包括对医院各病区、各科室、手术室等部位的卫生清洁，对各类垃圾进行收集、清运。在垃圾处理时要区分有毒害类和无毒害类，定期消毒杀菌。医用垃圾的销毁工作要统一管理，不能有疏失，以免造成大面积感染。

医院的保洁人员应具备较高的素质，掌握基本的医疗医护知识；清楚遇到突发性事件时的处理程序；严格遵守医疗医护消毒隔离制度；要勤快，随脏随扫，同时保持安静的就医环境；对医院环境熟悉，服务态度要好，切忌一问三不知。

有效开展对医院公共区域的绿化美化工作，定期对树木和绿地进行养护、灌溉和修剪，杜绝破坏和随意占用绿地的现象发生。

5.护工服务管理

护工服务是医院物业管理的特色，是对医院和护士工作的延续和补充，是医护人员的得力助手。护工一般应具有中等专业知识和技能，在护士长和护士的指导下，实行8小时工作制3班运转或12小时工作制2班运转，照顾病人的生活起居。

（1）护工的工作内容。

① 护送各病区不能行走病人、无陪伴病人的各种检查与治疗，为病人领取外用药、输液和医用消耗品，打开水，协助行动不便的病人进行各种必要的活动。

② 保持病房整洁，物品摆放整齐划一，保持床铺平整，床下无杂物、无便器。

③ 及时收集、送检病人的化验标本并取回报告单，急检标本应立即送检；递送各种治疗单进行划价、记账；特殊检查预约和出院病历结算等。

④ 接送病区需手术的病人，送检手术中、手术后的手术标本。

⑤ 点送医护人员工作服、患者的脏被服和病员服。

⑥ 清点收送给各科室的洗涤物品。

⑦ 送修病区小型医疗仪器。

（2）专业陪护人员为病人提供专业化、亲情化服务，要认真做好病人的生活护理、心理护理、健康宣传、饮食指导、病情观察等工作；治疗处置时要协助护士再次做好观察病人用药过程中的反应的工作，发现异常情况及时报告。专业陪护员必须是卫生学校或医疗专业毕业的专业人员，经考核合格后才可录用。

（3）导医、导诊导医员、导诊员要清楚科室设置、医院设施、医疗专业技术水平、特色专科等，热情主动，有礼貌，有问必答，百问不厌，引导患者挂号、候诊、检查。

6.医院的其他服务项目

（1）开设商务中心开展打印、复印、传真服务；办理住院陪住证；办理电信卡；提供预订火车票、飞机票等服务。

（2）成立配送服务中心，服务内容包括病人接送、送取病人的常规化验、各种预约单、会诊单、出院单；保存、煎制、加热、送取各种药品等。配送服务中心实行24小时服务制度，可以利用配送服务计算机软件系统，科学管理配送人员。通过对讲系统，保证配送工作准确、及时、安全、快捷。

（3）开办多功能的小型超市出售图书、生活必需品、新鲜水果、鲜花礼品等物美价廉的商品。这些商品既可以丰富病人的生活，又可以有效控制因病人外出造成的交叉感染及意外伤害。

（4）开设对外餐厅可以满足患者家属就餐、患者医疗康复、职工生活服务三方面的需求。除追求色、香、味之外，更应注重营养搭配、医疗辅助作用，可以开展职工餐、病人营养膳食的订餐送餐服务。

(三) 医院物业管理的主要要求

1. 抓服务质量关键控制点，促进保安部高效运作

医院楼宇多、管理范围大，因此要推出行之有效的治安管理和服务措施。首先将整个管理区划分为大门岗、门诊楼、住院楼、综合楼、住宅楼、停车场六大控制点。每一个控制点都有明确的工作职责和服务质量标准。例如，门诊楼的保安员不仅要做好治安值勤工作，与大门岗保安员一起接应救护车、帮助病人，还要完成维持就诊秩序、导诊、咨询、空调与灯光控制等工作。停车场保安员要完成车辆监控、引导车位和收费等多项任务，并与大门岗保安员共同完成车辆疏导工作。对每项服务都制定相应的质量标准，如在空调与灯光控制方面，对于需要何时开几盏灯都要有明确规定，并进行监督检查，落实到位。

采取群防群治的治安管理措施。医院属于开放式场所，人员流动量大，相对于一般住宅而言，治安管理难度大，一方面要狠抓内部管理，实行岗位责任制；另一方面要发挥广大医务人员和病人的作用，认真培训和提高医务人员的自我防范意识，让这些相关人员和物业服务企业共同努力做好治安管理工作。发现可疑人员立即通知保安员，保证治安管理防患于未然。

2. 彻底转变服务观念，提供主动式维修服务

现代物业管理要求用新的管理思想、管理手段管好物业，为业主和使用人提供优质、高效、便捷的服务。例如，机电维修部应在管理中心的领导下，严格按照ISO 9002质量保证体系规范运作，在统一着装、文明语言、维修质量、工作记录等方面都要做到一丝不苟。维修人员要改变"接听电话再行动"的被动服务习惯，变成不定期主动上门服务，及时与各科诊室、住（用）户和病人沟通，搜集机电维修信息，发现问题及时处理，从而形成主动维修服务的新面貌。

供水、供电、电梯、空调、消防及洗衣机等设备是医院的重点设备，不能出半点差错。为保证设备正常运作，必须将重点设备保养工作责任落实到人，并制订各项设备保养计划、标准和监督检查制度，制定停水、停电应急处理程序，以保证医院后勤工作的顺利进行。

3. 实施劳动定额管理，提高清洁服务质量，降低管理成本

量化管理是实施质量体系标准的基础，劳动定额管理是量化管理的重要内容。物业管理中心应确保每一位清洁员都能按照服务标准，在规定时间内满负荷工作。对每一张台、每一张床、每一个病房都设定明确的清洁时间标准，根据各清洁区总劳动量确定清洁员名额，合理调配人员。

4. 实行严格的考核制度，建立有效的激励机制

对每位员工的工作表现及其绩效给予公正而及时的考评，有助于提高工作积极性、挖掘潜力，从而不断提高管理成效。物业管理中心应依据ISO 9002标准建立质量保证体系，实施日检、周检、月检的考评制度，还要针对各部门的实际运作状况制定详细的奖罚规则及岗位工作质量标准。

采用量化考核，用数字说明，用分数表达，以体现考核的准确性。考核结果将成为月底发放工资、评选月份优秀员工的依据，同时也是员工升降级的主要依据。通过采取严格的考核制度，激励员工认真完成自己的职责，保证物业管理的质量。

本章所介绍的物业类型比较全面，所以几乎前述各章中所涉及的法律法规均适用于本章。

第六节　案例分析

案例1　某高校保安下班后打伤学生，物业服务企业应怎样处理？

案例：

某日傍晚，某高校物业管理中心的两名保安外出吃饭，由于喝酒过量，在回宿舍的途中酒醉，行走不便，强行要求一名学生送两人回宿舍。学生没有理会，两人便强行抓住学生，将该学生的眼镜打碎，伤及眼眉，到医院缝合了3针。事发后，其他学生将该事件报告给学校保卫处和派出所，派出所经查属实，两人被拘留审查。物业管理中心派中心主任和主管副主任前往医院看望学生，决定在该学生住院期间每天给该学生送饭。物业管理中心对两位保安作出的处罚是：开除；扣发当月工资；各罚款500元。同城的学生家长要求学校物业管理中心作出检查，赔偿伤病和精神损失，否则要在报刊上曝光，还扬言与学校领导很熟，一句话就可以让后勤集团的领导下台等。

对此情况，你认为物业管理中心怎么处理比较合适？

案例评析：

首先，物业管理中心应该认识到，保安打人违反了以下法律法规：

（1）违反了《民法典》。根据《民法典》"第七编侵权责任第二章损害赔偿"第1179条，侵害他人造成人身损害的，应当赔偿医疗费、护理费、交通费、营养费、住院伙食补助费等为治疗和康复支出的合理费用，以及因误工减少的收入。保安将学生的眼镜打碎，伤及眼眉，到医院进行了缝合，发生了医疗费、交通费、财产损失费等，保安应赔偿各种合理费用。耽误该学生学习所造成的学业损失及精神损失，亦可适当考虑。具体需要结合受害者的伤情及损失情况进行赔偿计算。

（2）违反了《治安管理处罚法》。该法第15条规定，醉酒的人违反治安管理的，应当给予处罚。该法第43条第1款规定，殴打他人，或者故意伤害他人身体的，处5日以上10日以下拘留，并处200元以上500元以下罚款；情节较轻的，处5日以下拘留或者500元以下罚款。由于殴打部位在脸部，可能会造成他人留下疤痕，因此可构成伤残罪。

（3）违反了《刑法》。该法"第2编分则第4章侵犯公民人身权利、民主权利罪"第234条规定，故意伤害他人身体的处3年以下有期徒刑、拘役或者管制。因此，派出所对他们的拘留是正确的，但对保安的处罚可附带民事赔偿。

（4）违反了《保安服务管理条例》。该条例第30条规定，保安员不得有下列行为：（一）限制他人人身自由、搜查他人身体或者侮辱、殴打他人；该条例第45条规定，保安员有下列行为之一的，由公安机关予以训诫；情节严重的，吊销其保安员证；违反治安管理的，依法给予治安管理处罚；构成犯罪的，依法追究刑事责任：（一）限制他人人身自由、搜查他人身体或者侮辱、殴打他人的；（二）……至于到底追究何种责任，还要视伤者情况而定。

其次，分析物业管理中心在这个事件上的责任。《保安服务管理条例》第4条规定，保安服务公司和自行招用保安员的单位（以下统称保安从业单位）应当建立健全保安服务管理制度、岗位责任制度和保安员管理制度，加强对保安员的管理、教育和培训，提高保安员的职业道德水平、业务素质和责任意识。第18条规定，保安从业单位应当招用符合保安员条件的人员担任保安员，保安从业单位应当根据保安服务岗位需要定期对保安员进行法律、保安专业知识和技能培训。所以，自行招用保安员的物业管理中心在这件事上是否有责任，一要看物业管理中心是否录取了不合格的保安人员；二是看物业管理中心是否有相关制度制约保安员的不合规行为；三是看该从业单位是否对保安员进行了相关培训。如果都没做到就要承担一定的责任。保安是在下班后而不是在保安服务中因个人喝酒过量导致的打人行为，不是工作时间，因此，其行为与物业管理中心无关，但是，物业管理中心虽然不应该承担经济赔偿责任和法律责任，但应承担教育和管理职工的责任。做法有：可以因保安行为给物业管理中心带来的恶劣影响对保安进行法律上允许的处罚；对学生家长表达歉意，态度要好，说明其诉求的赔偿对象是保安而非物业管理中心，对其威胁可不予回应。

最后，物业管理中心在处理此事时可以从人道主义出发，去医院看望和照顾学生；有条件的话，可支付部分住院费和医药费；若因治病耽误了学生的期末考试，可在考试时间上协调缓考等。只要做到仁至义尽，并尽量冷处理，最后应该可以妥善解决问题。

案例2　医院窗户掉落砸坏了该医院医生的轿车，怎么办？

案例：

某日上班时，某医院医生上班后将其私家车停放在医院住院部楼下非停车位上，其车身占据了住院部外墙下铺设的人行步道的一半，另一半紧贴外墙停靠。此处未设立禁止停车标志。中午12时40多分，楼上的一块玻璃突然掉落，砸在小车前挡风玻璃上，将挡风玻璃砸碎，并划伤了小车的前盖。该玻璃系过道窗户上的，窗户是铁皮钢窗，年久失修。车主认为该医院的物业管理中心对医院进行物业管理，并收取了物业服务费，对楼宇负有管理责任。楼宇公共部位的玻璃掉落砸坏车辆，物业管理中心应当对修理车辆、恢复车辆原貌等产生的费用予以赔偿。物业管理中心认为，该医院针对院内员工有一个关于停车的特别约定并已由车主签字认可："医院员工车辆一律停放在医院行政办公区一楼门前停车场或住院部门前停车场，不得在其他地方乱停乱放。"所以，车主不应将车停放在住院部楼下，该处不是正规停车的位置，没有停车标记，车主的损失物业管理中心不应予以赔偿。车主反驳理由如下：医院不同于社会上的公共场所和区域，不存在违停问题；此前经常有人停车在那里未见管理，物业管理中心也未警示过禁止停车，所以认定此次停车无错。

你认为物业管理中心应该赔偿吗？为什么？

案例评析：

这要看物业管理中心对掉落的玻璃是否负有管理责任。

类似这种案例生活中有许多。比如阳台花盆掉落砸伤人；楼宇外墙瓷砖脱落砸坏车辆；年久失修的窗户因房主开窗而掉落造成路人伤亡；或大风刮掉广告牌匾砸坏他人物品等。

本案属于因建筑物构件脱落致损的侵权纠纷，双方争议的焦点看似是停车的位置，但本案真正的焦点是掉下的窗户玻璃应由谁来承担责任。

如果窗户玻璃脱落是因为质量问题且尚在保修期内，则由建设单位和施工单位承担责任；如已经超过保修期且不存在质量问题，根据《民法典》的规定，由存在过错的所有人、管理人或使用人承担责任。

该案例中，医院住院部是一个已过保修期的旧大楼，住院部大楼的所有人是医院，管理人是医院的物业管理中心，使用人也是医院。

《民法典》第1253条【建筑物、构筑物或者其他设施及其搁置物、悬挂物脱落、坠落致害责任】规定，建筑物、构筑物或者其他设施及其搁置物、悬挂物发生脱落、坠落造成他人损害，所有人、管理人或者使用人不能证明自己没有过错的，应当承担侵权责任。所有人、管理人或者使用人赔偿后，有其他责任人的，有权向其他责任人追偿。

规定中明确了所有人、管理人和使用人的责任。该玻璃是公共过道窗户上的，属于物业管理中心管理的范围，物业管理中心应当尽到一个管理人应当尽到的义务，有责任及时发现问题，经常对窗户进行维修消除隐患，否则由于年久失修，玻璃随时可能掉落，砸坏任何财物和人。

本案事件中，没有发现其他责任人如故意打碎玻璃或推落窗户的人；又由于作为所有人和使用人的医院已将院内所有物业均交由物业管理中心管理，所以物业管理中心应承担侵权责任。

日常工作中，该医院区域内由物业管理中心负责维修的部分为：房屋的共用部位和共用设施设备，即房屋的外墙面（含窗户）、楼梯间、通道、屋面、上下水管道、公用水箱、加压水泵、电梯、机电设备、公用天线和消防设施等房屋主体公用设施。物业管理中心应当采取各种措施，对物业本体进行巡查、维修、养护，保障业主和房屋使用者的人身财产安全，对出入医院的车辆与人员进行安全管理。

玻璃坠落可以说明，物业管理中心平时疏于管理，未尽到巡查、维修、养护等义务，导致发生了损害行为。

另外，从常识上说，车辆停放的规章旨在规范交通秩序，就算是该医生停车违规，也仅应受相关行政处罚，其停放位置与损害结果的发生并无法律上的因果关系。但该医院与院内员工有特别约定，院内职工车辆有专门停放处，不允许停放在公共通道处，且由双方签字同意，所以该医生自身违反规定乱停放，也负有一定责任。这种契约或承诺是应该得到遵守和坚持的，不然类似约定无任何实质意义。

所以，多方分析认为，物业管理中心对此次损害的发生承担主要侵权责任。

就此损失的赔偿问题，双方可以协商解决此事，如协商不成，可通过诉讼方式解决，由法院根据本案事实及相关法律规定予以判定。

为了避免类似事件再次发生，建议物业管理中心：

（1）尽早与业主（医院方）沟通动用专项维修资金予以维修，否则，今后就算车主们不停车在此处也会有行人路过，玻璃掉落，一样会影响他人人身和财产安全。

（2）由于是多年旧物业，在没有进行大修之前，应对所有院内各楼进行排查，印发安全公告，提醒使用人及患者各方注意安全，小心高空坠物。

（3）今后对停车行为还要严加管理，遇有不当停车要进行制止，劝其离开；在不应停车处，应设置禁止停车警告或拦停桩，同时也要提醒行人注意安全。

（4）物业管理中心可投保公众责任险，类似事件所需赔偿可由公众责任险赔款解决。

小结

居住物业是人们的居住用房。它要具备人们在一定室内活动的吃、喝、住、穿、用等起居功能和设施的条件，这是划分房屋是否是居住物业的一个根本标志。居住物业可分为商品住宅、公寓住宅、别墅住宅和售后公有住宅。住宅的形式不同，其物业管理的要求、管理的特点及管理的重点也会有所不同。

现代住宅小区应由以下3部分构成：住宅小区的居民、住宅小区的居住设施、住宅小区的居住环境。

零售商业物业，是指以买卖方式使商品流通的经济活动场所。换句话说，是指商品以小批量的方式直接与顾客见面的地方。

零售商业物业的分类，主要依据其建筑规模、经营商品的特点及商业辐射区域的范围，划分为5种类型：市级购物中心、地区购物商场、居住区商场、邻里服务性商店、特色商店。

写字楼原意是指用于办公的建筑物，或者说是由办公室组成的大楼。广义的写字楼是指国家机关、企事业单位用于办理行政事务或从事业务活动的建筑物。但投资性物业中的写字楼，则是指公司或企业从事各种业务经营活动的建筑物及其附属设施和相关的场地。

确定零售商业物业和写字楼物业的租金是一个重要的问题。

工业物业是指已建成并投入使用的各类工业厂房、标准厂房、工业园区及其附属的设施、设备和相关场地。工业物业管理是指物业服务企业对工业物业区内厂房、仓库等房屋建筑及其附属的设施、设备的管理以及各种综合性服务的管理。

除上述讨论的住宅、写字楼、商场或购物中心和工业物业以外，还有一些尚未包括的物业类型也需要进行物业管理，对这类物业，我们统称为特种物业或其他物业。

特种物业和其他物业的不同之处在于：服务对象不同；服务需求不同；管理对象不同；经费来源不同。

☐ 关键概念

居住物业　居住区　高层公寓　别墅　售后公有住宅　零售商业物业　基础租金　百分比租金　写字楼　市场租金　工业物业　工业物业管理　特种物业　高校物业管理

☐ 思考题

1. 什么是居住物业、写字楼物业和零售商业物业？
2. 居住物业、写字楼物业与零售商业物业是如何分类的？
3. 居住物业、写字楼物业与零售商业物业的主要管理内容有哪些？
4. 住宅小区由哪几部分构成？其特点是什么？
5. 住宅小区物业管理的内容有哪些？
6. 高层公寓物业管理的内容有何特别之处？
7. 零售商业物业的出租管理有哪些内容？
8. 选择零售商业物业的租户时，要考虑哪些因素？
9. 什么是零售商业物业的基础租金和百分比租金？
10. 零售商业物业的租约包括哪些主要条款？
11. 零售商业物业的其他管理要点有哪些？
12. 现代写字楼的特点是什么？
13. 写字楼物业的出租管理有哪些内容？
14. 写字楼物业租金的确定要考虑哪些因素？
15. 什么是写字楼的基础租金和市场租金？
16. 如何选择写字楼物业的租户？
17. 写字楼的租约的谈判包括哪些问题？
18. 工业物业管理的内容和特点有哪些？
19. 特种物业的种类和各自的特点有哪些？

20.高校物业管理和医院物业管理的各自特点和主要内容是什么?

□ 案例分析题

1.公寓物业管理应如何提高影响力,降低空置率?

大学毕业后,小王受聘于一家物业服务企业。该物业服务企业管理着大量公寓物业,但比较分散,小王在大学时曾租用过其中离小王就读的大学比较近的那幢公寓,因此,一年后,当公司经理让他去管理那幢公寓时,他欣然同意了。不过,公司经理要求他尽可能实现公司的目标:提高公寓的影响力,降低空置率。请问:

(1)小王应使用哪些类型的媒体以达到管理者的两个目标?为什么?

(2)写一个简要的营销提纲,帮助小王提高公寓的影响和知名度。

(3)在该公寓设立一个租售中心好吗?为什么?

2.如何解决租户的抱怨,做好租户关系管理?

小冯最近接管了一幢写字楼物业的管理权,在他浏览了与租户们的租约之后,他发现租约条款对业主并不十分有利。由于近年来经济滑坡,前任物业服务企业将很多房间以低于市场价格的水平出租给用户,且装修过度。另外,租户中有三户业务发展较快,并租赁了大部分房屋,但是他们正因业务问题准备提早结束租期。此时,停车场客流大增,摩擦不断,所有租户怨声载道。

(1)小冯如何创造性地解决好业务快速发展的三家客户提早结束租期问题?

(2)如何解决停车场问题?

(3)小冯如何避免此后类似问题的发生?

附录一

物业管理条例①

（2003年6月8日中华人民共和国国务院令第379号）

第一章　总则

第一条　为了规范物业管理活动，维护业主和物业服务企业的合法权益，改善人民群众的生活和工作环境，制定本条例。

第二条　本条例所称物业管理，是指业主通过选聘物业服务企业，由业主和物业服务企业按照物业服务合同约定，对房屋及配套的设施设备和相关场地进行维修、养护、管理，维护物业管理区域内的环境卫生和相关秩序的活动。

第三条　国家提倡业主通过公开、公平、公正的市场竞争机制选择物业服务企业。

第四条　国家鼓励采用新技术、新方法，依靠科技进步提高物业管理和服务水平。

第五条　国务院建设行政主管部门负责全国物业管理活动的监督管理工作。

县级以上地方人民政府房地产行政主管部门负责本行政区域内物业管理活动的监督管理工作。

第二章　业主及业主大会

第六条　房屋的所有权人为业主。

业主在物业管理活动中，享有下列权利：

（一）按照物业服务合同的约定，接受物业服务企业提供的服务；

---

① 2007年8月26日根据《国务院关于修改〈物业管理条例〉的决定》第一次修订，2016年2月6日根据国务院令第666号《国务院关于修改部分行政法规的决定》第二次修订，2018年3月19日根据国务院令第698号《国务院关于修改和废止部分行政法规的决定》第三次修订。

（二）提议召开业主大会会议，并就物业管理的有关事项提出建议；

（三）提出制定和修改管理规约、业主大会议事规则的建议；

（四）参加业主大会会议，行使投票权；

（五）选举业主委员会成员，并享有被选举权；

（六）监督业主委员会的工作；

（七）监督物业服务企业履行物业服务合同；

（八）对物业共用部位、共用设施设备和相关场地使用情况享有知情权和监督权；

（九）监督物业共用部位、共用设施设备专项维修资金（以下简称专项维修资金）的管理和使用；

（十）法律、法规规定的其他权利。

第七条　业主在物业管理活动中，履行下列义务：

（一）遵守管理规约、业主大会议事规则；

（二）遵守物业管理区域内物业共用部位和共用设施设备的使用、公共秩序和环境卫生的维护等方面的规章制度；

（三）执行业主大会的决定和业主大会授权业主委员会作出的决定；

（四）按照国家有关规定交纳专项维修资金；

（五）按时交纳物业服务费用；

（六）法律、法规规定的其他义务。

第八条　物业管理区域内全体业主组成业主大会。

业主大会应当代表和维护物业管理区域内全体业主在物业管理活动中的合法权益。

第九条　一个物业管理区域成立一个业主大会。

物业管理区域的划分应当考虑物业的共用设施设备、建筑物规模、社区建设等因素。具体办法由省、自治区、直辖市制定。

第十条　同一个物业管理区域内的业主，应当在物业所在地的区、县人民政府房地产行政主管部门或者街道办事处、乡镇人民政府的指导下成立业主大会，并选举产生业主委员会。但是，只有一个业主的，或者业主人数较少且经全体业主一致同意，决定不成立业主大会的，由业主共同履行业主大会、业主委员会职责。

第十一条　下列事项由业主共同决定：

（一）制定和修改业主大会议事规则；

（二）制定和修改管理规约；

（三）选举业主委员会或者更换业主委员会成员；

（四）选聘和解聘物业服务企业；

（五）筹集和使用专项维修资金；

（六）改建、重建建筑物及其附属设施；

（七）有关共有和共同管理权利的其他重大事项。

第十二条　业主大会会议可以采用集体讨论的形式，也可以采用书面征求意见的形式；但是，应当有物业管理区域内专有部分占建筑物总面积过半数的业主且占总人数过半数的业主参加。

业主可以委托代理人参加业主大会会议。

业主大会决定本条例第十一条第（五）项和第（六）项规定的事项，应当经专有部分占建筑物总面积2/3以上的业主且占总人数2/3以上的业主同意；决定本条例第十一条规定的其他事项，应当经专有部分占建筑物总面积过半数的业主且占总人数过半数的业主同意。

业主大会或者业主委员会的决定，对业主具有约束力。

业主大会或者业主委员会作出的决定侵害业主合法权益的，受侵害的业主可以请求人民法院予以撤销。

第十三条 业主大会会议分为定期会议和临时会议。

业主大会定期会议应当按照业主大会议事规则的规定召开。经20%以上的业主提议，业主委员会应当组织召开业主大会临时会议。

第十四条 召开业主大会会议，应当于会议召开15日以前通知全体业主。

住宅小区的业主大会会议，应当同时告知相关的居民委员会。

业主委员会应当做好业主大会会议记录。

第十五条 业主委员会执行业主大会的决定事项，履行下列职责：

（一）召集业主大会会议，报告物业管理的实施情况；

（二）代表业主与业主大会选聘的物业服务企业签订物业服务合同；

（三）及时了解业主、物业使用人的意见和建议，监督和协助物业服务企业履行物业服务合同；

（四）监督管理规约的实施；

（五）业主大会赋予的其他职责。

第十六条 业主委员会应当自选举产生之日起30日内，向物业所在地的区、县人民政府房地产行政主管部门和街道办事处、乡镇人民政府备案。

业主委员会委员应当由热心公益事业、责任心强、具有一定组织能力的业主担任。

业主委员会主任、副主任在业主委员会成员中推选产生。

第十七条 管理规约应当对有关物业的使用、维护、管理，业主的共同利益，业主应当履行的义务，违反管理规约应当承担的责任等事项依法作出约定。

管理规约应当尊重社会公德，不得违反法律、法规或者损害社会公共利益。

管理规约对全体业主具有约束力。

第十八条 业主大会议事规则应当就业主大会的议事方式、表决程序、业主委员会的组成和成员任期等事项作出约定。

第十九条 业主大会、业主委员会应当依法履行职责，不得作出与物业管理无关的决定，不得从事与物业管理无关的活动。

业主大会、业主委员会作出的决定违反法律、法规的，物业所在地的区、县人民政府房地产行政主管部门或者街道办事处、乡镇人民政府，应当责令限期改正或者撤销其决定，并通告全体业主。

第二十条 业主大会、业主委员会应当配合公安机关，与居民委员会相互协作，共同做好维护物业管理区域内的社会治安等相关工作。

在物业管理区域内，业主大会、业主委员会应当积极配合相关居民委员会依法履行自治管理职责，支持居民委员会开展工作，并接受其指导和监督。

住宅小区的业主大会、业主委员会作出的决定，应当告知相关的居民委员会，并认真听取居民委员会的建议。

第三章　前期物业管理

第二十一条　在业主、业主大会选聘物业服务企业之前，建设单位选聘物业服务企业的，应当签订书面的前期物业服务合同。

第二十二条　建设单位应当在销售物业之前，制定临时管理规约，对有关物业的使用、维护、管理，业主的共同利益，业主应当履行的义务，违反临时管理规约应当承担的责任等事项依法作出约定。

建设单位制定的临时管理规约，不得侵害物业买受人的合法权益。

第二十三条　建设单位应当在物业销售前将临时管理规约向物业买受人明示，并予以说明。

物业买受人在与建设单位签订物业买卖合同时，应当对遵守临时管理规约予以书面承诺。

第二十四条　国家提倡建设单位按照房地产开发与物业管理相分离的原则，通过招投标的方式选聘物业服务企业。

住宅物业的建设单位，应当通过招投标的方式选聘具有相应资质的物业服务企业；投标人少于3个或者住宅规模较小的，经物业所在地的区、县人民政府房地产行政主管部门批准，可以采用协议方式选聘物业服务企业。

第二十五条　建设单位与物业买受人签订的买卖合同应当包含前期物业服务合同约定的内容。

第二十六条　前期物业服务合同可以约定期限；但是，期限未满、业主委员会与物业服务企业签订的物业服务合同生效的，前期物业服务合同终止。

第二十七条　业主依法享有的物业共用部位、共用设施设备的所有权或者使用权，建设单位不得擅自处分。

第二十八条　物业服务企业承接物业时，应当对物业共用部位、共用设施设备进行查验。

第二十九条　在办理物业承接验收手续时，建设单位应当向物业服务企业移交下列资料：

（一）竣工总平面图，单体建筑、结构、设备竣工图，配套设施、地下管网工程竣工图等竣工验收资料；

（二）设施设备的安装、使用和维护保养等技术资料；

（三）物业质量保修文件和物业使用说明文件；

（四）物业管理所必需的其他资料。

物业服务企业应当在前期物业服务合同终止时将上述资料移交给业主委员会。

第三十条　建设单位应当按照规定在物业管理区域内配置必要的物业管理用房。

第三十一条　建设单位应当按照国家规定的保修期限和保修范围，承担物业的保修责任。

第四章　物业管理服务

第三十二条　从事物业管理活动的企业应当具有独立的法人资格。

国务院建设行政主管部门应当会同有关部门建立守信联合激励和失信联合惩戒机制，加强行业诚信管理。

第三十三条 一个物业管理区域由一个物业服务企业实施物业管理。

第三十四条 业主委员会应当与业主大会选聘的物业服务企业订立书面的物业服务合同。

物业服务合同应当对物业管理事项、服务质量、服务费用、双方的权利义务、专项维修资金的管理与使用、物业管理用房、合同期限、违约责任等内容进行约定。

第三十五条 物业服务企业应当按照物业服务合同的约定，提供相应的服务。

物业服务企业未能履行物业服务合同的约定，导致业主人身、财产安全受到损害的，应当依法承担相应的法律责任。

第三十六条 物业服务企业承接物业时，应当与业主委员会办理物业验收手续。

业主委员会应当向物业服务企业移交本条例第二十九条第一款规定的资料。

第三十七条 物业管理用房的所有权依法属于业主。未经业主大会同意，物业服务企业不得改变物业管理用房的用途。

第三十八条 物业服务合同终止时，物业服务企业应当将物业管理用房和本条例第二十九条第一款规定的资料交还给业主委员会。

物业服务合同终止时，业主大会选聘了新的物业服务企业的，物业服务企业之间应当做好交接工作。

第三十九条 物业服务企业可以将物业管理区域内的专项服务业务委托给专业性服务企业，但不得将该区域内的全部物业管理一并委托给他人。

第四十条 物业服务收费应当遵循合理、公开以及费用与服务水平相适应的原则，区别不同物业的性质和特点，由业主和物业服务企业按照国务院价格主管部门会同国务院建设行政主管部门制定的物业服务收费办法，在物业服务合同中约定。

第四十一条 业主应当根据物业服务合同的约定交纳物业服务费用。业主与物业使用人约定由物业使用人交纳物业服务费用的，从其约定，业主负连带交纳责任。

已竣工但尚未出售或者尚未交给物业买受人的物业，物业服务费用由建设单位交纳。

第四十二条 县级以上人民政府价格主管部门会同同级房地产行政主管部门，应当加强对物业服务收费的监督。

第四十三条 物业服务企业可以根据业主的委托提供物业服务合同约定以外的服务项目，服务报酬由双方约定。

第四十四条 物业管理区域内，供水、供电、供气、供热、通信、有线电视等单位应当向最终用户收取有关费用。

物业服务企业接受委托代收前款费用的，不得向业主收取手续费等额外费用。

第四十五条 对物业管理区域内违反有关治安、环保、物业装饰装修和使用等方面法律、法规规定的行为，物业服务企业应当制止，并及时向有关行政管理部门报告。

有关行政管理部门在接到物业服务企业的报告后，应当依法对违法行为予以制止或者依法处理。

第四十六条 物业服务企业应当协助做好物业管理区域内的安全防范工作。发生安全事故时，物业服务企业在采取应急措施的同时，应当及时向有关行政管理部门报告，协助做好救助工作。

物业服务企业雇请保安人员的，应当遵守国家有关规定。保安人员在维护物业管理区域内的公共秩序时，应当履行职责，不得侵害公民的合法权益。

第四十七条　物业使用人在物业管理活动中的权利义务由业主和物业使用人约定，但不得违反法律、法规和管理规约的有关规定。

物业使用人违反本条例和管理规约的规定，有关业主应当承担连带责任。

第四十八条　县级以上地方人民政府房地产行政主管部门应当及时处理业主、业主委员会、物业使用人和物业服务企业在物业管理活动中的投诉。

第五章　物业的使用与维护

第四十九条　物业管理区域内按照规划建设的公共建筑和共用设施，不得改变用途。

业主依法确需改变公共建筑和共用设施用途的，应当在依法办理有关手续后告知物业服务企业；物业服务企业确需改变公共建筑和共用设施用途的，应当提请业主大会讨论决定同意后，由业主依法办理有关手续。

第五十条　业主、物业服务企业不得擅自占用、挖掘物业管理区域内的道路、场地，损害业主的共同利益。

因维修物业或者公共利益，业主确需临时占用、挖掘道路、场地的，应当征得业主委员会和物业服务企业的同意；物业服务企业确需临时占用、挖掘道路、场地的，应当征得业主委员会的同意。

业主、物业服务企业应当将临时占用、挖掘的道路、场地，在约定期限内恢复原状。

第五十一条　供水、供电、供气、供热、通信、有线电视等单位，应当依法承担物业管理区域内相关管线和设施设备维修、养护的责任。

前款规定的单位因维修、养护等需要，临时占用、挖掘道路、场地的，应当及时恢复原状。

第五十二条　业主需要装饰装修房屋的，应当事先告知物业服务企业。

物业服务企业应当将房屋装饰装修中的禁止行为和注意事项告知业主。

第五十三条　住宅物业、住宅小区内的非住宅物业或者与单幢住宅楼结构相连的非住宅物业的业主，应当按照国家有关规定交纳专项维修资金。

专项维修资金属于业主所有，专项用于物业保修期满后物业共用部位、共用设施设备的维修和更新、改造，不得挪作他用。

专项维修资金收取、使用、管理的办法由国务院建设行政主管部门会同国务院财政部门制定。

第五十四条　利用物业共用部位、共用设施设备进行经营的，应当在征得相关业主、业主大会、物业服务企业的同意后，按照规定办理有关手续。业主所得收益应当主要用于补充专项维修资金，也可以按照业主大会的决定使用。

第五十五条　物业存在安全隐患，危及公共利益及他人合法权益时，责任人应当及时维修养护，有关业主应当给予配合。

责任人不履行维修养护义务的，经业主大会同意，可以由物业服务企业维修养护，费用由责任人承担。

第六章　法律责任

第五十六条　违反本条例的规定，住宅物业的建设单位未通过招投标的方式选聘物业服务企业或者未经批准，擅自采用协议方式选聘物业服务企业的，由县级以上地方人民政府房地产行政主管部门责令限期改正，给予警告，可以并处10万元以下的罚款。

第五十七条　违反本条例的规定，建设单位擅自处分属于业主的物业共用部位、共用设施设备的所有权或者使用权的，由县级以上地方人民政府房地产行政主管部门处5万元以上20万元以下的罚款；给业主造成损失的，依法承担赔偿责任。

第五十八条　违反本条例的规定，不移交有关资料的，由县级以上地方人民政府房地产行政主管部门责令限期改正；逾期仍不移交有关资料的，对建设单位、物业服务企业予以通报，处1万元以上10万元以下的罚款。

第五十九条　违反本条例的规定，物业服务企业将一个物业管理区域内的全部物业管理一并委托给他人的，由县级以上地方人民政府房地产行政主管部门责令限期改正，处委托合同价款30%以上50%以下的罚款。委托所得收益，用于物业管理区域内物业共用部位、共用设施设备的维修、养护，剩余部分按照业主大会的决定使用；给业主造成损失的，依法承担赔偿责任。

第六十条　违反本条例的规定，挪用专项维修资金的，由县级以上地方人民政府房地产行政主管部门追回挪用的专项维修资金，给予警告，没收违法所得，可以并处挪用数额2倍以下的罚款；构成犯罪的，依法追究直接负责的主管人员和其他直接责任人员的刑事责任。

第六十一条　违反本条例的规定，建设单位在物业管理区域内不按照规定配置必要的物业管理用房的，由县级以上地方人民政府房地产行政主管部门责令限期改正，给予警告，没收违法所得，并处10万元以上50万元以下的罚款。

第六十二条　违反本条例的规定，未经业主大会同意，物业服务企业擅自改变物业管理用房的用途的，由县级以上地方人民政府房地产行政主管部门责令限期改正，给予警告，并处1万元以上10万元以下的罚款；有收益的，所得收益用于物业管理区域内物业共用部位、共用设施设备的维修、养护，剩余部分按照业主大会的决定使用。

第六十三条　违反本条例的规定，有下列行为之一的，由县级以上地方人民政府房地产行政主管部门责令限期改正，给予警告，并按照本条第二款的规定处以罚款；所得收益，用于物业管理区域内物业共用部位、共用设施设备的维修、养护，剩余部分按照业主大会的决定使用：

（一）擅自改变物业管理区域内按照规划建设的公共建筑和共用设施用途的；

（二）擅自占用、挖掘物业管理区域内道路、场地，损害业主共同利益的；

（三）擅自利用物业共用部位、共用设施设备进行经营的。

个人有前款规定行为之一的，处1 000元以上1万元以下的罚款；单位有前款规定行为之一的，处5万元以上20万元以下的罚款。

第六十四条　违反物业服务合同约定，业主逾期不交纳物业服务费用的，业主委员会应当督促其限期交纳；逾期仍不交纳的，物业服务企业可以向人民法院起诉。

第六十五条　业主以业主大会或者业主委员会的名义，从事违反法律、法规的活动，构成犯罪的，依法追究刑事责任；尚不构成犯罪的，依法给予治安管理处罚。

　　第六十六条　违反本条例的规定，国务院建设行政主管部门、县级以上地方人民政府房地产行政主管部门或者其他有关行政管理部门的工作人员利用职务上的便利，收受他人财物或者其他好处，不依法履行监督管理职责，或者发现违法行为不予查处，构成犯罪的，依法追究刑事责任；尚不构成犯罪的，依法给予行政处分。

第七章　附则

　　第六十七条　本条例自2003年9月1日起施行。

附录二

《中华人民共和国民法典》
第二十四章物业服务合同

第十三届全国人民代表大会第三次会议于 2020 年 5 月 28 日通过，自 2021 年 1 月 1 日起施行。

第九百三十七条 【物业服务合同定义】

物业服务合同是物业服务人在物业服务区域内，为业主提供建筑物及其附属设施的维修养护、环境卫生和相关秩序的管理维护等物业服务，业主支付物业费的合同。

物业服务人包括物业服务企业和其他管理人。

第九百三十八条 【物业服务合同内容和形式】

物业服务合同的内容一般包括服务事项、服务质量、服务费用的标准和收取办法、维修资金的使用、服务用房的管理和使用、服务期限、服务交接等条款。

物业服务人公开作出的有利于业主的服务承诺，为物业服务合同的组成部分。物业服务合同应当采用书面形式。

第九百三十九条 【物业服务合同的效力】

建设单位依法与物业服务人订立的前期物业服务合同，以及业主委员会与业主大会依法选聘的物业服务人订立的物业服务合同，对业主具有法律约束力。

第九百四十条 【前期物业服务合同法定终止条件】

建设单位依法与物业服务人订立的前期物业服务合同约定的服务期限届满前，业主委员会或者业主与新物业服务人订立的物业服务合同生效的，前期物业服务合同终止。

第九百四十一条 【物业服务转委托的条件和限制性条款】

物业服务人将物业服务区域内的部分专项服务事项委托给专业性服务组织或者其他第三人的，应当就该部分专项服务事项向业主负责。

物业服务人不得将其应当提供的全部物业服务转委托给第三人，或者将全部物业服务支解后分别转委托给第三人。

第九百四十二条 【物业服务人的一般义务】

物业服务人应当按照约定和物业的使用性质，妥善维修、养护、清洁、绿化和经营管理物业服务区域内的业主共有部分，维护物业服务区域内的基本秩序，采取合理措施保护业主的人身、财产安全。

对物业服务区域内违反有关治安、环保、消防等法律法规的行为，物业服务人应当及时采取合理措施制止、向有关行政主管部门报告并协助处理。

第九百四十三条 【物业服务人信息公开义务】

物业服务人应当定期将服务的事项、负责人员、质量要求、收费项目、收费标准、履行情况，以及维修资金使用情况、业主共有部分的经营与收益情况等以合理方式向业主公开并向业主大会、业主委员会报告。

第九百四十四条 【业主支付物业费义务】

业主应当按照约定向物业服务人支付物业费。物业服务人已经按照约定和有关规定提供服务的，业主不得以未接受或者无需接受相关物业服务为由拒绝支付物业费。

业主违反约定逾期不支付物业费的，物业服务人可以催告其在合理期限内支付；合理期限届满仍不支付的，物业服务人可以提起诉讼或者申请仲裁。

物业服务人不得采取停止供电、供水、供热、供燃气等方式催交物业费。

第九百四十五条 【业主告知、协助义务】

业主装饰装修房屋的，应当事先告知物业服务人，遵守物业服务人提示的合理注意事项，并配合其进行必要的现场检查。

业主转让、出租物业专有部分、设立居住权或者依法改变共有部分用途的，应当及时将相关情况告知物业服务人。

第九百四十六条 【业主合同任意解除权】

业主依照法定程序共同决定解聘物业服务人的，可以解除物业服务合同。决定解聘的，应当提前六十日书面通知物业服务人，但是合同对通知期限另有约定的除外。

依据前款规定解除合同造成物业服务人损失的，除不可归责于业主的事由外，业主应当赔偿损失。

第九百四十七条 【物业服务合同的续订】

物业服务期限届满前，业主依法共同决定续聘的，应当与原物业服务人在合同期限届满前续订物业服务合同。

物业服务期限届满前，物业服务人不同意续聘的，应当在合同期限届满前九十日书面通知业主或者业主委员会，但是合同对通知期限另有约定的除外。

第九百四十八条 【不定期物业服务合同】

物业服务期限届满后，业主没有依法作出续聘或者另聘物业服务人的决定，物业服务人继续提供物业服务的，原物业服务合同继续有效，但是服务期限为不定期。

当事人可以随时解除不定期物业服务合同，但是应当提前六十日书面通知对方。

第九百四十九条 【物业服务人的移交义务及法律责任】

物业服务合同终止的，原物业服务人应当在约定期限或者合理期限内退出物业服务区域，将物业服务用房、相关设施、物业服务所必需的相关资料等交还给业主委员会、决定自行管理的业主或者其指定的人，配合新物业服务人做好交接工作，并如实告知物业的使用和管理状况。

原物业服务人违反前款规定的，不得请求业主支付物业服务合同终止后的物业费；造成业主损失的，应当赔偿损失。

第九百五十条 【物业服务人的后合同义务】

物业服务合同终止后，在业主或者业主大会选聘的新物业服务人或者决定自行管理的业主接管之前，原物业服务人应当继续处理物业服务事项，并可以请求业主支付该期间的物业费。

附录三

物业服务收费管理办法

发改价格〔2003〕1864号

第一条 为规范物业服务收费行为，保障业主和物业管理企业的合法权益，根据《中华人民共和国价格法》和《物业管理条例》，制定本办法。

第二条 本办法所称物业服务收费，是指物业管理企业按照物业服务合同的约定，对房屋及配套的设施设备和相关场地进行维修、养护、管理，维护相关区域内的环境卫生和秩序，向业主所收取的费用。

第三条 国家提倡业主通过公开、公平、公正的市场竞争机制选择物业管理企业；鼓励物业管理企业开展正当的价格竞争，禁止价格欺诈，促进物业服务收费通过市场竞争形成。

第四条 国务院价格主管部门会同国务院建设行政主管部门负责全国物业服务收费的监督管理工作。

县级以上地方人民政府价格主管部门会同同级房地产行政主管部门负责本行政区域内物业服务收费的监督管理工作。

第五条 物业服务收费应当遵循合理、公开以及费用与服务水平相适应的原则。

第六条① 物业服务收费应当区分不同物业的性质和特点分别实行政府指导价和市场调节价。具体定价形式由省、自治区、直辖市人民政府价格主管部门会同房地产行政主管部门确定。

第七条 物业服务收费实行政府指导价的，有定价权限的人民政府价格主管部门应当会同房地产行政主管部门根据物业管理服务等级标准等因素，制定相应的基准价及其浮动幅度，并定期公布。具体收费标准由业主与物业管理企业根据规定的基准价和浮动幅度在物业服务合同中约定。

---

① 本办法中的第六条、第七条，应根据2014年12月17日《关于放开部分服务价格意见的通知》（发改价格〔2014〕2755号）中"一、（六）"的内容做相应修改，见本办法尾注。

实行市场调节价的物业服务收费，由业主与物业管理企业在物业服务合同中约定。

第八条　物业管理企业应当按照政府价格主管部门的规定实行明码标价，在物业管理区域内的显著位置，将服务内容、服务标准以及收费项目、收费标准等有关情况进行公示。

第九条　业主与物业管理企业可以采取包干制或者酬金制等形式约定物业服务费用。

包干制是指由业主向物业管理企业支付固定物业服务费用，盈余或者亏损均由物业管理企业享有或者承担的物业服务计费方式。

酬金制是指在预收的物业服务资金中按约定比例或者约定数额提取酬金支付给物业管理企业，其余全部用于物业服务合同约定的支出，结余或者不足均由业主享有或者承担的物业服务计费方式。

第十条　建设单位与物业买受人签订的买卖合同，应当约定物业管理服务内容、服务标准、收费标准、计费方式及计费起始时间等内容，涉及物业买受人共同利益的约定应当一致。

第十一条　实行物业服务费用包干制的，物业服务费用的构成包括物业服务成本、法定税费和物业管理企业的利润。

实行物业服务费用酬金制的，预收的物业服务资金包括物业服务支出和物业管理企业的酬金。

物业服务成本或者物业服务支出构成一般包括以下部分：

1.管理服务人员的工资、社会保险和按规定提取的福利费等；

2.物业共用部位、共用设施设备的日常运行、维护费用；

3.物业管理区域清洁卫生费用；

4.物业管理区域绿化养护费用；

5.物业管理区域秩序维护费用；

6.办公费用；

7.物业管理企业固定资产折旧；

8.物业共用部位、共用设施设备及公众责任保险费用；

9.经业主同意的其他费用。

物业共用部位、共用设施设备的大修、中修和更新、改造费用，应当通过专项维修资金予以列支，不得计入物业服务支出或者物业服务成本。

第十二条　实行物业服务费用酬金制的，预收的物业服务支出属于代管性质，为所交纳的业主所有，物业管理企业不得将其用于物业服务合同约定以外的支出。

物业管理企业应当向业主大会或者全体业主公布物业服务资金年度预决算并每年不少于一次公布物业服务资金的收支情况。

业主或者业主大会对公布的物业服务资金年度预决算和物业服务资金的收支情况提出质询时，物业管理企业应当及时答复。

第十三条　物业服务收费采取酬金制方式，物业管理企业或者业主大会可以按照物业服务合同约定聘请专业机构对物业服务资金年度预决算和物业服务资金的收支情况进行审计。

第十四条　物业管理企业在物业服务中应当遵守国家的价格法律法规，严格履行物业服务合同，为业主提供质价相符的服务。

第十五条　业主应当按照物业服务合同的约定按时足额交纳物业服务费用或者物业服务资金。业主违反物业服务合同约定逾期不交纳服务费用或者物业服务资金的，业主委员会应当督促其限期交纳；逾期仍不交纳的，物业管理企业可以依法追缴。

业主与物业使用人约定由物业使用人交纳物业服务费用或者物业服务资金的，从其约定，业主负连带交纳责任。

物业发生产权转移时，业主或者物业使用人应当结清物业服务费用或者物业服务资金。

第十六条　纳入物业管理范围的已竣工但尚未出售，或者因开发建设单位原因未按时交给物业买受人的物业，物业服务费用或者物业服务资金由开发建设单位全额交纳。

第十七条　物业管理区域内，供水、供电、供气、供热、通讯、有线电视等单位应当向最终用户收取有关费用。物业管理企业接受委托代收上述费用的，可向委托单位收取手续费，不得向业主收取手续费等额外费用。

第十八条　利用物业共用部位、共用设施设备进行经营的，应当在征得相关业主、业主大会、物业管理企业的同意后，按照规定办理有关手续。业主所得收益应当主要用于补充专项维修资金，也可以按照业主大会的决定使用。

第十九条　物业管理企业已接受委托实施物业服务并相应收取服务费用的，其他部门和单位不得重复收取性质和内容相同的费用。

第二十条　物业管理企业根据业主的委托提供物业服务合同约定以外的服务，服务收费由双方约定。

第二十一条　政府价格主管部门会同房地产行政主管部门，应当加强对物业管理企业的服务内容、标准和收费项目、标准的监督。物业管理企业违反价格法律、法规和规定，由政府价格主管部门依据《中华人民共和国价格法》和《价格违法行为行政处罚规定》予以处罚。

第二十二条　各省、自治区、直辖市人民政府价格主管部门、房地产行政主管部门可以依据本办法制定具体实施办法，并报国家发展和改革委员会、建设部备案。

第二十三条　本办法由国家发展和改革委员会会同建设部负责解释。

第二十四条　本办法自2004年1月1日起执行，原国家计委、建设部印发的《城市住宅小区物业管理服务收费暂行办法》（计价费〔1996〕266号）同时废止。

注：

2014年12月17日，《国家发展改革委关于放开部分服务价格意见的通知》（发改价格〔2014〕2755号）中的"一、（六）"中的内容为：

非保障性住房物业服务。物业服务企业接受业主的委托，按照物业服务合同约定，对非保障性住房及配套的设施设备和相关场地进行维修、养护和管理，维护物业管理区域内的环境卫生和相关秩序的活动等向业主收取的费用。保障性住房、房改房、老旧住宅小区和前期物业管理服务收费，由各省级价格主管部门根据实际情况决定实行政府指导价。放开保障性住房物业服务收费实行市场调节价的，应考虑保障对象的经济承受能力，同时建立补贴机制。

附录四

住宅专项维修资金管理办法

（2007年12月4日建设部、财政部令第165号）

第一章 总则

第一条 为了加强对住宅专项维修资金的管理，保障住宅共用部位、共用设施设备的维修和正常使用，维护住宅专项维修资金所有者的合法权益，根据《物权法》《物业管理条例》等法律、行政法规，制定本办法。

第二条 商品住宅、售后公有住房住宅专项维修资金的交存、使用、管理和监督，适用本办法。

本办法所称住宅专项维修资金，是指专项用于住宅共用部位、共用设施设备保修期满后的维修和更新、改造的资金。

第三条 本办法所称住宅共用部位，是指根据法律、法规和房屋买卖合同，由单幢住宅内业主或者单幢住宅内业主及与之结构相连的非住宅业主共有的部位，一般包括：住宅的基础、承重墙体、柱、梁、楼板、屋顶以及户外的墙面、门厅、楼梯间、走廊通道等。

本办法所称共用设施设备，是指根据法律、法规和房屋买卖合同，由住宅业主或者住宅业主及有关非住宅业主共有的附属设施设备，一般包括电梯、天线、照明、消防设施、绿地、道路、路灯、沟渠、池、井、非经营性车场车库、公益性文体设施和共用设施设备使用的房屋等。

第四条 住宅专项维修资金管理实行专户存储、专款专用、所有权人决策、政府监督的原则。

第五条 国务院建设主管部门会同国务院财政部门负责全国住宅专项维修资金的指导和监督工作。

县级以上地方人民政府建设（房地产）主管部门会同同级财政部门负责本行政区域内住宅专项维修资金的指导和监督工作。

第二章　交存

第六条　下列物业的业主应当按照本办法的规定交存住宅专项维修资金：

（一）住宅，但一个业主所有且与其他物业不具有共用部位、共用设施设备的除外；

（二）住宅小区内的非住宅或者住宅小区外与单幢住宅结构相连的非住宅。

前款所列物业属于出售公有住房的，售房单位应当按照本办法的规定交存住宅专项维修资金。

第七条　商品住宅的业主、非住宅的业主按照所拥有物业的建筑面积交存住宅专项维修资金，每平方米建筑面积交存首期住宅专项维修资金的数额为当地住宅建筑安装工程每平方米造价的5%至8%。

直辖市、市、县人民政府建设（房地产）主管部门应当根据本地区情况，合理确定、公布每平方米建筑面积交存首期住宅专项维修资金的数额，并适时调整。

第八条　出售公有住房的，按照下列规定交存住宅专项维修资金：

（一）业主按照所拥有物业的建筑面积交存住宅专项维修资金，每平方米建筑面积交存首期住宅专项维修资金的数额为当地房改成本价的2%；

（二）售房单位按照多层住宅不低于售房款的20%、高层住宅不低于售房款的30%，从售房款中一次性提取住宅专项维修资金。

第九条　业主交存的住宅专项维修资金属于业主所有。

从公有住房售房款中提取的住宅专项维修资金属于公有住房售房单位所有。

第十条　业主大会成立前，商品住宅业主、非住宅业主交存的住宅专项维修资金，由物业所在地直辖市、市、县人民政府建设（房地产）主管部门代管。

直辖市、市、县人民政府建设（房地产）主管部门应当委托所在地一家商业银行，作为本行政区域内住宅专项维修资金的专户管理银行，并在专户管理银行开立住宅专项维修资金专户。

开立住宅专项维修资金专户，应当以物业管理区域为单位设账，按房屋户门号设分户账；未划定物业管理区域的，以幢为单位设账，按房屋户门号设分户账。

第十一条　业主大会成立前，已售公有住房住宅专项维修资金，由物业所在地直辖市、市、县人民政府财政部门或者建设（房地产）主管部门负责管理。

负责管理公有住房住宅专项维修资金的部门应当委托所在地一家商业银行，作为本行政区域内公有住房住宅专项维修资金的专户管理银行，并在专户管理银行开立公有住房住宅专项维修资金专户。

开立公有住房住宅专项维修资金专户，应当按照售房单位设账，按幢设分账；其中，业主交存的住宅专项维修资金，按房屋户门号设分户账。

第十二条　商品住宅的业主应当在办理房屋入住手续前，将首期住宅专项维修资金存入住宅专项维修资金专户。

已售公有住房的业主应当在办理房屋入住手续前，将首期住宅专项维修资金存入公有住房住宅专项维修资金专户或者交由售房单位存入公有住房住宅专项维修资金专户。

公有住房售房单位应当在收到售房款之日起30日内，将提取的住宅专项维修资金存入公有住房住宅专项维修资金专户。

第十三条　未按本办法规定交存首期住宅专项维修资金的，开发建设单位或者公有住房售房单位不得将房屋交付购买人。

第十四条　专户管理银行、代收住宅专项维修资金的售房单位应当出具由财政部或者省、自治区、直辖市人民政府财政部门统一监制的住宅专项维修资金专用票据。

第十五条　业主大会成立后，应当按照下列规定划转业主交存的住宅专项维修资金：

（一）业主大会应当委托所在地一家商业银行作为本物业管理区域内住宅专项维修资金的专户管理银行，并在专户管理银行开立住宅专项维修资金专户；

开立住宅专项维修资金专户，应当以物业管理区域为单位设账，按房屋户门号设分户账；

（二）业主委员会应当通知所在地直辖市、市、县人民政府建设（房地产）主管部门；涉及已售公有住房的，应当通知负责管理公有住房住宅专项维修资金的部门；

（三）直辖市、市、县人民政府建设（房地产）主管部门或者负责管理公有住房住宅专项维修资金的部门应当在收到通知之日起30日内，通知专户管理银行将该物业管理区域内业主交存的住宅专项维修资金账面余额划转至业主大会开立的住宅专项维修资金账户，并将有关账目等移交业主委员会。

第十六条　住宅专项维修资金划转后的账目管理单位，由业主大会决定。业主大会应当建立住宅专项维修资金管理制度。

业主大会开立的住宅专项维修资金账户，应当接受所在地直辖市、市、县人民政府建设（房地产）主管部门的监督。

第十七条　业主分户账面住宅专项维修资金余额不足首期交存额30%的，应当及时续交。

成立业主大会的，续交方案由业主大会决定。

未成立业主大会的，续交的具体管理办法由直辖市、市、县人民政府建设（房地产）主管部门会同同级财政部门制定。

第三章　使用

第十八条　住宅专项维修资金应当专项用于住宅共用部位、共用设施设备保修期满后的维修和更新、改造，不得挪作他用。

第十九条　住宅专项维修资金的使用，应当遵循方便快捷、公开透明、受益人和负担人相一致的原则。

第二十条　住宅共用部位、共用设施设备的维修和更新、改造费用，按照下列规定分摊：

（一）商品住宅之间或者商品住宅与非住宅之间共用部位、共用设施设备的维修和更新、改造费用，由相关业主按照各自拥有物业建筑面积的比例分摊。

（二）售后公有住房之间共用部位、共用设施设备的维修和更新、改造费用，由相关业主和公有住房售房单位按照所存住宅专项维修资金的比例分摊；其中，应由业主承担的，再由相关业主按照各自拥有物业建筑面积的比例分摊。

（三）售后公有住房与商品住宅或者非住宅之间共用部位、共用设施设备的维修和更新、改造费用，先按照建筑面积比例分摊到各相关物业。其中，售后公有住房应分摊的费用，再由相关业主和公有住房售房单位按照所交存住宅专项维修资金的比例分摊。

第二十一条　住宅共用部位、共用设施设备维修和更新、改造，涉及尚未售出的商品住宅、非住宅或者公有住房的，开发建设单位或者公有住房单位应当按照尚未售出商品住宅或者公有住房的建筑面积，分摊维修和更新、改造费用。

第二十二条　住宅专项维修资金划转业主大会管理前，需要使用住宅专项维修资金的，按照以下程序办理：

（一）物业服务企业根据维修和更新、改造项目提出使用建议；没有物业服务企业的，由相关业主提出使用建议；

（二）住宅专项维修资金列支范围内专有部分占建筑物总面积三分之二以上的业主且占总人数三分之二以上的业主讨论通过使用建议；

（三）物业服务企业或者相关业主组织实施使用方案；

（四）物业服务企业或者相关业主持有关材料，向所在地直辖市、市、县人民政府建设（房地产）主管部门申请列支；其中，动用公有住房住宅专项维修资金的，向负责管理公有住房住宅专项维修资金的部门申请列支；

（五）直辖市、市、县人民政府建设（房地产）主管部门或者负责管理公有住房住宅专项维修资金的部门审核同意后，向专户管理银行发出划转住宅专项维修资金的通知；

（六）专户管理银行将所需住宅专项维修资金划转至维修单位。

第二十三条　住宅专项维修资金划转业主大会管理后，需要使用住宅专项维修资金的，按照以下程序办理：

（一）物业服务企业提出使用方案，使用方案应当包括拟维修和更新、改造的项目、费用预算、列支范围、发生危及房屋安全等紧急情况以及其他需临时使用住宅专项维修资金的情况的处置办法等；

（二）业主大会依法通过使用方案；

（三）物业服务企业组织实施使用方案；

（四）物业服务企业持有关材料向业主委员会提出列支住宅专项维修资金；其中，动用公有住房住宅专项维修资金的，向负责管理公有住房住宅专项维修资金的部门申请列支；

（五）业主委员会依据使用方案审核同意，并报直辖市、市、县人民政府建设（房地产）主管部门备案；动用公有住房住宅专项维修资金的，经负责管理公有住房住宅专项维修资金的部门审核同意；直辖市、市、县人民政府建设（房地产）主管部门或者负责管理公有住房住宅专项维修资金的部门发现不符合有关法律、法规、规章和使用方案的，应当责令改正；

（六）业主委员会、负责管理公有住房住宅专项维修资金的部门向专户管理银行发出划转住宅专项维修资金的通知；

（七）专户管理银行将所需住宅专项维修资金划转至维修单位。

第二十四条　发生危及房屋安全等紧急情况，需要立即对住宅共用部位、共用设施设备进行维修和更新、改造的，按照以下规定列支住宅专项维修资金：

（一）住宅专项维修资金划转业主大会管理前，按照本办法第二十二条第四项、第五项、第六项的规定办理；

（二）住宅专项维修资金划转业主大会管理后，按照本办法第二十三条第四项、第五项、第六项和第七项的规定办理。

发生前款情况后，未按规定实施维修和更新、改造的，直辖市、市、县人民政府建设（房地产）主管部门可以组织代修，维修费用从相关业主住宅专项维修资金分户账中列支；其中，涉及已售公有住房的，还应当从公有住房住宅专项维修资金中列支。

第二十五条　下列费用不得从住宅专项维修资金中列支：

（一）依法应当由建设单位或者施工单位承担的住宅共用部位、共用设施设备维修、更新和改造费用；

（二）依法应当由相关单位承担的供水、供电、供气、供热、通讯、有线电视等管线和设施设备的维修、养护费用；

（三）应当由当事人承担的因人为损坏住宅共用部位、共用设施设备所需的修复费用；

（四）根据物业服务合同约定，应当由物业服务企业承担的住宅共用部位、共用设施设备的维修和养护费用。

第二十六条　在保证住宅专项维修资金正常使用的前提下，可以按照国家有关规定将住宅专项维修资金用于购买国债。

利用住宅专项维修资金购买国债，应当在银行间债券市场或者商业银行柜台市场购买一级市场新发行的国债，并持有到期。

利用业主交存的住宅专项维修资金购买国债的，应当经业主大会同意；未成立业主大会的，应当经专有部分占建筑物总面积三分之二以上的业主且占总人数三分之二以上业主同意。

利用从公有住房售房款中提取的住宅专项维修资金购买国债的，应当根据售房单位的财政隶属关系，报经同级财政部门同意。

禁止利用住宅专项维修资金从事国债回购、委托理财业务或者将购买的国债用于质押、抵押等担保行为。

第二十七条　下列资金应当转入住宅专项维修资金滚存使用：

（一）住宅专项维修资金的存储利息；

（二）利用住宅专项维修资金购买国债的增值收益；

（三）利用住宅共用部位、共用设施设备进行经营的，业主所得收益，但业主大会另有决定的除外；

（四）住宅共用设施设备报废后回收的残值。

第四章　监督管理

第二十八条　房屋所有权转让时，业主应当向受让人说明住宅专项维修资金交存和结余情况并出具有效证明，该房屋分户账中结余的住宅专项维修资金随房屋所有权同时过户。

受让人应当持住宅专项维修资金过户的协议、房屋权属证书、身份证等到专户管理银行办理分户账更名手续。

第二十九条　房屋灭失的，按照以下规定返还住宅专项维修资金：

（一）房屋分户账中结余的住宅专项维修资金返还业主；

（二）售房单位交存的住宅专项维修资金账面余额返还售房单位；售房单位不存在的，按照售房单位财务隶属关系，收缴同级国库。

第三十条　直辖市、市、县人民政府建设（房地产）主管部门，负责管理公有住房住宅专项维修资金的部门及业主委员会，应当每年至少一次与专户管理银行核对住宅专项维修资金账目，并向业主、公有住房售房单位公布下列情况：

（一）住宅专项维修资金交存、使用、增值收益和结存的总额；

（二）发生列支的项目、费用和分摊情况；

（三）业主、公有住房售房单位分户账中住宅专项维修资金交存、使用、增值收益和结存的金额；

（四）其他有关住宅专项维修资金使用和管理的情况。

业主、公有住房售房单位对公布的情况有异议的，可以要求复核。

第三十一条　专户管理银行应当每年至少一次向直辖市、市、县人民政府建设（房地产）主管部门，负责管理公有住房住宅专项维修资金的部门及业主委员会发送住宅专项维修资金对账单。

直辖市、市、县建设（房地产）主管部门，负责管理公有住房住宅专项维修资金的部门及业主委员会对资金账户变化情况有异议的，可以要求专户管理银行进行复核。

专户管理银行应当建立住宅专项维修资金查询制度，接受业主、公有住房售房单位对其分户账中住宅专项维修资金使用、增值收益和账面余额的查询。

第三十二条　住宅专项维修资金的管理和使用，应当依法接受审计部门的审计监督。

第三十三条　住宅专项维修资金的财务管理和会计核算应当执行财政部有关规定。

财政部门应当加强对住宅专项维修资金收支财务管理和会计核算制度执行情况的监督。

第三十四条　住宅专项维修资金专用票据的购领、使用、保存、核销管理，应当按照财政部以及省、自治区、直辖市人民政府财政部门的有关规定执行，并接受财政部门的监督检查。

第五章　　法律责任

第三十五条　公有住房售房单位有下列行为之一的，由县级以上地方人民政府财政部门会同同级建设（房地产）主管部门责令限期改正：

（一）未按本办法第八条、第十二条第三款规定交存住宅专项维修资金的；

（二）违反本办法第十三条规定将房屋交付买受人的；

（三）未按本办法第二十一条规定分摊维修、更新和改造费用的。

第三十六条　开发建设单位违反本办法第十三条规定将房屋交付买受人的，由县级以上地方人民政府建设（房地产）主管部门责令限期改正；逾期不改正，处以3万元以下的罚款。

开发建设单位未按本办法第二十一条规定分摊维修、更新和改造费用的，由县级以上地方人民政府建设（房地产）主管部门责令限期改正；逾期不改正的，处以1万元以下的罚款。

第三十七条　违反本办法规定，挪用住宅专项维修资金的，由县级以上地方人民政府建设（房地产）主管部门追回挪用的住宅专项维修资金，没收违法所得，可以并处挪用金额2倍以下的罚款；构成犯罪的，依法追究直接负责的主管人员和其他直接责任人员的刑事责任。

物业服务企业挪用住宅专项维修资金，情节严重的，除按前款规定予以处罚外，还应由颁发资质证书的部门吊销资质证书。

直辖市、市、县人民政府建设（房地产）主管部门挪用住宅专项维修资金的，由上一级人民政府建设（房地产）主管部门追回挪用的住宅专项维修资金，对直接负责的主管人员和其他直接责任人员依法给予处分；构成犯罪的，依法追究刑事责任。

直辖市、市、县人民政府财政部门挪用住宅专项维修资金的，由上一级人民政府财政部门追回挪用的住宅专项维修资金，对直接负责的主管人员和其他直接责任人员依法给予处分；构成犯罪的，依法追究刑事责任。

　　第三十八条　直辖市、市、县人民政府建设（房地产）主管部门违反本办法第二十六条规定的，由上一级人民政府建设（房地产）主管部门责令限期改正，对直接负责的主管人员和其他直接责任人员依法给予处分；造成损失的，依法赔偿；构成犯罪的，依法追究刑事责任。

　　直辖市、市、县人民政府财政部门违反本办法第二十六条规定的，由上一级人民政府财政部门责令限期改正，对直接负责的主管人员和其他直接责任人员依法给予处分；造成损失的，依法赔偿；构成犯罪的，依法追究刑事责任。

　　业主大会违反本办法第二十六条规定的，由直辖市、市、县人民政府建设（房地产）主管部门责令改正。

　　第三十九条　对违反住宅专项维修资金专用票据管理规定的行为，按照《财政违法行为处罚处分条例》的有关规定追究法律责任。

　　第四十条　县级以上人民政府建设（房地产）主管部门、财政部门及其工作人员利用职务上的便利，收受他人财物或者其他好处，不依法履行监督管理职责，或者发现违法行为不予查处的，依法给予处分；构成犯罪的，依法追究刑事责任。

第六章　附则

　　第四十一条　省、自治区、直辖市人民政府建设（房地产）主管部门会同同级财政部门可以依据本办法，制定实施细则。

　　第四十二条　本办法实施前，商品住宅、公有住房已经出售但未建立住宅专项维修资金的，应当补建。具体办法由省、自治区、直辖市人民政府建设（房地产）主管部门会同同级财政部门依据本办法制定。

　　第四十三条　本办法由国务院建设主管部门、财政部门共同解释。

　　第四十四条　本办法自2008年2月1日起施行，1998年12月16日建设部、财政部发布的《住宅共用部位共用设施设备维修基金管理办法》（建住房〔1998〕213号）同时废止。

附录五

业主大会和业主委员会指导规则

（2009年12月1日建房〔2009〕274号）

第一章　总则

第一条　为了规范业主大会和业主委员会的活动，维护业主的合法权益，根据《中华人民共和国物权法》《物业管理条例》等法律法规的规定，制定本规则。

第二条　业主大会由物业管理区域内的全体业主组成，代表和维护物业管理区域内全体业主在物业管理活动中的合法权利，履行相应的义务。

第三条　业主委员会由业主大会依法选举产生，履行业主大会赋予的职责，执行业主大会决定的事项，接受业主的监督。

第四条　业主大会或者业主委员会的决定，对业主具有约束力。

业主大会和业主委员会应当依法履行职责，不得作出与物业管理无关的决定，不得从事与物业管理无关的活动。

第五条　业主大会和业主委员会，对业主损害他人合法权益和业主共同利益的行为，有权依照法律、法规以及管理规约，要求停止侵害、消除危险、排除妨害、赔偿损失。

第六条　物业所在地的区、县房地产行政主管部门和街道办事处、乡镇人民政府负责对设立业主大会和选举业主委员会给予指导和协助，负责对业主大会和业主委员会的日常活动进行指导和监督。

第二章　业主大会

第七条　业主大会根据物业管理区域的划分成立，一个物业管理区域成立一个业主大会。

只有一个业主的，或者业主人数较少且经全体业主同意，不成立业主大会的，由业主共同履行业主大会、业主委员会职责。

第八条 物业管理区域内，已交付的专有部分面积超过建筑物总面积50%时，建设单位应当按照物业所在地的区、县房地产行政主管部门或者街道办事处、乡镇人民政府的要求，及时报送下列筹备首次业主大会会议所需的文件资料：

（一）物业管理区域证明；

（二）房屋及建筑物面积清册；

（三）业主名册；

（四）建筑规划总平面图；

（五）交付使用共用设施设备的证明；

（六）物业服务用房配置证明；

（七）其他有关的文件资料。

第九条 符合成立业主大会条件的，区、县房地产行政主管部门或者街道办事处、乡镇人民政府应当在收到业主提出筹备业主大会书面申请后60日内，负责组织、指导成立首次业主大会会议筹备组。

第十条 首次业主大会会议筹备组由业主代表、建设单位代表、街道办事处、乡镇人民政府代表和居民委员会代表组成。筹备组成员人数应为单数，其中业主代表人数不低于筹备组总人数的一半，筹备组组长由街道办事处、乡镇人民政府代表担任。

第十一条 筹备组中业主代表的产生，由街道办事处、乡镇人民政府或者居民委员会组织业主推荐。

筹备组应当将成员名单以书面形式在物业管理区域内公告。业主对筹备组成员有异议的，由街道办事处、乡镇人民政府协调解决。

建设单位和物业服务企业应当配合协助筹备组开展工作。

第十二条 筹备组应当做好以下筹备工作：

（一）确认并公示业主身份、业主人数以及所拥有的专有部分面积；

（二）确定首次业主大会会议召开的时间、地点、形式和内容；

（三）草拟管理规约、业主大会议事规则；

（四）依法确定首次业主大会会议表决规则；

（五）制定业主委员会委员候选人产生办法，确定业主委员会委员候选人名单；

（六）制定业主委员会选举办法；

（七）完成召开首次业主大会会议的其他准备工作。

前款内容应当在首次业主大会会议召开15日前以书面形式在物业管理区域内公告。业主对公告内容有异议的，筹备组应当记录并作出答复。

第十三条 依法登记取得或者根据物权法第二章第三节规定取得建筑物专有部分所有权的人，应当认定为业主。

基于房屋买卖等民事法律行为，已经合法占有建筑物专有部分，但尚未依法办理所有权登记的人，可以认定为业主。

业主的投票权数由专有部分面积和业主人数确定。

第十四条 业主委员会委员候选人由业主推荐或者自荐。筹备组应当核查参选人的资格，根据物业规模、物权份额、委员的代表性和广泛性等因素，确定业主委员会委员候选人名单。

第十五条　筹备组应当自组成之日起90日内完成筹备工作，组织召开首次业主大会会议。

业主大会自首次业主大会会议表决通过管理规约、业主大会议事规则，并选举产生业主委员会之日起成立。

第十六条　划分为一个物业管理区域的分期开发的建设项目，先期开发部分符合条件的，可以成立业主大会，选举产生业主委员会。首次业主大会会议应当根据分期开发的物业面积和进度等因素，在业主大会议事规则中明确增补业主委员会委员的办法。

第十七条　业主大会决定以下事项：

（一）制定和修改业主大会议事规则；

（二）制定和修改管理规约；

（三）选举业主委员会或者更换业主委员会委员；

（四）制定物业服务内容、标准以及物业服务收费方案；

（五）选聘和解聘物业服务企业；

（六）筹集和使用专项维修资金；

（七）改建、重建建筑物及其附属设施；

（八）改变共有部分的用途；

（九）利用共有部分进行经营以及所得收益的分配与使用；

（十）法律法规或者管理规约确定应由业主共同决定的事项。

第十八条　管理规约应当对下列主要事项作出规定：

（一）物业的使用、维护、管理；

（二）专项维修资金的筹集、管理和使用；

（三）物业共用部分的经营与收益分配；

（四）业主共同利益的维护；

（五）业主共同管理权的行使；

（六）业主应尽的义务；

（七）违反管理规约应当承担的责任。

第十九条　业主大会议事规则应当对下列主要事项作出规定：

（一）业主大会名称及相应的物业管理区域；

（二）业主委员会的职责；

（三）业主委员会议事规则；

（四）业主大会会议召开的形式、时间和议事方式；

（五）业主投票权数的确定方法；

（六）业主代表的产生方式；

（七）业主大会会议的表决程序；

（八）业主委员会委员的资格、人数和任期等；

（九）业主委员会换届程序、补选办法等；

（十）业主大会、业主委员会工作经费的筹集、使用和管理；

（十一）业主大会、业主委员会印章的使用和管理。

第二十条　业主拒付物业服务费，不缴存专项维修资金以及实施其他损害业主共同权益行为的，业主大会可以在管理规约和业主大会议事规则中对其共同管理权的行使予以限制。

第二十一条　业主大会会议分为定期会议和临时会议。

业主大会定期会议应当按照业主大会议事规则的规定由业主委员会组织召开。

有下列情况之一的，业主委员会应当及时组织召开业主大会临时会议：

（一）经专有部分占建筑物总面积20%以上且占总人数20%以上业主提议的；

（二）发生重大事故或者紧急事件需要及时处理的；

（三）业主大会议事规则或者管理规约规定的其他情况。

第二十二条　业主大会会议可以采用集体讨论的形式，也可以采用书面征求意见的形式；但应当有物业管理区域内专有部分占建筑物总面积过半数的业主且占总人数过半数的业主参加。

采用书面征求意见形式的，应当将征求意见书送交每一位业主；无法送达的，应当在物业管理区域内公告。凡需投票表决的，表决意见应由业主本人签名。

第二十三条　业主大会确定业主投票权数，可以按照下列方法认定专有部分面积和建筑物总面积：

（一）专有部分面积按照不动产登记簿记载的面积计算；尚未进行登记的，暂按测绘机构的实测面积计算；尚未进行实测的，暂按房屋买卖合同记载的面积计算；

（二）建筑物总面积，按照前项的统计总和计算。

第二十四条　业主大会确定业主投票权数，可以按照下列方法认定业主人数和总人数：

（一）业主人数，按照专有部分的数量计算，一个专有部分按一人计算。但建设单位尚未出售和虽已出售但尚未交付的部分，以及同一买受人拥有一个以上专有部分的，按一人计算；

（二）总人数，按照前项的统计总和计算。

第二十五条　业主大会应当在业主大会议事规则中约定车位、摊位等特定空间是否计入用于确定业主投票权数的专有部分面积。

一个专有部分有两个以上所有权人的，应当推选一人行使表决权，但共有人所代表的业主人数为一人。

业主为无民事行为能力人或者限制民事行为能力人的，由其法定监护人行使投票权。

第二十六条　业主因故不能参加业主大会会议的，可以书面委托代理人参加业主大会会议。

未参与表决的业主，其投票权数是否可以计入已表决的多数票，由管理规约或者业主大会议事规则规定。

第二十七条　物业管理区域内业主人数较多的，可以幢、单元、楼层为单位，推选一名业主代表参加业主大会会议，推选及表决办法应当在业主大会议事规则中规定。

第二十八条　业主可以书面委托的形式，约定由其推选的业主代表在一定期限内代其行使共同管理权，具体委托内容、期限、权限和程序由业主大会议事规则规定。

第二十九条　业主大会会议决定筹集和使用专项维修资金以及改造、重建建筑物及其附属设施的，应当经专有部分占建筑物总面积三分之二以上的业主且占总人数三分之二以上的业主同意；决定本规则第十七条规定的其他共有和共同管理权利事项的，应当经专有部分占建筑物总面积过半数且占总人数过半数的业主同意。

第三十条　业主大会会议应当由业主委员会作出书面记录并存档。

业主大会的决定应当以书面形式在物业管理区域内及时公告。

第三章　业主委员会

第三十一条　业主委员会由业主大会会议选举产生，由5至11人单数组成。业主委员会委员应当是物业管理区域内的业主，并符合下列条件：

（一）具有完全民事行为能力；

（二）遵守国家有关法律、法规；

（三）遵守业主大会议事规则、管理规约，模范履行业主义务；

（四）热心公益事业，责任心强，公正廉洁；

（五）具有一定的组织能力；

（六）具备必要的工作时间。

第三十二条　业主委员会委员实行任期制，每届任期不超过5年，可连选连任，业主委员会委员具有同等表决权。

业主委员会应当自选举之日起7日内召开首次会议，推选业主委员会主任和副主任。

第三十三条　业主委员会应当自选举产生之日起30日内，持下列文件向物业所在地的区、县房地产行政主管部门和街道办事处、乡镇人民政府办理备案手续：

（一）业主大会成立和业主委员会选举的情况；

（二）管理规约；

（三）业主大会议事规则；

（四）业主大会决定的其他重大事项。

第三十四条　业主委员会办理备案手续后，可持备案证明向公安机关申请刻制业主大会印章和业主委员会印章。

业主委员会任期内，备案内容发生变更的，业主委员会应当自变更之日起30日内将变更内容书面报告备案部门。

第三十五条　业主委员会履行以下职责：

（一）执行业主大会的决定和决议；

（二）召集业主大会会议，报告物业管理实施情况；

（三）与业主大会选聘的物业服务企业签订物业服务合同；

（四）及时了解业主、物业使用人的意见和建议，监督和协助物业服务企业履行物业服务合同；

（五）监督管理规约的实施；

（六）督促业主交纳物业服务费及其他相关费用；

（七）组织和监督专项维修资金的筹集和使用；

（八）调解业主之间因物业使用、维护和管理产生的纠纷；

（九）业主大会赋予的其他职责。

第三十六条　业主委员会应当向业主公布下列情况和资料：

（一）管理规约、业主大会议事规则；

（二）业主大会和业主委员会的决定；

（三）物业服务合同；

（四）专项维修资金的筹集、使用情况；

（五）物业共有部分的使用和收益情况；

（六）占用业主共有的道路或者其他场地用于停放汽车车位的处分情况；

（七）业主大会和业主委员会工作经费的收支情况；

（八）其他应当向业主公开的情况和资料。

第三十七条　业主委员会应当按照业主大会议事规则的规定及业主大会的决定召开会议。经三分之一以上业主委员会委员的提议，应当在7日内召开业主委员会会议。

第三十八条　业主委员会会议由主任召集和主持，主任因故不能履行职责，可以委托副主任召集。

业主委员会会议应有过半数的委员出席，作出的决定必须经全体委员半数以上同意。

业主委员会委员不能委托代理人参加会议。

第三十九条　业主委员会应当于会议召开7日前，在物业管理区域内公告业主委员会会议的内容和议程，听取业主的意见和建议。

业主委员会会议应当制作书面记录并存档，业主委员会会议作出的决定，应当有参会委员的签字确认，并自作出决定之日起3日内在物业管理区域内公告。

第四十条　业主委员会应当建立工作档案，工作档案包括以下主要内容：

（一）业主大会、业主委员会的会议记录；

（二）业主大会、业主委员会的决定；

（三）业主大会议事规则、管理规约和物业服务合同；

（四）业主委员会选举及备案资料；

（五）专项维修资金筹集及使用账目；

（六）业主及业主代表的名册；

（七）业主的意见和建议。

第四十一条　业主委员会应当建立印章管理规定，并指定专人保管印章。

使用业主大会印章，应当根据业主大会议事规则的规定或者业主大会会议的决定；使用业主委员会印章，应当根据业主委员会会议的决定。

第四十二条　业主大会、业主委员会工作经费由全体业主承担。工作经费可以由业主分摊，也可以从物业共有部分经营所得收益中列支。工作经费的收支情况，应当定期在物业管理区域内公告，接受业主监督。

工作经费筹集、管理和使用的具体办法由业主大会决定。

第四十三条　有下列情况之一的，业主委员会委员资格自行终止：

（一）因物业转让、灭失等原因不再是业主的；

（二）丧失民事行为能力的；

（三）依法被限制人身自由的；

（四）法律、法规以及管理规约规定的其他情形。

第四十四条　业主委员会委员有下列情况之一的，由业主委员会三分之一以上委员或者持有20%以上投票权数的业主提议，业主大会或者业主委员会根据业主大会的授权，可以决定是否终止其委员资格：

（一）以书面方式提出辞职请求的；

（二）不履行委员职责的；

（三）利用委员资格谋取私利的；

（四）拒不履行业主义务的；

（五）侵害他人合法权益的；

（六）因其他原因不宜担任业主委员会委员的。

第四十五条　业主委员会委员资格终止的，应当自终止之日起3日内将其保管的档案资料、印章及其他属于全体业主所有的财物移交业主委员会。

第四十六条　业主委员会任期内，委员出现空缺时，应当及时补足。业主委员会委员候补办法由业主大会决定或者在业主大会议事规则中规定。业主委员会委员人数不足总数的二分之一时，应当召开业主大会临时会议，重新选举业主委员会。

第四十七条　业主委员会任期届满前3个月，应当组织召开业主大会会议，进行换届选举，并报告物业所在地的区、县房地产行政主管部门和街道办事处、乡镇人民政府。

第四十八条　业主委员会应当自任期届满之日起10日内，将其保管的档案资料、印章及其他属于业主大会所有的财物移交新一届业主委员会。

第四章　指导和监督

第四十九条　物业所在地的区、县房地产行政主管部门和街道办事处、乡镇人民政府应当积极开展物业管理政策法规的宣传和教育活动，及时处理业主、业主委员会在物业管理活动中的投诉。

第五十条　已交付使用的专有部分面积超过建筑物总面积50%，建设单位未按要求报送筹备首次业主大会会议相关文件资料的，物业所在地的区、县房地产行政主管部门或者街道办事处、乡镇人民政府有权责令建设单位限期改正。

第五十一条　业主委员会未按业主大会议事规则的规定组织召开业主大会定期会议，或者发生应当召开业主大会临时会议的情况，业主委员会不履行组织召开会议职责的，物业所在地的区、县房地产行政主管部门或者街道办事处、乡镇人民政府可以责令业主委员会限期召开；逾期仍不召开的，可以由物业所在地的居民委员会在街道办事处、乡镇人民政府的指导和监督下组织召开。

第五十二条　按照业主大会议事规则的规定或者三分之一以上委员提议，应当召开业主委员会会议的，业主委员会主任、副主任无正当理由不召集业主委员会会议的，物业所在地的区、县房地产行政主管部门或者街道办事处、乡镇人民政府可以指定业主委员会其他委员召集业主委员会会议。

第五十三条　召开业主大会会议，物业所在地的区、县房地产行政主管部门和街道办事处、乡镇人民政府应当给予指导和协助。

第五十四条　召开业主委员会会议，应当告知相关的居民委员会，并听取居民委员会的建议。

在物业管理区域内，业主大会、业主委员会应当积极配合相关居民委员会依法履行自治管理职责，支持居民委员会开展工作，并接受其指导和监督。

第五十五条　违反业主大会议事规则或者未经业主大会会议和业主委员会会议的决定，擅自使用业主大会印章、业主委员会印章的，物业所在地的街道办事处、乡镇人民政府应当责令限期改正，并通告全体业主；造成经济损失或者不良影响的，应当依法追究责任人的法律责任。

第五十六条　业主委员会委员资格终止，拒不移交所保管的档案资料、印章及其他属于全体业主所有的财物的，其他业主委员会委员可以请求物业所在地的公安机关协助移交。

业主委员会任期届满后，拒不移交所保管的档案资料、印章及其他属于全体业主所有的财物的，新一届业主委员会可以请求物业所在地的公安机关协助移交。

第五十七条　业主委员会在规定时间内不组织换届选举的，物业所在地的区、县房地产行政主管部门或者街道办事处、乡镇人民政府应当责令其限期组织换届选举；逾期仍不组织的，可以由物业所在地的居民委员会在街道办事处、乡镇人民政府的指导和监督下，组织换届选举工作。

第五十八条　因客观原因未能选举产生业主委员会或者业主委员会委员人数不足总数的二分之一的，新一届业主委员会产生之前，可以由物业所在地的居民委员会在街道办事处、乡镇人民政府的指导和监督下，代行业主委员会的职责。

第五十九条　业主大会、业主委员会作出的决定违反法律法规的，物业所在地的区、县房地产行政主管部门和街道办事处、乡镇人民政府应当责令限期改正或者撤销其决定，并通告全体业主。

第六十条　业主不得擅自以业主大会或者业主委员会的名义从事活动。业主以业主大会或者业主委员会的名义，从事违反法律、法规的活动，构成犯罪的，依法追究刑事责任；尚不构成犯罪的，依法给予治安管理处罚。

第六十一条　物业管理区域内，可以召开物业管理联席会议。物业管理联席会议由街道办事处、乡镇人民政府负责召集，由区、县房地产行政主管部门、公安派出所、居民委员会、业主委员会和物业服务企业等方面的代表参加，共同协调解决物业管理中遇到的问题。

第五章　附则

第六十二条　业主自行管理或者委托其他管理人管理物业，成立业主大会，选举业主委员会的，可参照执行本规则。

第六十三条　物业所在地的区、县房地产行政主管部门与街道办事处、乡镇人民政府在指导、监督业主大会和业主委员会工作中的具体职责分工，按各省、自治区、直辖市人民政府有关规定执行。

第六十四条　本规则自2010年1月1日起施行。《业主大会规程》（建住房〔2003〕131号）同时废止。

附录六

普通住宅小区物业管理服务
等级标准（试行）

中国物业管理协会关于印发

《普通住宅小区物业管理服务等级标准（试行）》的通知

中物协〔2004〕1号

各物业管理企业：

　　为了提高物业管理服务水平，督促物业管理企业提供质价相符的服务，引导业主正确评判物业管理企业服务质量，树立等价有偿的消费观念，促进物业管理规范发展，根据国家发展和改革委员会会同建设部印发的《物业服务收费管理办法》，我会制定了《普通住宅小区物业管理服务等级标准（试行）》，现印发给你们，作为与开发建设单位或业主大会签订物业服务合同、确定物业服务等级、约定物业服务项目、内容与标准以及测算物业服务价格的参考依据。试行中的情况，请及时告我会秘书处。

　　附：1.普通住宅小区物业管理服务等级标准（试行）

　　　　2.普通住宅小区物业管理服务等级标准（试行）的使用说明。

二〇〇四年一月六日

附件1：普通住宅小区物业管理服务等级标准（试行）

一级

项目	内容与标准
（一）基本要求	1.服务与被服务双方签订规范的物业服务合同，双方权利义务关系明确。 2.承接项目时，对住宅小区共用部位、共用设施设备进行认真查验，验收手续齐全。 3.管理人员、专业操作人员按照国家有关规定取得物业管理职业资格证书或者岗位证书。 4.有完善的物业管理方案，质量管理、财务管理、档案管理等制度健全。 5.管理服务人员统一着装、佩戴标志，行为规范，服务主动、热情。 6.设有服务接待中心，公示24小时服务电话。急修半小时内、其他报修按双方约定时间到达现场，有完整的报修、维修和回访记录

项目	内容与标准
（一）基本要求	7.根据业主需求，提供物业服务合同之外的特约服务和代办服务的，公示服务项目与收费价目。 8.按有关规定和合同约定公布物业服务费用或者物业服务资金的收支情况。 9.按合同约定规范使用住房专项维修资金。 10.每年至少1次征询业主对物业服务的意见，满意率80%以上
（二）房屋管理	1.对房屋共用部位进行日常管理和维修养护，检修记录和保养记录齐全。 2.根据房屋实际使用年限，定期检查房屋共用部位的使用状况，需要维修，属于小修范围的，及时组织修复；属于大、中修范围的，及时编制维修计划和住房专项维修资金使用计划，向业主大会或者业主委员会提出报告与建议，根据业主大会的决定，组织维修。 3.每日巡查1次小区房屋单元门、楼梯通道以及其他共用部位的门窗、玻璃等，做好巡查记录，并及时维修养护。 4.按照住宅装饰装修管理有关规定和业主公约（业主临时公约）要求，建立完善的住宅装饰装修管理制度。装修前，依规定审核业主（使用人）的装修方案，告知装修人有关装饰装修的禁止行为和注意事项。每日巡查1次装修施工现场，发现影响房屋外观、危及房屋结构安全及拆改共用管线等损害公共利益现象的，及时劝阻并报告业主委员会和有关主管部门。 5.对违反规划私搭乱建和擅自改变房屋用途的行为及时劝阻，并报告业主委员会和有关主管部门。 6.小区主出入口设有小区平面示意图，主要路口设有路标。各组团、栋及单元（门）、户和公共配套设施、场地有明显标志
（三）共用设施设备维修养护	1.对共用设施设备进行日常管理和维修养护（依法应由专业部门负责的除外）。 2.建立共用设施设备档案（设备台账），设施设备的运行、检查、维修、保养等记录齐全。 3.设施设备标志齐全、规范，责任人明确；操作维护人员严格执行设施设备操作规程及保养规范；设施设备运行正常。 4.对共用设施设备定期组织巡查，做好巡查记录，需要维修，属于小修范围的，及时组织修复；属于大、中修范围或者需要更新改造的，及时编制维修、更新改造计划和住房专项维修资金使用计划，向业主大会或业主委员会提出报告与建议，根据业主大会的决定，组织维修或者更新改造。 5.载人电梯24小时正常运行。 6.消防设施设备完好，可随时启用；消防通道畅通。 7.设备房保持整洁、通风，无跑、冒、滴、漏和鼠害现象。 8.小区道路平整，主要道路及停车场交通标志齐全、规范。 9.路灯、楼道灯完好率不低于95%。 10.容易危及人身安全的设施设备有明显警示标志和防范措施；对可能发生的各种突发设备故障有应急方案
（四）协助维护公共秩序	1.小区主出入口24小时站岗值勤。 2.对重点区域、重点部位每1小时至少巡查1次；配有安全监控设施的，实施24小时监控。 3.对进出小区的车辆实施证、卡管理，引导车辆有序通行、停放。 4.对进出小区的装修、家政等劳务人员实行临时出入证管理。 5.对火灾、治安、公共卫生等突发事件有应急预案，事发时及时报告业主委员会和有关部门，并协助采取相应措施

续表

项目	内容与标准
（五）保洁服务	1.高层按层、多层按幢设置垃圾桶，每日清运2次。垃圾袋装化，保持垃圾桶清洁、无异味。 2.合理设置果壳箱或者垃圾桶，每日清运2次。 3.小区道路、广场、停车场、绿地等每日清扫2次；电梯厅、楼道每日清扫2次，每周拖洗1次；一层共用大厅每日拖洗1次；楼梯扶手每日擦洗1次；共用部位玻璃每周清洁1次；路灯、楼道灯每月清洁1次。及时清除道路积水、积雪。 4.共用雨、污水管道每年疏通1次；雨、污水井每月检查1次，视检查情况及时清掏；化粪池每月检查1次，每半年清掏1次，发现异常及时清掏。 5.二次供水水箱按规定清洗，定时巡查，水质符合卫生要求。 6.根据当地实际情况定期进行消毒和灭虫除害
（六）绿化养护管理	1.有专业人员实施绿化养护管理。 2.草坪生长良好，及时修剪和补栽补种，无杂草、杂物。 3.花卉、绿篱、树木应根据其品种和生长情况，及时修剪整形，保持观赏效果。 4.定期组织浇灌、施肥和松土，做好防涝、防冻。 5.定期喷洒药物，预防病虫害

二级

项目	内容与标准
（一）基本要求	1.服务与被服务双方签订规范的物业服务合同，双方权利义务关系明确。 2.承接项目时，对住宅小区共用部位、共用设施设备进行认真查验，验收手续齐全。 3.管理人员、专业操作人员按照国家有关规定取得物业管理职业资格证书或者岗位证书。 4.有完善的物业管理方案，质量管理、财务管理、档案管理等制度健全。 5.管理服务人员统一着装、佩戴标志，行为规范，服务主动、热情。 6.公示16小时服务电话。急修1小时内、其他报修按双方约定时间到达现场，有报修、维修和回访记录。 7.根据业主需求，提供物业服务合同之外的特约服务和代办服务的，公示服务项目与收费价目。 8.按有关规定和合同约定公布物业服务费用或者物业服务资金的收支情况。 9.按合同约定规范使用住房专项维修资金。 10.每年至少1次征询业主对物业服务的意见，满意率75%以上
（二）房屋管理	1.对房屋共用部位进行日常管理和维修养护，检修记录和保养记录齐全。 2.根据房屋实际使用年限，适时检查房屋共用部位的使用状况，需要维修，属于小修范围的，及时组织修复；属于大、中修范围的，及时编制维修计划和住房专项维修资金使用计划，向业主大会或者业主委员会提出报告与建议，根据业主大会的决定，组织维修。 3.每3日巡查1次小区房屋单元门、楼梯通道以及其他共用部位的门窗、玻璃等，做好巡查记录，并及时维修养护。 4.按照住宅装饰装修管理有关规定和业主公约（业主临时公约）要求，建立完善的住宅装饰装修管理制度。装修前，依规定审核业主（使用人）的装修方案，告知装修人有关装饰装修的禁止行为和注意事项。每3日巡查1次装修施工现场，发现影响房屋外观、危及房屋结构安全及拆改共用管线等损害公共利益现象的，及时劝阻并报告业主委员会和有关主管部门。 5.对违反规划私搭乱建和擅自改变房屋用途的行为及时劝阻，并报告业主委员会和有关主管部门。 6.小区主出入口设有小区平面示意图，各组团、栋及单元（门）、户有明显标志

续表

项目	内容与标准
（三）共用设施设备维修养护	1.对共用设施设备进行日常管理和维修养护（依法应由专业部门负责的除外）。 2.建立共用设施设备档案（设备台账），设施设备的运行、检查、维修、保养等记录齐全。 3.设施设备标志齐全、规范，责任人明确；操作维护人员严格执行设施设备操作规程及保养规范；设施设备运行正常。 4.对共用设施设备定期组织巡查，做好巡查记录，需要维修，属于小修范围的，及时组织修复；属于大、中修范围或者需要更新改造的，及时编制维修、更新改造计划和住房专项维修资金使用计划，向业主大会或业主委员会提出报告与建议，根据业主大会的决定，组织维修或者更新改造。 5.载人电梯早6点至晚12点正常运行。 6.消防设施设备完好，可随时启用；消防通道畅通。 7.设备房保持整洁，通风，无跑、冒、滴、漏和鼠害现象。 8.小区主要道路及停车场交通标志齐全。 9.路灯、楼道灯完好率不低于90%。 10.容易危及人身安全的设施设备有明显警示标志和防范措施；对可能发生的各种突发设备故障有应急方案
（四）协助维护公共秩序	1.小区主出入口24小时值勤。 2.对重点区域、重点部位每2小时至少巡查1次。 3.对进出小区的车辆进行管理，引导车辆有序通行、停放。 4.对进出小区的装修等劳务人员实行登记管理。 5.对火灾、治安、公共卫生等突发事件有应急预案，事发时及时报告业主委员会和有关部门，并协助采取相应措施
（五）保洁服务	1.按幢设置垃圾桶，生活垃圾每天清运1次。 2.小区道路、广场、停车场、绿地等每日清扫1次；电梯厅、楼道每日清扫1次，半月拖洗1次；楼梯扶手每周擦洗2次；共用部位玻璃每月清洁1次；路灯、楼道灯每季度清洁1次。及时清除区内主要道路积水、积雪。 3.区内公共雨、污水管道每年疏通1次；雨、污水井每季度检查1次，并视检查情况及时清掏；化粪池每两个月检查1次，每年清掏1次，发现异常及时清掏。 4.二次供水水箱按规定定期清洗，定时巡查，水质符合卫生要求。 5.根据当地实际情况定期进行消毒和灭虫除害
（六）绿化养护管理	1.有专业人员实施绿化养护管理。 2.对草坪、花卉、绿篱、树木定期进行修剪、养护。 3.定期清除绿地杂草、杂物。 4.适时组织浇灌、施肥和松土，做好防涝、防冻。 5.适时喷洒药物，预防病虫害

三级

项目	内容与标准
（一）基本要求	1.服务与被服务双方签订规范的物业服务合同，双方权利义务关系明确。 2.承接项目时，对住宅小区共用部位、共用设施设备进行认真查验，验收手续齐全。 3.管理人员、专业操作人员按照国家有关规定取得物业管理职业资格证书或者岗位证书。 4.有完善的物业管理方案，质量管理、财务管理、档案管理等制度健全。 5.管理服务人员佩戴标志，行为规范，服务主动、热情。 6.公示8小时服务电话。报修按双方约定时间到达现场，有报修、维修记录。 7.按有关规定和合同约定公布物业服务费用或者物业服务资金的收支情况。 8.按合同约定规范使用住房专项维修资金。 9.每年至少1次征询业主对物业服务的意见，满意率70%以上
（二）房屋管理	1.对房屋共用部位进行日常管理和维修养护，检修记录和保养记录齐全。 2.根据房屋实际使用年限，检查房屋共用部位的使用状况，需要维修，属于小修范围的，及时组织修复；属于大、中修范围的，及时编制维修计划和住房专项维修资金使用计划，向业主大会或者业主委员会提出报告与建议，根据业主大会的决定，组织维修。 3.每周巡查1次小区房屋单元门、楼梯通道以及其他共用部位的门窗、玻璃等，定期维修养护。 4.按照住宅装饰装修管理有关规定和业主公约（业主临时公约）要求，建立完善的住宅装饰装修管理制度。装修前，依规定审核业主（使用人）的装修方案，告知装修人有关装饰装修的禁止行为和注意事项。至少两次巡查装修施工现场，发现影响房屋外观、危及房屋结构安全及拆改共用管线等损害公共利益现象的，及时劝阻并报告业主委员会和有关主管部门。 5.对违反规划私搭乱建和擅自改变房屋用途的行为及时劝阻，并报告业主委员会和有关主管部门。 6.各组团、栋、单元（门）、户有明显标志
（三）共用设施设备维修养护	1.对共用设施设备进行日常管理和维修养护（依法应由专业部门负责的除外）。 2.建立共用设施设备档案（设备台账），设施设备的运行、检修等记录齐全。 3.操作维护人员严格执行设施设备操作规程及保养规范；设施设备运行正常。 4.对共用设施设备定期组织巡查，做好巡查记录，需要维修，属于小修范围的，及时组织修复；属于大、中修范围或者需要更新改造的，及时编制维修、更新改造计划和住房专项维修资金使用计划，向业主大会或业主委员会提出报告与建议，根据业主大会的决定，组织维修或者更新改造。 5.载人电梯早6点至晚12点正常运行。 6.消防设施设备完好，可随时启用；消防通道畅通。 7.路灯、楼道灯完好率不低于80%。 8.容易危及人身安全的设施设备有明显警示标志和防范措施；对可能发生的各种突发设备故障有应急方案

续表

项目	内容与标准
（四）协助维护公共秩序	1.小区24小时值勤。 2.对重点区域、重点部位每3小时至少巡查1次。 3.车辆停放有序。 4.对火灾、治安、公共卫生等突发事件有应急预案，事发时及时报告业主委员会和有关部门，并协助采取相应措施
（五）保洁服务	1.小区内设有垃圾收集点，生活垃圾每天清运1次。 2.小区公共场所每日清扫1次；电梯厅、楼道每日清扫1次；共用部位玻璃每季度清洁1次；路灯、楼道灯每半年清洁1次。 3.区内公共雨、污水管道每年疏通1次；雨、污水井每半年检查1次，并视检查情况及时清掏；化粪池每季度检查1次，每年清掏1次，发现异常及时清掏。 4.二次供水水箱按规定清洗，水质符合卫生要求
（六）绿化养护管理	1.对草坪、花卉、绿篱、树木定期进行修剪、养护。 2.定期清除绿地杂草、杂物。 3.预防花草、树木病虫害

附件2：《普通住宅小区物业管理服务等级标准（试行）》的使用说明

1.本《标准》为普通商品住房、经济适用住房、房改房、集资建房、廉租住房等普通住宅小区物业服务的试行标准。物业服务收费实行市场调节价的高档商品住宅的物业服务不适用本标准。

2.本《标准》根据普通住宅小区物业服务需求的不同情况，由高到低设定为一级、二级、三级三个服务等级，级别越高，表示物业服务标准越高。

3.本《标准》各等级服务分别由基本要求、房屋管理、共用设施设备维修养护、协助维护公共秩序、保洁服务、绿化养护管理等六大项主要内容组成。本《标准》以外的其他服务项目、内容及标准，由签订物业服务合同的双方协商约定。

4.选用本《标准》时，应充分考虑住宅小区的建设标准、配套设施设备、服务功能及业主（使用人）的居住消费能力等因素，选择相应的服务等级。

主 要 参 考 文 献

［1］中国房地产估价师与房地产经纪人学会．房地产基本制度与政策［M］．8版．北京：中国建筑工业出版社，2017．

［2］中国房地产估价师与房地产经纪人学会．房地产开发经营与管理［M］．8版．北京：中国建筑工业出版社，2017．

［3］周心怡．物业管理典型判例解读精选［M］．北京：中国建筑工业出版社，2016．

［4］王占强．物业管理经典案例与实务操作指引［M］．北京：中国法制出版社，2014．

［5］鲁捷．物业管理案例分析与技巧训练［M］．2版．北京：电子工业出版社，2012．

［6］张作祥．物业管理概论［M］．北京：清华大学出版社，2008．

［7］姚旭．物业管理条例新解读［M］．2版．北京：中国法制出版社，2010．

［8］国务院法制办农业资源环保法制司，建设部政策法规司，建设部住宅与房地产业司．物业管理条例释义［M］．北京：知识产权出版社，2003．

［9］中国物业管理协会培训中心．物业管理实务［M］．北京：中国建筑工业出版社，2007．

［10］中国物业管理协会培训中心．物业管理基本制度与政策［M］．北京：中国建筑工业出版社，2007．

［11］王建廷，盛承懋．物业管理［M］．北京：中国建筑工业出版社，2007．

［12］刘湖北，岳娜，胡万平．物业管理法规与案例评析［M］．北京：中国建筑工业出版社，2007．

［13］王青兰，齐坚，关涛．物业管理理论与实务［M］．4版．北京：高等教育出版社，2018．

［14］赵继新，孙强．物业管理案例分析［M］．2版．北京：清华大学出版社，2010．

［15］梁分．物业管理条例知识问答与案例分析［M］．成都：西南财经大学出版社，2004．

［16］赵涛．物业经营管理：理论、案例、制度、实务［M］．北京：北京工业大学出版社，2006．

［17］刘秋雁．房地产开发与经营［M］．上海：上海财经大学出版社，2004．

［18］梁柱．中国物业管理理论探索与实践［M］．北京：中国经济出版社，2003．

［19］丁芸，谭善勇．物业管理案例精选与解析［M］．北京：中国建筑工业出版社，2003．

［20］方芳，吕萍．物业管理［M］．上海：上海财经大学出版社，2003．

［21］凯尔，贝尔德，斯波德克．物业管理——案例与分析［M］．朱文奇，译．北京：中信出版社，2001．

［22］季如进．物业管理［M］．北京：首都经济贸易大学出版社，2004．

［23］方芳，吕萍．物业管理［M］．上海：上海财经大学出版社，2003．

后 记

本人从事大学房地产相关专业的教学已20余年，讲授过房地产经济学、房地产投资分析、房地产开发与经营、房地产法律制度与政策、物业管理理论、房地产经纪概论、商业地产的投资与运营等课程。在多年的授课及相关实践过程中，各种知识交互穿插，使我萌生了一个想法：以经济学中商品的决策、生产与流通、消费三个环节为主线，完成房地产商品的投资分析、开发与经营、物业管理三个环节的教材写作。

第一个环节——决策环节的《房地产投资分析》的教材写作，完成于2003年6月，由东北财经大学出版社出版。该书自问世以来，至2020年12月，已是第6版第18次印刷，销量逾6万册，获评"十二五"普通高等教育本科国家级规划教材及"十二五"普通高等教育本科辽宁省规划教材，且多次获奖。全国50多所高校采用其作为房地产相关专业的指定教材，这部教材的广受欢迎和好评，令我欣喜。

第二个环节——生产与流通环节的《房地产开发与经营》的教材写作，完成于2004年6月，由上海财经大学出版社出版。

第三个环节——消费环节的《物业管理理论与实务》的教材写作，其初版在2010年9月完成。本着对读者负责的态度，此后第二版、第三版及时修订面世，本版为第四版。

在房地产市场中，就一个房地产项目而言，必须经过投资决策、开发、经营、管理等过程，而物业管理是之前所有过程的落脚点。因此，缺少了物业管理，广义上的房地产投资开发过程就显得不够完整。同此道理一样，本书的出版，使我完成了写作计划，了却了一桩许久的心愿；不断地再版，不断地完善，从而使本教材不断地保有鲜活的生命，这使我对本教材的市场认可度充满信心。

本版写作过程中，感受最深的有两点：一是自己同时增加和更新了许多物业管理方面的知识，这种提高使我感到开心；二是《民法典》的出台使物业管理领域的各种纠纷找到了解决的法律依据。物业管理行业的法律和法规越来越健全，物业服务人的自律及业主的法律意识逐步提高，自己所关心的物业服务人和业主之间的关系变得更加和谐，这种变化也令我开心。

但是，物业管理行业的发展太快，很多知识、做法和法规尚在不断完善之中，实践中各地的细节规定也不完全相同，写作过程中，我虽力求全面，但仍有不能穷尽之处，因此本书中存在的疏漏和不足，祈盼读者能够批评指正。

刘秋雁

2021年2月于大连